Herr Prohack

Arnold Bennett

Writat

Diese Ausgabe erschien im Jahr 2024

ISBN: **9789359942520**

Herausgegeben von
Writat
E-Mail: info@writat.com

Inhalt

KAPITEL I
DIE NEUEN ARMEN

ICH

Arthur Charles Prohack kam wie üblich um halb acht die Treppe herunter und fand das Frühstück fertig im leeren Speisesaal. Das gefiel ihm, denn es gab nichts im Leben, das er mehr hasste, als in Eile zu sein. Für ihn war die Hölle ein Ort, dessen Bewohner immer ein Auge auf die Uhr hatten und die Uhr immer weiter vorgeschritten war, als sie gehofft hatten.

Der Speisesaal, einfach mit Reproduktionen des keuschen Chippendale eingerichtet und auf die unangenehm niedrige Temperatur gekühlt, die robuste Briten zu genießen vorgeben, war Teil eines unangreifbar korrekten Hauses im mittelviktorianischen Stil und in der Antike; und das Haus war Teil eines unangreifbar korrekten Platzes direkt hinter den Hyde Park Gardens. (Als Taxifahrer den Namen des Platzes erfuhren, mussten sie eine Fünftelsekunde nachdenken, bevor sie sich an die genaue Lage erinnern konnten.)

Herr Prohack war ein ziemlich großer Mann mit großem Kopf, großen Gesichtszügen und Bart. Sein charakteristischer Gesichtsausdruck verriet Wohlwollen, das auf einer ironischen Erkenntnis der Menschlichkeit der menschlichen Natur beruhte. Er war sechsundvierzig Jahre alt und sah so aus. Er war mehr als zwanzig Jahre lang im Finanzministerium tätig und hatte in diesem Gremium mittlerweile eine gewisse Bedeutung erlangt. Er war ein Gefährte des Bades. Er freute sich über die Tatsache, dass der Orden des Bades Vorrang vor den pompösen Orden Star of India, St. Michael und St. George, Indian Empire, Royal Victorian und British Empire hatte; aber er lachte über seine Frau, weil sie so jubelte. Wenn die Angelegenheit erwähnt würde, würde er darauf hinweisen, dass Companions of the Bath in der Rangliste direkt hinter Masters in Lunacy rangierten.

Er war stolz auf die Kriegsbilanz des Finanzministeriums. Andere Außenministerien waren während des Krieges zu erstaunlichen Ausmaßen angewachsen. Obwohl sich die Arbeit des Finanzministeriums verhundertfacht hatte, hatte es sein Personal nur um einen vernachlässigbaren Prozentsatz aufgestockt. Es war die günstigste aller Abteilungen, die effizienteste und leistungsfähigste. Das Kriegsministerium, die Admiralität und vielleicht eine andere Abteilung unter der Leitung einer Persönlichkeit, die der Premierminister fürchtete, haben sich dem Finanzministerium mit Sicherheit widersetzt und es sogar ignoriert. Aber die übrigen Ministerien (und insbesondere die „Pilzministerien") konnten so viel planen, wie sie wollten – sie konnten nichts tun, bis das Finanzministerium ihre Vorhaben genehmigt hatte. Der bescheidene Herr Prohack gehörte für sie zu den wichtigsten Schiedsrichtern über ihr Schicksal. Er hatte täglich allein auf einem Stuhl gesessen und nach seinem Gewissen und den Regeln des Finanzministeriums zugestimmt oder abgelehnt; und seine Fiats waren in der Praxis als Fiats des Finanzministeriums bekannt geworden. Darüber hinaus ließ er sich nicht schikanieren, denn er hatte das Gefühl, dass die gesamte Verfassung und moralische Kraft des britischen Empire nur darauf wartete, ihn zu unterstützen. Außerhalb des Finanzministeriums kaum bekannt, hatte er sich innerhalb des Finanzministeriums den Ruf als „der Schrecken der Ministerien" erworben. Mehrere Male hatten verärgerte Minister oder ihre hohen Untergebenen protestiert, dass die Leidenschaft des Finanzministeriums (Herrn Prohacks) für Regeln, seine Forderungen nach wissenschaftlichen Beweisen und seine skeptische Haltung den Krieg verlieren würden. Herr Prohack hatte praktisch erwidert: „Aus ministerieller Sicht ist die Niederlage im Krieg ein Detail." Er hatte geantwortet: „Wildkatzen werden den Krieg nicht gewinnen." Und er hatte geantwortet: „Ich kenne nichts als meine Pflicht."

Am Ende war der Krieg nicht verloren, und Herr Prohack schätzte, dass er persönlich durch den Einsatz von Mut angesichts der großen Gefahr dem Land fünfhundertsechsundvierzig Millionen des Geldes des Landes gespart hatte. Auf jeden Fall hatte er einen echten Einfluss auf die Kriegsführung ausgeübt. Bei einer Gelegenheit, als ein Chef abwesend war, musste er einer Vorladung ins Innere Kabinett folgen. Bei dieser Gelegenheit hatte er zu seiner aufgeregten Frau gesagt: „Sie waren viel nervöser als ich."

Trotz alledem hatte die große Öffentlichkeit nie von ihm gehört. Sein Porträt war nie in den illustrierten Zeitungen erschienen. Das Porträt seiner Frau als „Kriegsarbeiterin und Ehefrau eines großen Beamten" war nie in den illustrierten Zeitungen erschienen. Es wurde nie eine Charakterskizze von ihm gedruckt. Seine Meinung zu irgendeinem Thema wurde von den Herausgebern aktueller Tageszeitungen nie telefonisch oder auf andere Weise abgefragt. Sein Nachrichtenwert war tatsächlich absolut gleich Null. In *Who's Who* hatte er nur vier Zeilen Platz.

Mr. Prohacks Frühstück bestand aus Speck, trockenem Toast, Kaffee, Marmelade, *The Times* und *The Daily Picture* . Letzteres war voll von Bräuten und Bräutigamen, Fußball, rätselhaften Mordprozessen, jungen Frauen in flauschiger Unterwäsche, Medikamenten, Faustkämpfern, Kinostars, dem größten Kürbis der Saison, Aufbruch und inspirierten Prophezeiungen über Pferde und Firmenanteile; zusammen mit ein paar kurzen, nicht illustrierten Notizen über den Bürgerkrieg in Irland, die Hungersnot in Mitteleuropa und den Zusammenbruch von Reichen.

„Ah! Also ich habe dich erwischt!" sagte seine Frau und kam fröhlich ins Zimmer. Sie war eine dralle Frau von dreiundvierzig Jahren. Ihr schwarzes Haar war für den Tag aufwendig frisiert, aber statt eines Kleides trug sie ein weites Peignoir; Es war chinesisch, im kaiserlichen Gelb, unvorstellbar mit Flora, Fauna und Grotesken bestickt. So besuchte sie ihren Mann stets beim Frühstück, pflückte wie ein Vogel Bissen von seinem Teller und bewies ihm, dass es ihr immer vor allem um sein Wohlergehen und die Befriedigung seiner launischen Geschmäcker ging.

„Vor vielen Jahren", sagte Herr Prohack.

„Sie machen viel Aufhebens darum, für mich *The Daily Picture zu kaufen. Sie sagen, es sei eine Demütigung für Sie, es im Haus zu sehen, und ich weiß nicht, was. Aber ich ertappe Sie dabei, wie Sie es selbst lesen, und bevor Sie The Times* aufgeschlagen haben ! Lieber, Schatz! Der Speck ist eine Asche und ich wage es nicht, ihr etwas zu sagen.

„Lady", antwortete Mr. Prohack, „wir haben alle etwas Niedriges in unserer Natur. Sünde entsteht aus Gelegenheit. Ich kann dem verdammten Papier nicht widerstehen." Und er steckte seine Gabel in den hellen Gehrock eines albernen Bräutigams, der aus der Kirche kam.

„Wieder meine Schuld!" bemerkte die Frau fröhlich.

Der Ehemann wechselte das Thema:

„Ich nehme an, dass Ihr Sohn und Ihre Tochter noch schlafen?"

„Nun, Liebste, du weißt, dass sie beide gestern Abend bei diesem Tanz waren."

„Das hätten sie nicht sein sollen. Die weit verbreitete Vorstellung, das Leben sei ein Schauer, ist eine gefährliche Illusion." Mr. Prohack empfand das Epigramm als drittklassig, ging aber leichtfertig damit um.

„Sissie ist nur gegangen, weil Charlie gehen wollte, und ich kann nur sagen, dass es eine schöne Sache ist, wenn Charlie jetzt, nachdem der Krieg vorbei ist, nicht seinen Spaß haben darf – nach allem, was er durchgemacht hat."

„Sie verwechseln zwei ganz unterschiedliche Dinge. Ich wette, wenn Charlie einen Mord begehen würde, würden Sie in den Zeugenstand gehen und dem Richter sagen, dass er zweimal verwundet wurde und das Militärkreuz gewonnen hat."

„Das ist einer deiner heiklen Morgen.“

„Zu sehen, dass deine ausschweifenden Kinder mich um Viertel nach drei geweckt haben –!“

„Sie haben mich auch geweckt.“

„Das ist etwas anderes. Du kannst wieder einschlafen. Ich nicht. Du magst es lieber, geweckt zu werden, weil es für dich eine geradezu sinnliche Freude ist, dich umzudrehen und wieder einzuschlafen.“

„Dafür hasst du mich.“

"Ich tue."

„Ich mache dich manchmal sehr unglücklich, nicht wahr?“

„Eve, du bist eine verdammte Lügnerin, und das weißt du. Du hast mich nie auch nur einen Moment lang unglücklich gemacht Ich bin einer der wenigen Vertreter romantischer Leidenschaft, die es in dieser Stadt noch gibt. Meine Leidenschaft für dich übertrifft meine Vernunft, aber ich bin ein großartiger Narr. Und das größte Wunder der Neuzeit In der Ehe solltest du in der Lage sein, mir Freude zu bereiten, indem du deinen kräftigen Körper auf die Armlehne meines Stuhls setzt, so wie du es tust.

„Arthur, ich bin nicht dick.“

„Ja, das bist du. Du bist riesig. Aber halt, ich bin so ein krankhafter Idiot, ich mag dich riesig.“

Mrs. Prohack bemerkte mit einem geheimnisvollen Lächeln in beiläufigem Ton, als sie *The Daily Picture betrachtete* :

„Warum *lassen* die Leute ihre Fotos in die Zeitungen kommen? Das ist furchtbar vulgär.“

„Das ist es. Aber wir sind heute alle vulgär. Schauen Sie sich das an!“ Er zeigte auf die Seite. „Die Enkelin eines Herzogs, der die Hand einer Prinzessin abgelehnt hat, verkauft ihren Namen und ihr Gesicht an eine Reedereifirma, die Zeitungen führt, wie ihre Großväter Tauben hielten … Aber vielleicht mache ich nur Lärm wie ein Mann.“ von fünfzig.“

„Du bist keine fünfzig.“

„Ich bin fünfhundert. Und dieser Kaffee ist bemerkenswert dünn.“

„Lass es mich probieren.“

„Ja, du würdest mir jetzt meinen Kaffee stehlen!“ sagte Mr. Prohack und gab seine Tasse ab. „Ist es dünn oder nicht? Ich bin stolz darauf, ein höheres Leben zu führen; mein Magen ist nicht meine unerbittliche Gottheit; aber selbst auf dem Berggipfel, auf dem ich wohne, muss es eine Grenze für die Dünnheit des Kaffees geben.“

Eve (wie er sie nannte, nach der Mutter und dem Vorbild aller Frauen – ihr irdischer Name war Marian) nippte an dem Kaffee. Sie runzelte die Stirn und blickte ihn dann besorgt an.

„Ja, es ist dünn“, sagte sie. „Aber ich musste den Koch rationieren. Oh, Arthur, ich *werde* dich doch unglücklich machen. Es ist mir unmöglich, noch länger mit dem Haushaltsgeld auszukommen.“

„Warum hast du es mir nicht vorher gesagt, Kind?“

„Ich habe es dir schon einmal gesagt“, sagte sie. „Wenn du den Kaffee nicht erwähnt hättest, hätte ich vielleicht noch vierzehn Tage lang nichts gesagt. Im Juni hast du angefangen, mir mehr Geld zu geben, und du hast gesagt, das sei das Höchste, bis zu dem du gehen könntest, und ich habe es geglaubt.“ Aber es reicht nicht aus, dich zu belästigen, und ich schäme mich –“

„Das ist lächerlich. Warum solltest du dich schämen?“

„Nun, ich bin so.“

„Du schwelgst in deiner eigenen Tugendhaftigkeit, mein Mädchen. Im *Economist von letzter Woche* stand, dass die Indexzahl der Rohstoffpreise in den letzten Wochen leicht gesunken sei.“

„Ich weiß nichts über Indizes und den *Economist* “, erwiderte Eve. „Aber ich weiß, was Kaffee ein Pfund ist, und ich weiß, was in den Büchern der Handwerker steht –“

Zu diesem Zeitpunkt weinte sie ohne Vorwarnung.

„Nein“, murmelte Herr Prohack beruhigend und streichelnd. „Du darfst mich nicht taufen. Ich konnte es nicht ertragen.“ Und er küsste ihre Augen.

III

„Ich *weiß, dass* wir uns nicht mehr für den Haushalt leisten können“, flüsterte sie und schnüffelte feucht. „Und ich schäme mich, dass ich es nicht schaffe, und ich wusste, dass ich dich unglücklich machen würde. Was mit faulen und gierigen Arbeitern und all diesen Profiteuren...! Es ist eine Schande!“

„Ja“, sagte Herr Prohack. „Dafür hat unser Charlie gekämpft, wurde zweimal verwundet und hat den MC gewonnen. Das ist es. Aber sehen Sie, wir sind die berühmte bezahlte Mittelklasse, von der Sie in den Zeitungen so viel lesen, und wir“ Wir durchlaufen den berühmten Prozess des Zerkleinerns zwischen den berühmten oberen und unteren Mühlsteinen. Diese Mühlsteine nähern sich einander – und uns – schon seit einiger Zeit. Jetzt haben sie begonnen, dieses komische Gefühl in dir zu ersticken mich trotz meines Protests zu taufen – das ist der erste echte Kniff."

Sie hielt den Atem an.

„Arthur", sagte sie. „Wenn du so weitermachst, werde ich schreien."

„Tu es", ermutigte Mr. Prohack sie. „Aber natürlich nicht zu laut. Vergessen Sie dabei nicht, dass ich Humorist bin. Humoristen machen Witze, wenn sie glücklich sind, und wenn sie unglücklich sind, machen sie Witze."

„Aber es ist furchtbar ernst."

"Entsetzlich."

Mrs. Prohack rutschte von der Sessellehne. Ihr Körper schien in dem chinesischen Gewand zu vibrieren, und sie brach in eine auf- und absteigende Reihe anhaltender Lacher aus.

„Das ist Hysterie", sagte Herr Prohack. „Und wenn du nicht aufhörst, werde ich widerwillig gezwungen sein, den Kaffee über dich zu schütten. Wasser wäre besser, aber es gibt keines."

Dann hörte Eva plötzlich auf.

„Wenn man bedenkt", bemerkte sie ruhig, „dass man Sie als den Schrecken der Ministerien bezeichnet, dass Sie eine große Autorität auf dem Gebiet der Finanzen sind und seit fast fünfundzwanzig Jahren und immer im Staatsdienst stehen." hast deine Pflicht getan –"

„Kind", unterbrach Mr. Prohack sie. „Sagen Sie mir nicht, was ich weiß. Und versuchen Sie, sich nicht über irgendwelche irdischen Phänomene zu wundern. Es gibt Menschen, die immer wieder über die vertrautesten Dinge staunen. Sie leben auf der Erde, als wären sie gerade vom Mars auf die Erde gefallen Ein armer fremder Planet. Das ist kein Zeichen von gesundem Menschenverstand. Du lebst jetzt seit – sagen wir mal? – etwa neunundzwanzig oder dreißig Jahren, und wenn du den Ort nicht kennst, versichere ich dir dass es in unserem Fall überhaupt nichts Ungewöhnliches gibt; wir sind sogar lobenswert; Sie haben von Tausenden und Millionen solcher Fälle gelesen. Ich habe schon viel davon gehört, und Sie haben tatsächlich einige kennengelernt. Das *ist* alles.

Frau Prohack sagte ungeduldig:

„Ich finde, dass die Regierung Sie beschämend behandelt hat. Uns geht es viel schlechter als vor dem Krieg."

„Die Regierung hat mich beschämend behandelt. Aber dann hat sie Hunderttausende Männer beschämend behandelt. Das tun alle Regierungen."

„Aber wir haben eine Position, um mitzuhalten!"

„Stimmt. Darin sind die ehrlichen Armen uns gegenüber im Vorteil. Sehen Sie, wir sind die unehrlichen Armen. Wir haben die gleichen Schulen und Universitäten besucht, sprechen die gleiche Sprache, haben die gleichen Manieren und mögen die gleichen." Dinge wie Menschen, die in einem Monat oder einer Woche mehr ausgeben als wir in einem Jahr. Und wir tun so, als wären sie und wir nicht genau das Gleiche. Wir sind ein einziger Schein Ist Ihnen aufgefallen, dass wir noch nie ein Auto besessen haben und ganz sicher auch nie eines besitzen werden? Einzelheiten sind Ihnen möglicherweise entgangen.

„Ich wünschte, du wärst nicht albern, Arthur."

„Ich bin nicht albern. Im Gegenteil, meine wahre Meinung ist, dass ich der weiseste Mann bin, den Sie jemals in Ihrem Leben getroffen haben – Ihren Sohn nicht ausgenommen. Es bleibt, dass wir ein Vorwand sind. Ein Vorwand ähnelt einer Blase. Vielleicht Wir werden wahrscheinlich platzen. Dennoch haben wir einen großen Vorteil gegenüber den ehrlichen Armen, die manchmal überhaupt kein Einkommen haben, und auch gegenüber den Reichen, die nie *genau* wissen können, wo ihr Einkommen sein wird *Wir* wissen es auf den Sixpence genau.

„Ich glaube nicht, dass uns das hilft. Ich finde, dass die Regierung Sie beschämend behandelt hat. Ich frage mich, dass Sie, wichtige Männer im Finanzministerium, noch nie eine Gewerkschaft gegründet haben."

„Oh, Eve! Nach allem, was du letztes Jahr über Gewerkschaften gesagt hast! Du schockierst mich! Wir werden nie richtig behandelt, bis wir eine Gewerkschaft gründen. Aber wir werden nie eine Gewerkschaft gründen, weil wir es auch sind." stolz. Und wir würden unsere Kinder lieber verhungern sehen, als unserem Stolz nachzugeben.

„Es gibt eine Sache: Wir können nicht in ein billigeres Haus ziehen."

„Nein", stimmte Herr Prohack zu. „Weil es keinen gibt."

Jahre zuvor hatte Herr Prohack den Erbpachtvertrag für sein Haus von dem alten Mann abgekauft, der das Haus nach dem logischen Londoner System auf dem Land eines anderen gebaut hatte, unter der Bedingung, dass er Pacht für das Land zahlte und zusätzlich das Haus überließ am Ende eines bestimmten Zeitraums als Gratisgeschenk an jemand anderen verschenken. Durch eine Zahlung von zwölf Pfund pro Jahr war Herr Prohack noch vierzig Jahre lang in Sicherheit, und er rechnete damit, dass der Besitz des

Hauses in vierzig Jahren sowohl für ihn als auch für seine Frau eine ziemlich gleichgültige Angelegenheit sein würde.

„Nun, da Sie so verzweifelt weise sind, sagen Sie mir vielleicht freundlicherweise, was wir tun *sollen* .“

„Ich könnte mir Geld für meine Versicherungspolice leihen – und spekulieren“, sagte Herr Prohack ernst.

„Oh! Arthur! Glaubst du wirklich, dass du-“ Marian zeigte einen wilden Hoffnungsschimmer.

„Oder ich könnte das Geld in die Schlange werfen“, fügte Herr Prohack hinzu.

„Oh! Arthur! Ich könnte dich töten. Ich weiß nie, wie ich mit dir umgehen soll.“

„Nein, das tust du nie. Das ist das Schlimmste, wenn eine Frau wie du einen Mann wie mich heiratet.“

Sie diskutierten über Geräte. Ein Diener weniger. Keine Ferien. Kinos statt Theater. Keine Bücher. Keine Zigaretten. Keine Taxis. Keine Kleidung. Kein Fleisch. Kein Telefon. Keine Freunde. Sie kamen zu keinem Ergebnis. Eva bezog sich auf Adams großartigen Schatzgeist. Adam sagte, dass sein großartiger Verstand im Finanzministerium tagsüber an dem Problem arbeiten sollte und dass das Problem noch in der Nacht gelöst werden müsse.

„Ich sage Ihnen eines, was ich tun werde“, sagte Frau Prohack in entschiedenem Ton, als Herr Prohack den Tisch verließ. „Ich werde Sissie ein neues Kleid verbieten.“

„Wenn du das tust, werde ich mich von dir scheiden lassen“, war die Antwort.

"Aber warum?"

Herr Prohack antwortete:

„1917 sah ich dieses Mädchen in schmutzigen Overalls einen donnernden großen Lieferwagen durch Whitehall fahren. Gestern traf ich sie in ihren albernen High Heels und ihren schockierenden durchbrochenen Strümpfen und ihrem unbedeutenden Kleid und ihrem entblößten Hals und ihrer Pelzstola, und sie war so köstlich.“ und so absurd und so vergeblich und so überzeugt von ihrer Macht, dass – nun, du wirst mir kein neues Kleid verweigern – nicht wegen irgendetwas, was sie getan hat, sondern weil sie ... *ist* . Ich bin bereit, Fehler zu begehen, aber keine Verbrechen. Guten Morgen, meine Taube.

Und an der Tür, die ihr chinesisches Gewand diskret hinter der Tür versteckte, sagte Eve, als hätte sie gerade erst daran gedacht, obwohl sie schon eine ganze Viertelstunde darüber nachgedacht hatte:

„Liebling, da sind deine Keulen."

„Was ist mit meinen Schlägern?"

„Kosten sie dich nicht viel Geld?"

„Nein. Außerdem esse ich in meinen Clubs zu Mittag – besser und billiger als in jedem Restaurant. Und ich sollte keine Zeit haben, zum Mittagessen nach Hause zu kommen."

„Aber braucht man zwei Keulen?"

„Ich habe immer zwei Vereinen angehört. Jeder tut es."

„Aber warum *zwei* ?"

„Ein Kerl muss einen Schläger im Ärmel haben."

„ *Könnten* Sie nicht auf eins verzichten?"

„Lady, das ist undenkbar. Sie wissen nicht, was Sie vorschlagen. Geben Sie einen meiner Clubs auf, für die mein Vater mich als Junge aufgenommen hat! Ich würde lieber einer Gewerkschaft beitreten. Nein! Mein unschuldiges Aber." gefräßige Kinder werden zuerst verhungern.

meinen Verein aufgeben !"

„Ah! Aber das ist etwas anderes."

"Wo ist der Unterschied?" „Du sprichst kaum mit einer Menschenseele in deinem Club. Das Essen in deinem Club ist schlecht. Sie trinken Liköre vor dem Abendessen in deinem Club. Ich habe sie gesehen. Dein Club ist jeden Abend voll mit den beeindruckendsten Jungfrauen, die alle an einem Tisch essen." Gib deinen Verein auf jeden Fall auf und brenne ihn nieder. Du hasst deinen Verein.

IV

Ein Vorteil der Lage von Mr. Prohacks Haus bestand darin, dass sein Weg von dort zum Finanzministerium fast ausschließlich durch grüne Parks führte – Hyde Park, Green Park, St. James's Park. Nicht selten verwies er auf den Vorteil im Sinne einer milden Befriedigung. Bei nassem Wetter wurde der Vorteil zwar zum Nachteil.

Während seines Spaziergangs durch grüne Parks an diesem Morgen war der Schrecken der Departements, die gewöhnlich in Millionen dachten, sehr düster. Etwas, das dem Tod ähnelte, war in seinem Herzen. Auch die Demütigung war gewiss in seinem Herzen, denn er hatte das Gefühl, dass er, ganz gleich, wessen Schuld er trug, seiner obersten Pflicht als Mensch nicht nachkam. Er tobte gegen den Schatzkanzler. Er schnitt dem Schatzkanzler mit seinem Stock den Kopf ab. (Aber es war nur eine unschuldige Herbstwildblume, die gefährlich blühte.) Und der Geruch in der Luft kündigte das Herannahen des Winters und den Griff des Winters an – die Hölle der Armen.

In der Nähe von Whitehall sah er die Anzeige einer Ladenfachfirma:

„BRINGEN SIE IHRE GESCHÄFTSPROBLEME ZU UNS.“

KAPITEL II
VON DEN TOTEN

ICH

„Na, Milton, hattest du einen schönen Urlaub?" sagte Mr. Prohack zum Portier, als er an diesem Tag seinen Hauptclub zum Mittagessen betrat.

„Nein, Sir", sagte der Portier, der ein Realist war.

„Ah, nun ja", sagte Mr. Prohack beruhigend. „Vielleicht keine schlechte Sache. Es gibt nichts Besseres als einen unbefriedigenden Urlaub, um uns alle mit einem Leben voller Arbeit zu versöhnen, oder?"

„Nein, Sir", sagte Milton teilnahmslos und fügte hinzu: „Mr. Bishop hat gerade angerufen, um Sie zu sprechen, Sir. Ich habe ihm gesagt, dass Sie wahrscheinlich in Kürze eintreffen würden. Er sagte, er würde nicht warten, aber vielleicht würde er vorbeischauen." wieder."

„Danke", sagte Herr Prohack. „Wenn er es tut, werde ich entweder im Kaffeezimmer oder oben sein."

Herr Prohack betrat das majestätische Innere des Clubs, der wegen der jährlichen Reinigung etwas später als gewöhnlich geschlossen worden war. Er genoss die Schönheit und Erhabenheit seiner Architektur, die Ausarbeitung seiner Annehmlichkeiten und die strenge Pracht seines Luxus noch deutlicher. Und er sah bekannte und sympathische Gesichter, und auf jedem Gesicht war eine leichte Freude, ähnlich der Freude, die er selbst bei der Wiedereröffnung des Clubs empfand. Und er war sich des „Clubgefühls" wunderbar bewusst, anders und angenehmer als jede andere Atmosphäre eines Organismus auf der Welt.

Nach der Schließung brauchte der Club keine Zeit, um wieder auf die Beine zu kommen. Es öffnete seine Türen und war sofort sein volles Selbst. Denn am selben Morgen waren Hunderte ernster Männer in und um London aus ihren Betten aufgestanden, erfüllt von dem strahlenden Gedanken: „Heute kann ich wieder in den Club gehen." Herr Prohack vertrat seit langem die Auffassung, dass die edelste und zivilisierteste Errungenschaft des britischen Charakters nicht das Britische Empire, noch das Unterhaus, noch die Dampfmaschine, noch Anilinfarben, noch die Musikhalle sei, sondern ein guter Westen Club beenden. Und irgendwie befand sich an den Türen eines guten Clubs im West End ein unsichtbares magisches Sieb, durch das der menschliche Körper hindurchgehen konnte, durch das menschliche Sorgen jedoch nicht hindurch konnten.

Heute Morgen jedoch erkannte Herr Prohack, dass eine Sorge durch das Sieb gehen könnte, nämlich eine Sorge um den Club selbst ... Den Club aufgeben? Sollte das Opfer vollbracht werden? Unmöglich! Konnte er sich vorstellen, die St. James's Street entlangzuschlendern, ohne das Recht zu haben, die heiligen Tore zu betreten – außer als Gast? Und wenn er als Gast hereinkäme, könnte er es ertragen, dass der Portier zu ihm sagt: „Wenn Sie Platz nehmen, Sir, schicke ich nach, ob Mr. Blank im Club ist. Welchen Namen, Sir?" ?" Unmöglich! Doch Milton wäre in der Lage, genau das zu sagen. Milton würde einen Abtrünnigen niemals verzeihen ... Nun, dann muss er den anderen Verein aufgeben. Aber der andere – und kleinere – Club hatte auch großartige Qualitäten. Tatsächlich war es unverzichtbar. Und konnte er zulassen, dass der Tag anbrach, an dem er sich nicht mehr auf „meinen anderen Verein" beziehen durfte? Unmöglich! Dennoch hatte er beschlossen, seinen anderen Verein aufzugeben. Er muss es aufgeben, und sei es nur, um mit seiner Frau gleichzuziehen. Die finanzielle Einsparung wäre unwichtig, aber die Tat wäre spektakulär. Und Herr Prohack verstand den Wert des Spektakulären in der Existenz vollkommen.

II

Er setzte sich zum Mittagessen unter einem halben Dutzend Freunden an einen der größeren Tische in einer Fensternische des gewölbten Kaffeeraums mit dem kostbaren Porträt des historischen Clubmitglieds Charles James Fox und bestellte sich das billigste Essen auf der Speisekarte anbieten konnte, und schenkte sich ein Glas Wasser ein.

„Dasselbe alte Menü!" bemerkte Mr. Prohacks großer Kumpel, Sir Paul Spinner, der Bankier, der unter Karbunkeln litt und immer mitten am Tag aus der Stadt herüberfuhr, wütend.

„Hier grummelt wieder der alte Paul!" sagte Sims aus der Downing Street. „Schließlich ist das der beste Club in London."

„Das ist es auf jeden Fall", sagte Herr Prohack, „wenn es geschlossen ist. In den letzten vier Wochen war dieser Club die perfekteste Institution auf der Welt."

Sie alle lachten. Und sie begannen einander das beispiellose Elend und die Demütigungen zu erzählen, die diejenigen von ihnen, die in London geblieben waren, in den Clubs ertragen mussten, die den Mitgliedern des geschlossenen Clubs „ihre Gastfreundschaft gewährt" hatten. Der Katalog der Missstände war schrecklich. Ja, es gab nur einen Verein, der diesen Namen verdiente.

„Trotzdem", sagte Sir Paul. „Vielleicht gönnen sie uns eine Pause von Pflaumen und Reis."

„Dieser Club", sagte Herr Prohack, „wird wie alle anderen Clubs von einem Komitee aus Methusalem geleitet, die nur Pflaumen und Reis verdauen können." Und nachdem er noch viel über die Eigenheiten der Vereine gesprochen hatte, sagte er mit lockerer Miene: „Ich persönlich gehöre zu vielen Vereinen an."

Hunter, ein Beamter des Finanzministeriums, sagte:

„Aber ich dachte, du hättest nur zwei Keulen, Arthur."

„Nur zwei. Aber es ist einer zu viel. Tatsächlich bin ich mir nicht sicher, ob es nicht zwei zu viel sind."

„Haben Sie Ekel vor der menschlichen Natur?" Sims schlug vor.

„Nein", sagte Herr Prohack. „Mir geht es langsam schlecht. Ich habe das größte Verbrechen der Welt begangen. Ich habe Armut begangen. Und ich fühle mich schuldig."

Und die Wahrheit war, dass er sich schuldig fühlte. Er war völlig unschuldig; er war ein Opfer; er hatte nichts unterlassen, was er hätte tun sollen; aber er fühlte sich schuldig und bewies damit, dass Armut tatsächlich ein ernstes Verbrechen ist und dass diejenigen, die sie im hämischen Scherz als Verbrechen bezeichnen, tiefergehende Philosophen sind, als sie annehmen.

„Sag niemals sterben", lächelte der monokeltragende Mixon, ein Verleger wissenschaftlicher Werke, und begann, sich über die Regierung als undankbaren und skrupellosen Arbeitgeber und Ausbeuter pflichtbewusster Männer in einem Inferno steigender Preise zu schimpfen. Die übrigen hielten Mixon jedoch für unzufrieden mit der Themenwahl. Jäger vom Finanzministerium sagte nichts. Was gab es zu sagen, was die wahre Clubatmosphäre nicht zerstören würde? Sogar der geliebte Prohack hatte vielleicht etwas an Takt versagt. Sie alle verstanden es, sie hatten alle leichtes Mitgefühl, aber mehr konnten sie nicht tun – insbesondere in einer bunt zusammengewürfelten Versammlung von acht Mitgliedern. Nein, sie verspürten einen gewissen Zwang; und in einem Club dürfte Zwang absolut unbekannt sein. Einige von ihnen blickten sich unruhig in dem überfüllten, plappernden Raum um.

III

Damals ereignete sich ein bemerkenswerter Zufall.

„Ich habe Bishop letzte Woche in Inverness gesehen", sagte Sir Paul Spinner zu Mr. Prohack, ohne jegliches Gerede. „Anscheinend hat er dieses Jahr ein großes Moor in Sutherlandshire. Ich vermute also, dass er sich von seiner Überdosis Schifffahrtsaktien erholt hat."

Bishop (Fred Ferrars) war ein Finanzier mit einer fröhlichen, nachlässigen Haltung gegenüber den Unsicherheiten und Ungewissheiten einer spekulativen Existenz. Er war auch ein enger Freund von Prohack, von Sir Paul und mehreren anderen am Tisch und Mitglied von Prohacks sekundärem Club, jedoch nicht von seinem primären Club.

„Das ist seltsam", sagte Herr Prohack. „Ich habe gehört, er ist in London."

„Er ist mit Sicherheit nicht in London", sagte Sir Paul. „Er kommt erst im November zurück."

„Dann zeigt das, wie wenig man sich auf die Beweise der Sinne verlassen kann", bemerkte Herr Prohack sanft. „Laut dem Portier hat er vor ein paar Minuten wegen mir hier angerufen, und er ruft vielleicht noch einmal an."

Der Bankier grunzte. „Der Mist, den er gemacht hat! Bedeutet das, dass er in neuen Schwierigkeiten steckt, frage ich mich?"

Im selben Moment näherte sich ein Pagenmädchen, dessen elegante Strenge durch einen Zopf und eine Schleife gemildert wurde, Herrn Prohacks Stuhl, beugte ihren jungen Kopf an sein Ohr und überbrachte ihm das Gebaren eines Trägers beeindruckender Geheimnisse:

„Mr. Bishop möchte Sie sehen, Sir."

"Da ist er!" rief Herr Prohack aus. „Jetzt will er bestimmt zu Mittag essen. Warum um alles in der Welt können wir keine Gäste hierher bringen? Kellnerin, lassen Sie mir bitte das Mittagessen, das ich bestellt habe, im Speisesaal der Gäste servieren … Zweifellos werden Bishop und ich das tun." Wir sehen uns später oben, Jungs.

Er ging los, um Bishop zu begrüßen und willkommen zu heißen, voller Freude über die Aussicht, die reiche Persönlichkeit seines alten Freundes erneut kennenzulernen. Es ist wahr, dass er Bedenken hatte, wie viel es kostete, Bishop ein Mittagessen zu servieren – ein Kerl, der sein Essen und Trinken genoss und zwischen dem Besten und dem Zweitbesten unterscheiden konnte; aber andererseits konnte er mit Bishop sehr frei über die Krise sprechen, in der er sich befand; und er wusste, dass Bishop nicht zulassen würde, dass Bishops Angelegenheiten, so beschwerlich sie auch sein mochten, *ihn übermäßig belästigen würden* .

Bishop saß nicht auf der Bank im Saal, wo die Besucher warten sollten. Nur ein Mann saß auf der Bank, eine Person mit Brille und rotem Gesicht. Mr.

Prohack blickte sich um. Dann zeigte das Pagenmädchen auf den Brillenträger, der aufsprang und etwas überschwänglich auf Herrn Prohack zuging.

„Wie geht es dir, Prohack?"

„Nun, *Bischof*!" Herr Prohack antwortete. " *Du* bist es !"

Es war ein anderer Bishop, ein Bishop, den er vergessen hatte, ein Bishop, der zuvor aus dem Club ausgetreten war und verschwunden war. Herr Prohack mochte ihn nicht. Herr Prohack sagte sich: „Dieser Kerl hat es auf etwas abgesehen, und ich wusste immer, dass er ein Abenteurer ist."

„Es ist ein komisches Gefühl, in der Halle eines Clubs warten zu müssen, dem man früher angehörte!" sagte Bischof.

Die scheinbar einfachen Worte voller unheimlicher Bedeutung drangen wie eine Wasserbombe in Mr. Prohacks Bewusstsein ein.

„Unter anderem", sagte sich Mr. Prohack, „ist dieser Kerl ganz offensichtlich auf der Suche nach einem Gratis-Mittagessen."

Jetzt litt Herr Prohack an einer seltsamen Form der Unaufrichtigkeit, die er oft erfolglos zu heilen versucht hatte, teils weil sie unsympathische Bekannte auf seine Kosten begünstigte, teils weil seine Frau unwiderlegbare Argumente mit tödlicher Wirkung dagegen vorbrachte. Obwohl er ein ungebildeter Mann (wie Männer eben sind) und ein sehr ehrlicher Mann war, konnte er nicht umhin, so zu tun, als würde er Menschen mögen, die er nicht mochte. Und er tat so, als ob er mit einer theatralischen Kunstfertigkeit vorging, die jeden täuschte – manchmal sogar sich selbst. In dieser moralischen Wendung von ihm mag eine gewisse Gutmütigkeit gelegen haben; aber er wusste genau, dass es hauptsächlich aus drei krankhaften Wünschen herrührte: dem Wunsch zu gefallen, dem Wunsch, das Einfachste zu tun, und dem Wunsch, seinen Ruf als Liebenswürdigkeit zu stärken.

Als der unerwartete Mr. Bishop (dessen Vorname Softly war) zu ihm sagte: „Ich werde Sie jetzt nicht behalten. Ich war nur auf der Durchreise und ich möchte, dass Sie so freundlich sind, irgendwann einen frühen Termin mit mir zu vereinbaren." und einen Ort, der für Sie ganz bequem ist", fuhr Herr Prohack fort, Herrn Bishop zu überreden, zum Mittagessen zu bleiben, da es keinen Grund dafür gab, der für eine solche Vorgehensweise sprach, und mehrere gute Gründe dagegen. Herr Prohack hat Herrn Softly Bishop wie folgt getäuscht:

„Es gibt keine bessere Zeit und keinen besseren Ort als jetzt. Du musst zum Mittagessen bleiben. Das ist dein alter Club und du musst zum Mittagessen bleiben."

„Aber Sie haben mit dem Mittagessen begonnen", protestierte Bishop.

„Das habe ich nicht. Tatsache ist, dass ich halb damit gerechnet hatte, dass Sie noch einmal hereinschauen würden. Der Portier sagte mir ..." Und Mr. Prohack klopfte Mr. Bishop tatsächlich auf die Schulter – ein Trick, den er hatte. „Komm schon, erzähl mir nicht, dass du noch einen Termin zum Mittagessen hast. Es ist fünfundzwanzig vor zwei." Und als er Mr. Bishop zum Esszimmer der Fremden führte, sagte er zu sich selbst: „Warum sollte ich meine eigene Hinrichtung auf diese Weise fördern?"

Er bestellte ein ebenso reichhaltiges und kostspieliges Mittagessen, wie er es für den anderen, den echten Bischof, bestellt hätte. In manchen Richtungen war Mr. Prohacks Mentalität kraftvoll und energisch, in mindestens einer anderen jedoch beklagenswert schwach.

Mr. Softly Bishop freute sich über seinen Empfang und Mr. Prohack begann zuzugeben, dass Mr. Bishop einen gewissen persönlichen Charme hatte. Doch als das Rebhuhn kam, dachte Mr. Prohack bitter:

„Ich biete diesem Kerl einen Teil des neuen Kleides meiner Tochter auf einem Ladegerät an!"

Sie sprachen über den Club, wobei Herr Bishop als ehemaliges Mitglied sicherlich das Recht hatte, alles darüber zu erfahren, und dann sprachen sie über Clubs in den Vereinigten Staaten, in denen Herr Bishop die letzten Jahre verbracht hatte. Aber Mr. Bishop bestand darauf, keinen Hinweis auf sein Geschäft zu geben.

„Es muss etwas ziemlich Großes und Ärgerliches sein", dachte Herr Prohack und bestellte ein weiteres Stück des neuen Kleides seiner Tochter in Form ausgezeichneter Zigarren.

„Sie wollen nicht sagen, dass wir *hier rauchen dürfen* ", rief Mr. Bishop aus.

„Ja", sagte Herr Prohack. „Nicht im Kaffeezimmer der Mitglieder, aber wir können es hier. Ein Geniestreich des Komitees! Sie sehen, es hält Gäste vom Raucherzimmer fern, das danach seit langem unangenehm voll wird." Mittagessen."

"Guter Gott!" murmelte Mr. Bishop einfach.

IV

Und als er die Corona Corona anzündete, fügte er sofort hinzu: „Nun, ich erzähle dir besser, weshalb ich zu dir gekommen bin. Erinnerst du dich an diesen Kerl, Silas Angmering?"

„Silas Angmering? Natürlich tue ich das. Gehörte früher hierher. Er ist vor langer Zeit nach Amerika ausgewandert."

„Das hat er. Und Sie haben ihm hundert Pfund geliehen, um ihm bei der Flucht nach Amerika zu helfen."

"Wer hat Ihnen gesagt?"

„Das hat er", sagte Mr. Bishop mit einem schwachen, geheimnisvollen Lächeln.

„Was ist mit ihm passiert?"

„Oh! Alles Mögliche. Er hat viel Geld mit dem Krieg verdient. Er hat sich in Cincinnati niedergelassen. Und es gab Möglichkeiten …"

„Wie kam er dazu, dir zu sagen, dass ich ihm etwas geliehen habe?" Mr. Prohack unterbrach ihn scharf.

„Ich hatte einmal Geschäfte mit ihm – vor dem Krieg und auch kurz nach Kriegsbeginn. Tatsächlich war ich eine Partnerschaft mit ihm." Mr. Bishop sprach mit einer maßvollen, beruhigenden Ruhe.

„Und Sie sagen, er hat mit dem Krieg eine Menge Geld verdient. Was meinen Sie mit – viel?"

„Nun", sagte Mr. Bishop und blickte durch seine glitzernde Brille auf die Tischdecke, „ich meine viel . "

Sein Ton war vertraulich; aber sein Ton war immer vertraulich. Er fuhr fort: „Seitdem hat er alles verloren."

„Schade, dass er mir meine hundert Pfund nicht zurückgezahlt hat, als er sie bekommen hatte! Wie hat er sein Geld verloren?"

„So wie die meisten reichen Männer ihr Geld verlieren", antwortete Mr. Bishop. "Er starb."

Obwohl Mr. Prohack in der Lage gewesen wäre, eine ähnliche Geschichte auf ganz ähnliche Weise wie Mr. Bishop zu erzählen, gefiel ihm die Theatralik seines Gastes nicht ganz. Es verstärkte sein Misstrauen gegenüber seinem Gast und bremste die wachsende Freundlichkeit, die das Mittagessen begünstigt hatte. Dennoch erkannte er, dass die Chancen gut standen, seine hundert Pfund zurückzubekommen, möglicherweise mit Zinsen – und die Zinsen würden sich auf fünfzig oder sechzig Pfund belaufen. Und hundertfünfzig Pfund erschienen ihm als eine enorme Summe. Dann kam ihm der Gedanke, dass Mr. Bishop wahrscheinlich nicht wirklich hinter irgendetwas her war und dass er Mr. Bishop gegenüber ungerecht gehandelt hatte.

"Verheiratet?" fragte er beiläufig.

„Angmering? Nein. Er hat nie geheiratet. Du weißt vermutlich so gut wie jeder andere, was für ein Typ er war. Auch keine Verwandten."

„Wer hat dann sein Geld verdient?"

„Nun", sagte Mr. Bishop mit ausgefeilter Leichtigkeit und ruhiger Art. „Ich habe einiges davon miterlebt. Und es gab eine Frau – eine junge Schauspielerin, über die man vielleicht, je weniger man sagt, desto besser – sie hat sich mit etwas davon beschäftigt. Und Sie haben sich mit etwas davon beschäftigt. Wir teilen es." es zu gleichen Dritteln.

„Das ist der Teufel, den wir machen!"

"Ja."

„Wie lange ist er schon tot?"

„Ungefähr fünf Wochen oder weniger. Ich bin so schnell wie möglich nach seiner Beerdigung abgereist Ich wollte kommen, und ich habe dort einen sehr guten Anwalt – und ich bin auch heute Morgen hier gelandet, und genau genommen hätte ich Ihnen wohl telegraphieren sollen besser durch Mundpropaganda.

„Ich wünschte, Sie würden es erklären", sagte Herr Prohack. „Du sagst, er sei schon lange reich, aber er hat seine Schulden mir gegenüber nicht beglichen, und trotzdem macht er ein Testament und hinterlässt mir ein Drittel seines Vermögens. Er braucht eine Erklärung, nicht wahr?"

Herr Bishop antwortete:

„Das tut es und das tut es auch nicht. Du wusstest, dass er ein Meister im Aufschieben ist, der arme alte Kerl. Zutiefst ungeschäftsmäßig. Es ist erstaunlich, wie ungeschäftsmäßig erfolgreiche Männer sind! Er hatte immer vor, nach England zu kommen, um dich zu sehen; aber er fand nie Zeit." Er hat ständig von dir geredet –"

„Aber wissen Sie", mischte sich Herr Prohack ein, „dass ich von diesem Tag bis heute kein einziges Wort von ihm gehört habe? Nicht einmal eine Ansichtskarte. Und außerdem habe ich noch nie ein einziges Wort *von* ihm gehört." ."

„Das war genau wie Silas! Einfach!... Er starb bei einem Autounfall. Er war vollkommen bei Bewusstsein und wusste, dass er nur noch wenige Stunden zu leben hatte. Wirbelsäule. Er machte sein Testament im Krankenhaus und starb vor etwa ein paar Jahren Stunden nachdem er es geschafft hatte, war ich selbst nicht in New York.

"Gut gut!" murmelte Herr Prohack. „Armer Kerl! Na ja! Das ist die erstaunlichste Geschichte, die ich je in meinem Leben gehört habe."

„Es *ist* ziemlich seltsam", gab Herr Bishop mitfühlend zu.

Es herrschte Stille – respektvoll gegenüber der Erinnerung an die Toten. Der Kaffeeraum der Mitglieder schien Mr. Prohack tausend Meilen entfernt zu sein, und das Gespräch mit seinen Freunden am Tisch in der Fensternische schien tausend Jahre her zu sein. In seinem Gehirn herrschte Anarchie, und über der Anarchie wehte wie eine Fahne die Frage: „Wie viel hat der alte Silas hinterlassen?" Aber der betrügerische Kerl ließ es nicht zu, dass sich die Frage äußerte – jedenfalls hatte er in diesem Ausmaß die Herrschaft über sich selbst. Er würde das Schweigen nicht brechen; er würde seine intensive Neugier verbergen; Er würde Softly Bishop zwingen, die höchste Tatsache aus eigener Initiative preiszugeben.

Und schließlich bemerkte Herr Bishop nachdenklich:

„Ja. Da der Umtausch so niedrig ist, können Sie nach Abzug aller Abzüge mindestens hunderttausend Pfund in bar erhalten."

„Tut ich das wirklich?" sagte Herr Prohack ebenfalls nachdenklich.

KAPITEL III
DAS GESETZ

Sein ruhiger Ton verschleierte die immense Anarchie in seinem Inneren. Silas Angmering war offenbar ein sogenannter Profiteur gewesen. Er hatte sein Geld „mit dem Krieg" verdient. Und Silas war ein Engländer. Während Engländer und später auch Amerikaner ihr Leben, ihren Verstand, ihr Vermögen, ihre Gliedmaßen, ihr Sehvermögen und ihre Gesundheit aufgegeben hatten, war Silas reich geworden. Daran war nichts besonders Ungewöhnliches. Herr Prohack hatte selbst in dem Club, in dem er jetzt Softly Bishop unterhielt, einen Mann gesehen, der in Frankreich einen Arm zurückgelassen hatte, wie er mit einem Mann plauderte und lachte, der über eine Million Pfund zugenommen hatte, indem er dem großen Grundsatz folgte, dass a Die Ware ist so viel wert, wie sie einbringt, wenn die Menschen sie dringend haben wollen und es an ihr mangelt. Auch Mr. Prohack hatte oft mit diesem gleichen Millionär geplaudert und gelacht, der zufällig ein recht fröhlicher und großzügiger Kerl war. Herr Prohack hätte mit Barabbas geplaudert und gelacht, da er davon überzeugt war, dass Ungerechtigkeit eher das Ergebnis von Umständen als von vorsätzlicher Unverschämtheit ist. Er verurteilte selten. Er hatte Silas Angmering sehr gemocht, einen wirklich gebildeten und wohlmeinenden Mann mit einer seltsamen, bedauerlichen Wendung in seinen Kompositionen. Dass Silas Profit gemacht hätte, als er die Gelegenheit dazu bekam, war nur natürlich. Die meisten Männer würden das Gleiche tun. Die meisten Helden würden dasselbe tun. Der Mann mit einem Arm würde möglicherweise dasselbe tun.

dich nicht ausgeplündert hat) und dem Teilen seiner Beute gab es eine Lücke, eine Kluft.

Wenige Tatsachen verschafften Herrn Prohack eine gelassenere und stolzere Befriedigung als die Tatsache, dass er durch den Krieg materielle Verluste erlitten hatte. Er war überaus froh darüber, dass er verloren hatte und dass die Regierung, sein Arbeitgeber, ihn schlecht behandelt hatte ... Und nun der Erbe eines Profits zu werden! Das war noch nicht alles! Miterbin einer Frau von zweifelhaftem Ruf und von Mr. Softly Bishop zu werden! Er wusste nichts über die Frau und dachte sich nichts. Aber er wusste ein wenig über Mr. Softly Bishop. Mr. Bishop, so hieß es früher im Club, hatte nie einen Freund gehabt. Er hatte die übliche Anzahl an Bekanntschaften, aber keine innigere Beziehung. Mr. Prohack hatte in früheren Zeiten Mr. Bishop schon lange nicht mehr wirklich gehasst; aber er war überrascht gewesen, wie viel aktive Abneigung der Kontakt mit Mr. Bishop bei anderen Mitgliedern des Clubs hervorrief. Warum so eine Abneigung? Lag es an seinem fetten, roten

Gesicht, seiner Brille, seiner verschwörerischen Art, seinem Ton und seinem Gang, der Ausgeglichenheit seines Temperaments, seiner Vorsicht, seinem Geheimnisvollen? Niemand wusste. Am Ende war es Herrn Prohack auch gelungen, ihn nicht zu mögen. Aber Mr. Prohack brachte einen Grund vor, und dieser Grund war Mr. Bishops Vorname. Als Mr. Prohack von Argumentanten darauf hingewiesen wurde , dass Mr. Bishop nicht für seinen Vornamen verantwortlich sei, antwortete Mr. Prohack, dass die Mentalität von Eltern, die einem unschuldigen Kind den Vornamen Softly geben könnten, unverständlich und in a in hohem Maße verdächtig, und dass daher nach den bekannten Gesetzen der Vererbung etwas teuflisch Seltsames in der Mentalität ihrer Nachkommen sein muss – insbesondere angesichts der Tatsache, dass die Nachkommen vorgaben, sich des christlichen Namens als einem schönen alten englischen Namen zu rühmen. NEIN! Mr. Prohack könnte die gemeinsame Erbschaft mit einer weit entfernten, zweifelhaften Frau ertragen; aber würde er es ertragen, das gemeinsame Erbe mit Softly Bishop anzutreten? Es würde eine Freundschaft mit Mr. Bishop erfordern. Es würde ihn für immer mit Mr. Bishop verbünden.

Diese verschiedenen Überlegungen hatten jedoch wenig mit der immensen inneren Anarchie zu tun, die Mr. Prohacks Tonfall verdeckt hatte, als er nachdenklich murmelte: „Tue ich das wirklich?" Die Unruhe war fast ausschließlich auf die große kaiserliche Freude über die Aussicht auf unmittelbaren Reichtum zurückzuführen. Die Herkunft des Reichtums spielte für ihn kaum eine Rolle. Die Assoziationen des Reichtums berührten ihn kaum. Er verstand blitzschnell die tiefe Weisheit des alten Sprichworts (dessen Wahrheit er bisher oft geleugnet hatte), dass Geld keinen Geruch hat. Vielleicht sprächen vierzig gute Gründe dagegen, das Erbe anzunehmen, aber sie waren alle lächerlich. Sollte er seinen Anteil am Geld Softly Bishop und der Vampirfrau überlassen? Eine solche Vorstellung war idiotisch. Es widersprach dem robusten und sachlichen gesunden Menschenverstand, der stets sein Handeln – wenn nicht sogar seine Theorien – prägte. Seine Frau sollte nicht länger gezwungen sein, die Verwendung ihrer Haushaltszulage mühsam zu planen. Nie wieder sollte es eine Frage nach einem neuen Kleid für seine Tochter geben. Er war sich vor allem einer triumphalen, beschützenden und verwöhnenden Zärtlichkeit gegenüber seinen Frauen bewusst. Er würde seinen Frauen gegenüber absurd sein. Er würde ihre Charaktere durch Freundlichkeit und durch Einladungen zu Launenhaftigkeit und Anspruchslosigkeit sowie teuer und sinnlos ruinieren. Sie haben es wirklich verdient. Er wollte schreien und singen und allen sagen, dass er in Zukunft keinen verdammten Unsinn von irgendjemandem mehr ertragen würde. Er würde seinen Willen durchsetzen.

"Warum!" dachte er und richtete sich auf. „Ich habe in etwa anderthalb Minuten alle Besonderheiten eines Millionärs entwickelt."

Und wieder rief er vor sich hin, in dem riesigen und unvollkommen erforschten Dschungel, den jeder Mann sein Herz nennt:

„Ah! Ich hätte es nicht ertragen können, einen meiner Schläger aufzugeben! Nein! Ich habe mich selbst getäuscht. Ich hätte es nicht tun können! Ich hätte es nicht tun können! Alles andere als das. Ich sehe es jetzt ... Übrigens, ich frage mich, was alle sagen werden, wenn sie es wissen!

In dem Moment, als Herr Prohack seine schlecht bezahlte finanzielle Arbeit für die Nation im Finanzministerium hätte wieder aufnehmen sollen, schlug Bishop in seiner beiläufigen, murmelnden Art vor, dass sie vielleicht dem Stadtanwalt einen Besuch abstatten würden, der für ihn und ihn in England tätig war das Angmering-Anwesen. Herr Prohack meinte dagegen, dass ihn die nationale Pflicht woanders hinrufe.

„Spielt das jetzt eine Rolle?" sagte Bishop, und sein Akzent war bedeutungsvoll.

Herr Prohack erkannte, dass es keine Rolle spielte und dass in Zukunft jede Nation, die seine Bürozeiten nicht mochte, sie über einen Kamm scheren musste. Er hatte große Angst, auf dem Weg mit Bishop aus dem Club einem Kumpel zu begegnen. Wenn ja, was sollte er sagen, wie sollte er die Situation bewältigen? (Denn er fühlte sich auf mysteriöse Weise schuldig, genau wie er sich eine Stunde zuvor schuldig gefühlt hatte. Nicht schuldig als Erbe insbesondere der Profitgier, sondern einfach schuldig als Erbe. Es wäre vielleicht anders gewesen, wenn er in angemessenen Raten an das Geld gekommen wäre , sagen wir, alle sechs Monate fünftausend Pfund, aber hunderttausend unverdiente Zuwächse auf einen Schlag...!) Zum Glück waren die Kumpane immer noch im Raucherzimmer. Er fegte Bishop heimlich und schnell aus dem Club. Bishop hatte ein großes Auto vor der Tür warten lassen.

III

Er äußerte sich nicht zum Auto, und Herr Prohack äußerte sich auch nicht. Aber Herr Prohack interessierte sich sehr für das Auto – er, der sich nie für Autos interessiert hatte. Und er interessierte sich für die Kleidung und das Verhalten des Chauffeurs. Er interessierte sich tatsächlich für alle möglichen neuen Dinge. Das Schaufenster einer Immobilienmaklerfirma, die sich auf Landhäuser, Juweliergeschäfte, große Hotels, die Werbung für Theater und Konzerte, die Lokale von Koffermachern und historischen Antiquariaten sowie auf ebenso historische Weine spezialisiert hatte – Kaufleute. Er sah sie alle mit einem neuen Blick. London öffnete ihm plötzlich seine Möglichkeiten wie eine Knospe ihre Blütenblätter öffnet.

„Sie haben mir kein schlechtes Auto gemietet“, sagte Bishop schließlich mit beiläufiger Zustimmung.

„Sie haben es angeheuert?“

"Oh ja!"

Und kurz darauf sagte Bishop:

„Es ist fantastisch, wie viele Autos in Amerika im Einsatz sind. Sie wissen, es ist eine buchstäbliche Tatsache, dass fast jede amerikanische Familie ein Auto hat. Wenn zum Beispiel in New York eine große Streikversammlung stattfindet, sind alle Straßen in der Nähe der Halle davon betroffen.“ mit Autos blockiert.“

Herr Prohack hatte Stoff zum Nachdenken. Seine Lebenseinstellung änderte sich.

Und später sagte Bishop, wiederum ohne jeglichen Sachverhalt:

„Natürlich ist es nur zu wahr, dass der Wert des Geldes um etwa die Hälfte gesunken ist. Aber andererseits haben sich die Zinsen etwa verdoppelt. Man kann heutzutage zehn Prozent auf ziemlich sichere Sicherheit bekommen. Sogar Regierungen müssen etwa sieben Prozent zahlen – wie du weißt."

„Ja“, stimmte Herr Prohack zu.

Zehntausend Pfund pro Jahr!

Und dann dachte er:

„Was für eine höllische Plage wäre es, wenn es eine Revolution gäbe! Oh! Aber es könnte keine geben. Das ist undenkbar. Revolution überall, ja; aber nicht in England oder Amerika!“

Und er erkannte mit der vernünftigsten und beständigsten Einsicht, dass die letzte Pflicht einer Regierung darin bestand, für Ordnung zu sorgen. Es muss Veränderung geben, aber lasst die Veränderung schrittweise geschehen. Ungerechtigkeiten müssen behoben werden, selbstverständlich, aber ohne Aufruhr! Doch im Club hatten einige der Kumpanen (darunter auch er) oft, nachdem sie gegen Profiteure und die Habgier der Gewerkschaften gewettert hatten, behauptet, dass „eine gute rote Revolution“ die einzige Möglichkeit sei, diesen beiden Vernunft einzuhauchen Klassen.

Das Auto geriet in der Nähe des Mansion House in einen Stau und es begann zu regnen. Die beiden Insassen des Wagens beobachteten einander verstohlen, gegenseitig misstrauisch, wie Hunde. Gesprächsfetzen waren durch lange Pausen voneinander getrennt. Mr. Prohack fragte sich, was zum Teufel Bishop getan hatte, dass Angmering ihm hunderttausend Pfund hinterlassen hatte. Er versuchte, Trauer über den tragischen und frühen Tod seines alten Freundes Angmering zu empfinden, aber es gelang ihm nicht. Zweifellos war das Scheitern darauf zurückzuführen, dass er Angmering so viele Jahre lang nicht gesehen hatte.

Schließlich sagte Herr Prohack plötzlich, die Hände in den Taschen, die Beine ausgestreckt, den Blick erhoben:

„Ich nehme an, es hält Wasser?"

„Was? Das Dach des Autos?"

„Nein. Das Testament."

Mr. Softly Bishop lachte kurz, antwortete aber nicht weiter.

IV

Der Wagen hielt schließlich vor einem riesigen neuen Gebäudeblock, und die Erben schwebten in einem gepolsterten Aufzug, der von einem strahlend uniformierten Wärter bedient wurde, in den fünften Stock. Herr Prohack sah „Smathe und Smathe" in Goldschrift auf einer Glastür. Das Auskunftsbüro glich dem Vorzimmer eines Restaurants, so wie das ganze Gebäude einem schicken Hotel ähnelte. Überall waren Mosaikböden verlegt.

„Mr. Percy Smathe?" forderte Bishop von einem Angestellten, dessen Kopf im weißen Glanz einer Lampe mit grünem Schirm glitzerte.

„Ich werde sehen, Sir. Bitte betreten Sie das Wartezimmer." Und er winkte gönnerhaft und nachlässig mit der Hand. "Welcher Name?" er fügte hinzu.

„Hast du meinen Namen schon vergessen?" Herr Bishop erwiderte scharf. „Bischof. Sagen Sie Mr. Percy Smathe, dass ich hier bin. Bitte sofort."

Und er führte Herrn Prohack in das Wartezimmer, eine prächtige Wohnung mit Buntglasfenstern, die in Chippendale ähnlich, aber viel schöner, wie die Einrichtung von Herrn Prohacks eigenem Haus eingerichtet war. Auf dem Tisch lagen Zeitungen und Zeitschriften. Nicht *The Engineering Times* vom April des Vorjahres oder eine *Ausgabe* des letzten Jahrzehnts, sondern *The Vaccination Record*; aber solche Dinge wie der aktuelle *Tatler, Times, Economist* und *La Vie Parisienne*.

Herr Prohack hatte unangenehme Bedenken. Schon seit einigen Minuten dachte er: „Angenommen, mit diesem Testament *ist* etwas nicht stimmt!" Er hatte wenig Vertrauen zu Mr. Softly Bishop. Und jetzt machte ihm der Anblick der Anwaltskanzlei Angst. Es war ihm, einem bevorzugten Treuhänder seiner Verwandten und Freunde, passiert, dass er die Büros einiger der ersten Anwaltskanzleien in Lincoln's Inn Fields besuchte. Sie haben diese Höhlen durch eine schmutzige Tür, einen schmutzigen Korridor und eine weitere schmutzige Tür betreten. Sie wurden von einem schäbigen Angestellten verhört, der auf einem schäbigen Stuhl an einem schäbigen Schreibtisch in einem schäbigen Büro saß. Und schließlich, nach einer Pause in einem Kämmerchen, mit dem sich nicht einmal „ *The Anti-Vaccination Record*" *rühmen konnte* , wurden Sie durch einen schmutzigeren Gang in einen schmutzigsten Raum gefahren, dessen Fenster durch Generationen von Dreck verdeckt waren, und in diesem Raum saß ein blitzsauberer Anwalt von großem Namen, der wahrscheinlich ein ehemaliger Präsident der Incorporated Law Society war. Die Büros von Smathe und Smathe entsprachen in besorgniserregender Weise Mr. Prohacks Vorstellung davon, was ein Eimerladen sein könnte. Herr Prohack hatte größte Angst um seine hunderttausend Pfund.

„Das ist der neue Stil der Anwaltskanzlei", sagte Bishop, der eine unheimliche Gabe zu haben schien, Gedanken zu lesen. „Sehr große Firma. Angloamerikanisch. Smathe und Smathe sind zwei Cousins. Percys Amerikanerin. Englische Mutter. Sie sind auf das spezialisiert, was ich das internationale Komplikationsgeschäft nennen würde, angenehme und unangenehme."

Herr Prohack fühlte sich nicht nennenswert beruhigt. Dann betrat ein adretten, jungen Mann mit einer Nelke im Knopfloch den Raum und begrüßte Bishop mit deutlich amerikanischem Akzent.

„Hier bin ich wieder", sagte Bishop knapp. „Herr Prohack, darf ich Ihnen Herrn Percy Smathe vorstellen?"

„Herr Prohack, ich freue mich, Ihre Bekanntschaft zu machen."

Herr Prohack erblickte das offene, ehrliche Gesicht des Anwalts, hörte seinen Tonfall äußerster Ehrerbietung und bemerkte, dass er in den Verhörraum gekommen war, um seine Mandanten abzuholen.

„Dafür gibt es nur eine Erklärung", sagte sich Herr Prohack. „Ich bin ein wirklich reicher Mensch."

Und in Mr. Percy Smathes Privatzimmer lauschte er, wenn auch nachlässig, einer langen juristischen Anhörung. Details interessierten ihn nicht. Er wusste, dass es ihm gut ging.

KAPITEL IV:
EVAS KOPFSCHMERZEN

ICH

An diesem Nachmittag kam Herr Prohack gerade noch vor Ladenschluss in seine Bank zurück. Er hatte sich fahrlässig geweigert, einen sehr diskreten Hinweis von Mr. Percy Smathe zu verstehen, dass er, wenn er Bargeld wollte, es haben könnte – in großen Mengen. Dennoch hatte er den Wunsch, mehr Geld als sonst in der Tasche zu haben, und er befriedigte diesen Wunsch bei der Bank, wo das Septemberquartal seines Jahresgehalts fast intakt war. Seine Bank befand sich in der Nähe des Hanover Square, was für ihn ungünstig war, aber er hatte sich für diese Filiale entschieden, weil deren Manager zufällig ein Freund von ihm war. Der Prohack-Account hat dem Manager persönlich nichts gebracht und dem riesigen Unternehmen, dessen Filialleiter der gut gekleidete, gut sprechende Leibeigene war, nur einen verschwindend geringen Nutzen. Der Körper war eine Art Schwamm, der zwar außerordentlich saugfähig war, aber nicht zusammengedrückt werden konnte. Der Manager konnte Herrn Prohack in einer Finanzkrise nicht den geringsten Nutzen bringen, da er befugt war, ohne Zustimmung der Zentrale keinerlei Entgegenkommen zu gewähren. Dennoch war Mr. Prohack, ein energischer Sentimentalist, wie es alle wahrhaft weisen Männer sind, gerne bei einem Freund auf der Bank. Bei dieser Gelegenheit traf er sich mit dem Filialleiter namens Insott, erklärte ihm, dass er einen Rat wünsche, und vereinbarte einen Termin für ein Treffen mit Letzterem in dessen Club, dem Oriental, um halb sechs.

Daraufhin kehrte er ins Finanzministerium zurück und verbreitete aus reiner Fantasie die interessante Nachricht, dass er sich beim Mittagessen einen Backenzahn gebrochen hatte und seinen Zahnarzt in Putney aufsuchen musste. Sein Kollege Hunter bemerkte ihm gegenüber, dass er für einen Mann mit einem abgebrochenen Zahn seltsam fröhlich wirkte, und Mr. Prohack antwortete, dass ein Philosoph immer über Kraftreserven in sich verfüge. Dann zwinkerte er – ein Phänomen, das im Finanzministerium bisher unbekannt war. Er blieb so lange in seinem Büro, dass er zwei Putzfrauen kennenlernte, die er höflich tröstete. Er unterlag in der darauffolgenden Begegnung und quittierte dies mit zwei halben Kronen.

Im Oriental Club erzählte er Insott, dass er vielleicht bald etwas Geld zum Investieren haben würde; und er war verblüfft und traurig, als er feststellte, dass Insott fast nichts über aufregende Investitionen oder überhaupt irgendetwas wusste, außer über die Strapazen einer U-Bahn-Fahrt nach Golder's Green. Insott war in einen beklagenswerten Zustand versunken. Als

Insott ihm vertraulich das Gehalt eines Filialleiters eines Großkonzerns in der Nähe von Hanover Square mitteilte und nebenbei erwähnte, dass ein Bankangestellter ohne die schriftliche Zustimmung des Großkonzerns nicht heiraten dürfe, verstand Herr Prohack dies und entschuldigte sich tiefer, beklagenswerter Groove. Insott konnte sich einen Schläger leisten, einfach weil sein Vater, der einst gefeierte Experte für japanische Rüstungen, ihm einhundertfünfzig pro Jahr hinterlassen hatte. Verglichen mit der Masse der Filialleiter war Insott ein freier und unkomplizierter Plutokrat.

Als er den Oriental verließ, seufzte Mr. Prohack: „Armer Insott!" Eine kräftige, ja sogar jubelnde Fröhlichkeit wuchs jedoch stetig in ihm. Der arme Insott, der nicht wusste, dass er mit einem Mann mit einem gesicherten Einkommen von zehntausend Pfund pro Jahr gesprochen hatte, hatte diesem Mann unbewusst dabei geholfen, das Wunder seines eigenen Glücks zu verwirklichen.

Mr. Prohacks Heimweg führte etwa über einen großen Wohnplatz und entlang erstklassiger Wohnstraßen. Alle Häuser waren groß und wirkten im schwachen Oktobernebel größer. Es war die Stunde nach dem Anzünden und vor dem Zuziehen der Jalousien und Vorhänge. Herr Prohack erhaschte Einblicke in riesige und prachtvolle Innenräume – einige direkt am Himmel, andere auf dem Boden – mit geschnitzten Decken, reichen Kandelabern, schwer gerahmten Bildern, mächtigen Möbeln, Statuen und großartigen und lässigen Dienern, die mit der angenehmen Aufgabe beschäftigt waren diese Innenräume vor dem vulgären Blick zu schützen. Das Spektakel ging immer weiter, eintönig. Die Abfolge der Paläste der Reichen nahm kein Ende. Dann wurde es unterbrochen, während Mr. Prohack eine Hauptverkehrsstraße überquerte, wo Dutzende junger Frauen gegen ein paar Männer um Plätze in glitzernden Autobussen kämpften, in denen bereits erfolgreiche Kämpfer Platz suchten. Und dann würde es in seiner Majestät wieder aufgenommen werden.

Der Anblick der Straßenreisenden brachte Mr. Prohacks Gedanken zurück zu Insott. Er empfand leidenschaftliches Mitgefühl für die Insotts dieser Welt und auch für die Prohacks von sechs Stunden zuvor. Früher hatte sich Herr Prohack in einfacheren Verhältnissen befunden; Aber diese Umstände hatten sich dank des Ehrgeizes von Staatsmännern und Generälen und der Einfachheit der Öffentlichkeit allmählich von leicht zu bedrückend gewandelt. Er erkannte mit schrecklicher Klarheit, vor welchem Schicksal das Angmering-Wunder ihn und die Seinen gerettet hatte. Er wollte die Gesellschaft im Interesse derer neu aufbauen, denen kein Wunder widerfahren war. Er wollte allen übermäßigen Reichtum abschaffen; und mit „übermäßig" meinte er jedes Maß an Reichtum, das über das hinausging, was für sein vollkommenes Wohlbefinden nötig wäre, Mr. Prohack – ein vernünftiger Mann, wenn es jemals einen gab! Sollte er sein Vermögen nicht der großen Sache des Wiederaufbaus der Gesellschaft widmen? Konnte er sein Vermögen genießen, während die Gesellschaft nicht wieder aufgebaut wurde? Nun, Gesellschaften konnten nicht dadurch wieder aufgebaut werden, dass Vermögen für die Arbeit aufgewendet wurden. Darüber hinaus würde man ihn als Spinner betrachten, wenn er einen solch extremen Weg einschlagen würde, und er hätte es nicht ertragen können, als Spinner angesehen zu werden. Er verabscheute Spinner mehr als Mörder oder sogar Profiteure. Was den Genuss seines Glücks unter den gegenwärtigen Umständen betraf, glaubte er, dass es ihm vielleicht gelingen würde, und dass es auf jeden Fall seine Pflicht sei, es zu versuchen. Er war bedauerlicherweise inkonsequent.

II

Nachdem Herr Prohack sozusagen heimlich in sein Haus eingedrungen war und seinen Kindern aus dem Weg gegangen war, spähte er durch die halboffene Tür zwischen dem Eheschlafzimmer und dem kleinen Nebenzimmer, das ein Ankleidezimmer hätte sein sollen, das aber Frau Prohack als sie bezeichnete Boudoir. Er sah sie seitlich vor dem langen Spiegel stehen, mit hübsch geschwungenem Körper und über die Schulter gedrehtem Kopf, sodass sie im Spiegel drei Viertel ihres Rückens sehen konnte. Eine Haltung, die Herrn Prohack vertraut war und die ihm gefiel! Sie trug das chinesische Gewand des Morgens, aber er bemerkte, dass sie etwas damit gemacht hatte. Er machte ein scharfes Geräusch mit der Türklinke. Sie schrie und zuckte zusammen, und sobald sie sich erholt hatte, tadelte sie ihn, und sobald sie ihn tadelte, fragte sie ihn ängstlich, was er von dem Gewand halte, und erklärte, dass es wirklich zu schade für einen Morgenmantel sei, das mit Die sorgfältige Behandlung, die es für immer tragen würde, dass es jetzt nicht für hundert Pfund oder mindestens achtzig Pfund hätte gekauft werden können, dass es im Wesentlichen vielen Kleidern weit überlegen war, die von Frauen getragen wurden, die mehr Geld und weniger Geschmack hatten als sie selbst, dass sie hatte es in ein Abendkleid für ruhige Abende zu Hause verwandelt und dass sie dies im Rahmen ihres Teils des New Economy-Programms getan hatte. Es würde alle ihre anderen Kleider retten, und was einen Morgenmantel angeht, hatte sie zwei alte in ihren Reserven.

Mr. Prohack küsste sie und sagte ihr, sie solle sich auf das kleine Sofa setzen.

„Um die Wirkung im Sitzen zu sehen?" Sie fragte.

„Wenn Sie möchten", sagte er.

„Dann interessiert es dich nicht? Du findest es lächerlich?" sagte sie besorgt, als sie sich gesetzt hatte.

Er antwortete und stand vor ihr:

„Sie kennen das Oxford Concise Dictionary, das ich kurz vor dem Krieg gekauft habe? Wo ist es?"

„Arthur!" Sie sagte. „Was ist los mit dir? Du siehst so seltsam aus. Ich nehme an, dass du das Wörterbuch dort hast, wo du es aufbewahrst. *Ich* rühre es nie an."

„Ich möchte, dass Sie mich daran erinnern, heute Abend das Wort ‚Wirtschaft' zu streichen. Tatsächlich denke ich, dass ich besser die ganze Seite herausreißen sollte."

„Arthur!" rief sie erneut. „Bist du krank? Ist etwas Schlimmes passiert? Ich warne dich, ich kann heute nicht mehr viel aushalten."

„Es ist etwas sehr Ernstes passiert", antwortete der unverbesserliche Herr Prohack. „Vielleicht ist alles zum Besten, es kann aber auch zum Schlimmsten sein. Kommt darauf an, wie man es betrachtet. Wie dem auch sei, ich bin fest entschlossen, es Ihnen zu sagen. Natürlich sollte ich nicht im Traum daran denken, es jemand anderem zu erzählen, bis ich es Ihnen gesagt habe." ." Er setzte sich neben sie. Auf dem Sofa war gerade noch Platz für sie beide.

"Oh je!" seufzte Frau Prohack besorgt und streckte instinktiv ihren Arm aus und löschte eines der Lichter.

Er war berührt von ihrem Manöver, halb Sparsamkeit, halb Koketterie, mit der chinesischen Kleidung. Noch mehr berührte ihn die Geste, ein Licht auszulöschen. Seit ein oder zwei Jahren hatte Mrs. Prohack die Theorie aufgestellt, dass eine durchschnittliche Helligkeit ihre Augen auf die Probe stellte, und dass der Haushalt es nun gewohnt war, abends in den Räumen zu dämmern. Mr. Prohack wusste, dass die jüngste Vorliebe für Dunkelheit nichts mit ihren Augen, sondern vielmehr mit ihrem Alter zu tun hatte, aber er gab vor, sich von ihrer Doppelzüngigkeit täuschen zu lassen. Nicht für Millionen hätte er ihr Anlass zu der Annahme gegeben, dass er nicht vollkommen getäuscht wurde. Er verstand und sympathisierte mit ihr in all ihren Erscheinungsformen. Er wählte keine ausgewählten Teile ihres Charakters aus, um ihn zu mögen, während er den Rest nicht mochte oder missbilligte. Er nahm sie ungeteilt, ohne Chip und mochte sie in ihrer Gesamtheit. Es war sehr seltsam.

Als er sie heiratete, hatte er angenommen, dass er sie liebte, war sich aber nicht sicher. Dreizehn oder vierzehn Jahre lang hatte sie das Band zwischen ihnen durch ihre Launen, Unlogiken und Perversitäten gefährdet und durch ihre bezaubernden Liebesbekundungen gerettet. Während dieser Zeit war er sozusagen neutral geblieben – ein teilnahmsloser Zuschauer ihrer

Vereinigung mit einem Mann, der zufällig er selbst war. Er hatte alle ihre Fehler beobachtet und abgewogen und war zu dem Schluss gekommen, dass sie nicht schlechter war als andere Frauen, die er respektierte. Er fragte sich weiterhin, was sie zusammenhielt. Endlich, und zwar sehr langsam, hatte er begonnen, eine Offenbarung zu bekommen, nicht von ihr, sondern von sich selbst. Er vermutete, dass er zutiefst in sie verliebt sein musste und dass seine ursprüngliche Annahme weit mehr als zutreffend war – sie war ein Volltreffer. Seine Liebe entwickelte sich zu einer Leidenschaft, nicht zu einer Ihrer überschäumenden, glühenden Affären, sondern zu etwas so Ruhigem wie einer englischen Landschaft, mit weißer Hitze weit, tief unter der Oberfläche.

Er fühlte, wie schön und amüsant es war, eine echte, unheilbare, unlogische Leidenschaft für eine Frau zu hegen – eine Leidenschaft, die fast ein Instinkt war. Er kultivierte es bewusst, verweilte darin und genoss es. Es gefiel ihm, darüber nachzudenken. Er war der Ansicht, dass es sich um die befriedigendste Erfahrung im gesamten Bereich der Gefühle handeln müsse und dass keine andere irdische Erfahrung irgendeiner Art an diese Erfahrung herankommen könne. Er machte diese Entdeckung für sich selbst, mit den gleichen Empfindungen, als hätte er einen neuen Stern oder die Blutzirkulation entdeckt. Natürlich wusste er, dass zwei Drittel der fantasievollen Literatur der Welt auf dieser großen menschlichen Entdeckung basierten und sie veranschaulichten, und dass er daher nicht gerade ein Pionier war. Egal! Dennoch war er ein Pionier.

„Erinnern Sie sich an einen Kerl namens Angmering?" Er begann mit einem Ton äußerst vertrauensvoller Intimität – ein Ton, der seiner Frau immer schmeichelte und sie entzückte.

"Ja."

"Wie war er?"

„War er nicht der Mann, der mit der Frau von Ronnie Philps davonlief und es sich anders überlegte und sie in Crewe aus dem Zug holte und sie in den Londoner Zug setzte, der am anderen Bahnsteig stand, und sie ohne ein… zurückließ? Ticket? War es Crewe oder Rugby – ich habe vergessen, welches?"

„Nein, nein. Ihr seid alle durcheinander. Das war nicht Angmering."

„Nun, du hast so lustige Freunde, Liebling. Dann erzähl es mir."

„Angmering ist nie mit jemand anderem als sich selbst weggelaufen. Er ging nach Amerika und bevor er ging, habe ich ihm hundert Pfund geliehen."

„Arthur, ich schwöre, dass du mir das damals nie erzählt hast. Tatsächlich hast du immer klar gesagt, dass du niemandem Geld leihen würdest. Du hast es mir versprochen. Ich hoffe, er hat es dir zurückgezahlt.“

„Das hat er nicht. Und ich habe gerade gehört, dass er tot ist.“

„Ich spürte, dass das kommen würde. Ja. Ich wusste von dem Moment an, als du anfingst zu reden, dass es so etwas war. Und gerade als wir mit diesen hundert Pfund auskommen konnten – Gott weiß! Oh, Arthur!“

„Er ist tot“, sagte Mr. Prohack entschieden, „aber er hat mir zehntausend im Jahr hinterlassen. Ha, ha! – Ha, ha!“ Er legte seine Hand auf ihre weiche Schulter und zwinkerte triumphierend.

<h2 style="text-align:center">III</h2>

„Dollars natürlich“, sagte Frau Prohack, nachdem sie sich verschiedene romantische Details angehört hatte.

„Nein, Pfund.“

„Und glaubst du es? Bist du sicher, dass dieser Mann, Bishop, nicht zu irgendeinem Spiel bereit ist? Du weißt, dass dich jeder besiegen kann, Süße.“

„Ja“, sagte Herr Prohack. „Ich weiß, dass ich der größte und süßeste Idiot bin, den der Allmächtige je erschaffen hat. Aber ich glaube es.“

„Aber *warum* sollte er dir so viel Geld hinterlassen? Das ist nicht einleuchtend.“

„Das ist nicht der Fall. Aber wissen Sie, der arme Kerl musste es *jemandem überlassen* . Und er hatte keine Zeit zum Nachdenken. Ich nehme an, er tat einfach das Erste, was ihm in den Sinn kam, und war froh, es hinter sich gebracht zu haben. Ich gehe davon aus, dass es ihm ziemlich viel Spaß gemacht hat, auch wenn er große Schmerzen hatte, was meiner Meinung nach nicht der Fall war.“

„Und wer ist Ihrer Meinung nach die Frau, die so viel hat wie Sie?“

„Ich sage es nicht, weil ich es nicht weiß.“

„Ich garantiere, *dass sie* ihm keine hundert Pfund geliehen hat“, sagte Mrs. Prohack entschieden. „Und Sie können so lange Sie wollen über Immobilien in Cincinnati reden – was ist Immobilien? Und nicht vorher.“

„Meine Dame“, antwortete Herr Prohack, „dann werde ich Ihnen nie eine Perlenkette schenken.“

Frau Prohack lachte.

„Das weiß ich", sagte sie.

Nach einer langen meditativen Pause, die ihr Mann nicht unterbrach, murmelte sie: „Ich nehme an, wir werden also das sein, was Sie reich nennen?"

„Manche Leute werden uns zweifellos als reich bezeichnen, andere nicht."

„Du weißt, dass wir nicht glücklicher sein werden", warnte sie ihn.

„Nein", stimmte Herr Prohack zu. „Es ist eine großartige Prüfung, abgesehen davon, dass sie sehr langweilig ist. Aber wir müssen durchhalten."

„ *Mir* wird es nicht anders gehen. Du darfst also nicht damit rechnen."

„Damit hätte ich nie gerechnet."

„Ich frage mich, was die Kinder sagen werden. Nun, Arthur, geh nicht und erzähl es ihnen beim Abendessen, während das Dienstmädchen da ist. Ich denke, ich werde sie jetzt abholen."

„Sie werden nichts dergleichen tun", sagte Herr Prohack scharf.

"Warum nicht?"

„Weil ich die Anstrengung, es ihnen heute Abend zu sagen, nicht ertragen kann. Ha-ha!" Er lachte. „Ich habe vor, darüber nachzudenken und es morgen zu erzählen. Für einen Tag habe ich genug Stress gehabt."

„Anstrengung, Liebling?"

„Anstrengung. Diese Extreme von Hitze und Kälte würden einen stärkeren Mann als mich auf die Probe stellen."

„Extreme Hitze und Kälte, Liebling?"

„Nun, denken Sie nur daran, wie kalt es heute Morgen war und wie warm es heute Abend ist."

„Du uriger Junge!" sie murmelte und bewunderte ihn. „Das verstehe ich durchaus. Ganz schön. Wie sensibel du bist! Aber das warst du ja schon immer. Jetzt hör mal zu. Soll *ich es* den Kindern erzählen?" Sie gab ihm einen langen Kuss.

„Nein", sagte er, tippte mit dem Finger auf ihre Wange und lächelte vage. „Nein. Du wirst nichts dergleichen tun. Aber du *kannst etwas* für mich tun."

"Ja?"

"Wirst Du es machen?"

"Ja."

"Was auch immer es ist?"

„Wenn du mir keinen Streich spielst.“

„Nein. Das ist kein Trick.

"Sehr gut, dann."

„Erstens müssen Sie einen Ihrer besten Kopfschmerzen haben. Zweitens müssen Sie sofort zu Bett gehen. Drittens müssen Sie etwas Eau de Cologne auf das Bett streuen, um die unteren Schichten zu täuschen. Viertens müssen Sie damit zufrieden sein Etwas Suppe für Ihr Abendessen, und ich schmuggle Ihnen etwas Nachtisch in meiner Tasche, wenn Sie hungrig sind. Fünftens müssen Sie Ihren Kindern sagen, dass Sie nicht gestört werden möchten.

„Aber du willst mich wie ein Baby behandeln.“

„Und wenn ich es tue! Kannst du nicht einmal ein Baby sein, um mir einen Gefallen zu tun?“

„Aber es ist zu lächerlich! Warum willst du, dass ich ins Bett gehe?“

„Du weißt warum. Trotzdem werde ich es dir sagen. Dir wird immer gerne gesagt, was du weißt – zum Beispiel, dass ich in dich verliebt bin. Ich kann es diesen Kindern heute Abend nicht sagen, und ich“ Ich werde es nicht tun. Der Aufruhr, der Konflikt der Ideen, die atmosphärische Unruhe, wenn sie sich kennenlernen, wird schrecklich sein, und ich muss heute Abend einfach keinen ruhigen Abend haben, um nachzudenken Glaubst du andererseits, ich könnte dir beim Abendessen gegenübersitzen und du wüsstest alles darüber und ich wüsste alles darüber und wir beide tun so, als ob nichts Ungewöhnliches in der Luft wäre? . Entweder du würdest die Show aufgeben, oder ich sollte in Gelächter ausbrechen. Nein, ich schaffe es nicht, wenn du da bist Ihr freundliches Versprechen und hüpfen Sie ins Bett.

Ohne ein weiteres Wort, aber mit einem äußerst rätselhaften Lächeln, ging Frau Prohack ins Schlafzimmer. Der Tyrann zündete sich eine Zigarette an und streckte sich auf dem Sofa aus. Er dachte:

„Sie ist eine großartige Frau. Sie versteht. Oder zumindest tut sie so, als ob sie es täte. Nun, wie viele Frauen in ähnlichen Umständen hätten …“ Usw. Usw.

Er lauschte ihren Bewegungen. Er hatte ihr nicht alles erzählt, zum Beispiel den profitgierigen Ursprung des Vermögens, und er fragte sich, ob er sich ganz nett benommen hatte, als er es nicht getan hatte.

„Arthur“, rief sie aus dem Schlafzimmer.

„Hallo?"

„Ich finde das wirklich zu albern."

„Du wirst nicht fürs Denken bezahlt, mein Mädchen."

Eine Pause.

„Arthur", rief sie aus dem Schlafzimmer.

„Hallo?"

„Sind Sie sicher, dass Sie es ihnen nicht herausplatzen lassen, wenn ich nicht da bin?"

Er antwortete nur: „Es tut mir leid, dass du so schreckliche Kopfschmerzen hast, Marian. Du hättest diese Kopfschmerzen nicht, wenn du meinen Rat befolgen würdest."

Eine Pause.

"Ich bin im Bett."

„In Ordnung. Bleib dort."

Als er seine Zigarette ausgeraucht hatte, ging er ins Schlafzimmer. Ja, sie lag tatsächlich im Bett.

„Du bist ein Schwein, Arthur. Ich frage mich, wie viele Frauen …"

Er legte seine Hand auf ihren Mund.

„Hör auf", sagte er. „Ich bin nicht wie du. Mir muss nicht gesagt werden, was ich bereits weiß."

"Aber wirklich-!" Sie senkte den Kopf zur Seite und begann zu lachen und lachte weiter, ziemlich hysterisch, bis sie nicht mehr lachen konnte. „Oh je! Wir sind das seltsamste Paar!"

„Es ist möglich", sagte er. „Du hast das Eau de Cologne vergessen." Er reichte ihr die Flasche. „Es ist durchaus möglich, dass wir das seltsamste Paar sind, aber dies ist ein sehr ernster Tag in der Geschichte der Familie Prohack. Die Familie Prohack hat gehungert, und jemand hat ihr ein riesiges Beefsteak gegeben. Jetzt ist es äußerst gefährlich, es zu geben." Ein Beefsteak für einen hungernden Menschen. Deshalb ist es so ernst. Deshalb muss ich Zeit zum Nachdenken haben.

Aus dem Wohnzimmer drang der Klang von Sissie, die einen Walzer auf dem Klavier spielte. Mr. Prohack begann ganz alleine mitten auf dem Schlafzimmerboden zu tanzen.

KAPITEL V
CHARLIE

ICH

Als Mr. Prohack in seiner ausgereiften, aber immer noch üppigen Samtjacke zum Abendessen herunterkam, fand er seinen Sohn Charlie vor, der in einem neuen dunkelbraunen Anzug am Kaminsims lehnte und „ *Der Besitzer-Fahrer"* *studierte* . Charlie schien nie etwas anderes als Zeitschriftenliteratur über Automobile, Kleinwagen, Beiwagen und Motorräder zu lesen; aber er las es gewissenhaft, unermüdlich und vollständig – Werbung und alles. Er las es, als wäre es ein endloser Roman voller Leidenschaft und er wäre eine müßige Frau, der die Gesellschaft entzogen war, nach der sich ihr Herz sehnte. Er besaß ein Motorrad, das er in einem Stall hinter dem Platz abstellte. Er hatte mehrere solcher Maschinen besessen; er kaufte, veränderte und verkaufte sie, offenbar immer mit eigenem Gewinn. Er hatte kein Interesse an nichtmechanischer Literatur oder irgendeiner der Künste.

„Deine Mutter ist mit Kopfschmerzen zu Bett gegangen", sagte Mr. Prohack mit einer deutlichen Anspielung auf Melancholie.

"Oh!" sagte der junge Mann apathisch. Sein Gesicht hatte einen müden, desillusionierten Ausdruck.

„Ist das das Neueste?" fragte sein Vater und deutete auf den neuen braunen Anzug. „Meine respektvollen Glückwünsche. Sehr schick, besonders in der Taille."

Für einen Jugendlichen, der nichts auf der Welt hatte außer dem, was von seinem Verwundungsgeld und anderen unbedeutenden militärischen Bezügen übrig blieb, und dem, was er mit dem Handel mit Motorrädern verdiente, gab Charlie viel für Kleidung aus. Seine Mutter habe seinem Vater geraten, „mit ihm darüber zu reden". Doch sein Vater lehnte jede Kritik mit der Begründung ab, Charlie habe in Mesopotamien, Italien und Frankreich gekämpft. Darüber hinaus hatte Charlie jede mögliche Kritik mit der Behauptung zurückgedrängt, dass nur gute Kleidung zwischen ihm und dem Ruin seiner Karriere stünde. „Wenn ich mich wie der Papa kleiden würde", hatte er einmal grimmig und düster bemerkt, „wäre das für mich der Anfang vom Ende."

"Schlau?" rief er jetzt und trat vor. "Sieh dir das an." Er streckte sein rechtes Bein ein wenig vor. „Sehen Sie sich diese Falte an. Sehen Sie, wo sie hinfällt?" Die Hosenfalte, die, wie alle weisen Männer wissen, genau in der Mitte der Stiefelschnürung hätte liegen sollen, fiel etwa einen Zoll nach links davon.

„Und ich habe diesen Anzug viermal anprobiert! Alle Bally-Schneider in London scheinen zu glauben, dass man nichts anderes zu tun hat, als anzurufen und anzuprobieren und anzuprobieren und anzuprobieren. Es scheint ihnen nie in den Sinn zu kommen, dass sie ihn anziehen." Ich kenne ihr Geschäft nicht. Wenn dieser Kerl jedoch denkt, dass ich diese Hose stecke, wird er morgen früh die Überraschung seines Lebens erleben. Der junge Mann sprach in einem Ton ernsten Abscheus.

„Mein Junge", sagte Mr. Prohack, „Sie haben mein tiefstes Mitgefühl. Ihr Leben muss durch diese Suche nach Perfektion furchtbar kompliziert werden."

„Ja, das ist alles sehr gut", sagte Charlie.

„Wo ist Sissie?"

„Gehängt, wenn ich es weiß!"

„Ich habe sie vor nicht einmal fünf Minuten Klavier spielen hören."

"Ich habe das auch so gemacht."

Dann intervenierte Machin, das Stubenmädchen:

„Miss Sissie hat einen Anruf bekommen und ist ausgegangen, Sir."

"Wohin?"

„Sie hat es nicht gesagt, Sir. Sie hat nur gesagt, dass sie nicht zum Abendessen kommen würde, Sir. Ich habe dafür gesorgt, dass sie es Ihnen selbst gesagt hat, Sir."

Die beiden Männer übermittelten einander durch ihre Augen ein einstimmiges Urteil über das gesamte weibliche Geschlecht und setzten sich allein zum Abendessen in das zerstörte Haus. Das Abendessen war äußerst sparsam, da dies der Eröffnungstag von Mrs. Prohacks neuer Ära intensiver Sparsamkeit war, aber die offensichtliche Freude Machins, nur Männer zu bedienen, verschönerte den kurzen Verlauf etwas. Charlie war wortkarg und knapp, wenn auch nicht unhöflich. Mr. Prohack, dessen private Hochstimmung nicht einmal durch die erstaunliche und unentschuldbare Abwesenheit seiner Tochter getrübt werden konnte, tat so, als würde er ein anständiges Weh tun, und plauderte, wie er es an einem nassen Sonntagabend im Club mit einem anderen Clubmitglied getan hätte.

Am Ende des Essens holte Charlie den riesigen Witwenkrug hervor, den er sein Zigarettenetui nannte, und bot seinem Vater eine Zigarette an.

„Haben Sie heute Abend etwas zu tun?" fragte Mr. Prohack schnaufend.

„Nein", antwortete Charlie verzweifelt und schnaufte.

„Klingeln Sie, ja?"

Während Charlie zum Kaminsims ging, versteckte Mr. Prohack einen Apfel für seine hungernde Frau.

„Machin", sagte er zu dem hereinkommenden Hausmädchen, „sehen Sie, ob Sie etwas Portwein finden können."

Charlie hob müde seine Augenbrauen.

„Ja, Herr", sagte das Stubenmädchen lebhaft und riss ihre Röcke weg, was zu bemerken schien:

„Sie haben völlig Recht, Portwein zu trinken. Es tut mir sehr leid, dass Sie zwei attraktive Herren ganz alleine ein schlechtes Abendessen einnehmen."

Charlie trank schweigend seinen Portwein und Mr. Prohack beobachtete ihn.

II

Mr. Prohacks Sohn war für ihn in mancher Hinsicht ein großes Rätsel. Er konnte zum Beispiel nicht verstehen, wie seine eigenen Nachkommen so wenig auf die Anziehungskraft geistiger Dinge reagieren und sich so sehr für bloße Maschinen und die Methoden interessieren konnten, einen lebenden oder leblosen Gegenstand von einem Punkt auf der Erdoberfläche zu bewegen zum anderen. Herr Prohack räumte die Notwendigkeit von Maschinen ein, aber ein Automobil hatte für ihn den gleichen Status wie ein Kinderroller und keinen höheren. Es war ein geniales Fortbewegungsmittel. Und damit war die Sache für ihn erledigt. Andererseits sympathisierte und verstand Herr Prohack die allgemeine Lebenseinstellung seines Sohnes. Charlie war im Alter von neunzehn Jahren von Cambridge aus in den Krieg gezogen. Er ging als Junge und kehrte als ernster Mann zurück. Er ging gedankenlos und unbeschwert vor sich hin und kehrte voller großartiger und strenger Ideale zurück. Sechs Monate England hatten diese Ideale in ihm zerstört. Er hatte erwartet, dass er in etwa zwei Wochen bei der gemeinsamen Aufgabe helfen würde, den Himmel zu schaffen. Im Krieg hatte er viel über die Möglichkeiten der menschlichen Natur gelernt, aber kaum etwas über ihre Grenzen. Sein Vater versuchte ihn zu warnen, scheiterte aber natürlich. Charlie wurde erst ärgerlich, dann zynisch. Er sah in England nichts als Sinnlosigkeit, Ungerechtigkeit und Undankbarkeit. Er weigerte sich, Cambridge wieder aufzunehmen, und äußerte sich bitter sarkastisch über die Großzügigkeit einer Nation, die über ihr Kriegsministerium bereit war, fleißigen Kriegern, die darauf bedacht waren, die in einem heiligen Krieg verlorenen Universitätssemester auszugleichen, deutlich weniger zu zahlen, als sie ihren Straßenarbeitern zahlte. Kehrmaschinen. Nachdem sie dem Tod entkommen waren, wurde den oben genannten Kriegern das Recht gewährt, ihren Körper auszuhungern und gleichzeitig ihren Geist zu verbessern. Er könnte bestimmte Positionen in großen Unternehmen gehabt haben. Er lehnte sie ab. Er spuckte sie an. Er nannte sie „Gräber". Was er wollte, war eine Gelegenheit, sich selbst zu verwirklichen. Er konnte es nicht bekommen, und sein Vater konnte es nicht von ihm bekommen. Auf der Suche danach begegnete er häufig mit Bändern bedeckten Kriegern, denen es jedoch nicht nur an Nahrung und Obdach für sich selbst, sondern auch für ihre Frauen und Kinder mangelte. All dies war angesichts der menschlichen Natur unvermeidlich, aber sein Vater konnte es ihm nicht überzeugend sagen. Alles, was Herr Prohack effektiv tun konnte, tat Herr Prohack, nämlich den Retter Großbritanniens mit Nahrung und Unterkunft zu versorgen. Charlie wartete ruhelos und gefährlich auf seine Chance. Aber er hatte sich weder zu einem Revolutionär noch zu einem Kommunisten oder irgendetwas in der Art entwickelt. Ach nein! Im Gegenteil. Er dachte über eine andere Rache an der Gesellschaft nach.

Herr Prohack wusste nichts von dieser geplanten Rache, ahnte sie nicht. Wenn er es geahnt hätte, hätte er möglicherweise weniger Mitleid empfunden, als er an diesem maskulinen Abend mit dem ungewöhnlichen Portwein tatsächlich empfand. Denn Charlie tat ihm sehr leid. Er sehnte sich danach, ihm von dem Vermögen zu erzählen und sich mit ihm über das Vermögen zu freuen und ihm das Vermögen sozusagen in den Schoß zu gießen. Er kümmerte sich jetzt überhaupt nicht mehr um ratsame Vorsichtsmaßnahmen. Die Aussicht, seinem Sohn diese gewaltige und wunderbare Nachricht zu überbringen, verspürte nicht die geringste Einschränkung. Er hatte keine Lust, über die richtige Art des Erzählens nachzudenken. Er wollte es nur und unbedingt erzählen, damit er die Erleichterung und die freudige Vorfreude auf dem rätselhaften und melancholischen Gesicht seines Sohnes sehen konnte. Aber er konnte es nicht sagen, weil mit seiner Frau stillschweigend vereinbart worden war, dass er es in ihrer Abwesenheit nicht sagen sollte. Zwar hatte er kein mündliches Versprechen abgegeben, aber er hatte etwas ebenso Verbindliches gegeben.

„Heute gibt es wohl nichts Aufregendes", sagte er, als die Stille ihn in seiner heimlichen Freude zu quälen begann.

„Nein", antwortete Charlie. „Ich habe Einzelheiten über eine Affäre in Glasgow, aber es braucht Geld."

„Was für eine Affäre?"

„Oh! Ziemlich schwer zu erklären. Kaufen und Verkaufen. Das Übliche."

„Welches Geld wird benötigt?"

„Ich würde sagen, ungefähr dreihundert. Meiner Meinung nach könnten es genauso gut dreitausend sein."

„Wo hast du davon gehört?"

"Verein."

Charlie gehörte einem kleinen Club in Savile Place an, in dem junge Krieger einander erzählten, was sie von der Natur der Gesellschaft hielten.

Mr. Prohack holte mit einem unwillkürlichen Keuchen die Luft ein und sagte dann:

„Ich schätze, ich könnte dir dreihundert geben."

„ *Das konntest du nicht!* "

„Ich gehe davon aus, dass ich es könnte." Herr Prohack hatte sich noch nie so einem Gott ähnlich gefühlt. Es kam ihm so vor, als sei er damit beschäftigt, eine Zukunft zu erschaffen, ja, einen Menschen. Charlies Gesicht veränderte sich. Er war tot gewesen. Er war jetzt plötzlich lebendig.

"Wann?"

„Na ja, jederzeit."

"Jetzt?"

"Warum nicht?"

Charlie schaute auf seine Uhr.

„Nun, ich bin Ihnen sehr dankbar", sagte er.

III

Herr Prohack hatte ein neues Scheckbuch von der Bank mitgebracht. Es lag in seiner Hüfttasche. Ihm blieb nichts anderes übrig, als einen Scheck auszustellen. Dreihundert Pfund würden sein Gleichgewicht fast erschöpfen, aber das spielte keine Rolle. Er gab Charlie den Scheck. Charlie machte keine weiteren Angaben zu der „Affäre", für die das Geld benötigt wurde. Und Mr. Prohack wollte nicht nachfragen. Vielleicht war er zu stolz, um nachzufragen. Das Geld wäre wahrscheinlich verloren. Und wenn es verloren ginge, würde kein Schaden entstehen. Gut, denn Charlie hätte Erfahrung gesammelt. Der Junge war schließlich noch ein Kind.

Der Junge rannte nach oben, und Mr. Prohack saß einsam in herrlicher Meditation. Nach ein paar Minuten erschien der Junge in Hut und Mantel wieder. Herr Prohack dachte, er hätte gehört, wie eine Tasche in den Flur geworfen wurde.

"Wo willst du hin?" er hat gefragt.

„Glasgow. Ich werde den Nachtzug nehmen.“

Er klingelte.

„Machin, lauf raus und hol mir ein Taxi, scharf.“

"Jawohl." Maschine flog. Es war dasselbe Mädchen, von dem Mrs. Prohack nichts zu verlangen wagte. Herr Prohack selbst hätte gezögert, sie ein Taxi rufen zu lassen. Aber Charlie kommandierte sie wie eine Sklavin und es schien ihr zu gefallen.

„Das ist ziemlich plötzlich, nicht wahr?“ sagte Herr Prohack, äußerst erschrocken über die Wendung der Ereignisse.

„Nun, Sie müssen auf dieser Welt plötzlich sein, Chef“, antwortete Charlie und zündete sich eine neue Zigarette an.

Herr Prohack war wieder zu stolz, um Fragen zu stellen. Dennoch wagte er es, eine Frage zu stellen:

„Haben Sie lockeres Geld für Ihren Fahrpreis?“

Der Junge lachte. „Oh, lass dich davon nicht beunruhigen, Chef...!“ Er blickte noch einmal auf seine Uhr. „Ich frage mich, ob dieses höllische Mädchen das Taxi herstellt oder es nur holt.“

„Was soll ich deiner Mutter sagen?“ fragte Herr Prohack.

„Grüßen Sie sie respektvoll von mir.“

Das Taxi war zu hören. Machin rannte ins Haus und mit der Tasche wieder hinaus. Der Junge ergriff die Hand seines Vaters mit einer warmen Kraft, die Herrn Prohack in seiner natürlichen Verwirrung erfreute und beruhigte. Es entsprach nicht der väterlichen Würde, das Esszimmer zu verlassen und zum Abschied vor der Haustür zu stehen.

„Nun, ich bin am Boden zerstört!“ Mr. Prohack murmelte vor sich hin, als das Taxi davonfuhr. Und er hatte jedes Recht, enttäuscht zu werden.

KAPITEL VI
SISSIE

ICH

„Hatten Sie schon zu Abend gegessen?" Herr Prohack fragte seine Tochter.

"NEIN."

„Hast du keinen Hunger?"

"Nein danke."

Sissie nahm den letzten Apfel aus der Dessertschale und biss mit ihren schönen und effizienten Zähnen hinein. Sie war schlank und etwas größer als nötig oder größer als sie sein wollte. Ein hübsches Mädchen, gekleidet in ein dunkelblaues, rosafarbenes Kleid mit kurzen Röcken und kurzen Ärmeln, das Nützlichkeit mit einer anständigen perversen Frivolität zu verbinden schien und den Ausdruck ihres Gesichts hervorzuheben schien. Sie hatte hellbraunes Haar. Sie war die perfekte Herrin des Apfels.

„Wo ist Mutter?"

„Im Bett mit Kopfschmerzen."

„Hat sie nicht mit dir zu Abend gegessen?"

„Das hat sie nicht. Und sie möchte nicht gestört werden."

„Oh! Ich werde sie nicht stören, das arme Ding. Ich habe ihr heute Nachmittag gesagt, dass sie Kopfschmerzen haben würde."

„Nun", sagte Herr Prohack, „das ist eines der bemerkenswertesten Beispiele für fundierte Prophezeiung, die mir je begegnet sind."

„Vater, was macht dir Spaß?"

"Nichts."

„Ja, das stimmt. Du hast dein komisches Lächeln und hast ganz vor dich hin gelächelt, als ich reinkam."

„Ich habe nachgedacht. Mein Recht zu denken ist fast das einzige Recht, das ich besitze und das in diesem Haus noch nicht angefochten wurde."

„Wo ist Charles?"

„Nach Glasgow gegangen."

Glasgow gegangen ?"

"Ja."

„Was, gerade jetzt?“

"Vor zehn Minuten."

„Warum ist er nach *Glasgow gegangen* ?“

„Ich weiß es nicht – genauso wenig wie ich weiß, warum du vor dem Abendessen ausgegangen bist und nach dem Abendessen zurückgekommen bist.“

„Möchten Sie wissen, warum ich ausgegangen bin?“ Sissie sprach plötzlich einschmeichelnd.

„Nein, überhaupt nicht. Aber ich würde gerne wissen, warum Sie hinausgegangen sind, ohne es jemandem zu sagen. Wenn Leute zum Abendessen erwartet werden und nicht erscheinen, geben sie normalerweise Bescheid über das Scheitern.“

„Aber, Vater, ich habe es Machin gesagt.“

„Ich sagte ‚jemand‘. Wissen Sie nicht, dass die gesamte Theorie der Gesellschaft, die Sie vertreten, auf der Annahme basiert, dass Machin niemand ist?“

„Ich wurde in schrecklicher Eile weggerufen, und du und deine Mutter haben oben geklatscht, und es ist mehr wert, euch beide zu stören, wenn ihr zusammen seid.“

„Oh! Das sind Neuigkeiten.“

„Außerdem hätte ich mit Mutter streiten müssen, und du weißt ja, was sie ist.“

„Du schmeichelst mir. Ich weiß nicht einmal, wer *du* bist, und im Vergleich zu deiner Mutter bist du elementar.“

„Jedenfalls bin ich froh, dass Mutter mit Kopfschmerzen im Bett liegt. Ich bin gerade zitternd hierhergekommen. Mutter hätte so viel Aufhebens gemacht, obwohl sie vollkommen weiß, dass es nicht den geringsten Sinn hat, Aufhebens zu machen ... Macht mich nur dumm und hartnäckig hätte es Unmengen von Fragen gegeben, während du nicht eine einzige gestellt hast.

„Ja, Sie sind ziemlich verärgert über meine mangelnde Neugier. Aber lassen Sie mich nur darauf hinweisen, dass es nicht mit meiner väterlichen Pflicht vereinbar ist, hier zu sitzen und zuzuhören, wie Sie Ihre Mutter beschimpfen. Als Tochter haben Sie große Privilegien, aber Sie Ich darf ihnen nichts anmaßen. Es gibt Dinge, die ich von keiner Frau ohne Protest ertragen könnte.

„Aber Sie müssen zugeben, dass Mutter ein bisschen schrecklich *ist* , wenn sie ausbricht."

„Nein. Ich habe deine Mutter nie schrecklich oder auch nur ein bisschen schrecklich erlebt."

„Du bist intellektuell nicht ehrlich, Papa."

"Ich bin."

„Ah! Na ja, natürlich zeigt sie *dir nur ihre beste Seite* ."

„Sie hat keine andere Seite. In diesem Sinne ist sie sicherlich einseitig. Hier! Haben Sie eine andere." Mr. Prohack nahm den Apfel aus seiner Tasche und warf ihn über den Tisch zu Sissie, die ihn fing.

II

Herr Prohack war äußerst glücklich; und auch Sissi war, was das Gespräch mit ihrem Vater anbelangte, überaus glücklich. Sie vergötterten einander und sie vergötterten die schreckliche Frau, die mit Kopfschmerzen am Boden lag. Sissies Hut und Umhang, die sie achtlos auf einen Stuhl fallen ließ, rutschten zu Boden, der Hut wurde vom Umhang weggetragen. Herr Prohack stand auf, hob sie auf, trug sie aus dem Zimmer und kam zurück.

„Jetzt hast du dich also aufgerichtet und bist zufrieden mit dir", bemerkte Sissie.

„So, jetzt", sagte er. „Vielleicht drehe ich mal meinen Neugierhahn auf."

„Nicht", sagte Sissie. „Ich bin sehr düster. Ich bin sehr enttäuscht. Ich könnte jeden Moment in Tränen ausbrechen … Ja, ich mache keine Witze."

"Raus mit der Sprache."

„Oh, es ist nichts! Ich habe nur eine Chance gesehen, etwas Geld zu verdienen, und es ist nicht zustande gekommen."

„Aber wofür willst du Geld verdienen?"

„Das gefällt mir. Hat Mutter mir nicht den ganzen Tag immer wieder gesagt, dass etwas getan werden muss?"

„Fertig womit?"

„Über die Wirtschaft natürlich." Sissie sprach ziemlich scharf.

„Aber du meinst nicht, dass deine Mutter den ganzen Tag damit verbracht hat, dich zu drängen, hinzugehen und Geld zu verdienen!"

„Natürlich hat sie das nicht, Vater. Wie dumm du bist! Du weißt sehr gut, dass Mutter die Vorstellung hassen würde, dass ich Geld verdiene. Ich hasse es! Kneifen und Kratzen verabscheue ich.

„Es ist ein echter Abscheu."

„Und ich dachte, ich hätte mir einen Plan ausgedacht. Aber er ist zu groß. Ich habe selbst ungefähr fünfzig Pfund, aber was nützen fünfzig Pfund, wenn hundert nötig sind? Es ist alles ausgefallen und ich bin in der letzten Phase von Depression."

Sie warf den Kern des zweiten Apfels weg.

„Ist das Portwein? Ich nehme welche."

„Also dass du weniger als fünfzig Pfund wiegst?" sagte Mr. Prohack und schenkte gehorsam den Portwein ein – aber nur ein halbes Glas. „Nun, ich könnte dir vielleicht selbst fünfzig Pfund geben, wenn du dich dazu herablassen würdest."

Sissie rief mitfühlend: „Aber du hast keinen Cent, Papa!"

„Oh! Habe ich nicht? Hat dir deine Mutter das erzählt?"

„Nun, das hat sie nicht genau gesagt."

„Das hoffe ich nicht! Und erlaube mir, dir mitzuteilen, mein Mädchen, dass du, wenn du mir vorwirfst, keinen Cent zu haben, den schlechtesten Geschmack begehst. Kinder sollten immer davon ausgehen, dass ihre Väter über mysteriöse Geldvorräte verfügen, und dass nichts über ihre Möglichkeiten hinausgeht, und wenn sie nicht jeder Forderung nachkommen, dann nur deshalb, weil sie es in ihrer unergründlichen Weisheit für besser halten, es nicht zu tun.

„Ja", sagte Sissi. „Das dachte ich immer, als ich jung war. Aber ich habe Ihr Gehalt in *Whitakers Almanach nachgeschlagen* ."

„Es war sehr ungebührlich von Ihnen. Heutzutage ist jedoch nichts mehr geheim, und deshalb habe ich nichts dagegen, Ihnen zu sagen, dass ich heute einen Gewinner unterstützt habe – nicht heute, sondern vor einiger Zeit – und ich kann Ihnen, wenn nötig und angenehm, fünfzig Pfund geben."

Mr. Prohack schüttelte sozusagen in vollkommener Zufriedenheit sein Wappen. Er hatte das gleiche Gefühl der Kreativität wie eine Weile zuvor bei seinem Sohn – ein gottähnliches Gefühl. Und er war begeistert von seinem Mädchen. Sie war so jung und so alt. Und ihre Bemühungen, mit ihm die Frau von Welt zu spielen, waren so komisch und so berührend. Erst vor zwei oder drei Jahren fuhr sie mit einem Wohnmobil, um die Deutschen zu besiegen. Sie hatte achtundzwanzig Schilling pro Woche für sechs Tage von zwölf bis vierzehn Stunden erhalten. Sie verließ das Haus um acht und kam um acht, neun oder zehn zurück. Und wenn sie zurückkam, war sie ziemlich blass, lachte und sagte, sie hätte zu Abend gegessen und würde zu Bett gehen. Aber sie hatte noch nicht zu Abend gegessen. Sie war einfach zu müde und nervös, um zu essen. Und sie lag im Bett und zitterte und weinte leise vor Müdigkeit. Sie wusste nicht, dass ihre Eltern diese Details kannten. Der Koch, ihr Vertrauter, hatte es ihnen viel später erzählt. Und Mr. Prohack hatte verfügt, dass Sissie nie erfahren dürfe, dass sie es wussten. Einen ganzen Winter lang war sie dieser Aufgabe treu geblieben, während sie im East End auf glasigem Asphalt, schleimigem Holz und glitschigen Steinen ins Schleudern geraten war, und hatte dabei nur einen Unfall gehabt, einen unbedeutenden Vorfall. Das Erlebnis schien keine bleibende Wirkung auf sie gehabt zu haben, wohl aber auf die Haltung ihres Vaters ihr gegenüber – ihre Mutter hatte sich immer entschieden gegen das ausgesprochen, was sie die „Episode" nannte, und war nur erleichtert, als es zu dem Schluss kam: und hatte dafür keinen Verdienst verliehen.

„Kannst du mir definitiv fünfzig Pfund versprechen, Papa?" fragte Sissie leise.

Herr Prohack gab keine klare Antwort. Seine Antwort bestand darin, sein Scheckbuch und seinen Füllfederhalter hervorzuholen und einen Scheck an *Miss Sissie Prohack auszufüllen oder zu bestellen* . Er sah keinen berechtigten Grund, bei seinen Nachkommen zwischen den Geschlechtern zu unterscheiden. Er hatte Charlie einen Scheck gegeben; Er gab Sissie eins.

„Dann bist du nicht völlig pleite", sagte Sissie lächelnd.

„Ich sollte mich nicht so beschreiben."

„Es ist genau wie bei Mutter", murmelte sie und ihr Lächeln verschwand.

Mr. Prohack hob eine streng abfällige Hand. "Genug."

„Aber willst du nicht wissen, wofür ich das Geld will?" forderte Sissie.

"Nein haha!"

„Dann werde ich es dir sagen. Tatsache ist, dass ich es dir sagen muss."

III

„Ich habe beschlossen, Tanz zu unterrichten", sagte Sissie wieder nervös, während ihr Vater bemerkenswert schwieg.

„Ich dachte, du wärst nicht so begeistert vom Tanzen."

„Das bin ich nicht; aber vielleicht liegt das daran, dass mir die neue Mode, einen ganzen Abend mit demselben Mann zu tanzen, nicht besonders gefällt. Dennoch ist der Punkt, dass ich ein sehr guter Tänzer bin. Das wird Ihnen sogar Charlie sagen." "

„Aber ich dachte, dass alle Hauptstraßen Londons heutzutage voller Tanzakademien wären, hauptsächlich für den Unterricht älterer Herren."

„Davon weiß ich nichts", antwortete Sissie ernst. „Was ich weiß, ist, dass ich jetzt, wo ich hundert Pfund auftreiben kann, eine riesige Chance habe, ein Studio zu übernehmen – zumindest einen Teil davon; und es besteht bereits eine ziemlich große Verbindung – tatsächlich werden Schüler abgewiesen." "

„Und das ist alles, woran Sie denken können!" protestierte Herr Prohack melancholisch. „Wir leben am Rande eines Vulkans – das Land, meine ich – und Ihr Anteil an der Arbeit des Landes besteht darin, den Bürgern das Tanzen beizubringen!"

„Nun", sagte Sissie. „Tanzen werden sie sowieso, und deshalb können sie genauso gut lernen, richtig zu tanzen. Und was kann ich sonst noch tun? Hast du mir beigebracht, etwas anderes zu tun? Du und meine Mutter haben mich dazu erzogen, völlig nutzlos zu sein, außer als Ehefrau." eines reichen Mannes. Das hast du getan, und du kannst es nicht leugnen.

„Einmal", sagte Herr Prohack. „Du bist sehr edel einen Van gefahren."

„Ja, das habe ich. Aber nein, danke dir und deiner Mutter. Ich musste sogar lernen, heimlich Auto zu fahren, damit du mich nicht aufhältst! Und eines kann ich dir sagen – wenn ich jetzt anfangen würde, einen Van zu fahren, dann würde ich es tun." Wir sollten wahrscheinlich auf der Straße gemobbt werden. Alle Männer hegen einen schrecklichen Groll gegen uns Mädchen, die im Krieg gearbeitet haben. Wenn wir heutzutage einen Job bekommen wollen, müssen wir die Tatsache, dass wir in der WAAC waren, lieber verheimlichen oder überhaupt nicht, wenn sie das herausfinden. Ich möchte jedoch nicht so schmutzig sein, dass es sich lohnt Und wenn die Leute Lust auf Tanzen haben, warum sollten sie dann nicht tanzen, Papa?

„Das verlangt viel von jedem Menschen und insbesondere von einem Elternteil."

„Nun, haben Sie irgendein Argument gegen das, was ich sage?"

„Ich ziehe es vor, nicht zu streiten."

„Das liegt daran, dass du es nicht kannst."

„Das ist es. Das ist es. Aber was ist das für eine wundervolle Chance, die Sie haben?"

„Es ist das Studio in Putney, in dem Charlie und ich letzte Nacht waren."

„In *Putney* ?"

„Nun, warum nicht Putney? Sie haben alle zwei Wochen einen Galaabend, wissen Sie. Der gehört Viola Ridle. Viola wird heiraten und in Edinburgh leben, und sie verkauft es. Und Eliza fragte mich, ob ich mitkommen würde Als ich es übernahm, rief Eliza mich heute Abend an, und so eilte ich quer durch den Park, um sie zu sehen. Aber Viola verlangt 100 Pfund Prämie und 100 Pfund für die Ausstattung, und tatsächlich ist es auch sehr billig Dummkopf, denke *ich* , aber andererseits mag sie Eliza.

„Also, Eliza? Ist das Eliza Brating, oder lasse ich mich da durcheinander bringen?"

„Ja, es ist Eliza Brating."

"Ah!"

„Du musst nicht so spießig sein, Papa, denn ihr Vater ist nur ein Angestellter der zweiten Abteilung im Finanzministerium."

„Oh, das bin ich nicht. Erst heute Morgen habe ich zu Mr. Hunter gesagt, dass wir uns immer daran erinnern müssen, dass auch die Angestellten der zweiten Liga Geschöpfe Gottes sind."

„Vater, du bist ekelhaft."

„Sag das nicht, mein Kind. In meinem Alter braucht man Ermutigung, nicht Missbrauch. Und ich bin froh, dir sagen zu können, dass es für dich weder die Notwendigkeit mehr gibt, Geld zu verdienen, noch zu kneifen und zu kneifen." Es wurden zufriedenstellende Vorkehrungen getroffen...."

„Wirklich? Nun ja, das ist großartig. Aber für mich macht es natürlich keinen Unterschied. Für Sie besteht vielleicht keine Notwendigkeit. Aber da ist meine innere Notwendigkeit. Ich muss unabhängig sein. Das würde es." „Es macht keinen Unterschied, wenn man ein Einkommen von zehntausend im Jahr hätte."

Mr. Prohack errötete schuldbewusst.

„Äh – äh – was wollte ich sagen? Oh ja, wo hat diese Eliza von dir ihre hundert Pfund her?"

„Ich weiß es nicht. Es geht mich nichts an."

„Aber bestehen Sie darauf – sollen Sie – darauf bestehen, dass Ihre Schüler vorgestellt werden?"

„Vater, was machst du so! Nein, wir werden natürlich nicht auf Vorstellungen bestehen."

„Dann kann jeder Mann zum Unterricht kommen?"

„Sicherlich. Vorausgesetzt, er trägt an Galaabenden Abendkleidung, zahlt die Gebühren und benimmt sich anständig. Viola sagt, einige von ihnen bevorzugen den Nachmittagsunterricht, weil sie kein Abendkleid haben."

„Wenn ich Sie wäre, würde ich es nicht überstürzen", sagte Herr Prohack.

„Aber wir müssen uns beeilen – oder es verlieren. Und ich habe nicht die Absicht, es zu verlieren. Viola muss sofort ihre Vorkehrungen treffen."

„Ich frage mich, was deine Mutter sagen wird, wenn du sie fragst."

„Ich werde sie nicht fragen. Ich werde es ihr sagen. Niemand kann diese Sache für mich entscheiden. Ich muss es selbst entscheiden, und ich habe es entschieden. Was Mutter sagt …" Sissie runzelte die Stirn und lächelte dann: „ das ist deine Sache."

„Meine Angelegenheit!" rief Herr Prohack in echter Beunruhigung aus. „Was zum Teufel meinst du?"

„Nun, du und sie sind so eng zusammen. Du musst mit ihr leben. Ich muss nicht mit ihr leben."

„Ich frage dich, was zum Teufel *meinst* du?"

„Aber du hast doch sicher verstanden, Vater, dass ich im Atelier wohnen muss. Jemand muss vor Ort sein, und es gibt zwei Schlafzimmer. Aber natürlich kannst du das alles mit der Mutter klären, Papa. Du wirst es für dich selbst tun, aber auch ein bisschen für mich. Sie kicherte nervös, rannte um den Tisch herum und küsste ihre Eltern. „Für die fünfzig Pfund bin ich furchtbar dankbar", sagte sie. „Sie und die Mutter werden bald furchtbar glücklich miteinander sein, wenn Charlie nicht zurückkommt. Ta-ta! Ich muss jetzt weg."

"Wo?"

„Natürlich zu Eliza. Wir werden wahrscheinlich direkt nach Putney gehen und Viola besuchen und alles in Ordnung bringen. Ich weiß, dass Viola noch mindestens ein weiteres gutes Angebot hatte. Vielleicht schlafe ich im Studio. Wenn nicht, bei Eliza. Das wird es jedenfalls." Es wird zu spät sein, dass ich hierher zurückkomme.

„Ich verbiete dir absolut, so zu gehen."

„Ja, das tust du, Vater. Du verbietest es mit aller Kraft, wenn es dir Vergnügen bereitet. Aber es wird nicht viel nützen, wenn du mich nicht nach oben tragen und in meinem Zimmer einsperren kannst. Oh! Vater, du bist ein großer Prätendent. Du weißt ganz genau, dass du von mir begeistert bist.

„Das bin ich tatsächlich nicht! Ich nehme an, dass du den Anstand hast, deine Mutter zu sehen, bevor du gehst?"

„Was! Und wecken Sie sie! Sie sagten, sie dürfe auf keinen Fall gestört werden."

„Ich bestreite, dass ich ‚auf jeden Fall' gesagt habe."

„Ich sollte nicht im Traum daran denken, sie zu stören. Und du wirst es ihr viel besser sagen, als ich es könnte. Du kannst mit ihr machen, was du willst."

IV

„Wo ist mein Nachtisch?" fragte Frau Prohack besorgt und verärgert, als ihr Mann endlich das Schlafzimmer erreichte. „Ich sterbe vor Hunger und habe jetzt richtig Kopfschmerzen. Oh! Arthur, wie absurd das alles ist! Zumindest wäre es das, wenn ich nicht so hungrig wäre."

„Sissie hat den ganzen Nachtisch aufgegessen", antwortete Mr. Prohack schüchtern. Er fühlte sich nicht mehr triumphierend, sorglos und frei. Tatsächlich hatte er für einige Minuten praktisch vergessen, dass er zehntausend pro Jahr geerbt hatte. „Das Kind hat es komplett aufgegessen, deshalb konnte ich keines mitbringen. Soll ich wegen etwas anderem klingeln?"

„Und warum", fuhr Mrs. Prohack fort, „warum sind Sie schon so lange hier? Und was hat es mit diesen ganzen Taxis auf sich, die den ganzen Abend vor der Tür rasen?"

„Marian", sagte Mr. Prohack und ignorierte ihre grobe Übertreibung der Wahrheit in Bezug auf die Taxis. „Das sage ich dir besser sofort. Charlie ist geschäftlich nach Glasgow gefahren, und Sissie ist gerade zu Viola Ridles Studio gelaufen, weil sie über einen neuen Plan nachgedacht hat. Im Moment sind wir allein auf der Welt. "

„Es ist immer das Gleiche", bemerkte sie empört, als er ihr mit gezwungener Scherzhaftigkeit einen äußerst unvollkommenen und schäbigen Bericht über seinen Abend gegeben hatte. „Es ist immer das Gleiche. Sobald ich im Bett liege, geht alles schief. Mein armer Junge, ich kann mir nicht vorstellen, was du getan hast. Ich schätze, ich bin sehr albern, aber ich *kann es nicht* verstehen." ."

Auch Mr. Prohack selbst konnte es nicht, jetzt, da er sich in der gesunden, ehelichen Atmosphäre des Schlafzimmers befand.

Kapitel VII
Der sympathische Quacksalber

ICH

Am nächsten Morgen erlebte Herr Prohack einen einzigartigen Schock, denn er wurde geweckt, als seine Frau ins Schlafzimmer kam. Sie hielt ein großes Stück Kuchen in ihrer Hand. Nie zuvor hatte man erlebt, dass Mrs. Prohack früher aufstand als ihr Mann. Außerdem war es zwanzig Uhr zwanzig, während Mr. Prohack noch nie zuvor an einem Arbeitstag länger als acht Uhr aufgestanden war. Erschrocken erkannte er, dass er sich beeilen musste. Trotzdem sprang er nicht auf. Er war kein besonders guter Schläfer und hatte eine schlechte Nacht hinter sich, die erst zu dem Zeitpunkt gut wurde, als er in der Regel endlich für den Tag aufwachte. Er fühlte sich nicht sehr wohl, trotz des schönen Gefühls von Reichtum, der beruhigend in seine Arme strömte, sobald das Bewusstsein wieder da war.

„Arthur", sagte Mrs. Prohack, die ihr chinesisches Gewand trug, „wissen Sie, dass das Mädchen die ganze Nacht nicht zu Hause war. In ihrem Bett hat man nicht geschlafen!"

„Meines auch nicht", antwortete Herr Prohack. "Welches Mädchen?"

„Sissie, natürlich."

„Ah! Sissie!" murmelte Mr. Prohack, als hätte er vorübergehend vergessen, dass so ein Mädchen existierte. „Habe ich dir gestern Abend nicht gesagt, dass sie vielleicht nicht zurückkommt?"

„Nein, das hast du nicht! Und du weißt ganz genau, dass du das nicht getan hast!"

„Ehrlich gesagt", sagte Herr Prohack (was „unehrlich" bedeutet, wie es die meisten Menschen unter ähnlichen Umständen tun), „das dachte ich."

„Glaubst du, ich hätte auch nur ein Auge zudrücken sollen, wenn ich geglaubt hätte, dass Sissie nicht nach *Hause kommt*?"

„Ja, das tue ich. Der Tod von Nelson würde dich nicht wach halten. Und jetzt komme ich entweder zu spät ins Büro, oder ich verzichte auf mein Frühstück. Ich glaube, du hast mich vielleicht geweckt."

Frau Prohack, die trotz aller Ängste den Kuchen kaute, antwortete in einem eigenartigen Ton:

„Was macht es aus, wenn Sie zu spät ins Büro kommen?"

Herr Prohack meinte, dass alle Frauen das gleiche Gewissen hätten, wenn es um das Gemeinwohl gehe. Er war reich: Deshalb hatte er das Recht, seine Pflicht gegenüber der Nation zu vernachlässigen! Ein erfreuliches Argument! Herr Prohack setzte sich auf, und Frau Prohack konnte sein Gesicht zum ersten Mal an diesem Morgen vollständig sehen.

„Arthur", rief sie und vergaß augenblicklich Kuchen und Tochter. "Du bist krank!"

Er dachte, wie angenehm es sei, eine Frau zu haben, die so wunderbar in sein Wesen vertieft war. Es war etwas Unheimliches, etwas Schreckliches darin.

„Oh nein, bin ich nicht", sagte er. „Ich schwöre, das bin ich nicht. Ich bin sehr müde, aber ich bin nicht krank. Geh mir aus dem Weg."

„Aber dein Gesicht ist so gelb wie Käse", protestierte Eve erschrocken.

„Vielleicht", sagte Herr Prohack.

„Du wirst nicht aufstehen."

„Ich werde aufstehen."

Eve schnappte sich ihren Handspiegel vom Frisiertisch und reichte ihn ihm mit einer drohenden Geste. Er gestand sich ein, dass sein Gesichtsausdruck auf den ersten Blick vielleicht ziemlich beunruhigend war; aber eigentlich fühlte er sich nicht krank; er fühlte sich nur müde.

„Es ist nichts. Leber." Er machte Anstalten, aus dem Bett aufzustehen. „Sport ist alles, was ich will."

Er sah, wie Evas Lippen zitterten; er sah Tränen in ihren Augen; Diese Phänomene riefen in ihm das Gefühl hervor, irgendwie einen Mord begangen oder einen Mord begangen zu haben. Er zog den Schritt zum Auftauchen zurück. Sie war verletzt und verzweifelt. Er wusste sofort, dass er besiegt war. Er dachte darüber nach, wie ärgerlich es war, eine Frau im Haus zu haben, die so wunderbar in sein Wesen vertieft war. Sie lag falsch; aber ihre unvernünftige Verzweiflung siegte über seinen ruhigen Scharfsinn.

„Telefon für Dr. Veiga", sagte Mrs. Prohack zu Machin, für den sie angerufen hatte. „Veiga. Bruton Street. Er steht im Buch. Und bitte ihn, so schnell wie möglich zu Mr. Prohack zu kommen."

Nun hatte Herr Prohack von Dr. Veiga gehört, ihn aber nie gesehen. Er hatte mehr als einmal den portugiesischen Namen auf Eves Lippen gehört, und der Mann war im Club mehr als einmal erwähnt worden. Herr Prohack wusste, dass er ausländischer Abstammung war, wenn nicht sogar ein Ausländer, und deshalb mochte er ihn nicht. Herr Prohack nahm ausländische Sänger und Köche freundlich auf, nicht aber ausländische

Ärzte. Darüber hinaus hegte er Zweifel an der beruflichen Qualifikation des Stipendiaten. Deshalb verübelte er den äußerst seltsamen und verblüffenden Befehl seiner Frau an Machin zutiefst, und sobald Machin gegangen war, äußerte er sich:

„Jedenfalls", sagte er nach mehreren Gesprächen knapp, „werde ich meinen eigenen Arzt aufsuchen, wenn ich überhaupt einen Arzt aufsuche – was zweifelhaft ist."

Evas Reaktion bestand darin, ihren Mann zu küssen – eher ein schwesterlicher als ein ehelicher Kuss. Und sie sagte mit süßer, edler Stimme:

„Ich bin es, der Dr. Veigas Meinung über Sie wissen möchte, und ich muss darauf bestehen, sie zu hören. Und außerdem wissen Sie, dass ich mich nie um Ihren Freund Dr. Plott gekümmert habe. Er scheint nie interessiert zu sein. Er hört kaum zu, was Sie müssen sagen, dass er Sie kaum untersucht. Er lässt Sie einfach denken, dass Ihre Gesundheit überhaupt nicht wichtig ist und dass es keine Rolle spielt, ob Sie krank oder gesund sind, und dass es Ihnen vielleicht besser geht oder nicht , und dass er dich belustigen wird, indem er dir eine Flasche mit etwas schickt.

"Sachen!" sagte Herr Prohack. „Er ist ein erstklassiger Kerl. Kein höllischer Unsinn über *ihn!* Und was wissen *Sie* über Veiga? Ich würde gerne informiert werden."

„Ich habe ihn bei Mrs. Cunliff getroffen. Er hat sie von Krebs geheilt."

„Sie haben mir erzählt, dass Mrs. Cunliff überhaupt keinen Krebs hatte."

„Nun, es war Dr. Veiga, der herausgefunden hat, dass das nicht der Fall war, und die Operation gerade noch rechtzeitig abgebrochen hat. Sie sagt, er habe ihr das Leben gerettet, und sie hat völlig recht. Er ist wunderbar."

Frau Prohack saß jetzt auf dem Bett. Sie betrachtete die Gesichtszüge ihres Mannes mit großer Besorgnis und doch mit überzeugender Anmut.

„Oh! Arthur!" Sie murmelte: „Du machst mir Sorgen!"

Mr. Prohack, der kein gewöhnlicher Engländer war, fühlte sich geschlagen – zum zweiten Mal an diesem Morgen. Er wagte es nicht, mit seiner Frau in ihrer ernsten, hochmütigen Stimmung zu spaßen.

„Ich wette, Veiga wird nicht kommen", sagte Mr. Prohack.

„Er wird kommen", sagte Frau Prohack sanft.

"Woher weißt du das?"

„Weil er mir gesagt hat, dass er sofort kommen würde, wenn ich ihn jemals darum bitten würde. Er ist ein absoluter Lieber."

„Oh! Ich kenne die Sorte!" Sagte Herr Prohack sarkastisch. „Und Sie werden die Gebühr sehen, die er verlangen wird!"

„Wenn es um Gesundheit geht, spielt Geld keine Rolle."

„Es spielt keine Rolle, wann du das Geld hast. Du hättest gestern um diese Zeit nie davon geträumt, Veiga zu haben. Du hättest nicht einmal nach dem alten Plott geschickt."

Mrs. Prohack küsste ihren Mann lediglich noch einmal, mit einer Art unbeschreiblicher Resignation. Dann kam Machin mit ihrem Frühstück herein und sagte, dass Dr. Veiga in Kürze da sein würde, und wurde angewiesen, das Finanzministerium anzurufen, dass ihr Herr krank im Bett liege.

„Und was ist mit meinem Frühstück?" fragte das Opfer ironisch. „Gib mir etwas von deinem Ei."

„Nein, Liebste, ein Ei in dieser Farbe ist das Allerletzte, was du haben solltest."

„Nun, wenn Sie es wissen möchten, ich möchte kein Frühstück. Konnte keins essen."

"Da bist du ja!" rief Frau Prohack triumphierend aus. „Und doch schwörst du, dass du nicht krank bist! Das zeigt nur... Es wäre das Beste für dich, nichts zu nehmen, bis Dr. Veiga da ist."

Herr Prohack untersuchte hilflos die Decke und beschloss, am Nachmittag ins Büro zu gehen. Er versuchte unglücklich zu sein, aber es gelang ihm nicht. Eve war zu lustig, zu köstlich, zu exquisit und unbefangen „fest", zu glücklich darüber, ihn ihrer Gnade ausgeliefert zu haben, als dass er unglücklich gewesen wäre ... Ganz zu schweigen von den hunderttausend Pfund! Und er wusste, dass auch Eva insgeheim an den hunderttausend Pfund schwelgte. Dr. Veiga war ihr erster Bissen.

II

Angesichts der Tatsache, dass er auf dem besten Weg war, ein modischer Arzt zu werden, kam Dr. Veiga überraschend schnell. Mr. Prohack fragte sich, welchen Einfluss Eve auf ihn hatte und wie sie ihn erlangt hatte. Er hatte Vorurteile gegen den Kerl, bevor er das Schlafzimmer betrat, einfach weil Eve, als sie den Lärm eines Autos und eine Türklingel hörte, nach unten geeilt war und zwischen dem Eintreten des Arztes ins Haus und seinem Erscheinen im Haus eine beträchtliche Zeitspanne verstrichen war Nachttisch. Mr. Prohack vermutete leicht, dass die beiden eine Verschwörung gegen ihn geplant hatten. Seltsam, wie Eva gleichzeitig leidenschaftlich loyal und grundlegend betrügerisch sein konnte! Das zweigesichtige Geschöpf führte den Arzt mit einem offenen Lächeln voran, das gleichermaßen dem Lächeln eines Schutzengels und dem Lächeln eines Cherubs ähnelte. Sie war eine beispiellose Komikerin.

Dr. Veiga war dick und ziemlich schäbig; etwa sechzig Jahre alt. Er sprach vollkommen korrektes Englisch mit einem ausgeprägten ausländischen Akzent. Sein Auftreten war langweilig, leicht vertraut, philosophisch und sympathisch. Dr. Plotts Augen hätten gesagt: „Das ist heute Morgen mein dreizehnter Besuch, und ich habe noch achtzehn zu erledigen, und das ist alles sehr mühsam. Warum *lässt* ihr euch krank werden – wenn es eine Tatsache ist, dass ihr wirklich krank seid.“ ? Ich glaube nicht, dass du das bist, aber ich werde sehen.“ Dr. Veigas Augen sagten: „Wie interessant Ihr Fall ist! Diesmal hatten Sie kein Glück. Wir müssen das Beste daraus machen, aber wir müssen uns auch der Wahrheit stellen. Gott weiß, ich möchte nicht prahlen, aber ich Erwarten Sie, dass ich Sie mithilfe Ihres starken gesunden Menschenverstandes wieder in Ordnung bringen kann.

Herr Prohack, ein Kenner der menschlichen Natur, bemerkte die Bedeutung des Veiga-Blicks, vermutete jedoch, dass darin möglicherweise auch etwas Theatralisches steckte. Dr. Veiga untersuchte Herz, Puls, Zunge. Er klopfte auf den Oberkörper. Er stellte viele Fragen. Dann nahm er ein Instrument aus einer Ledertasche, die er bei sich trug, befestigte einen Riemen um Herrn Prohacks Unterarm und befestigte ihn am Instrument, und plötzlich konnte Herr Prohack die starken Pulsationen des Blutstroms in seinem Arm spüren.

„Lieber, Schatz!“ sagte Dr. Veiga. „175. Blutdruck zu hoch. Viel zu hoch! Den muss ich senken.“

Eve sah aus, als wäre das Ende der Welt angekündigt, und selbst Mr. Prohack hatte Bedenken. Zehn Minuten zuvor war Mr. Prohack, ein kräftiger, gesunder Mann, ein wenig unwohl in einem Schlafzimmer gewesen. Er wurde plötzlich in einen Patienten in einem Pflegeheim verwandelt.

„Ein kleiner Katarrh“, sagte Dr. Veiga.

„Ich habe keinen Katarrh“, sagte Herr Prohack überzeugt.

„Ja, ja. Magenkatarrh. Vermutlich schon seit Jahren. Der Zwölffingerdarm ist verstopft. Ein kleiner Unfall, der leicht passiert.“

Er wandte sich sozusagen privat an Frau Prohack. „Der Zwölffingerdarm ist nicht dicker.“ Er zeigte auf den Bleistift, mit dem er bereits in eine Brieftasche schrieb. „Wir werden es hinbekommen.“

„Was ist der Zwölffingerdarm?“ Herr Prohack wollte aufschreien. Aber er schämte sich zu sehr, um zu fragen. Es war kaum vorstellbar, dass er, so weise und umsichtig, über vierzig Jahre in völliger Unwissenheit über diesen wichtigen Teil seines eigenen Körpers verstreichen ließ. Er fühlte sich als eine Tasche voller beunruhigender und gefährlicher Geheimnisse. Oder er hätte es zum Ausdruck bringen können, dass er fast ein halbes Jahrhundert lang in krimineller Lässigkeit auf der Oberseite eines Pulvermagazins geraucht hatte. Er war tief beeindruckt von der Schnelligkeit und Sicherheit der Diagnose des Arztes. Es war wunderbar, dass der seltsame Kerl in wenigen Minuten ein unbekanntes Organ, nicht größer als ein Bleistift, hervorheben und sagen konnte: „Da ist das Kranke." Der Kerl mochte ein Quacksalber sein, aber manchmal waren Quacksalber geniale Männer. Seine Scham und seine Beunruhigung verschwanden schnell unter der beruhigenden und milden Art des Arztes. So sehr, dass Herr Prohack, als Dr. Veiga ein Rezept ausgestellt hatte, leichthin sagte:

„Aber ich schätze, ich kann aufstehen."

Worauf Dr. Veiga freundlich antwortete:

„Das überlasse ich Ihnen. Wenn ich es Ihnen sage, haben Sie vielleicht Glück, wenn Sie keine Gelbsucht haben...! Aber ich denke, Sie *werden* Glück haben. Ich werde versuchen, heute Nachmittag noch einmal vorbeizuschauen."

Diese letzten Worte erschütterten sowohl Herrn als auch Frau Prohack.

„Ich habe das schon seit Jahren erwartet. Ich wusste, dass es kommen würde." Mrs. Prohack atmete tragisch.

Und selbst Herr Prohack dachte entsetzt:

„Mein Gott! Der Arzt ruft zweimal am Tag an!"

Es stimmt, „Zwölffingerdarm" war ein schreckliches Wort.

Mrs. Prohack blickte Dr. Veiga wie einen Hohepriester an und wartete darauf, dass ihr eine weitere Nachricht überbracht wurde.

„Wenn es mir jedenfalls nicht möglich ist anzurufen, rufe ich auf jeden Fall an", sagte Dr. Veiga.

Das ist ein kleiner Trost!

Mrs. Prohack begleitete wie eine Akolythin persönlich den Hohepriester bis zur Straße und hörte seinen Empfehlungen mit aufmerksamer Aufmerksamkeit zu. Als sie zurückkam, hatte sie ein sorgfältig strahlendes Gesicht aufgesetzt. Offensichtlich hatte sie entschieden oder man hatte ihr gesagt, dass Fröhlichkeit unerlässlich sei, um Gelbsucht abzuwehren.

„Das nenne ich *einen* Arzt", sagte sie. „Wenn ich an deinen Freund Plott denke...! Ich habe einen Boten angerufen, der zur Apotheke geht."

„Es steht Ihnen frei, den Mann einen Arzt zu nennen", antwortete Herr Prohack. „Und es steht mir frei, ihn einen guten Charakterdarsteller zu nennen."

„Ich wusste in dem Moment, als Sie sich aufsetzten, dass es Gelbsucht war", sagte Frau Prohack.

„Nun", sagte Herr Prohack. „Ich gebe dir fünf zu eins, ich habe keine Gelbsucht. Nicht, dass du mich jemals bezahlen würdest, wenn du verlierst."

Frau Prohack sagte:

„Als ich sah, dass du heute Morgen nach acht Uhr schliefst, wusste ich, dass etwas Ernstes vorliegen musste. Ich habe es gespürt. Aber wie der Arzt sagt: Wenn wir es ernst *nehmen* , wird es bald nicht mehr ernst sein."

„Er ist kein schlechter Redner", sagte Herr Prohack.

Am späten Nachmittag kehrte Dr. Veiga wie ein alter und vertrauter Bekannter zurück und sagte selbstbewusst: „Wir können diese Angelegenheit zwischen uns regeln – da bin ich mir fast sicher." Mr. Prohack fühlte sich schlechter; und der Raum, der von einer einzigen Lampe erleuchtet wurde, hatte begonnen, eher wie ein richtiges Krankenzimmer auszusehen. Obwohl Mr. Prohack dem ausländischen Akzent, dem unprofessionellen Auftreten und der abenteuerlustigen Art misstraute, war er ausgesprochen froh, seinen neuen Arzt zu sehen, und hatte tatsächlich das Gefühl, dass er Hilfe brauchte.

„Ja", sagte Dr. Veiga nach der Untersuchung. „Meiner Meinung nach werden Sie der Gelbsucht entkommen. In vier oder fünf Tagen sollte es Ihnen so gut gehen wie vor dem Anfall. Ich sage nicht, *wie* gut es Ihnen vorher ging."

Herr Prohack fühlte sich sofort besser.

„Es wird sehr unangenehm, wenn ich Anfang nächster Woche nicht ins Büro zurückkehren kann", sagte er.

„Ich bin mir sicher, dass das so sein wird", stimmte Dr. Veiga zu. „Und es könnte noch unangenehmer sein, wenn Sie Anfang nächster Woche zurück ins Büro gehen und dann nie wieder dorthin gehen würden."

"Wie meinst du das?"

Dr. Veiga lächelte Mrs. Prohack verständnisvoll an, als wären er und sie die einzigen erwachsenen Personen im Raum.

„Sehen Sie", wandte er sich an den Patienten. „Ich sehe, dass ich Ihnen eine Gebühr dafür berechnen muss, dass Sie Ihnen so gut erzählen, was Sie wissen. Tatsache ist, dass ich damit meinen Lebensunterhalt verdiene. Wie alt sind Sie?"

"Sechsundvierzig."

„Jedes Kriegsjahr zählt doppelt. Du bist also über fünfzig. Ein schwieriges Alter. Du kannst einen Motor fünfzig Jahre lang zehn Stunden am Tag laufen lassen. Aber er ist abgenutzt, er ist gebraucht. Und wenn du ihn weiterhin zehn Stunden laufen lässt." Stunden am Tag werden Sie bald feststellen, wie abgenutzt es ist, aber Sie können es weitere zwanzig Jahre lang mit angemessener Sicherheit und Effizienz betreiben. Das wollte ich Ihnen sagen . Sie haben den Trick verloren, Ihre Abfallprodukte loszuwerden. Warum fühlen Sie sich müde? In dem Moment, in dem Sie sich müde fühlen, häufen sich Ihre Abfallprodukte. Schauen Sie sich diese Fingergelenke an! Warum schlafen Sie nicht gut? . Morpheus selbst würde nicht schlafen, wenn sein Körper von Kopf bis Fuß aus einer Masse reibungserzeugender Abfallprodukte bestünde. Sie sind kein Körper und keine Seele, Herr Prohack. Du bist ein Motor – ich wünschte, du würdest dich daran erinnern und dich selbst wie einen behandeln. Sobald Sie sich müde fühlen, stellen Sie den Motor ab. Wenn Sie dies nicht tun, stoppt es von selbst. Heute hat es fast aufgehört. Sie brauchen auch Schmierung. Das beste Gleitmittel ist viermal täglich ein Glas heißes Wasser. Und nehmen Sie keinen Kaffee oder Salz zu sich, außer das, was Ihr Koch ins Geschirr gibt. Versuchen Sie nicht, klüger als die Natur zu sein. Denken Sie nicht, dass die Uhr stehen bleibt. Das ist es nicht. Wenn Sie sich selbst so gut behandeln wie Ihre Uhr, werden Sie mich begraben. Wenn du es nicht tust, werde ich dich begraben. Alles, was ich dir gesagt habe, weiß ich auswendig, weil ich es jeden Tag meines Lebens Männern in deinem Alter sage.

Herr Prohack fühlte sich wie ein gerügter Schuljunge. Er fürchtete den kommenden Zorn.

„Finden Sie nicht, dass mein Mann einen längeren Urlaub machen sollte?" Eve legte ein.

„Natürlich *sollte* er das tun", sagte Dr. Veiga und öffnete Mund und Augen, um gegen eine so dumme Frage zu protestieren.

„Sechs Monate?"

"Mindestens."

„Wohin soll er gehen?"

„Spielt keine Rolle. Portugal, die Riviera, die Schweiz. Aber an keinem dieser Orte ist noch Saison. Wenn er ein angenehmes Verhältnis zur Natur pflegen will, fährt er für eine Weile mit seinem Auto und Motor durch sein eigenes Land Danach wird er vielleicht nicht auf den Kontinent gehen, wenn man sie bittet, ihre Routine zu stören Natürlich ist Routine ihre Droge.

„Mein Mann wird sechs Monate Urlaub machen", sagte Eve leise. „Ich nehme an, Sie könnten die entsprechende Bescheinigung vorlegen? Sehen Sie, in diesen Regierungsabteilungen ..."

„Die Bescheinigung gebe ich Ihnen morgen."

Mr. Prohack tat so, als ob er schlief oder zumindest zu müde und gleichgültig war, um dieses bemerkenswerte Gespräch zur Kenntnis zu nehmen. Aber sobald Dr. Veiga unter der Begleitung von Eve sanftmütig gegangen war, schlüpfte er aus dem Bett und tappte vorsichtig zum Treppenabsatz, wo ein Bücherregal stand.

„Zwölffingerdarm. Zwölffingerdarm. Muss etwas mit Zwölf zu tun haben." Dann fand er ein Wörterbuch, brachte es zurück ins Schlafzimmer und konsultierte es. „Es ist also etwa zwölf Zoll lang, oder?" er murmelte. Er hatte gerade noch Zeit, sich ins Bett zu stürzen und das Wörterbuch unter das Bett zu legen, bevor seine Frau zurückkam.

III

Sie beugte sich über ihn.

"Schatz!"

Er öffnete seine trügerischen Augen. Ihr Gesicht war nur einen Fuß von seinem entfernt.

"Wie fühlst Du Dich jetzt?"

„Ich habe das Gefühl", sagte er, „dass das der schlimmste Schwindel ist, den es je gegeben hat. Wenn ich kein Vermögen gemacht hätte, wäre ich übermorgen wieder im Büro gewesen. In etwa acht Stunden mit dem ..." Mit Hilfe dieses portugiesischen Bergsteigers hast du mich von einem vernünftigen, normalen Mann in einen blühenden Valetudinarianer verwandelt, der auf der Suche nach Gesundheit durch die ganze Welt rennen muss. Du wirst sehen? Es ist absolut unglaublich. Es ähnelt mehr dem von Maskelyne und Cook als alles, was mir jemals begegnet ist. Er gähnte. Er wusste, dass es der gestörte Zwölffingerdarm war, der ihn zum Gähnen brachte, und der ihm auch einen trockenen Mund und einen eigenartigen Geschmack bescherte.

„Ja, Liebling", Eve lächelte über ihm, das Lächeln ihres undurchdringlichen Engelszwangs. „Ja, Liebling. Dir geht es besser."

Das Schlimmste war, dass sie ihn im ersten Punkt geschlagen hatte. Er hatte beteuert, dass er nicht krank sei. Sie hatte behauptet, dass er es sei. Sie hatte recht gehabt; er hat Unrecht. Er konnte nicht einmal vor sich selbst leugnen, dass er krank war. Nicht ernst, nur einigermaßen. Aber angenommen, er wäre schwer krank! Angenommen, der alte Plott würde allem zustimmen, was Veiga gesagt hatte! Es war denkbar. Bedenken durchfuhren ihn.

Und Eva hatte ihn in ihrer süßen Gnade. Er war hilflos. Sie war eindeutig die Stärkere. Er erkannte dann, was so mancher Ehemann stirbt, ohne es wahrgenommen zu haben: dass seine Frau eine echte individuelle Existenz und einen eigenen Willen hatte, dass sie mehr war als seine Ergänzung, seine Gefährtin, die Mutter seiner Kinder.

Sie senkte ihren Kopf noch weiter und gab ihm einen langen, frischen, feuchten Kuss. Sie waren sehr intim, mit einer Intimität, die ihre rätselhafte Qualität nicht beeinträchtigen konnte. Er war verärgert, gekränkt, rebellisch, aber auf eine schwache Art äußerst glücklich. Er hasste und liebte sie, er verachtete und verehrte sie, er tadelte und bewunderte sie – alles auf einmal. Was ihn besonders befriedigte, war, dass er sie für sich hatte. Die immer aufdringlichen Kinder waren nicht da. Er mochte diesen Roman der Einsamkeit zu zweit.

„Liebling, wo wohnt Charlie in Glasgow?"

"Warum?"

„Ich möchte ihm schreiben."

„Die Post ist weg, mein armes Kind."

„Dann werde ich telegraphieren."

"Wie wäre es mit?"

"Egal."

„Ich werde Ihnen die Adresse nicht sagen, es sei denn, Sie versprechen mir, mir das Telegramm zu zeigen. Ich habe vor, Herr in meinem eigenen Haus zu sein, selbst wenn ich sterbe."

So sah er das Telegramm, das lautete: „Vater liegt krank im Bett, welches Auto kauft man am besten? Alles Liebe. Mutter." Das Telegramm überraschte Herrn Prohack.

„Haben Sie den Verstand verloren?" er weinte. Dann lachte er. Was gab es sonst noch zu tun? Was anderes als das Lachen des Philosophen war dem Anlass angemessen?

Während Eve mit ihrer eigenen unübertroffenen Hand das Schlafzimmer für die Nacht herrichtete, kam Machin mit einem Telegramm herein. Unaufgefordert zeigte Eve es dem Leidenden: „Sag ihm, er soll sich aufbäumen. Eagle Sechszylinder. Hier ist alles in Ordnung. Charles."

„Ich glaube, er hätte mir grüßen können“, sagte Eve.

Herr Prohack versuchte nicht mehr, gegen die Situation anzukämpfen, die wie ein Netz war, das sich um ihn wickelte.

KAPITEL VIII
SISSIES GESCHÄFT

ICH

Eines Abends, zehn Tage später, schlüpfte Herr Prohack so heimlich aus seinem eigenen Haus, wie es ein Dieb hätte tun können. Er wurde vorläufig geheilt. Der unsichtbare, nicht fühlbare, unheimliche Zwölffingerdarm brachte seinen gesamten Motor nicht mehr auf mysteriöse Weise durcheinander. Lediglich ein andauerndes Gefühl leichter Ermüdung deutete ständig darauf hin, dass er nicht schlauer war als die Natur und dass er seine Abfallprodukte nicht siegreich entsorgte. Aber er konnte ruhig herumlaufen; seine Lust am Rauchen war teilweise zurückgekehrt; und für jeden ungebildeten Beobachter hatte er große Ähnlichkeit mit einem gesunden Mann.

Vier Dinge beunruhigten ihn, von denen drei gleich erwähnt werden könnten. Er konnte nicht zum Finanzministerium gehen. Sein Kollege Hunter hatte am Tag nach seinem Anfall freundlich angerufen und Mrs. Prohack hatte Hunter erreicht. Ihr Einfluss auf gesunde und ausgeglichene Männer war wirklich außergewöhnlich. Herr Prohack blieb acht Tage lang in völliger Unwissenheit über die Machenschaften dieser beiden und erhielt nach Ablauf dieser Zeit per Post ein offizielles Dokument, in dem ihm mitgeteilt wurde, dass die Herren des Finanzministeriums ihm aus Gründen sechs Monate Urlaub gewährt hatten von Krankheit. Dr. Veiga hatte das dem Patienten unbekannte Attest vorgelegt. Die schnelle Abwicklung der Angelegenheit zeigte, mit welcher Geschwindigkeit eine Regierungsbehörde funktionieren kann, wenn sie von innen heraus gesteuert wird. Die Beurlaubung aus gesundheitlichen Gründen verhinderte natürlich, dass Herr Prohack in seiner Praxis erscheinen konnte. Wie konnte er mit Anstand in seinem Büro scheinbar energisch auftreten, wenn offiziell entschieden worden war, dass er zu krank zum Arbeiten sei? Und Herr Prohack hatte den großen Wunsch, das Finanzministerium zu besuchen. Die Gewohnheit eines Lebens war in einem Augenblick gebrochen worden, und da Mr. Prohack das Geschöpf dieser Gewohnheit war, litt er entsprechend. Er litt seit zwei Tagen. Dies war die erste Angelegenheit, die Herrn Prohack Sorgen machte.

Die zweite Angelegenheit betraf seine Vereine. Er wurde von seinen Schlägern abgeschnitten. Teilweise aus dem gleichen Grund, der ihn vom Finanzministerium ausgeschlossen hatte – denn beide Clubs waren voller Beamter – und teilweise, weil er immer noch irgendwie sensibel war, was die

Tatsache seines Erbes anging. Er hätte einen ähnlichen Einwand dagegen gehabt, seine Vereine im Highland-Kilt zu betreten. Die Erklärung lag auf der Hand. Er hasste es, aufzufallen. Sein Erbe war (durch Mr. Softly Bishop) bereits Gegenstand einiger Amts- und Clubkreise, und Mr. Prohack befürchtete, dass alle Augen neugierig auf ihn gerichtet sein würden, wenn er einen Club betreten sollte. Er konnte das nicht ertragen, und er konnte die Fragen und Höflichkeiten nicht ertragen. Eines Tages würde er sie ertragen müssen – aber noch nicht.

Das dritte Problem, das ihn beunruhigte, war, dass er nicht einmal heimlich seinen eigenen Arzt konsultieren konnte. Wie konnte er zum alten Plott gehen und sagen: „Plott, alter Mann, ich war krank und meine Frau bestand darauf, einen anderen Arzt zu bekommen, aber ich bin gekommen, um Sie zu bitten, mir zu sagen, ob der andere Arzt Recht hat oder nicht?" Die Sache war unmöglich. Dennoch wollte er unbedingt Veiga durch Plott verifizieren. Er misstraute Veiga immer noch, obwohl sein Misstrauen trotz seines Wunsches, es stärker zu machen, von Tag zu Tag geringer wurde.

Mrs. Prohack hatte ihm wohlwollend vorgeschlagen, in seinen Club zu laufen, aber auf keinen Fall zum Essen, sondern nur „zur Abwechslung". Er hatte ohne Angabe von Gründen abgelehnt, und sie hatte zugegeben, dass er vielleicht recht hatte.

Alle Sorgen schob er seiner Frau zu.

„Ich zahle einen guten Preis für diese Frau", dachte er, als er das Haus verließ, „einen selten guten Preis!" Aber was ihren Preis betrifft, so hat er nie darum gefeilscht. Sie, so wie sie in ihrer schrecklichen Unvollkommenheit existierte, war sein erstes Lebensbedürfnis. Sie war nach dem Abendessen ausgegangen, um einen Bekannten wegen eines Hausmädchens aufzusuchen (denn sie war bereits damit beschäftigt, den Haushalt in größerem Umfang umzugestalten); sie war mindestens eine Meile entfernt; aber sie hätte es missbilligt, wenn er nachts in seine Clubs eingebrochen wäre, und so stahl sich der Schrecken der Departements davon, anstatt hinauszugehen, eingeschüchtert von dem moralischen Einfluss, den sie zurückgelassen hatte. Zweifellos hatte sich ihr Griff um ihn seit der Revolte des Zwölffingerdarms deutlich verstärkt.

Nicht, dass Mr. Prohack wirklich in einen Club ging. Er hatte sich betrügerisch eingeredet, dass er vielleicht zu seinem Hauptclub gehen *würde*, um Sport zu treiben (seine engen Freunde unter den Mitgliedern waren Mittags- und keine Diner), aber das zentrale Selbst in ihm war sich bewusst, dass kein Club ihn an diesem Abend sehen würde.

In der Dunkelheit näherte sich ein Taxi; An der Geschwindigkeit erkannte er, dass es leer war. Er forderte den Fahrer auf, nach Putney zu fahren.

Früher, vor elf Tagen, hätte er es nicht gewagt, einem Taxifahrer zu sagen, er solle nach Putney fahren, denn der Fahrpreis hätte sein schwindelerregendes privates Wochenbudget aus dem Gleichgewicht gebracht; und selbst jetzt hatte er das Gefühl, dass er ein Zweikampftempo vor sich hatte. Selbst jetzt hätte er klugerweise kein Taxi genommen, wenn nicht bereits ein Teil der amerikanischen Hunderttausend Pfund eingetroffen wäre. Mr. Softly Bishop war am Vortag bei ihm gewesen und hatte nicht nur auf mysteriöse Weise Mitleid mit dem schlechten Gesundheitszustand seines Miterben gehabt, sondern auch siebentausend Pfund von hunderttausend Pfund gespendet. Ein New Yorker Vertreter hatte vierzehntausend telegraphiert, nicht weil Mr. Prohack es mit sieben eilig hatte, sondern weil Mr. Softly Bishop es mit sieben eilig hatte. Und Mr. Softly Bishop hatte auf etwas hingewiesen, woran Mr. Prohack, Finanzbeamter, nicht gedacht hatte. Er hatte darauf hingewiesen, dass Herr Prohack sofort anfangen könnte, genauso großzügig auszugeben, als ob er die Hunderttausend tatsächlich in der Hand hätte.

„Sehen Sie", sagte er, „seit Angmerings Tod haben sich dort die Zinsen angesammelt, und sie werden weiter ansteigen, bis wir das gesamte Kapital haben; und die Zinsen belaufen sich auf etwa ein paar Hundert pro Woche für jeden einzelnen Betrag." uns."

Nun hatte Mr. Prohack das Taxi zum Tanzstudio seiner Tochter dirigiert, und vielleicht war es diese Absicht gewesen, die ihn dazu gebracht hatte, sich schändlich aus dem Haus zu stehlen. Denn Eva hätte sicherlich rebelliert. Zwischen Eve und ihrer Tochter herrschte ein Kriegszustand, und Mr. Prohacks Intelligenz und sein Herz hatten ihn auf Eves Seite gebracht. Seit Sissies Weggang hatte das Mädchen ihren Eltern keinerlei Zeichen gegeben. Frau Prohack hatte erwartet, sie am nächsten Tag nach ihrem Überlaufen zu sehen. Aber es gab keine Sissie und es gab keine Nachricht von Sissie. Mrs. Prohack war voller erstaunlicher Neuigkeiten für Sissie über die Krankheit und das Erbe ihres Vaters. Aber Mrs. Prohacks verärgerter Stolz wollte nicht den ersten Schritt machen und erlaubte Mr. Prohack nicht, ihn zu wagen. Durch eine Freundin von Viola Ridle wussten sie aus zweiter Hand, dass Sissie regelmäßig im Studio aktiv war; Außerdem hatte Sissie die Unverschämtheit gehabt, einen Boten für einige ihrer Kleidungsstücke zu schicken – ohne auch nur eine Nachricht! Die Situation war unglaublich und wurde von Tag zu Tag unglaublicher. Sissies Verhalten konnte unmöglich entschuldigt werden.

Dies war die vierte und wichtigste Angelegenheit, die Herrn Prohack Sorgen bereitete. Er betrachtete es sardonisch eher als einen Scherz; Aber der Gedanke, dass das Mädchen sich gegenüber ihrer Mutter lächerlich machen würde, machte ihm Sorgen. Ihre Mutter hatte nachweislich recht. Der entsetzlichen Herzlosigkeit des Kerls nachzugeben wäre eine schlechte Taktik und demütigend. Dennoch hatte Mr. Prohack den Taxifahrer zum

Tanzstudio in Putney geleitet. Unterwegs wurde ihm plötzlich, fast schockiert, klar, dass er ein reicher Mann war, der vor materiellen Sorgen geschützt war und dass er deshalb unbeschwert sein sollte. Er hatte diese sehr wichtige Tatsache schon seit geraumer Zeit aus den Augen verloren.

II

Die Frau in der Kabine neben der Tür legte eine neue Schallplatte in ein Grammophon und zog das Instrument auf. Sie war eine dicke, junge Frau mit einer Stubenmädchenmütze und einer Schürze, und Mr. Prohack hatte ein paar Tage zuvor einen flüchtigen Blick auf sie geworfen, wie sie in seinem eigenen Flur saß und auf ein Paket mit Sissies Kleidern wartete.

„Es tut mir sehr leid, Sir", sagte sie, wandte nachlässig den Kopf vom Grammophon ab und musterte ihn ernst. „Ich fürchte, du kannst nicht hineingehen, wenn du nicht im Abendkleid bist." An ihrer festen, höflichen Stimme war zu erkennen, dass sie genau wusste, worum es ging, genau wie diese junge Frau. Sie fügte hinzu: „Freitags sind die Regeln sehr streng."

Im selben Moment läutete einmal eine Glocke. Die Frau löste sofort den Verschluss des Grammophons und senkte die Nadel auf die Schallplatte, und Herr Prohack hörte Musik, aber nicht aus der Kabine. In der Trennwand des Streichholzbretts befand sich ein rundes Loch, und der Trompetenaufsatz des Grammophons verschwand hinter dem Loch.

„Diese Angelegenheit ist organisiert", dachte Herr Prohack, deutlich beeindruckt von der Genialität des musikalischen Arrangements und von der Schnelligkeit des Orchesterdirektors, der dem Signal der Glocke gehorchte.

„Mein Name ist Prohack", sagte er. „Ich bin Miss Prohacks Vater."

Diese wichtige Ankündigung hätte die Kaltblütigkeit des Vormunds erschrecken sollen, aber das war nicht der Fall. Sie sagte lediglich mit einem leicht mechanischen Lächeln:

„Sobald dieser Tanz vorbei ist, Sir, werde ich Miss Prohack Bescheid geben, dass sie gesucht wird." Sie sagte nicht: „Sir, eine Person Ihrer Eminenz steht über den Regeln. Gehen Sie direkt hinein."

Hinter ihm traten zwei Mädchen in allumfassenden dunklen Umhängen ein. „Guten Abend, Lizzie", begrüßte einer von ihnen den Wächter. Und Lizzies Gesicht entspannte sich zu einem strahlenden, echten Lächeln.

„Guten Abend, Fräulein. Guten Abend, Fräulein."

Raschelnd verschwanden die beiden Mädchen durch eine Tür, über der ein Stück Pappe mit der Aufschrift „Damengarderobe" hing. Nach wenigen Augenblicken tauchten sie auf, weiße und flauschige Erscheinungen, eifrig, unsicher, und verschwanden durch eine andere Tür. Mr. Prohack schloss aus ihrem Zaumzeug und ihrem Geflüster miteinander, dass sie zu der Klasse gehörten, die der Einkaufsklasse dient. Er gab zu, dass sie sehr schön und attraktiv aussahen; aber er hatte das Gefühl, in eine seltsame, bisher unbekannte Welt geraten zu sein, und war erstaunt und beunruhigt darüber, dass seine Tochter eine Herrscherin in dieser Welt sein sollte.

Lizzie stand auf und spähte durch ein kleines quadratisches Fenster im Streichholzbrett. Sobald sie mit dem Gucken fertig war, erlaubte sich Herr Prohack, ebenfalls zu gucken, und ihm wurde das Tanzstudio offenbart. Irgendwie konnte er kaum glauben, dass es keine Halluzination war und dass er wirklich in Putney war und dass sein eigenes nüchternes Haus, in dem Sissie aufgewachsen war, nur wenige Meilen entfernt noch existierte.

Denn nicht ständig, sondern in Abständen besaß Herr Prohack eine beunruhigende Fähigkeit, die ihn dazu zwang, die Phänomene des menschlichen Lebens so zu sehen, wie sie tatsächlich waren, und die bloßen Namen der Dinge völlig außer Acht zu lassen – welche bloßen Namen durch die magische Kraft des bloßen Seins entstanden Namen reichen in der Regel aus, um die Neugier der meisten Menschen zu befriedigen und etwaige Bedenken zu zerstreuen. Herr Prohack sah nun (als er nach unten schaute) eine rotierende Scheibe, die an einer feststehenden Nadel scheuerte und dabei unangenehme, kratzende Geräusche erzeugte. Aber es erzeugte auch eine ganz andere Reihenfolge von Geräuschen. Er verstand nicht im Geringsten den heiklen geheimen Mechanismus, durch den diese anderen Klänge erzeugt wurden, und er ging nicht davon aus, dass irgendjemand im Tanzstudio ihn verstand. Er wusste nur, dass sie mit Hilfe der Trompetenbefestigung durch die hölzerne Trennwand übertragen und in die größere Luft des Studios entlassen wurden, wo ihre Wellen eine einzigartige Wirkung auf die Gehirne bestimmter aufgeweckter junger Frauen und düsterer junger Frauen hatten Männer mittleren Alters, die zu umklammerten Paaren arrangiert waren: mit der Folge, dass das Gehirn der Frauen und Männer Befehle an ihre Beine, Arme, Augen sendete und sie sich in rhythmischen Bewegungen hin und her bewegten. Jede Frau platzierte sich ganz nah – Brust an Brust – an jedem Mann, überließ sich völlig seinem Willen und blickte (wenn der Mann größer war) oft mit einem ekstatischen Ausdruck der Freude und Zustimmung in sein Gesicht. Die physischen Beziehungen zwischen den Einheiten jedes Paares hätten zensierte Kommentare hervorgerufen, wenn das Paar allein gewesen wäre oder still gestanden hätte; aber die Bewegung und die Vereinigung von Paaren schienen auf mysteriöse Weise die ganze Operation über jede Kritik zu erheben und ihr vollkommene Anstandlichkeit zu verleihen. Die Bewegung der Paare und ihre Art, sich über die Erdoberfläche zu bewegen, waren äußerst eintönig; manche Paare gingen tatsächlich nur steif hin und her; Andererseits zeigten einige wenige Abwechslung, Leichtigkeit und Anmut in Manövern, die ein hohes Maß an gegenseitigem Vertrauen und Verständnis erforderten. Während nur einige der Gesichter begeistert waren, waren alle hingerissen. Die gewöhnliche Welt war von diesem Raum ausgeschlossen, dessen Bewohner sich offenbar mit ganzer Seele der Durchführung eines komplizierten und feierlichen Ritus hingegeben hatten.

So seltsam das Spektakel auch war, Mr. Prohack genoss es. Er genoss die Jugend, die Hübschheit und die Geschmeidigkeit der bunt gekleideten Mädchen und die strenge Männlichkeit der Männer, und er genoss den Gedanken, dass sowohl Mädchen als auch Männer den Verstand gehabt hatten, aus der gewöhnlichen Welt in diese fantastische, geschaffene Umgebung zu fliehen von vier Wänden, ein paar chinesischen Laternen, etwas Rouge, ein paar Stoffe, ein paar Pailletten, die Reibung zwischen zwei Metallstücken und der tiefste Instinkt der Natur. Vor allem genoss er den Anblick des geschmeidigsten und elegantesten Mädchens, von dem er wusste, dass es Eliza Brating war und das mit einer Partnerin tanzte, deren Fähigkeiten offensichtlich keiner Lektion bedurften. Er hätte gerne seine Tochter Sissie an Elizas Stelle gesehen, aber Sissie spielte die Rolle des Mannes vor einer beleibten Dame fast mittleren Alters, deren größte Begabung für den Ritus offenbar eiserne Entschlossenheit war.

Mr. Prohack lief Gefahr, von dem Spektakel hypnotisiert zu werden, doch plötzlich wurde der Konflikt zwischen der Scheibe und der Nadel immer akuter, und Lizzie, die Wächterin, zog die Nadel ruckartig aus dem Busen ihres Gegners. Die Geräusche hörten auf, und die Gehirne der Paare im Studio, die nicht mehr von den Geräuschen inspiriert waren, hörten auf, die Muskeln der Paare zu stimulieren, und der Ritus endete plötzlich. Herr Prohack holte Luft.

„Zu bedenken", überlegte er, „dass so etwas in diesem Moment in ganz London ernsthaft vor sich geht und dass viele ernsthafte Menschen damit ihren Lebensunterhalt bestreiten, und dass niemand außer mir erkennt, wie wunderbar, bezaubernd und unverständlich." und es ist beunruhigend!"

Er sagte zum Vormund:

„In diesem Geschäft scheint es nicht viel ‚Unterricht' zu geben. Alle hier scheinen gut tanzen zu können."

Worauf Lizzie mit einem klugen, ja sogar ironischen Lächeln antwortete:

„Sehen Sie, mein Herr, an diesen Galaabenden geben sie alle ihr Bestes."

"Vater!"

Sissie war bei ihm angekommen. Offensichtlich war sie beschäftigt, wenn nicht sogar besorgt, und der unerwartete Anblick ihrer Eltern zwang sie sozusagen unfreiwillig von einem fesselnden Gedankengang in den nächsten. Sie war erschrocken, unsicher und nervös. Dennoch sprang sie auf ihn zu und küsste ihn – wie im Traum.

„Es ist doch nichts los, oder?"

"Nichts."

„Ich bin heute Abend furchtbar beschäftigt. Kommen Sie einfach her, ja?"

Und sie führte ihn in die Damengarderobe – eine Wohnung, wie er sie noch nie zuvor gesehen hatte. Es gab nur einen Stuhl vor einer Art Frisiertisch, der mit geheimnisvollen Apparaten und Instrumenten bedeckt war.

Herr Prohack musterte seine Tochter, als wäre sie die Tochter eines anderen.

„Nun", sagte er. „Du siehst aus wie eine echte Geschäftsfrau, bis auf das Kleid."

Sie war sehr attraktiv, sehr elegant, komisch jung (für ihn) und sehr geschäftsmäßig in ihrem schicken, kurzen Kleid, den Strümpfen und den Schuhen.

„Können Sie nicht verstehen", wandte sie entschieden ein, „dass dies mein Geschäftskleid ist, genauso wie ein schwarzes Kleid und ein hoher Kragen in einem Büro wären?"

Er lachte kurz und sanft.

„Ich weiß nicht, worüber du lachst, Papa", warf sie ihm nicht unfreundlich vor. „Jedenfalls bin ich froh, dass endlich jemand gekommen ist. Ich hatte schon das Gefühl, mein Zuhause hätte mich völlig vergessen. Selbst als ich nach oben schickte, um ein paar Klamotten zu holen, kam keine Nachricht zurück."

Die lebenslange Erfahrung von Herrn Prohack war, dass wichtige und ungewöhnliche Interviews selten mit der Erwartung an sie übereinstimmten, und der vorliegende Fall bestätigte seine Erfahrung am deutlichsten. Er hatte erwartet, einer entschuldigenden Tochter zu verzeihen, doch in Wirklichkeit saß er auf der Anklagebank. Er zögerte nach Worten, und Sissie fuhr fort:

„Ich habe mich zu Tode gearbeitet, um diesen Ort neu zu organisieren, nachdem Viola gegangen ist – und ich kann Ihnen sagen, dass eine Neuorganisation nötig war! Ich hatte morgens keine Minute Zeit, und natürlich gibt es nachmittags und abends Unterricht. Und niemand war da."
um zu sehen, wie es mir ging, oder sogar zu schreiben, dass es ein bisschen

steil ist. Mutter hätte vielleicht gewusst, dass ich hätte rennen sollen, wenn ich Zeit gehabt *hätte* .

„Ich war ziemlich seltsam", entschuldigte er sich und die Familie. „Und deine Mutter hat sich um mich gekümmert, und natürlich weißt du, dass Charlie immer noch in Glasgow ist."

„Ich weiß nichts", korrigierte sie ihn. „Aber du brauchst mir nicht zu sagen, dass Mutter sich um dich gekümmert hat, wenn es dir schlecht ging. Macht sie jemals etwas anderes? Geht es dir besser? Was war? Du *siehst* in Ordnung aus."

„Oh! Allgemeine Verwirrung. Ich war nicht mehr im Büro, seit du aufgebrochen bist." Er fühlte sich nicht in der Lage, ihr zu sagen, dass er in den nächsten Monaten nicht mehr ins Büro zurückkehren würde. Sie hatte gesagt, dass er gut aussehe, und ihr recht ehrliches, wenn auch voreiliges Urteil über sein Aussehen löste in ihm ein Schuldgefühl und erneutes Misstrauen gegenüber Dr. Veiga aus.

„War nicht im Büro!" Die Aussage überraschte das Mädchen zu Recht, schockierte sie fast. Aber sie fuhr mit einem frischen, satirischen Akzent fort, der an Mr. Prohacks eigenen erinnerte: „Du *musst* verärgert gewesen sein! Aber natürlich bist du sehr nervös, Papa, und ich gehe davon aus, dass die Aufregung über die Nachricht von deinem Vermögen zu viel für dich war." . Ich weiß genau, wie es einem geht, wenn etwas Ungewöhnliches passiert."

Sie hatte von der Erbschaft gehört!

„Ich wollte dir von dieser kleinen Angelegenheit erzählen", sagte er verlegen. „Du wusstest es also! Wer hat es dir gesagt?"

„Jedenfalls niemand in meiner Familie", antwortete sie. „Ich habe von einem Außenstehenden davon gehört, und natürlich musste ich aus purem Stolz so tun, als wüsste ich alles darüber. Und außerdem, Vater, du wusstest es, als du mir die fünfzig Pfund gegeben hast, aber du hast es nicht verraten." Leugne es nicht... Natürlich bin ich froh darüber , aber ich bereue es nicht wirklich. Du wirst nie wieder so glücklich sein arme liebe Mutter.

„Das bleibt abzuwarten, Miss Worldly Wisemiss", erwiderte er mit wenig überzeugender Leichtigkeit. Er war beunruhigt und beeindruckt von ihrer Gleichgültigkeit gegenüber dem Schicksal. Es schien sie weder zu beunruhigen noch zu interessieren. Sie sprach nicht nur als jemand, der sich gegen unverdienten Reichtum wandte, sondern als jemand, für den die Annalen der Familie Prohack fortan nur noch eine untergeordnete Rolle spielten. Es war sehr seltsam und Herr Prohack musste gegen ein Gefühl der Einschüchterung ankämpfen. Das Mädchen, das er über zwanzig Jahre lang geliebt hatte und das er bis ins Innerste zu kennen glaubte, überraschte ihn absolut durch die Offenbarung ihrer Individualität. Er kannte sie nicht. Er war nicht ihr Vater. Er war ihr hilflos ausgeliefert.

„Wie läuft es hier?" fragte er freundlich und neugierig wie ein Bekannter.

„Ausgezeichnet", sagte sie. „Aber eine Menge harte Arbeit."

„Ja, das könnte ich mir vorstellen. Männern das Tanzen beibringen! Bei Jupiter!"

„Es ist nicht so schwierig, Männer zu unterrichten. Die Schwierigkeit liegt bei den Frauen. Vater, sie sind schrecklich. Du kannst dir ihre Dummheit nicht vorstellen."

Lizzie warf einen Blick in den Raum. Sie warf nur einen Blick darauf, und Sissie erwiderte den Blick.

„Du musst mich ein wenig entschuldigen, Vater", sagte Sissie. „Ich komme so schnell ich kann zurück. Geh nicht." Sie ging hastig.

„Ich komme hier sowieso besser raus", dachte sich Mr. Prohack und ließ seinen Blick über die Damengarderobe schweifen. „Wenn einer von ihnen hereinkäme, müsste ich meine unerklärliche Anwesenheit in dieser heiligen Grotte erklären."

III

Da er von seiner Tochter keinen Ratschlag erhalten hatte, wie er sich während der Erwartung ihrer Freizeit verhalten sollte, machte er sich auf den Weg zurück zur Wächterkabine. Und dort entdeckte er einen pummeligen und bewusst jungen Mann, der gerade durch das kleine Fenster ins Studio blickte, genau wie er selbst ein paar Minuten zuvor geschaut hatte.

„Hallo , Prohack!" rief der pummelige und bewusst junge Mann mit äußerster Freundlichkeit und Ruhe aus.

"Wie geht es dir?" antwortete Herr Prohack mit genauso viel Ruhe und vielleicht zehn Prozent weniger Freundlichkeit. Herr Prohack war ein eigenartiger Kerl, und dass er bei dieser Gelegenheit etwas weniger Herzlichkeit zeigte, als er entgegennahm, lag an der Tatsache, dass er noch nie in seinem Leben mit dem Amor gesprochen hatte und sich fragte, ob er überhaupt demselben Club angehörte rechtfertigte eine so formlose Ansprache – ohne Vorstellung und außerhalb des Vereinsgeländes. Denn wie alle bescheidenen Männer hatte Herr Prohack eine gewisse Vorstellung von seiner eigenen Würde, eine Vorstellung, die ihn gelegentlich völlig überraschte. Herr Prohack kannte nicht einmal den Nachnamen seines

Angreifers. Er wusste nur, dass er nie gehört hatte, wie andere Männer ihn anders als „Ozzie" nannten. Wäre Mr. Prohack nicht sein ganzes Leben lang in den Katakomben des Finanzministeriums begraben und somit von der großen Weltbewegung abgeschnitten gewesen, wäre ihm völlig bewusst gewesen, dass Oswald Morfey eine bedeutende Person im West End von London war Er war ein herausragendes Phänomen seiner Zeit, da er alle unterschiedlichen Kurven der großen Weltbewegung genau verfolgte und ständig auf den Bürgersteigen von Piccadilly, Bond Street, St. James's Street, Pall Mall und Hammersmith zu sehen war , dass er nie bei einer guten ersten Nacht oder einer privaten Besichtigung sehr neuer oder sehr alter Bilder oder eines angesehenen Konzerts oder einer Gedichtlesung oder einer Modeauktion bei Christie's abwesend war, dass er für jeden Abend in der Woche Einladungen zum Abendessen erhielt und akzeptierte alle, die nicht mit den anderen in Konflikt gerieten, und gab als Gegenleistung für diese reichlichen Mahlzeiten etwa einmal im Monat eine Teegesellschaft in seiner kleinen japanischen Wohnung in der Bruton Street, wo die Sandwiches so dünn waren wie der Klang des Cembalos welche Damen des 18. Jahrhunderts auf seinen Wunsch hin spielten; und dass er in Wahrheit das war, was Herr Asprey Chown als „Sozialsekretär" von Herrn Asprey Chown bezeichnete.

Man könnte Herrn Prohack seine Unkenntnis dieser letzten Tatsache entschuldigen, denn die Beziehung zwischen Asprey Chown und Ozzie wurde nie ganz klar definiert – jedenfalls nicht von Ozzie. Zweifellos hatte er durch eine erzwungene Bekanntschaft mit den Seiten der Motoromnibusse erfahren, dass Mr. Asprey Chown der Theaterleiter einer bestimmten Aktivität war, aber er hatte sicherlich nicht wirklich verstanden, dass Mr. Asprey Chown der Leiter einer dieser Aktivitäten war Er war zwei große rivalisierende Theaterkombinate und galt als der versierteste Schausteller der westlichen Hemisphäre, mit einem juwelenbesetzten Finger in namhaften Nebenbetrieben wie Preiskämpfen, Restaurants und Industrieunternehmen. Die Wissenden, denen nichts verborgen bleibt, meinten, dass Asprey Chown nie einen klareren Beweis seiner Genialität geliefert habe, als diesen harmlosen und unermüdlichen Parasiten des West End als seinen Sozialsekretär zu engagieren. Die Wissenden sagten weiter, dass Ozzie zwar Geld sparte, niemand aber sicher sein konnte, dass Asprey Chown Geld sparte. Die Verlobung hatte eine doppelte Wirkung: Sie brachte Asprey Chown sofort mit allem in Kontakt, was ihm zum Zwecke seines besonderen Erfolgs nützlich sein konnte, und brachte Ozzie mit der Hälfte der Theaterstars Londons in Kontakt – in einer Zeit, in der er zum ersten Mal auftrat Die hochrangige Heldin einer Revue war auf der Skala der gesellschaftlichen Werte mindestens zwei Herzoginnen und einer Dame wert.

Herr Oswald Morfey trug, zweifellos um die Modernität seines Kunstgeschmacks auszugleichen, tagsüber eine enge schwarze Strumpfhose und ein breites Brillenband und erlaubte sich abends, ein weiches Seidenhemd mit einem Schwalbenschwanz zu verbinden Mantel. Er gehörte Herrn Prohacks sekundärem (und exklusiverem) Club an. Obwohl er harmlos war, hatte er es auf unschuldige Weise geschafft, Mr. Prohack zu beleidigen. „Wer ist der Kerl?" Herr Prohack hatte einmal einen Freund im Club gefragt, und als er keine Antwort außer „Ozzie" erhalten hatte, hatte Herr Prohack hinzugefügt: „Er ist ein perfekter Arsch" und als Begründung für dieses harte Urteil angegeben: „Nun, ich kann nicht durchhalten, wie er durch die Halle geht.

Im Revier des Tanzstudios sagte Herr Oswald Morfey in diesem einfachen, halb lispelnden Ton und mit diesem weit geöffneten, kindlichen Blick, der die meisten seiner Bemerkungen kennzeichnete:

„Eine sehr erfolgreiche kleine Angelegenheit hier!" Nachdem er dies gesagt hatte, ließ er sein Brillenglas in die volle seidige Vorderseite seines Hemdes fallen, drehte sich um und lächelte Mr. Prohack sehr freundlich und angenehm zu, der nicht anders konnte, als zu denken: „Vielleicht sind Sie doch gar nicht so ein schlechter Typ." eines Idioten.

„Ja", sagte Herr Prohack. „Kommen Sie oft bis nach Putney?" Denn Mr. Oswald Morfey, eingehüllt in die unsichtbare Aura des West End, schien in einem Tanzstudio in einer Seitenstraße in Putney auffallend fehl am Platz zu sein und wirkte eher wie ein engelhafter Besucher.

„Nun, wenn ich darüber nachdenke, weiß ich es nicht!" Mr. Morfey beantwortete fast alle Fragen, als wären es neugierige, beunruhigende Fragen, die ihn überraschten. Dieser Manierismus war allgemein attraktiv – bis man seiner überdrüssig wurde.

Mr. Prohack fühlte sich jetzt ein wenig davon angezogen – so dass er in einem aufrichtigen Versuch der guten Kameradschaft sagte:

„Du weißt, dass ich mich beim besten Willen nicht an deinen Namen erinnern kann. Du musst mich entschuldigen. Mein Gedächtnis für Namen ist nicht mehr das, was es einmal war. Und ich hasse es, mich zu verstellen, nicht wahr?"

Die Ankündigung war ein schwerer Schock für Herrn Oswald Morfey, der davon ausging, dass ihn die Hälfte der Taxifahrer in London vom Sehen kannte. Dennoch widerstand er dem Schock wie ein kleiner Mann von Welt und antwortete mit wunderbarer und aufrichtiger Höflichkeit: „Ich bin sicher, es gibt keinen Grund, warum Sie sich meinen Namen merken sollten." Und er bürgte für seinen Namen.

"Natürlich, natürlich!" rief Herr Prohack mit einer ebenso wunderbaren Höflichkeit, denn das Wort „Morfey" hatte für den umnachteten Beamten keine Bedeutung. "Wie dumm von mir!"

„Übrigens", sagte Mr. Morfey in einem leiseren, vertraulichen Ton. „Ihr Eagle wird morgen statt nächster Woche fertig sein."

„Mein Adler?"

„Dein neues Auto."

Jetzt war Mr. Prohack an der Reihe, ins Wanken zu geraten und die Nerven zu behalten. Seit Charlies Telegramm aus Glasgow hatte er kein Wort mehr über den Kauf eines Autos gehört. Er begann zu glauben, dass seine Frau entweder die Notwendigkeit eines Autos vergessen hatte oder auf seine vollständigere Genesung wartete, bevor sie ihm die Mühe machte, es zu kaufen. Und er selbst hatte darauf geachtet, nichts darüber zu sagen, denn er hatte bei der Erforschung seiner eigenen Gedanken herausgefunden, dass sein Interesse an Autos kein echtes Interesse war und dass er überhaupt keine Lust hatte, aus gesundheitlichen Gründen Auto zu fahren . Und siehe da! Eve war heimlich damit beschäftigt, ein Auto für ihn zu kaufen! Oh! Eine bemerkenswerte Frau, Eve: Sie schreckte vor nichts zurück, wenn es um seine Gesundheit ging. Nicht einmal bei einem zweitausend Pfund schweren Auto.

"Ah ja!" sagte Mr. Prohack mit so viel Ruhe, als ob es seine Angewohnheit wäre, etwa einmal in der Woche ein Auto zu kaufen. „Morgen, sagen Sie? Gut!" War der Kerl damals ein Autoverkäufer, der im Auftrag arbeitete?

„Sehen Sie", sagte Ozzie, „mein alter Herr besitzt eine Mehrheitsbeteiligung an der Eagle Company. So weiß ich es zufällig."

„Ich verstehe", murmelte Mr. Prohack und spekulierte unter vier Augen wild über die Identität von Ozzies altem Herrn.

Als Ozzie mit einem Nicken, einem Lächeln und einem erneuten Fixieren seines Monokels die Kabine verließ, um das Studio zu betreten, ließ er Mr. Prohack frisch erstaunt über die Einzigartigkeiten der Welt und der Frauen, selbst der besten Frauen, zurück. Wie beunruhigend ist es, mit einem Taxi nach Putney zu fahren und von einem Fremden zu erfahren, dass man ein zweitausend Pfund teures Auto gekauft hat, das morgen in seinen Besitz kommen soll! Die Gefährlichkeit und Aufregung, reich zu sein, war für Herrn Prohack sehr beeindruckend.

Ein paar Minuten später bot sich ihm ein Anblick, der ihn tiefer und weniger angenehm berührte als alles andere an einem Abend voller Donnerschläge. Durch das kleine Fenster sah er Sissi mit Ozzie Morfey tanzen. Und obwohl Sissie nicht ekstatisch in Ozzies Gesicht blickte – das konnte sie nicht, weil sie so groß waren – und obwohl ihre Gesichtszüge einen eher strengen, starren Ausdruck hatten, wusste Mr. Prohack aus seinem Wissen über sie, dass Sissie in einer Krise steckte heimliche Ekstase des Vergnügens beim Tanzen mit diesem Mann. Er mochte ihre Ekstase nicht. War es möglich, dass sie, so vernünftig und scharfsinnig, nicht erkannt hatte, dass der Kerl ein perfekter Arsch war? Denn trotz seiner Liebenswürdigkeit war der Kerl ein perfekter Arsch. Der Anblick seiner Sissie in den Armen von Ozzie Morfey empörte Mr. Prohack. Aber er war wieder einmal hilflos. Und die schlimmsten Verdächtigungen kamen ihm in den Sinn. Warum tanzte der strahlende, absolut korrekte Ozzie in einem Tanzstudio in Putney? Sicherlich war er nicht dort, um Tanzen zu lernen. Er tanzte perfekt. Die Füße der Partner schienen zu einer mystischen Richtungseinheit verbunden zu sein. Die Aufführung war bezaubernd anzusehen. Könnte es sein, dass Ozzie da war, weil Sissie da war? Noch düsterer: Konnte es möglich sein, dass Sissie sich aus einem anderen als einem rein kommerziellen Grund am Studio beteiligt hatte?

„Er hält dich für einen Schatz", sagte Sissie hinterher zu ihrem Vater, als er, sie und Eliza Brating allein im Studio in der Ecke, in der der Herd stand, zwanglos Brötchen und Milch aßen.

Die Rede drehte sich um Tänzer und darum, ob Ozzie Morfey nicht einer der besten Tänzer Londons sei. War Sissies Ton ganz natürlich? Herr Prohack konnte sich nicht sicher sein. Eliza Brating sagte, sie müsse sofort gehen, um die letzte Straßenbahn nach Hause nicht zu verpassen. Herr Prohack sagte ohne nachzudenken, dass er sie in seinem Taxi nach Hause bringen würde, das seit mehr als einer Stunde rücksichtslos sein Vermögen verschwendete.

„Küss Mutter von mir", sagte Sissie, „und sag ihr, dass sie ein schreckliches altes Ding ist, und ich werde eines Tages vorbeikommen und ihr meine Meinung sagen." Und sie gab ihm den Kuss für ihre Mutter.

Und als sie ihn küsste, war Mr. Prohack sehr stolz auf seine Tochter – so effizient, so gesund, so aufrichtig, so anmutig.

„Es geht ihr jedenfalls gut", überlegte er. Und doch könnte sie in den Armen dieses perfekten Arschs verzückt sein! Und im Taxi: „Stell dir vor, ich würde diese Tanzmeisterin nach Hause bringen!" Eliza lebte in Brook Green. Sie war sehr elegant und völlig unauffällig, bis sie den Mund öffnete. Sie erzählte ihm, wie ihre Mutter, die einst eine der *Hauptdarstellerinnen* im Covent-Garden-Ballett gewesen war, wegen Ischias hilflos war. Aber sie erzählte dieses malerische und stolz machende Detail auf eine sehr fade, naive und sogar vulgäre Weise (schließlich gab es im öffentlichen Dienst einen Unterschied zwischen der ersten und der zweiten Abteilung!). Sie langweilte ihn schrecklich, bevor sie Brook erreichten Grün. Sie verabschiedete sich mit einem korrekten Verhalten, das sie sich jedoch zu spät angeeignet hatte. Dennoch hatte er sie gerne im Taxi nach Hause gesehen. Sie war jung und ein Objekt, das dem Auge schmeichelte. Er erkannte, dass er die Nähe junger Frauen nicht gewohnt war. Was würden seine Freunde im Club zu der Eskapade sagen? ... Seltsam, überaus seltsam, dass das Mädchen Sissies Partnerin in einem so seltsamen Geschäftsunternehmen sein sollte! ... Das nächste war, Eve danach zu treffen Eskapade. Sollte er in der Defensive bleiben oder mit einem Angriff auf das Eagle-Auto beginnen?

KAPITEL IX
KOLLISION

ICH

Nach einer ereignisreichen Nacht wachte Herr Prohack spät zum Frühstück im Bett auf. Theoretisch hasste er das Frühstück im Bett, aber in der Praxis hatte er kürzlich herausgefunden, dass die Unannehmlichkeiten für ihn vernachlässigbar waren im Vergleich zu der intensiven und triumphalen Freude, die seine Frau daran empfand, ihn im Bett frühstücken zu sehen und vollständig bekleidet zu sein, während er Pyjamas trug und sich anzog - Gewand, und indem er das Mahl und ihn leitete. In letzter Zeit hatte sich Marian angewöhnt, früher aufzustehen und den Eindruck zu erwecken, dass sie zu einer Stunde, in der sie vor ein paar Wochen kaum gedacht hätte, dass der Tag der Nacht gewichen war, sehr mit diversen Kleinigkeiten beschäftigt war. Herr Prohack glaubte, ohne es genau definieren zu können, die Psychologie der Veränderung dieser einzigartigen Frau zu verstehen. Unter normalen Umständen hätte ihn sein Gefühl der Müdigkeit beunruhigt, aber jetzt, da er überhaupt nichts zu tun hatte, war es ihm egal, ob er müde war oder nicht. Weder das Amt noch der Staat würden unter seinem mangelnden Ton leiden.

Die Ereignisse der Nacht hatten sich ausschließlich in Mr. Prohacks Kopf abgespielt. Sie ließen sich auch nicht auf das Verhalten seiner Frau zurückführen, als er aus dem Studio nach Hause kam. Sie hatte sich ihm gegenüber auf mysteriöse Weise verhalten, als ob nächtliche Ausflüge zu schändlichen Töchtern in entlegenen Vierteln Londons zu seiner täglichen Routine gehörten. Sie war sehr süß und sehr gleichgültig gewesen. Daraufhin hatte sich Herr Prohack gesagt: „Sie hat diplomatische Gründe, ein Engel zu sein." Und selbst wenn sie kein Engel gewesen wäre, selbst wenn sie das genaue Gegenteil eines Engels gewesen wäre, hätte Mr. Prohack nichts dagegen gehabt, und seine Nacht wäre dadurch nicht gestört worden; denn er betrachtete sie als ein wunderschönes Naturphänomen, das von einem Wissenschaftler liebevoll und staunend betrachtet wird, und er war nicht in der Lage, sich länger als ein paar Sekunden über irgendetwas zu ärgern, was dieses verirrte Waldgeschöpf der ersten Stunde tun oder sagen mochte charmant ins 20. Jahrhundert. Er war ein sehr glücklicher Ehemann.

NEIN! Der ereignisreiche Abend entstand aus der Reflexion über die Beziehungen zwischen Sissie und Ozzie Morfey. Wenn Gedanken physische Form und Festigkeit annehmen könnten, wären die Ereignisse der Nacht zu schrecklichen Zusammenstößen und Katastrophen in den vom Teufel heimgesuchten Abgründen von Mr. Prohacks Gehirn geworden. Die Mächte des Bösen massakrierten zwischen drei und vier Uhr morgens alle Gegner. Zu dieser Zeit war Mr. Prohack davon überzeugt, dass Sissie nicht nur eine unbeschreiblich herzlose Tochter war, sondern auch eine perfekte Narrin, die von einem perfekten Arsch getäuscht wurde, und dass Ozzies Motiv darin lag Bei der Angelegenheit ging es nicht ausschließlich oder hauptsächlich um Bewunderung für Sissie, sondern um Bewunderung für das große Vermögen, das, wie er erfahren hatte, in den Schoß von Sissies Vater gefallen war. Nach fünf Uhr, der üblichen Reihenfolge entsprechend, verloren die Mächte des Bösen an Boden, und um halb sechs, als das Rechteck des Spiegels schwach im Morgengrauen schimmerte, sagte Herr Prohack rundheraus: „Ich bin ein Idiot." ," und ging schlafen.

„Jetzt, Liebling", sagte Eve, als er aus dem Badezimmer kam. „Verschwenden Sie keine Zeit mehr. Ich möchte, dass Sie mir unten Ihre Meinung zu etwas mitteilen."

„Kind", sagte Herr Prohack. „Was um alles in der Welt meinen Sie mit ‚Zeitverschwendung'? Haben Sie nicht darauf bestanden, und hat Ihr lieber Arzt nicht darauf bestanden, dass ich nach dem Frühstück im Bett eine Stunde lang die Zeitungen lesen muss? Reden Es geht in der Tat um ‚Zeitverschwendung'!"

„Ja, natürlich, Liebling", stimmte Eve erstaunlich engelhaft zu. „Ich meine nicht, dass du Zeit verschwendet hast; ich möchte nur nicht, dass du noch *mehr* Zeit verschwendest."

„Mein Fehler", sagte Herr Prohack.

Aus reiner Bosheit und Bosheit trieb er das Anziehen nahezu auf die übliche Länge, und zweimal kam Eva unbehaglich ins Schlafzimmer, um zu sehen, ob sie ihm behilflich sein könnte. Keine Krankenschwester hätte so wunderbar aufmerksam sein können. Während einer ihrer Abwesenheiten schlich er heimlich die Treppe hinunter ins Wohnzimmer, wo er begann, auf dem Klavier zu klimpern, obwohl es im Raum noch keineswegs richtig warm war. Sie folgte ihm und tat bewundernswert, als würde sie nicht bemerken, dass er sich ungewöhnlich verhielt. Sie war für die Straße gekleidet und trug seinen Hut und seinen dicksten Mantel.

„Du kommst raus", sagte sie und hielt schmeichelnd den Mantel hoch.

„Da irren Sie sich einfach", sagte er.

„Aber ich möchte dir etwas zeigen."

"Was willst du mir zeigen?"

„Das wirst du sehen, wenn du herauskommst."

„Ist es Zufall, dass ich den Vogel der Berge sehe?"

„Der Vogel der Berge? Mein lieber Arthur! Was willst du jetzt erreichen?"

„Ist es das Eagle-Auto?" Und als sie unter dem Schlag sprachlos taumelte, fuhr er fort: „Ah! Hast du gedacht, du könntest *mich* mit deinen infantilen Verschwörungen und deinen stillen Täuschungen und deinem falschen Lächeln täuschen?"

Sie errötete.

„Jemand hat es dir erzählt. Und ich finde es wirklich schade!"

„Und wer hätte es mir sagen sollen? Wen habe ich gesehen? Ich nehme an, Sie glauben, dass ich die Informationen gestern Abend in Putney aufgegriffen habe. Und haben Sie nicht alle meine Briefe geöffnet, seit ich krank war, unter dem Vorwand, mir Sorgen zu ersparen? Sollen Ich sage dir, woher ich das weiß? Ich wusste es an deinem Gesicht, mein Unschuldiger, man kann es nicht wie ein Zeitungsplakat lesen, und seit Tagen habe ich darauf gesehen: „Extra." „Aufregender Kauf eines Autos durch eine schlaue Frau." Dann lachte er. „Nein, Kleiner. Dieser Oswald Morfey hat es letzte Nacht rausgelassen."

Als sie sich empört erkundigte, wie es dazu kam, dass Oswald Morfey in ihre Privatangelegenheiten verwickelt wurde, sagte sie:

„Nun, Liebling, ich muss dir hoffentlich nicht sagen, dass mein *einziges* Ziel darin bestand, dir Ärger zu ersparen. Das Auto musste einfach gekauft werden, und zwar so schnell wie möglich, also habe ich es getan. Muss ich dir sagen –"

„Das brauchen Sie sicher nicht", stimmte Mr. Prohack zu, ging zum Fenster und hob den Vorhang. Ja. Da stand ein echtes Auto, ein Landaulette, mit dem berühmten Adler vorne auf dem Kühler und einem echten Chauffeur an seiner Seite. Die Sache schien Mr. Prohack völlig wundersam; und er war ziemlich beeindruckt von der Wagemut und dem Unternehmungsgeist seiner Frau. Schließlich war es für eine weltfremde Frau ein ziemliches Unterfangen, allein in die Welt zu gehen, ein Auto zu kaufen und einen Chauffeur zu engagieren, ganz zu schweigen von der Kleidung des Chauffeurs. Aber Mr. Prohack bewahrte seine ganze Unerschütterlichkeit.

„Ist es nicht schön?"

„Ist es bezahlt?"

"Ach nein!"

„Mussten Sie keine Anzahlung leisten?"

„Natürlich habe ich das nicht gemacht. Ich habe deinen Namen genannt, und das hat gereicht. Wir müssen ihn nicht behalten, wenn er uns nach dem Probelauf nicht gefällt."

„Und ist es versichert?"

"Natürlich Schatz."

„Und was ist mit der Lizenz?"

„Oh! Die Eagle Company hat sich um all diese dummen Dinge für mich gekümmert."

„Und wie oft haben Sie meine Unterschrift gefälscht, während ich auf einem Bett voller Schmerzen lag?"

„Tatsache ist, Liebling, ich habe den Kauf in meinem eigenen Namen getätigt. Jetzt komm *mit* . Wir gehen durch den Park."

Die Art, wie sie seinen Mantel tätschelte, als sie ihn ihm angezogen hatte ...! Die Art, wie sie ihn bei der Hand nahm und zur Wohnzimmertür zog ...! Sie hatte eine äußerst kühne Tat vollbracht, und ihre Stimmung besserte sich, als sie durch sein Verhalten überzeugt wurde, dass sie die Kühnheit nicht zu weit getrieben hatte. (Denn sie war sich seiner nie ganz sicher.)

„Warten Sie einen Moment", sagte Mr. Prohack, ließ sich los und schlüpfte zurück zum Fenster.

"Was ist los?"

„Ich wollte nur das Gesicht des Chauffeurs sehen. Ist es ein echter Chauffeur? Kein Automat?"

„Arthur!"

„Bist du sicher, dass er ganz menschlich ist?" Mrs. Prohack klappte das Klavier zu und stampfte dann mit dem Fuß auf.

„Hören Sie", sagte Herr Prohack. „Ich bin dabei, mein Leben dem mysteriösen Wesen in dieser Uniform anzuvertrauen. Hast du dir vorgestellt, dass ich mein Leben einem völlig Fremden anvertrauen würde? In einer weiteren halben Stunde liegen er und ich möglicherweise nebeneinander im Krankenhaus. Und ich ziehe an Ich kenne nicht einmal seinen Namen! Hol ihn herein, meine Taube, und erlaube mir, Beziehungen zu ihm aufzubauen. Aber vertraue mir zuerst seinen Namen. Der Ausdruck auf Mrs. Prohacks Gesichtszügen zeugte von erhabener Nachsicht trotz unbeschreiblicher Provokation.

„Das ist Carthew", verkündete sie und brachte den Chauffeur in den Salon.

Carthew war ein ziemlich großer, ziemlich kräftiger, ergrauter Mann von etwa vierzig Jahren; In einer behandschuhten Hand trug er seine Mütze und einen Handschuh, und sein langer, steifer grüner Mantel reichte in einer ununterbrochenen Linie vom Hals bis zu den Knien. Er hatte die Gleichgültigkeit eines Polizisten.

„Guten Morgen, Carthew", begann Mr. Prohack und stand auf. „Ich dachte, dass du und ich uns gerne kennenlernen würden."

"Jawohl."

Mr. Prohack streckte seine Hand aus, die Carthew ruhig ergriff.

„Willst du dich setzen?"

"Danke mein Herr."

"Hast du eine Zigarette?" Carthew zögerte.

„Stört es Sie, wenn ich selbst eines habe, Sir?"

„Das sind Virginianer."

„Oh! Danke, Sir." Und Carthew nahm eine Zigarette aus Mr. Prohacks Etui.

"Licht?"

„Nach Ihnen, Sir."

„Nein, nein."

"Danke mein Herr."

Carthew hustete, schnaufte und lehnte sich ein wenig in seinem Stuhl zurück. Zu diesem Zeitpunkt verließ Frau Prohack den Raum. (Sie sagte später, dass sie den Raum verlassen habe, weil sie es nicht ertragen hätte, dabei zu sein, als Carthews Rücken die Stuhllehne zerbrach.)

Carthew saß schweigend da.

„Nun", sagte Herr Prohack. „Was halten Sie von dem Auto? Ich sollte Ihnen sagen, dass ich selbst keine Ahnung von Motoren habe, und das ist der erste, den ich je hatte."

„Der Eagle ist ein sehr gutes Auto, Sir. Wenn Sie mich fragen, würde ich sagen, dass er leichte Reifen hatte und ein bisschen durstig nach Benzin war. Es ist eines dieser Autos, die jeder *fahren kann* – wenn Sie verstehen, was ich meine. Ich meine jeder." kann es schaffen . Aber das ist natürlich nur der Anfang dessen, was ich Fahren nenne.

„Genau so", stimmte Mr. Prohack zu und entlockte Carthew durch sein Lächeln ein ganz schwaches Lächeln. „Mein Sohn scheint zu glauben, dass es sich um das beste Auto auf dem Markt handelt."

„Nun, Sir, ich habe mein ganzes Leben lang ziemlich viel mit Autos zu tun gehabt – ich meine, seit ich zwanzig war –"

„Hast du tatsächlich!"

„Das habe ich, Sir –" Carthew schleuderte geschickt etwas Asche auf den Teppich, und Mr. Prohack tat nachdenklich das Gleiche – „Das habe ich, Sir, und ich bin noch nicht auf das beste Auto auf dem Markt gestoßen, falls Sie wissen, was Ich meine."

„Perfekt", sagte Herr Prohack.

Carthew saß schweigend da.

„Aber es ist ein sehr gutes Auto. Ein besseres kann sich niemand wünschen. Das sage ich schon", fügte er schließlich hinzu.

„Hatten Sie in Ihrer Zeit viele Unfälle?"

„Ich wurde berührt, Sir, aber ich selbst habe noch nie etwas berührt. Sie können einen Unfall haben, während Sie am Straßenrand stehen. Es kommt eher darauf an, wie viele Dummköpfe im Verkehr losgelassen wurden, nicht wahr? Das ist es, Sir, wenn Sie verstehen, was ich meine.

„Genau", sagte Herr Prohack.

Carthew saß schweigend da.

„Ich nehme an, Sie haben den Krieg miterlebt", begann Mr. Prohack erneut.

„Ich gehörte zum ersten Territorialregiment, das in Frankreich landete, und wurde im Juli 1919 entlassen."

"Verwundet?"

„Nun, Sir, ich wurde zweimal in die Luft gesprengt und einmal begraben und einmal ins Meer geworfen, aber mir ist nie etwas passiert."

„Wie ich sehe, trägst du keine Bänder."

„Es ist so, Sir. Ich habe seit dem Waffenstillstand genug Bänder auf der Brust gesehen. Es ist nicht so, dass ich einer dieser Wehrpflichtigen wäre."

„Nein", murmelte Herr Prohack nachdenklich; dann aufhellend: „Und sobald Sie entlassen wurden, sind Sie wieder in Ihren alten Job zurückgekehrt?"

„Das habe ich getan, und ich habe es auch nicht getan, Sir. Tatsache ist, dass ich einen Krankenwagen für die City of London gefahren habe, aber als ich von etwas Privatem gehört habe, habe ich das aufgegeben. Ich kann es nicht sagen, da mir diese gefallen Für meinen Geschmack sind Konzerne etwas zu versteinert.

"Familienmann?" fragte Mr. Prohack leichthin. „Ich habe selbst zwei Kinder und beide können Auto fahren.“

„Wirklich, Sir, ich bin ein Familienmensch, wie Sie vielleicht sagen würden, aber meine Frau und ich leben am besten getrennt.“

„Tut mir leid, das zu hören. Ich wollte nicht-“

„Oh, überhaupt nicht, Sir! Das ist in Ordnung. Aber sehen Sie – der Krieg – meine Abwesenheit und all das – ich habe den kleinen Jungen. Er ist neun.“

„Nun“, sagte Mr. Prohack und sprang nervös auf, „angenommen, wir gehen und schauen uns das Auto an, ja?“

„Gewiß, Sir“, sagte Carthew, warf die Spitze seiner Zigarette in den Kotflügel und beeilte sich.

„Meine Taube“, sagte Herr Prohack zu seiner Frau im Flur. „Ich gratuliere Ihnen zu Ihrem Geschmack an Chauffeuren. Carthew und ich haben den Grundstein für eine dauerhafte Freundschaft gelegt.“

„Ich wundere mich wirklich, dass Sie ihn gebeten haben, im Wohnzimmer zu rauchen“, bemerkte Frau Prohack kritisch.

„Warum? Er hat England für mich gerettet; und jetzt vertraue ich ihm mein Leben an.“

„Ich glaube, Sie würden sich eine Revolution in diesem Land *wünschen* .“

„Überhaupt nicht, Engel! Und ich glaube nicht, dass es einen geben wird. Aber ich treffe meine Vorsichtsmaßnahmen für den Fall, dass es einen geben sollte.“

„Er ist nur ein Chauffeur.“

„Das ist sehr wahr. Er hat eine nützliche Arbeit geleistet und einen Krankenwagen zu Krankenhäusern gefahren. Aber wir haben damit aufgehört. Er ist jetzt nur noch ein Chauffeur für die müßigen Reichen.“

„Oh, Arthur! Ich wünschte, du würdest nicht versuchen, über solche Themen lustig zu sein. Du weißt, dass du es nicht so meinst.“

Frau Prohack war jetzt wirklich vorwurfsvoll, und die erste eheliche Spritztour hätte, wenn sie stattgefunden hätte, möglicherweise unter einem gewissen Zwang gelitten. Es fand jedoch nicht statt. Gerade als Carthew den

Teppich (den Eve mit seiner erstaunlichen Gründlichkeit gekauft hatte) hinhielt, um ihn auf die Knie seiner Arbeitgeber zu legen, fuhr ein wahrhaft gigantisches Auto vor die Tür, dessen lange Motorhaube nur fünfzehn Zentimeter vom Heck des Eagle entfernt aufhörte -Laterne. Der Adler sah daneben wie nichts aus. Mr. Prohack kannte diesen Leviathan. Er hatte es viele Male vor den Portalen seines Hauptclubs gesehen. Es war das Auto seines großen Clubkumpels Sir Paul Spinner, des „Stadtmagnaten".

Sir Paul, von Karfunkeln übersät, stieg aus und wurde gerade Eve vorgestellt – denn die Freundschaft zwischen Mr. Prohack und Sir Paul war eine reine Clubfreundschaft gewesen. Wie viele dieser Freundschaften bestand sie nicht über den Club hinaus, und keiner der Kumpane wusste etwas wirklich Interessantes über die häuslichen Verhältnisse des anderen. Sir Paul entschuldigte sich sehr bei Eve, verlangte aber unbedingt sofort ein Interview mit Mr. Prohack. Eve sagte sehr freundlich und charmant, dass sie im Auto noch ein wenig lüften und dann zurückkommen würde, um ihren Mann abzuholen. Mr. Prohack hätte es vorgezogen, wenn sie auf ihn gewartet hätte; Aber obwohl Eva in allen normalen Zeiten klug genug war, hatte diese Idee, wenn ihr eine Idee in den Sinn kam, rücksichtslos Vorrang vor allem anderen in der Außenwelt. Darüber hinaus war das Auto ihre Privatkreation, und sie war nicht in der Lage, seinen Reizen eine Minute länger zu widerstehen.

II

„Ich habe gehört, dass Sie eine halbe Million erreicht haben, Arthur", sagte Paul Spinner, nachdem er sich sehr freundlich und optimistisch über Mr. Prohacks Gesundheitszustand gezeigt und wie üblich über seine eigenen Karbunkel und die Mängel des Clubs berichtet hatte.

„Aber du glaubst es nicht, Paul."

„Das tue ich nicht", stimmte Paul zu. „Die Dinge gehen in der Stadt ziemlich schnell voran, und wir können sie ziemlich gut einschätzen; und wenn man zwei und zwei zusammenzählt, würde ich sagen, dass einhundertfünfzigtausend eher der Marke entsprechen würden."

„Das ist es auf jeden Fall", sagte Herr Prohack.

Hätte Paul Spinner fünfzigtausend vorgeschlagen, hätte Mr. Prohack ihn korrigiert, aber da er voller niederer Instinkte war, verspürte er keinen Impuls, die größere Schätzung zu korrigieren, die ebenso ungenau war.

„Na ja! Es ist eine höchst romantische Geschichte und ich gratuliere Ihnen dazu. So viel Glück ist mir noch nie passiert." Sir Paul machte diese

Bemerkung in einem Tonfall, der deutlich machen sollte, dass er selbst praktisch kein Glück gehabt hatte. Und er glaubte wirklich, dass er kein Glück gehabt hatte, obwohl er tatsächlich kein Unternehmen berührte, das gescheitert wäre. Jedes Jahr unterschrieb er einen größeren Scheck für die Supersteuer, und jedes Jahr unterzeichnete er ihn mit einer Geste, die zum Ausdruck brachte, dass er seinen eigenen Ruin unterzeichnete.

Diese beunruhigende Illusion von Sir Paul war wahrscheinlich auf seine Karbunkel zurückzuführen, die von allen pathologischen Phänomenen zu den produktivsten einer pessimistischen Philosophie gehören. Die Karbunkel waren überall in der Harley Street bekannt. Sie mussten immer geheilt werden und wurden nie geheilt. Sie müssen ihren Besitzer ungefähr so viel gekostet haben wie sein Auto für den Unterhalt – mit Arztgebühren, Reisen und ausländischen Hotels – und niemand wusste, ob sie unheilbar blieben, weil sie unheilbar waren, oder weil die Ärzteschaft es für grausam hielt Schlaganfall, um sich selbst ein regelmäßiges Einkommen und Sir Paul seines größten Hobbys zu berauben. Das Seltsame war, dass Sir Paul trotz all seiner kraftvollen allgemeinen Scharfsinnigkeit und Klugheit trotz endloser Enttäuschungen fest an dem mystischen Glauben festhielt, dass die Karfunkel eines Tages abgeschafft werden würden.

„Ich rede nicht um den heißen Brei herum", sagte er. „Wir kennen uns. Ich bin hierher gekommen, um offen zu reden, und ich werde offen reden."

„Machen Sie ruhig weiter", ermutigte ihn Herr Prohack wohlwollend.

„Zuallererst möchte ich Sie nur ein wenig vor diesem Softly Bishop warnen. Ich vermute, Sie wissen etwas über ihn –"

„Ich weiß nichts über ihn, außer der Art, wie er in seine Nase schaut. Aber kein Mann, der so in seine Nase schaut, wie er in seine Nase schaut, wird mich bei der Verwaltung meiner finanziellen Angelegenheiten beeinflussen. Ich bin nur ein Beamter." ;Ich sollte ein Lamm in der Stadt sein; aber ich habe meine Sicherheitsvorkehrungen, alter Junge. Danke trotzdem für den Tipp.

Sir Paul Spinner lachte heiser, so wie Mr. Prohack ihn im Laufe ihrer Freundschaft hunderte Male zum Lachen gebracht hatte. Und Mr. Prohack war sich eines Gefühls der Überlegenheit gegenüber Sir Paul bewusst. Das Gefühl wuchs in seiner Brust stetig und er war sich nicht ganz sicher, woher es kam. Vielleicht lag es an einem Anflug von Unterwürfigkeit in Sir Pauls Lachen, der Mr. Prohack an das alte Sprichwort erinnerte, dass die Witze der Erhabenen immer spaltend sind.

„Wie gesagt", fuhr Sir Paul fort, „Sie und ich kennen uns."

Mr. Prohack nickte mit einem Anflug von Ungeduld gegen unnötige Wiederholungen. Doch plötzlich kam ihm der seltsame Gedanke, dass Sir Paul ihn sicherlich nicht kannte, sondern nur seltsame Teile von ihm; und er war sich nicht sicher, ob er Sir Paul kannte. Er sah einen fettleibigen Mann von sechzig Jahren auf demselben Stuhl sitzen, auf dem vor wenigen Augenblicken Carthew, der Chauffeur, gesessen hatte, einen Mann mit großen violetten Gesichtszügen und einem lebhaften Auge, einen Mann, der eine plutokratische und himmlische Zigarre rauchte und sie gleichzeitig aß Zeit, ein Mann, reich gekleidet, mit Zöpfen geflochten und mit Juwelen besetzt, ein Mann, dessen Stiefel keine Anzeichen einer Falte zeigten, ein offensichtlicher Millionär der alten Sorte, kurz gesagt, ein Mann, der praktisch nur aus Vorurteilen und Abfallprodukten bestand. Und er fragte sich, warum und wie dieser Mann sein Freund geworden war und seine Zuneigung gewonnen hatte. Sir Paul sah in Mr. Prohacks zerbrechlichem Chippendale-Salon geradezu grob aus und schien die Marmorsäulen und Vergoldungen des riesigen Clubs als passende Umgebung zu benötigen. Nun, nachdem Herr Prohack in der grunzenden Gesellschaft von Sir Paul viele hundert Mahlzeiten gegessen und viele hundert Tassen Kaffee getrunken hatte, konnte er sich über Sir Paul nur sicher sein, erstens zu wissen, dass er einen absolut unbefleckten Ruf hatte; zweitens, dass er ein sehr anständiger, einfältiger, freundlicher, unwissender Kerl war (unwissend, das heißt, in den Angelegenheiten, die Herrn Prohack interessierten); drittens, dass er instinktiv dem Intellekt und der Brillanz misstraute; viertens, dass er seit fast vier Jahren davon überzeugt war, dass Deutschland den Krieg gewinnen würde, und fünftens, dass er zu erstaunlichen Ausbrüchen der Großzügigkeit fähig war. Bleiben Sie, es gab noch einen weiteren Punkt: Sir Pauls ständige Höflichkeit gegenüber den Club-Bediensteten, die er irgendwie mit ständigem Murren zu verbinden verstand. Die Club-Bediensteten hielten ihm Zuneigung entgegen. Es war wahrscheinlich dieser sechste Punkt, der in Mr. Prohacks positiver Einschätzung des Finanziers alle anderen Punkte überwog.

Und dann hörte Herr Prohack wie in einem Traum aus den Lippen von Paul Spinner die Worte: „Ölkonzessionen in Rumänien." Blitzschnell, in einem Erdbeben, in einer blendenden Vision verstand Mr. Prohack augenblicklich den Ursprung seines seltsamen, aufkeimenden Gefühls der Überlegenheit gegenüber dem alten Paul. Was er zuvor unbewusst gewusst hatte, wusste er jetzt bewusst. Der alte Paul, der zweifellos jährliche Steuern gezahlt hatte, die etwa dem Zehnfachen von Mr. Prohacks offiziellem Jahresgehalt entsprachen; der alte Paul, dessen Name das Synonym für Millionen war und dessen Gerüchte über seine Ansichten über die Börsen die Leser von Finanzblättern zum Zittern brachten; Der alte Paul war hinter Mr. Prohacks Geld her! Wunderbares, wunderbares, dreimal wunderbares Geld!... Es war das Erstaunlichste, das Herrlichste, was jemals passiert ist. Herr Prohack begann sofort, Bedenken gegenüber Sir Paul Spinner zu hegen. Gleichzeitig tat ihm der alte Paul leid. Und sein Zwang war so groß, dass er eine Schluckbewegung machte und sich alle Mühe gab, nicht zu erröten.

Mr. Prohack mochte ein Lamm in der Stadt sein, aber er hatte einen hochgebildeten Verstand und ein sehr gutes Verständnis für die reine Finanztechnik. Deshalb konnte Sir Paul sich in technischen Begriffen prägnant und präzise erklären, und er tat es – mit viel Geschick und einer Art unüberlegter Überzeugungskraft, da er in seinem groben gesunden Menschenverstand erkannte, dass es nicht nötig war, Mr. Prohack Ideen mit Dampf in den Kopf zu treiben – Hammer zu schlagen oder ihn mit einem berauschenden Dampf der Superlative zu berauschen.

In einer Viertelstunde erfuhr Herr Prohack, dass Sir Paul ein rein privates Syndikat als Vorstufe zur Gründung einer großen Gesellschaft zur Ausbeutung bestimmter Optionen auf dem rumänischen Ölgebiet förderte, das Sir Paul besaß. Er erfuhr von den Berichten über die Probebohrungen. Er lernte den Charakter und die Erfahrung des Experten kennen, den Sir Paul nach Rumänien geschickt hatte. Er lernte etwas über das weltweite Angebot an Öl und die weltweite Nachfrage nach Öl. Er erfuhr von den großen rivalisierenden Ölkonzernen, die damals das Öluniversum aufteilten. Er hatte die gesamte Situation klar in seinem Gehirn abgebildet. Als nächstes erlangte er verblüffendes Insiderwissen über den Mangel an liquidem Kapital in den Kreisen des „großen Geldes" und folgte dann Sir Pauls berühmter Clubdisquisition über den Ursprung der gegenwärtigen Unverkäuflichkeit von Wertpapieren und der entsetzlichen Beunruhigung, um nicht zu sagen, des Zusammenbruchs Märkte.

„Was wir wollen, ist Stabilität, alter Junge. Wir wollen in Ruhe gelassen werden. Wir werden zu Tode regiert. Soziale Reformen sind in Ordnung. Ich glaube daran, aber alles hängt vom Tempo ab. Es sollte Veränderungen geben, aber." Es darf nicht wie eine Verwandlungsszene in einer Pantomime sein."

Und so weiter.

Herr Prohack war mit allem vertraut. Er erwartete den Höhepunkt der Ausstellung. Aber Sir Paul wandte sich der Marine zu und musste einen mehr als ausreichenden Ölvorrat für die Marine in britischen Händen behalten. Herr Prohack wünschte, Sir Paul hätte auf die Marine verzichten können. Und dann wurde das Imperium erreicht. Herr Prohack wünschte, Sir Paul hätte das Imperium außen vor lassen können. Schließlich erreichte Sir Paul den Punkt.

„Ich habe alles realisiert, was ich vernünftigerweise kann, und mir fehlen achtzigtausend. Natürlich kann ich es bekommen, und zwar leicht, aber nicht, ohne einen guten Teil meiner Show in Vierteln zu verschenken, die ich lieber ganz bei mir behalten würde." die Dunkelheit. Ich dachte an dich – du bist sauber, und ich weiß auch, dass du hundert Prozent verdienen würdest Sie werden das nicht verlieren, was auch immer passiert. Natürlich ist Ihr Kapital möglicherweise nicht in der Lage, darauf zuzugreifen Also sagte ich mir, ich würde auf dem Weg in die Stadt hier vorbeischauen.

Sir Paul Spinner wirbt für elende achtzigtausend Pfund!

„Gehängt, wenn ich weiß, *wie* mein Kapital ist!" sagte Herr Prohack.

„Ich nehme an, Ihr Anwalt weiß es. Smathe, nicht wahr? ... Ich habe es gehört."

„Wie schnell möchten Sie eine Antwort, ja oder nein?" fragte Mr. Prohack mit dem Gefühl, dass er mit dem Rücken zur Wand stand und der alte Paul eine Waffe hatte.

„Ich will jetzt sowieso keine Antwort, alter Junge. Du musst darüber nachdenken. Weißt du, sobald wir das Ding haben, werde ich die beiden großen Gruppen gegeneinander antreten lassen, und wir werden sehen." etwas Spaß. Und ich würde sie nicht um Barzahlungen bitten, sondern nur um die Zahlung in ihren eigenen Aktien – die mehr wert sind als Geld.

„Möchten Sie morgen eine Antwort?"

„Könnten Sie es heute Abend schaffen?" Sir Paul antwortete überraschend. „Und vorausgesetzt, Sie sagen ja – ich sage nur angenommen – könnten Sie nicht jetzt mit mir zu Smathe's rennen und sich über Ihr Kapital informieren? Das würde Sie in keiner Weise binden. Mir liegt es besonders am Herzen, dass Sie darüber nachdenken Bewahren Sie diese Papiere übrigens besser auf, aber wenn Sie nicht an Ihr Kapital herankommen, ist es sinnlos, sich weiter darum zu kümmern.

„Ich kann jetzt nicht zu Smathe's gehen", stammelte Mr. Prohack.

"Warum nicht?"

„Weil ich mit meiner Frau im Auto unterwegs bin."

„Aber, mein lieber alter Junge, es ist eine große Sache und es ist dringend."

„Ja, das verstehe ich durchaus. Aber ich muss mit Marian gehen. Ich werde dir sagen, was ich tun kann. Ich werde Smathe anrufen, dass du selbst zu ihm kommst, und er muss dir alles erzählen." . Das wird am besten sein. Dann teile ich dir meine Entscheidung später mit.

Als sie sich trennten, sagte Sir Paul:

„Wir kennen uns, und Sie können es mir glauben, es ist in Ordnung. Ich werde nichts mehr sagen. Aber denken Sie darüber nach."

"Oh, ich werde!"

Der alte Paul wirbt für achtzigtausend Pfund! Eine wundersame Welt! Eine verblüffende Welt!

Herr Prohack, der nicht wusste, was er mit hunderttausend Pfund anfangen sollte, sah sich selbst als Besitzer einer Viertelmillion und war von der Aussicht unlogisch begeistert. Aber das Risiko! Angenommen, der ehrliche Paul hatte einmal Unrecht, oder angenommen, er wurde in der Nacht von einem Karfunkel weggetragen – Mr. Prohack könnte mit nur zwanzigtausend Pfund auf dem Konto ein armer Mensch sein.

Sobald er angerufen hatte, nahm er Hut und Mantel wieder auf und ging auf den Bürgersteig, um nach seinem Auto, seinem Chauffeur und seiner Frau zu suchen. Von ihnen war nichts zu sehen.

III

Herr Prohack war unbestreitbar ein sehr beliebter Mann. Er hatte kaum Zweifel an der finanziellen Solidität des Vorschlags des alten Paul; aber er zögerte aus Gründen, die nichts mit Finanzen oder Häuslichkeit zu tun hatten, es anzunehmen. Und er hatte die Idee (die niemand außer einem sehr eigenartigen Mann gehabt hätte), die Angelegenheit mit irgendeinem Feind des alten Paulus zu besprechen. Jetzt hatte der alte Paul nur noch wenige Feinde. Mr. Prohack könnte jedoch seine Hand auf einen legen – Mr. Francis Fieldfare – der Herausgeber einer alteingesessenen und lukrativen Finanzwochenzeitung und den Lesern dieser und anderer Organe als „FF" bekannt. Die Büros von Mr. Fieldfare lagen ziemlich nahe an Mr. Prohacks Hauptclub, zu dem auch Mr. Fieldfare gehörte Mitglied, und Mr. Fieldfare hatte die Angewohnheit, gegen Mittag in den Club zu kommen, eine Stunde lang die Zeitungen zu lesen, früh zu Mittag zu essen und den Club gerade dann wieder zu verlassen, als die Mehrheit der Mitglieder ihren Kaffee nach dem Mittagessen bestellte. Mr. Fieldfare verfolgte diesen Weg, weil er ein tiefes Gespür dafür hatte, in der Minderheit zu sein. Herr Prohack blickte auf seine Uhr. Die Entschlossenheit eines jeden Menschen ist quantitativ begrenzt. Nur bei Verrückten ist die Entschlossenheit unerschöpflich. Mr. Prohack hatte nicht mehr Entschlossenheit, als es sich für einen durchschnittlich gesunden Menschen gehört, und seine Entschlossenheit, auf seine Frau zu warten, war durch die energische Weigerung, mit Spinner zu Smathe zu gehen, ernsthaft auf die Probe gestellt worden. Jetzt gab es plötzlich nach.

„Puh!" sagte Herr Prohack. „Ich habe lange genug auf sie gewartet. Jetzt muss sie noch ein bisschen auf mich warten."

Und los ging es mit dem Taxi zu seinem Club. Der Besuch, überlegte er, würde dem sekundären Zweck dienen, nach einer Abwesenheit vom Verein unauffällig wieder ins Vereinsleben einzusteigen.

Er dachte:

„Vielleicht hatten sie einen Unfall mit diesem Auto. Eines Tages wird sie sowieso einen Unfall haben – sie ist so impulsiv."

Natürlich war Mr. Fieldfare nicht im Frühstücksraum des Clubs, wie er hätte sein sollen. Das musste passieren. Mr. Prohack blickte sich in der monumentalen Schläfrigkeit des großen Raums um, wurde jedoch ignoriert und ging rückwärts in den Flur hinaus, in der Absicht, nach Hause zurückzukehren. Aber im Flur traf er FF, der gerade ankam. Es überraschte und schmerzte Herrn Prohack vielleicht ein wenig, als er feststellte, dass FF offensichtlich weder von seiner Krankheit noch von seinem Erbe gehört hatte.

Mr. Fieldfare war ein hagerer Mann mittleren Alters mit scheinbar strenger Kleidung; kurz, schäbig; ein schönes, resigniertes Gesicht, brennende Augen und eine sanfte Stimme. Das Gefühl des drohenden unmittelbaren Zusammenbruchs der Gesellschaft – aller Gesellschaften, und die feierliche Illusion, dass er klarer als jeder andere die schreckliche Entwicklung der Ereignisse verstand, lasteten auf ihm, und das schon seit dreißig Jahren.

Herr Prohack hatte während des Krieges einmal bemerkt, als er FF im Club einen Blick auf das Band werfen sah: „Sehen Sie sich FF an, der Angst hat, es könnte gute Nachrichten geben." Trotzdem mochte er FF

Als Herausgeber einer Finanzwoche musste FF seine Welttraurigkeit natürlich gut unter Kontrolle halten. Die Hochfinanz kann in einer Atmosphäre der weltweiten Traurigkeit nicht gedeihen und hasst sie. FF hätte niemals Herausgeber einer Finanzwoche werden dürfen; Aber er war zufällig ein erfahrener Statistiker, ein ehrlicher Mann und ein mutiger Mann und ein Experte für die Pathologie der Aktienmärkte, und in dieser Hinsicht entschuldigten seine Eigentümer die leichten Spuren von Welttraurigkeit, die gelegentlich in der Zeitung zu finden waren. Er hätte seinen Posten verlassen und einen anderen bekommen können; Aber vom Schicksal gezwungen zu werden, Herausgeber einer Finanzwoche zu werden, war FFs größter Kummer im Leben, und er liebte einen guten Kummer über alles.

„Aber, mein Lieber", sagte FF mit seinem melancholischen, glühenden Blick, als Herr Prohack seine Eröffnungsfrage angemessen beantwortet hatte. „Ich hatte keine Ahnung, dass es dir schlecht geht. Ich hoffe, dass es nicht das ist, was man einen Zusammenbruch nennt."

"Ach nein!" Herr Prohack lachte nervös. „Aber Sie wissen, was Ärzte sind. Ein wenig Ruhe ist verordnet."

FF blickte ihn sanft und mitfühlend an, als wollte er damit andeuten, dass unter dem gegenwärtigen politischen Regime nichts als Ärger zu erwarten sei. Gemeinsam untersuchten sie das Band.

„So kann es nicht mehr lange weitergehen", bemerkte FF umfassend vor den Morgenbotschaften aus den Hauptstädten der Welt.

„Trotzdem", sagte Herr Prohack, „haben wir den Krieg gewonnen, nicht wahr?"

„Das glaube ich", sagte FF und seufzte.

Herr Prohack hatte das Gefühl, dass er keine Zeit mehr für die Vorbereitungen hatte, und um sie abzukürzen, begann er mit einer raffinierten, aber völlig unentschuldbaren Lüge.

„Du hast nicht zufällig gesehen, wie der alte Paul Spinner hinausging, als du hereinkamst?"

„Nein", antwortete FF. „Warum?"

„Nichts. Nur ein Mann im Frühstücksraum wollte wissen, ob er noch im Club sei, und ich sagte ihm, ich würde nachsehen."

„Ich höre", sagte FF nach einem Moment und mit leiserer Stimme, „ich höre, dass er ein großes neues Ölprojekt plant."

"Ah!" murmelte Herr Prohack, erfreut über einen so günstigen Zufall, mit einer wunderbaren Nachahmung der Lässigkeit. „Und was mag das sein?"

„Niemand weiß es. Manche Leute würden viel dafür geben, es zu wissen. Aber wenn ich meinen Spinner beurteilen kann, werden sie es nicht wissen, bis er die ganze Sahne abgeleckt hat. Es ist wunderbar für mich, wie Spinner und seinesgleichen sich weiterhin hingeben können." sich den alten Ambitionen zuwenden, während die Welt zusammenbricht.

„Geld, meinst du?"

„Persönliche Vergrößerung."

„Nun", antwortete Mr. Prohack mit einer richterlichen, distanzierten Miene. „Ich habe Spinner immer als einen sehr anständigen, angenehmen Kerl empfunden."

„Oh ja! Einverstanden! Einverstanden! Sie sind alle verdammt angenehm für irgendetwas, die ganze Menge."

„Aber er ist doch sicher ehrlich?"

„Ganz recht. Ein Mann, der so gerade geatmet hat wie nie zuvor, vor allem nach seinen eigenen Vorstellungen. Alle seine Unternehmungen sind absolut das, was man als ‚Sound' bezeichnet." Sie alle machen reiche Menschen reicher, und vor allem machen sie *ihn* reicher, obwohl ich wette, dass selbst er in letzter Zeit die Not gespürt hat.

„Dennoch gehe ich davon aus, dass dem alten Spinner das Wohl des Landes genauso am Herzen liegt wie allen anderen. Bei ihm geht es nicht nur um Geld."

, *dass Spinner irgendetwas angefasst hat* , was überhaupt nichts mit Geld zu tun hatte? die Notwendigkeit der Entwicklung, der Verbesserung des sozialen Systems. Oh ja! O Herr, aber noch nicht.'"

Das Paar zog ins Morgenzimmer.

„Sehen Sie", sagte Mr. Prohack leichthin und ignorierte den Ernst in FFs Tonfall. „Angenommen, Sie hätten ein bisschen Geld, sagen wir achtzigtausend Pfund, und die Chance, es in eines der alten Wer-ist-es-Programme zu stecken, was würden Sie tun?"

„Ich sollte mich schämen, achtzigtausend Pfund zu haben", antwortete FF mit düsterer, flüsternder Leidenschaft. „Und auf jeden Fall würde mich nichts dazu bewegen, irgendwelche Geschäfte mit der Bande zu machen."

„Sind sie alle schlecht?"

„Sie sind alle schlecht, alle! Sie sind alle unsozial. Alle! Sie sind alle ein Fluch für das Land und die ganze Menschheit." FF hatte bereits geklingelt und winkte nun kalt der Kellnerin zu, die den Raum betrat. „Jeder, der die gegenwärtige Regierung unterstützt, macht sich eines Verbrechens gegen den menschlichen Fortschritt schuldig. Bringen Sie mir ein Glas von dem braunen Sherry, den ich gestern getrunken habe – Sie wissen schon – und drei kleine Stücke Käse."

Mr. Prohack ging zum Telefon und holte Paul Spinner in Smathes Büro ab.

„Ich wollte dir nur sagen, dass ich beschlossen habe, zu deiner Show zu kommen, wenn Smathe das Geld aufbringen kann. Ich habe alles sorgfältig durchdacht und gehöre dir, alter Junge."

Er legte sofort den Hörer auf.

IV

Der Ausflug zum Club hatte länger gedauert, als Herr Prohack erwartet hatte, und als er nach Hause kam, war es fast Mittagszeit. Keine Spur eines Eagle-Autos oder eines anderen Autos vor dem Haus! Mr. Prohack öffnete sich. Aus dem Esszimmer drangen die Geräusche, wie ein Tisch gedeckt wurde. Er öffnete dort die Tür. Machin traf ihn an der Tür. Jeder zog sich vom anderen zurück, um eine Kollision zu vermeiden.

„Deine Herrin ist zurückgekehrt?"

"Jawohl." Machin schien zu zögern, ihr Geist war verwirrt.

"Wo ist sie?"

„Ich wollte es Ihnen nur sagen, Sir. Sie sagte mir, ich solle sagen, dass sie sich hinlegt."

"Oh!"

Er verschmähte es, den Diener weiter zu befragen, und eilte nach oben. Er musste sich bei Eva entschuldigen, und er musste ihr auch rechtfertigen, dass sie achtzigtausend Pfund in einen Plan gesteckt hatte, den sie unmöglich verstehen konnte und für den es überhaupt nichts vorzuweisen gab. Sie würde natürlich zustimmen; Sie würde sagen, dass sie völliges Vertrauen in seine Scharfsinnigkeit hatte, aber alle Töne ihrer Stimme, alle ihre Gesten und Blicke würden ihm zeigen, dass er ihrer Meinung nach ein außergewöhnlich geniales Geschöpf war, die natürliche Beute von Scharfschützen, und dass die Die Chancen, dass sie nicht durch seine unheilbare Einfachheit ruiniert würden, waren äußerst gering. Sein immenser Ruf im Finanzministerium, sein finsterer Ruf als der Schrecken der Ministerien spielten bei ihrem allgemeinen Urteil über den konkreten Fall, der die Geschicke der Familie Prohack betraf, keinerlei Rolle. Dann wäre sie mutig; Sie würde sich tapfer mit dem Schlimmsten abfinden. Sie würde seine Unschuld küssen. Sie würde ihm in ihrem eigenen Wortschatz ziemlich wenig überzeugend versichern, dass er ein Teufelskerl und der klügste Mann der Welt sei.

Darüber hinaus würde sie die Hörner ihrer geheimen Ausgabenpläne einspannen. Sie würde sagen, dass sie beabsichtigt hatte, das und das zu tun und das und das zu kaufen, dass es aber angesichts der Ungewissheit des Schicksals vielleicht besser wäre, das und das weder zu tun noch zu kaufen . Kurz gesagt, es würde ihr gelingen, ihm die Vorstellung zu vermitteln, dass das Zusammenleben mit ihm so sei, als würde man mit ihm in einem offenen Boot mitten im stürmischen Atlantik treiben. Sie liebte es, mit ihm zusammenzuleben, die Entschädigungen waren exquisit, und außerdem, was würde sein Schicksal sein, wenn er allein wäre? Dennoch war es, als wäre er mitten in einem offenen Boot mitten im stürmischen Atlantik treibend. Und sie klammerte sich fester an ihn und zeigte auf die rote Sonne, die zwischen schwarzen Sturmwolken unterging. Und das würde so lange weitergehen, bis er ihr, sagen wir mal, etwa hundertsechzigtausend Pfund in den Schoß werfen konnte, woraufhin sie ruhig beteuerte, dass er und sie ihrer Meinung nach die ganze Zeit auf dem spiegelglatten See der Serpentine in einem Dampfer wirklich in Sicherheit gewesen seien.

„Das hätte ich alles vorher bedenken sollen", sagte er sich. „Und wenn ich es getan hätte, hätte ich Häuser kaufen sollen, etwas, das sie anschauen und anfassen konnte. Und selbst dann hätte sie gesagt, dass ich es besser hätte machen können als Häuser, wenn ich nicht ein Feigling gewesen wäre. Sie hätte es in *der gefunden.* " *Jeden Tag* zahlen Unternehmen zwanzig und dreißig Prozent ... Nein! Es wäre für mich unmöglich gewesen, das Geld zu investieren, ohne ihre Wertschätzung für mich als Geschäftsmann zu verlieren. Ich wünschte beim Himmel, ich hätte keines bekommen Geld. Also los!"

Und er stürmte mit gespielter Selbstsicherheit ins Schlafzimmer. Und gleichzeitig, um sein Unbehagen zu verstärken, schoss ihm die Vorstellung durch den Kopf, dass Profitmacherei Profitmacherei sei, sei es im Krieg oder im Frieden, und die Vorstellung, dass FF ein Mann mit hohen, altruistischen Idealen sei.

Eve lag auf dem Bett. Sie sah auf dem Bett sehr klein aus, kleiner als gewöhnlich. Als sie das Geräusch der sich öffnenden Tür hörte, sagte sie, ohne den Kopf zu bewegen – er konnte ihr Gesicht von der Tür aus nicht sehen:

„Bist du das, Arthur?"

„Ja, was ist los?"

„Leg mir einfach meinen Umhang über die Füße, ja?"

Er trat vor und nahm den Umhang von einem Stuhl.

"Was ist los?" wiederholte er und ordnete den Umhang.

„Ich bin nicht verletzt, Liebste, ich versichere dir, dass ich es nicht bin – überhaupt nicht." Sie sprach mit schwacher, schwacher Stimme, wie die eines kleinen Kindes.

„Dann hatten Sie einen Unfall?"

Sie warf einen schüchternen, mitfühlenden Seitenblick zu ihm auf und nickte.

„Du darfst nicht verärgert sein. Ich habe Machin gesagt, sie solle mit ihrer Arbeit fortfahren und dir nichts davon sagen. Ich habe es dir lieber selbst gesagt. Ich weiß, wie sensibel du bist, wenn es um mich geht."

Herr Prohack musste seine Gedanken etwas gewaltsam an die neue Situation anpassen und gab keine Antwort; aber er war sehr wütend über die bloße Existenz von Autos. Er hatte das Gefühl, dass er schon immer ein Vorurteil gegenüber Autos gehabt hatte und dass dieses Vorurteil kein Vorurteil war, weil es begründet war.

„Schatz, sieh nicht so streng aus. Es war nicht Carthews Schuld. Ein anderes Auto ist in uns gefahren. Ich habe Carthew gesagt, er solle durch den Park fahren, und wir sind in etwa fünf Minuten um den Park herumgefahren. Ich war mir also sicher, du „Es würde lange dauern, mit diesem dicken Mann zusammen zu sein, ich hatte die Idee, nach Putney zu rennen – um Sissie zu sehen." Eve lachte nervös. „Ich dachte, ich könnte sie vielleicht mit nach Hause nehmen … Nach dem Unfall setzte mich Carthew in ein Taxi und ich kam zurück. Natürlich musste er bleiben, um sich um das Auto zu kümmern. Und dann warst du nicht hier, als ich." angekommen! Wohin gehst du, Liebste?"

„Ich rufe natürlich den Arzt an", sagte Herr Prohack leise, aber sehr gereizt.

„Oh, Liebling! Ich habe nach dem Arzt geschickt. Er sei nicht da, sagten sie, aber sie sagten, er würde bald zurückkommen und dann würde er sofort kommen. Ich brauche den Arzt nicht wirklich." Ich habe ihn nur holen lassen, weil ich wusste, dass du so furchtbar wütend sein würdest, wenn ich es nicht täte.

Mr. Prohack war zum Bett zurückgekehrt. Er nahm die Hand seiner Frau.

„Fühlen Sie meinen Puls. Es ist alles in Ordnung, nicht wahr?"

„Ich kann es überhaupt nicht spüren."

„Oh, Arthur, das könntest du niemals! Ich spüre, wie deine Hand zittert, das ist es, was ich spüre. Jetzt sei bitte nicht verärgert, Arthur."

„Ich nehme an, das Auto ist kaputt?"

Sie nickte:

„Es ist ein bisschen kaputt."

"Wo war es?"

„Es war direkt auf der anderen Seite der Putney Bridge, an der dortigen Straßenbahnlinie."

„Carthew wurde nicht verletzt?"

„Oh nein! Carthew war einfach großartig."

„Wie ist es genau passiert?"

„Oh, Arthur, du mit deinem ‚Genau'! Frag mich nicht. Ich bin zu müde. Außerdem habe ich es nicht gesehen. Meine Augen waren geschlossen." Sie schloss die Augen.

Plötzlich setzte sie sich auf und legte ihm appellierend die Hand auf die Schulter und lächelte vage. Er versuchte zu lächeln, aber es gelang ihm nicht. Dann ließ sie die Hand sinken. Ein völlig verwirrter Ausdruck verbarg die besorgte Freundlichkeit in ihren Augen. Das Blut verließ ihr Gesicht, bis ihre Wangen fast so weiß waren wie das bestickte Tuch auf dem Nachttisch. Ihre Augen schlossen sich. Sie fiel zurück. Sie war ohnmächtig geworden. Sie war wie tot. Ihre Hand war so kalt wie die einer Leiche.

Herr Prohack verfügte über eine so große Lebenserfahrung, dass er nicht die geringste Ahnung hatte, was er in dieser Krise tun sollte. Aber er bedauerte zutiefst, dass Angmering, Bischof und Erfinder des Automobils, jemals geboren worden war. Er stürmte auf den Treppenabsatz und schrie laut: „Machin! Machin! Rufen Sie diesen verdammten Arzt noch einmal an, und wenn er nicht kommen kann, rufen Sie sofort Dr. Plott an."

„Ja, Sir. Ja, Sir."

Er eilte zurück ins Schlafzimmer, entdeckte Evas Riechsalze und hielt sie ihr an die Nase. Das Blut floss bereits wieder in die Höhe.

„Nun, sie ist jedenfalls nicht tot!" sagte er grimmig zu sich selbst.

Er konnte sehen, wie das Blut langsam anstieg. Es war ein wunderbarer, geheimnisvoller und beruhigender Anblick.

„Es ist mir egal, solange sie nicht innerlich verletzt ist", sagte er sich.

Eve öffnete benommen die Augen. Dann grinste sie wie entschuldigend. Dann weinte sie heftig.

Herr Prohack hörte draußen ein Auto. Es war Dr. Veigas. Das bloße Geräusch von Dr. Veigas Auto beruhigte Herrn Prohack, beschuldigte ihn, den Kopf verloren zu haben, und machte einen Mann aus ihm.

Dr. Veiga betrat das Schlafzimmer in genau demselben Stil wie bei seinem ersten Besuch bei Mr. Prohack selbst. Auf dem Weg nach oben hatte er von Machin die Natur des Falles erfahren. Er hörte Herrn Prohack zu, der auf höchst betrügerische Weise sprach, als hätte er Dutzende solcher Angelegenheiten durchgemacht.

„Genau", sagte Dr. Veiga und untersuchte Eve zusammenfassend. „Sie setzte sich auf. Das Blut verließ auf natürliche Weise ihren Kopf und sie wurde ohnmächtig. Ohnmacht ist nichts anderes als das Entweichen von Blut aus dem Kopf. Würdest du bitte nach deinem Diener klingeln?"

„Ich bin mir sicher, dass es mir ganz gut geht, Doktor", murmelte Eve.

„Würdest du bitte nicht reden", sagte er. „Wenn du so sicher bist, dass es dir gut geht, warum hast du dann nach mir geschickt? Bist du nach oben gegangen? Dann sind deine Beine nicht gebrochen, zumindest nicht ernsthaft." Er lachte leise.

Aber kurz darauf, als Herr Prohack, seine Absichten bewundernswert verheimlichend, würdevoll aus dem Zimmer kroch, folgte ihm Dr. Veiga, schloss die Tür und ließ Machin beschäftigt zurück.

„Ich glaube nicht, dass es eine innere Läsion gibt", sagte Dr. Veiga ernst. „Aber ich kann es noch nicht genau sagen. Sie hat einen sehr schweren Schock erlitten und ihre Nerven sind erheblich angeschlagen."

„Aber es ist nichts Körperliches?"

„Mein lieber Herr, natürlich ist es körperlich. Glauben Sie, dass die Nerven keine rein physischen Organe sind? Ich kann sie mir nur als physische Organe vorstellen. Oder?"

Mr. Prohack fühlte sich wie ein Schuljunge.

„Aber du bist es, worüber sie sich aufregt. Ist dir aufgefallen, dass sie mich gebeten hat, dir etwas von dem Brandy zu geben, den sie gerade getrunken hat? Sehr nett von ihr, nicht wahr? ... Was wirst du jetzt tun?"

„Ich werde meine Tochter holen."

„Ausgezeichnet. Aber bevor du gehst, solltest du etwas trinken. Du weißt es vielleicht nicht, aber du hast Nervengewebe verbraucht, das ersetzt werden muss."

Als er mit dem Taxi nach Putney fuhr, fühlte sich Mr. Prohack tatsächlich sehr müde. Aber er war nicht so müde, nicht darauf zu bestehen, dem Motor des Taxis zu helfen. Mit aller Kraft schob er das Taxi bis nach Putney. Er schob es, bis seine Arme schmerzten, obwohl seine Hände in den Taschen steckten. Die Entfernung bis Putney hatte sich auf unvorstellbare Weise auf neunhundertneunundneunzig Meilen ausgedehnt.

Er fand Sissie im Studio, wo sie einem Herrn mittleren Alters Privatunterricht gab, der, wie Mr. Prohack meinte, an sein späteres Ende und nicht ans Tanzen hätte denken sollen. Er brach den Unterricht sehr abrupt ab.

„Deine Mutter hatte einen Autounfall. Du musst sofort kommen."

Sissi kam.

„Dann muss es ungefähr hier gewesen sein", sagte sie, als sich das Taxi auf der Rückfahrt der Putney Bridge näherte.

So muss es sein. Er hatte sicherlich nicht an den *Unfallort* gedacht . Er hatte es sich lediglich in seinem eigenen Kopf vorgestellt, entsprechend seiner eigenen ängstlichen Fantasie. Ja, es muss ungefähr dort gewesen sein. Und doch war auf der Fahrbahn nichts davon zu sehen. Carthew muss den verwundeten Adler entfernt haben. Mr. Prohack saß streng und schweigsam da. Eine wundersame Frau, seine Frau! Möglicherweise absurd, wenn es um Themen wie Investitionen geht; aber ein Engel! Ihre Selbstvergessenheit, ihre Versunkenheit in *ihm* – atemberaubend! Der Unfall war nur ein weiterer Beweis dafür. Er war sehr besorgt um sie, denn der Arzt hatte umsonst geantwortet. Er schien tausend Sorgen zu haben. Er hatte sich sein ganzes Leben lang Sorgen gemacht, aber die Sorgen, die sich auf dem Weg zum Erbe gebildet hatten, waren schlimmere Sorgen als die alten einfachen. Der Gedanke an das Erbe erhellte seinen Geist nicht länger. Irgendwie wünschte er sich, in frühere Zeiten zurückzukehren. Als er Sissie von der Seite ansah, sah er, dass auch sie streng war. Er nahm das energische Anschieben des Taxis wieder auf. Es war nicht ganz so schwer wie zuvor, denn er wusste, dass auch Sissie ihr Bestes gab.

KAPITEL X
DIE THEORIE DES Müßiggangs

ICH

Innerhalb der nächsten sieben Tage hatte Herr Prohack Grund, das Vertrauen in sich selbst als Experte für die menschliche Natur zu verlieren. „Schließlich", überlegte er, „muss ich ein sehr einfältiger Mensch gewesen sein, um zu glauben, dass ich einen anderen Menschen vollkommen verstehe. Jeder Mensch ist unendlich und wird am Ende dein Verständnis übertreffen."

Der Hinweis bezog sich natürlich auf seine Frau. Seit dem Autounfall war sie ein anderer und komplexerer Mensch geworden. Der Höhepunkt, oder was der Höhepunkt zu sein schien, kam eines kalten Morgens, als sie und Mr. Prohack sowie Sissie und Dr. Veiga zusammen in dem kleinen Boudoir hinter dem Schlafzimmer saßen. Sie waren dort eingepackt, weil Eve (ansonsten Marian) Gefallen am Sofa gefunden hatte.

Eva erzählte dem bewunderten und vertrauenswürdigen Arzt all ihre besonderen geistigen und moralischen Symptome. Sie sagte, dass sie das Haus nicht länger verwalten könne, dass sie ihre Gedanken auf nichts konzentrieren könne, dass sie seltsame Launen nicht zurückhalten könne, dass sie nicht ruhig bleiben könne, dass sie ihre Beherrschung nicht behalten könne und dass sie die schlechteste Ehefrau sei, die man sich für ein Vorbild wie Arthur vorstellen könne Prohack. Allein ihre Tochter hatte den Haushaltsorganismus vor einer Katastrophe gerettet; ihre Tochter Sissie—

„Komm her, Sissie!"

Sissie folgte dem Ruf und wurde plötzlich von ihrer Mutter mit tiefer Zärtlichkeit umarmt. Das vor dem Arzt! Noch merkwürdiger war die Tatsache, dass Sissie, die eisige Kritikerin ihrer Mutter, vortrat und auf die Umarmung fast überschwänglich reagierte. Das Spektakel war wirklich berührend. Es berührte Herrn Prohack, der dennoch das Gefühl hatte, der Boden unter seinen Füßen sei nachgegeben und er würde in die U-Bahn der U-Bahn fallen. Tatsächlich hatte Herr Prohack damals noch nie solche Empfindungen gehabt, die ihn angezogen und gevierteilt hätten.

„Nun", sagte Dr. Veiga in seiner philosophisch-realistischen Art zu Frau Prohack, „ich habe eine Woche lang die Zeit markiert. Ich werde jetzt damit beginnen, Sie in Ordnung zu bringen. Sie können nicht schlafen. Sie werden schlafen – Ich werde Ihnen etwas schicken. Ich nehme an, dass Sie nichts dafür können, dass Sie das Verdauungsstärkungsmittel, das ich Ihnen als letztes geschickt habe, trotz der Aufschrift eingenommen haben Was deine Kopfschmerzen betrifft, werde ich dir einen angenehmen Trank geben. Was deine seltsamen Launen betrifft, musst du dich ans Meer begeben. Sie müssen nach Frinton-on-Sea fahren. Es ist eine einfache Fahrt. Im Morgenzug fährt ein Pullman-Wagen, und die Luft ist für Ihre – soll ich sagen? – Eigenart konkurrenzlos.

„Ja, liebe Mutter", sagte Sissie. „Du musst weggehen, und Vater und ich werden dich mitnehmen."

"Natürlich!" bestätigte Mr. Prohack mit einer Nachahmung von Kleinlichkeit, als ob er seit Tagen ständig für einen Tapetenwechsel plädiert hätte; aber er hatte nichts dergleichen getan.

"Oh!" Eve rief mitleiderregend: „Das ist das Einzige, was ich nicht tun kann!"

Dr. Veiga lachte. „Angst vor den Kosten, nehme ich an?"

„Nein", antwortete Eve ernst. „Mein Mann hat gerade eine sehr glückliche Investition getätigt, die einen Gewinn von mindestens hunderttausend Pfund bedeutet – so!" Sie schnippte mit den Fingern und lachte leicht.

Dies war ein weiterer Punkt, der einen Experten der menschlichen Natur verwirren sollte. Anstatt äußerst ungläubig und besorgt über die gewaltigen Spekulationen mit Sir Paul zu sein, hatte Eve sie in Wahrheit für eine Goldmine gehalten. Sie ging nicht davon aus, dass sie zufrieden war; sie war wirklich zufrieden. Ihre Zufriedenheit war absurd und nichts, was Mr. Prohack sagen konnte, würde sie schmälern. Sie hatte bereits begonnen, die finanziellen Ergebnisse der Spekulation mit enormem Elan auszugeben. Sie hatte zum Beispiel einen anderen Eagle angeheuert, um den verwundeten Eagle zu ersetzen, ohne ihrem Mann gegenüber ein Wort darüber zu verlieren, was sie getan hatte. Herr Prohack konnte den Rest seines Bankguthabens sehen; und in einem Traum hatte er flüchtige Blicke auf ein unheimliches Gebäude am Fuße eines steilen Abhangs geworfen, bei dem es sich um das Insolvenzgericht handelte.

„Haben Sie Angst vor einem Eisenbahnstreik?" fragte Dr. Veiga grausam.

Und Eva antwortete süß:

„Ich kann London nicht verlassen, bis mein Sohn Charlie aus Glasgow zurückkommt und mir geschrieben hat, dass er nächste Woche hier sein wird."

Ein erstklassiges Beispiel für ihre neue Geheimniskrämerei! Sie hatte Mr. Prohack gegenüber absolut nichts über einen Brief von Charlie gesagt.

„Wann hast du das gehört?" Mr. Prohack hätte durchaus fragen können; aber er war ihr gegenüber zu loyal, um durch eine solche Frage ihre

Geheimniskrämerei zu verraten. Er wollte nicht, dass der portugiesische Quacksalber erfuhr, dass er, der Ehemann, über irgendetwas im Dunkeln gelassen wurde. Er hatte seine lächerliche Würde, hatte Mr. Prohack, und alle seine Motive waren gemischte Motive. Kein vollkommen reines Motiv in seiner gesamten Willensexistenz!

Allerdings stellte Sissie die Frage auf ihre junge, unbeholfene Art. „Oh, liebe Mutter! Du hast es uns nie gesagt!"

„Ich habe den Brief vorgestern erhalten", fuhr Eve ernst fort. „Und Charlie kommt ganz bestimmt nicht nach Hause, um mich abzuholen."

Zwei Tage lang hatte sie den wichtigen Brief bei sich und hatte ihn versteckt. Herr Prohack war verstört.

„Sehr gut", stimmte Dr. Veiga zu. „Es spielt keine Rolle, ob du jetzt oder im nächsten Monat oder sogar im übernächsten Jahr nach Frinton gehst. Du bist eine starke Frau und du wirst noch lange durchhalten, besonders wenn du dir keine Sorgen machst. Ich habe gewonnen." Rufen Sie etwa eine Woche lang nicht an, und wenn Sie einen anderen Arzt konsultieren möchten, tun Sie es." Er lächelte sie avunkulär an und stand auf.

Daraufhin sprang auch Herr Prohack auf.

„Ich mache mir keine Sorgen", protestierte sie mit einem süßen, erbärmlichen Lächeln. „Ja, das tue ich. Ja, das tue ich. Ich mache mir Sorgen, weil ich weiß, dass ich mir Sorgen um meinen armen Mann mache." Sie ging schnell zu ihrem armen Mann und küsste ihn ausgiebig. Eve war eine Künstlerin im Küssen und nie eine größere Künstlerin als in diesem Moment. Und nun wurde Mr. Prohack, obwohl er physisch immer noch ein einzelnes Individuum war, zu zwei Mr. Prohacks. Es gab Herrn Prohack, der diese Abkehr von der emotionalen Zurückhaltung, die eines der wichtigsten und erhabensten Merkmale der britischen Regierungsklasse ist, entschieden ablehnte. Und da war der Mr. Prohack, voller Nerven, Herz und Menschlichkeit, der die Demonstration der Zuneigung einer Frau zutiefst genoss, so ungeordnet und gegen die Regeln die Demonstration auch sein mochte. Der erste Mr. Prohack errötete und hasste sich dafür, dass er rot geworden war. Der Zweite war ganz einfach hingerissen und es war ihm egal, wer es wusste.

„Dr. Veiga", appellierte Eve und klammerte sich an Mr. Prohacks Mantel. „Es ist mein Mann, um den man sich kümmern muss. Er macht keine Fortschritte, und das ist meine Schuld. Und ich sage Ihnen, dass Sie ihn meinetwegen vernachlässigt haben."

Sie war eine dramatische Figur des Altruismus, der immerwährenden, aufopfernden Weiblichkeit. Sie war möglicherweise absurd, aber zweifellos großartig. Herr Prohack schämte sich, und zwar umso mehr, als er meinte, er sei in einem ganz erträglichen Gesundheitszustand.

„Mutter", murmelte Sissie mit einer Sanftmut, zu der Mr. Prohack sie völlig unfähig gefunden hatte. "Komm und setz dich."

Und Eva, geführt von ihrer Tochter, der gefühllosen, heimatverlassenen Tanzmeisterin, kam und setzte sich.

II

„Mein lieber Herr", sagte Dr. Veiga. „Es gibt überhaupt nichts, was Anlass zur Sorge gibt. Sie wird sich allmählich erholen. Glauben Sie mir."

Er und Mr. Prohack und Sissie konspirierten gemeinsam im Speisezimmer, während der Salon zu dieser Stunde und an diesem Tag unter der Herrschaft von Dienern mit Bürsten stand.

„Aber was ist mit ihr los? Was ist los?"

„Nur Neurasthenie – traumatische Neurasthenie."

„Aber was ist das?" Herr Prohack sprach leise, als ob seine Frau vom Boudoir oben mithören könnte und ihnen zuhörte in dem Eindruck, dass sie gegen ihr Leben planten.

„Es ist ein krankhafter Zustand aufgrund eines heftigen Schocks."

„Aber wie? Du hast mir neulich gesagt, dass es rein körperlich war."

„Nun", sagte Dr. Veiga. „Das ist es, weil es so sein muss. Aber ich versichere Ihnen, wenn bei Mrs. Prohack eine Obduktion stattfinden würde –"

„Oh, Doktor, bitte!" Sissie unterbrach ihn ärgerlich.

Der Arzt machte eine Pause und fuhr dann fort: „In keinem der Organe wäre eine Spur eines krankhaften Zustands zu finden."

„Wie erklären Sie es dann?"

„Wir erklären es nicht", rief Dr. Veiga und schob die Verantwortung plötzlich auf die gesamte Ärzteschaft. „Das können wir nicht. Wir wissen es nicht."

„Es ist sehr, sehr unbefriedigend, diese ganze Ignoranz."

„Das ist es sicherlich. Aber haben Sie gedacht, dass die medizinische Wissenschaft als einzige unter allen Wissenschaften Endgültigkeit und Allwissenheit erreicht hat? Wir haben den Zustand erreicht, in dem wir wissen, dass wir es nicht wissen, und das ist etwas. Ich hoffe, ich bin nicht schmeichelhaft Ich mache es nur mit Leuten, von denen ich vermute, dass sie intelligent sind. Aber wenn Sie die allwissende Art am Krankenbett bevorzugen, können Sie es natürlich ohne Aufpreis tun.

Herr Prohack dachte erschrocken: „Mit diesem Quacksalber werde ich mich bald anfreunden, wenn ich nicht aufpasse."

„Und übrigens, was *Ihren* Gesundheitszustand betrifft", fuhr Dr. Veiga fort, nachdem er weitere Zusicherungen bezüglich seines anderen Patienten gegeben hatte. „Frau Prohack hatte vollkommen recht. Sie kommen nicht voran. Tatsache ist, dass Sie sich langweilen. Sie haben Ihr Leben nicht organisiert, und der Mangel an Organisation wirkt sich auf Ihre Gesundheit aus."

„Irgendetwas beeinträchtigt seinen Gesundheitszustand", warf Sissie ein. „Ich bin überhaupt nicht erfreut." Sie war jetzt nicht Mr. Prohacks Tochter, sondern seine Tante.

„Wie kann ich meine Existenz organisieren?" Mr. Prohack platzte verärgert heraus. „Ich habe keine Existenz zu organisieren. Ich habe nichts zu tun. Neulich dachte ich, ich hätte zu viel zu tun. Illusion. Natürlich langweile ich mich. Mir geht es gut, aber ich langweile mich." Bin. Und es ist deine Schuld.

„Das ist es", gab der Arzt zu. „Es ist meine Schuld. Ich habe dich für eine Person mit gesundem Menschenverstand gehalten und dir deshalb nicht gesagt, dass zwei und zwei vier ergeben und noch viel wichtigere Dinge der gleichen Art. Ich hätte es dir sagen sollen. Das hast du Sie haben den neuen Beruf des Müßiggangs übernommen – er ist für Sie unerlässlich –, aber Sie müssen *beruflich ein* Müßiggänger sein, was bedeutet, dass Sie keinen Moment übrig haben Versuchen Sie es mit Müßiggang, ich wollte nicht, dass Sie untätig sind. Sie müssen nicht halb genug sein.

„Nein. Ich könnte den Gedanken an sie nie ertragen."

„Nun, Sie werden freundlicherweise zwei türkische Bäder pro Woche nehmen. Sie können sich gleichzeitig massieren lassen. Ein türkisches Bad ist in Bezug auf Bewegung so gut wie ein Tag auf der Jagd, aber Sie müssen mehr Bewegung haben. Tanzen Sie? Ich sehe, dass du das nicht tust. Du solltest besser mit dem Tanzen beginnen. Es gibt keine schönere Übung, die ich dir unbedingt verschreibe.

Zu diesem Zeitpunkt war Herr Prohack ziemlich erleichtert, als der Klang einer ungewohnten Stimme im Flur seine Tochter aus dem Esszimmer lockte. Als sie gegangen war, fuhr Dr. Veiga in vertraulicherem Ton fort:

„Es gibt noch einen anderen Punkt: Ein untätiger Mann, der sein Geschäft wirklich versteht, wird seinen Schneider, seinen Strumpfhändler, seinen Schuhmacher, seinen Friseur viel häufiger und viel gewissenhafter besuchen als Sie. Sie haben natürlich einen Verstand, der über der Kleidung steht. Das haben Sie auch Ich habe eine große Freude daran, malerisch unordentlich zu sein. Dein Leben ist nicht ernst Ich sage das, weil es zum einen viel Zeit kostet, ständig gut gekleidet zu sein, und zum anderen, weil wirklich gute Kleidung eine deutlich heilende Wirkung auf den Patienten hat, der sie trägt.

Mr. Prohack spürte eine plötzliche freudige Stimmungsaufhellung.

"Hier!" sagte er und unterbrach Dr. Veiga mit einer großen Geste. "Nimm eine Zigarre."

„Das kann ich nicht, mein Freund.“ Dr. Veiga blickte auf seine Uhr.

„Das musst du. Habe eine Korona.“ Herr Prohack zog in den Zigarrenschrank, den er kürzlich gekauft hatte.

„Nein. Mein nächster Patient erwartet mich gerade in Hyde Park Gardens.“

„Lass ihn sterben!“ rief Herr Prohack rücksichtslos aus. „Sie müssen unbedingt eine Zigarre dabei haben. Schauen Sie. Ich gehe Kompromisse ein. Ich mache daraus eine halbe Korona. Sie können mir eine Gebühr in Rechnung stellen, als ob für eine weitere Beratung.“

Die fremden Augen des Arztes funkelten, als er sich hinsetzte und ein Streichholz anzündete.

„Du dachtest, ich wäre ein Quacksalber“, sagte er boshaft, und boshaft schien er seinen ausländischen Akzent zu verstärken.

„Das habe ich“, gab Herr Prohack offen zu.

„Das bin ich“, sagte Dr. Veiga. „Aber ich bin ein voll qualifizierter Quacksalber, und alle wirklich guten Ärzte sind Quacksalber. Das müssen sie sein. Sie wären nichts wert, wenn sie es nicht wären. Die Medizin hat den Quacksalbern viel zu verdanken.“

„Erzählen Sie mir etwas über einige Ihrer Fälle“, sagte Herr Prohack gebieterisch. „Sie sind einer der interessantesten Männer, die ich je getroffen habe. Jetzt wissen Sie es also. Wir möchten, dass etwas von Ihrem Blut in das englische Schriftzeichen übertragen wird. Sie haben eine Seele, die sowohl über der Medizin als auch über der Kleidung steht.“

„Alle guten Ärzte haben das", sagte Dr. Veiga. „Mein Leben ist eine Romanze."

„Und so soll es auch bei mir sein", sagte Herr Prohack.

III

Als Mr. Prohack schließlich Dr. Veiga in den Flur begleitete, sah er, wie Sissie Eliza Brating auf der Stufe der Haustür liebevoll küsste. Für einen Moment bildeten sie eine elegante Gruppe, dann entfernte sich Eliza Brating hastig und verschwand auf der anderen Straßenseite hinter Dr. Veigas Begleitwagen.

„Jetzt wiederhole ich es Ihnen beiden noch einmal", fuhr Dr. Veiga fort und umarmte Vater und Tochter mit einem klugen Blick. „Oben brauchst du dir keine Sorgen zu machen." Mit einer Bewegung seines etwas zerzausten Kopfes wies er auf das Boudoir. „Aber du musst dir hier nur ein wenig Sorgen machen." Und er deutete auf Mr. Prohack.

„Ich weiß", sagte Sissie selbstbewusst. „Aber ich werde mich um ihn kümmern, Doktor. Sie können sich auf mich verlassen. Ich verstehe – beides."

„Nun, da ist etwas Gutes", sagte Sissie und folgte ihrem Vater ins Esszimmer, nachdem der Arzt gegangen war. „Ich habe mit dieser dummen Eliza Schluss gemacht. Ich wusste, dass es nicht von Dauer sein konnte, und das hat es auch nicht getan. Es sei denn, ich bin die ganze Zeit da, um alles im Auge zu behalten – natürlich geht alles auseinander. Dieses Mädchen ist das größte Nudel...!"

„Aber habe ich nicht gerade gesehen, wie Sie und sie sich in tiefster Zuneigung verbunden fühlten?"

„Natürlich musste ich sie küssen. Aber ich bin mit ihr fertig. Und außerdem weiß sie, was ich von ihr halte. Sie mochte mich nie."

„Sissie", sagte Mr. Prohack, „du schockierst mich." Und tatsächlich war er wirklich schockiert, denn er hatte immer geglaubt, Sissi sei anders als andere Mädchen; dass sie alle weiblichen Qualitäten ohne weibliche Mängel besaß. Ja, er hatte geglaubt, dass sie sich zu einem Geschöpf entwickeln könnte, das noch vollkommener wäre als Marian. Und hier redete und verhielt sie sich genau so, wie die Männer im Club es von ihren eigenen konventionellen Frauen erzählen würden.

Sissie blickte ihren Vater fest an, als wäre es halb mitleidig, halb verächtlich. Verstand der unschuldige Kerl damals nicht die Natur der Frauen? Oder war er zu sentimental, um es zuzugeben, zu romantisch, um Realist zu sein?

„Würden Sie glauben", sagte Sissie, „dass sie heute Morgen einen Streit mit dem Vermieter des Studios hatte, obwohl ich gestern Abend dort war und ihr genau gesagt habe, was sie tun soll? Nun, das hat sie. Sie kennen die ARA vom ersten." Etage hat jede Nacht viele dumme Beschwerden über den Lärm gemacht – Musik und so weiter – und einige andere Leute hätten sich in zehn Minuten beschweren *können* , Eliza redet ihn nicht aus. Sie streitet sich mit ihm! Und als ob das noch nicht genug wäre, ist noch ein Inspektor des Bezirksrats da und hat nach einer Musik- und Tanzlizenz gefragt. Entweder müssen wir das Geschäft ganz aufgeben oder woanders hinziehen. Eliza sagt, sie kenne ein anderes Studio. Nun, ich werde ihr heute Abend schreiben und ihr sagen, dass sie meinen Anteil an der Einrichtung und den Möbeln haben und dorthin gehen kann, wo sie möchte, aber ich werde nicht mit ihr gehen Ich kann ehrlich sagen, dass ich sie nie gemocht habe. Und ich möchte auch kein Tanzstudio mehr leiten. Wir *waren* die neuen Armen. Jetzt sind wir die neuen Reichen. Nun, wir könnten genauso gut die neuen Reichen *sein* .

Herr Prohack war jetzt noch schockierter. Nein, er hatte fast Angst. Und doch war er im Innersten seiner Seele weder schockiert noch verängstigt. Er war ziemlich triumphierend – nicht über seine Tochter mit den tönernen Füßen, sondern über sich selbst.

„Aber ich werde den Tanzunterricht nicht ganz aufgeben", sagte Sissie.

"NEIN?" Er fragte sich, was als nächstes kommen würde.

„Nein! Ich werde es dir beibringen."

„Das wirst du in der Tat nicht!" Er schreckte instinktiv zurück.

„Ja, das werde ich. Ich habe dem Arzt versprochen, dass er sich auf mich verlassen kann. Du kaufst ein Grammophon und wir legen den Teppich im Wohnzimmer aus. Oh! Du erschrecktes Reh, willst du wieder hineinlaufen? die Tiefen des Waldes?... Vater, du bist der lustigste Vater, den es je gab." Sie marschierte auf ihn zu, legte ihre Hand auf seine Schulter und zuckte nur an seinem Bart. „Ich kann genauso gut auf dich aufpassen wie Mutter. Wir sind doch Freunde, nicht wahr?"

„Ja. Wie der Tiger und das Lamm. Du hast mein seidenes Vlies schon erwischt."

IV

Herr Prohack saß allein im Esszimmer. Beheizt wurde der Raum nun durch einen Elektroheizkörper, den Eve aus Spargründen gerade angeschafft hatte. Aber ihre Wirtschaft war die Wirtschaft der Reichen, denn die Menge an teurem Strom, die dieser Heizkörper verbrauchte, war ungeheuerlich, während die Einsparungen, die er an Arbeit, Sauberkeit und atmosphärischer Reinheit bewirkte, ohne ein wissenschaftliches Instrument, das an die unendlich kleinen Menschen angepasst war, sicherlich nicht hätte gemessen werden können . (Trotzdem bewunderte und liebte Machin es.) Mr. Prohack bemerkte, dass alle vier Balken hell glühten, während drei Balken ausgereicht hätten, um den Raum warm zu halten. Er sollte aufstehen und eine Bar schließen ... Er hatte hunderte Sorgen. Seine Tochter hatte ihn zu den Neureichen gezählt. Er ärgerte sich über die Beschreibung, aber konnte er sie ehrlich ablehnen? Alle seine jüngsten Probleme waren auf den neuen Reichtum zurückzuführen. Wenn er nicht von einem Profit geerbt hätte, wäre er sicherlich in diesem Moment in seinem Büro im Finanzministerium gewesen und hätte seinen Lebensunterhalt ehrlich verdient. Denn nur Kranken, die über ausreichende, unabhängige Mittel verfügen, wird jemals die Behandlung verschrieben, für die er verschrieben wurde; die anderen arbeiten entweder weiter und machen das Beste aus der Gesundheit, die ihnen noch bleibt, oder sie sterben. Wenn er nicht von einem Profiteur geerbt hätte, hätte er kein Auto gehabt, und das Auto hätte keinen Unfall gehabt, und er wäre nicht mit der Aussicht auf einen Rechtsstreit konfrontiert gewesen, den es auszufechten galt (wie es bei ihm der Fall war). von ihm im Namen der Versicherungsgesellschaft mit dem Besitzer des kollidierenden Autos. (Die Besitzerin des kollidierenden Autos war eine junge Frau, deren Wahrhaftigkeit Carthew äußerst schwer zu sagen hatte.) Herr Prohack hätte die Angelegenheit geklärt, aber weder Eve noch die Versicherungsgesellschaft ließen ihn die Sache regeln. Und wenn das Auto keinen Unfall gehabt hätte, hätte Eve keine traumatische Neurasthenie mit all ihren beunruhigenden Auswirkungen auf das Familienleben gehabt. Und wenn er nicht von einem Profit geerbt hätte, wäre Charlie nicht nach Glasgow gegangen – er hatte unzählige seltsame Geschichten über Charlies Taten in Glasgow gehört – nicht im Geringsten beruhigend! Und wenn er nicht von einem Profit geerbt hätte, hätte sich Sissie nicht an einem Tanzstudio beteiligt und wäre vielleicht nie gefährlich mit diesem Wurm Oswald Morfey getanzt. Und wenn er nicht von einem Profit geerbt hätte, hätte er nicht mit Paul Spinner auf rumänisches Öl spekuliert, mit großen Chancen auf noch mehr Profit. Kurz gesagt – nun, er sollte aufstehen und einen Riegel dieses verschwenderischen Heizkörpers ausschalten.

Dennoch war er erhoben und glücklich. Nicht wegen seiner wohlhabenden Leichtigkeit. NEIN! Vor ein oder zwei Wochen brauchte er nur an sein Glück zu denken, um sich erleichtert und glücklich zu fühlen. Aber jetzt!

NEIN! Er war jetzt aufgemuntert und glücklich, aus dem einfachen Grund, weil er die Romantik der Idee des Arztes, Müßiggang ernst zu nehmen und ihn als Beruf auszuüben, verstanden hatte. Wenn die Umstände ihn zum Müßiggang zwingen würden, würde er im großen Stil müßig sein. Er würde alles tun, was der Arzt empfohlen hatte, und noch mehr. (Der Arzt sah das Leben wie ein Dichter. Er mochte eine Mischung aus Komiker und Gauner sein, aber er war ein großartiger Kerl.) Jede Art von Müßiggang sollte ihre bestimmte Stunde haben. Im Streben nach Müßiggang wurde er zum meistbeschäftigten Mann Londons. Ein konkretes Programm wäre nötig. Eine strenge Routine wäre notwendig. Kein Herumlungern mehr! Er sehnte sich nach Routine wie der Trunkenbold nach Alkohol. Routine war das, was ihm gefehlt hatte. Das Fehlen von Routine und nichts anderes verzögerte seine Genesung. (Ja, er wusste in seinem Herzen, dass das, was sie alle sagten, wahr war – es ging ihm nicht besser.) Seine eigene Tochter hatte ihn Weisheit gelehrt. Zwangsläufig, unvermeidlich, war er der neue Reiche. Nun ja, er wäre durch und durch der neue Reiche. Kein anderes Ziel war logisch... Lasst den Kühler brennen!

KAPITEL XI
Neurasthenie geheilt

ICH

Drei Tage später kam Herr Prohack mit seiner Tochter im Ersatzauto spät nach Hause. Er hatte Sissie zur endgültigen Regelung der Angelegenheiten des Tanzstudios nach Putney begleitet und war Zeuge ihrer verderblichen Höflichkeit gegenüber Eliza Brating und Eliza Bratings verderblicher Höflichkeit ihr gegenüber geworden. Der letzte Kuss zwischen diesen beiden jungen Frauen hätte das Herz eines jeden Mannes verwüstet, dessen Glaube an die menschliche Natur weniger stark war als der von Herrn Prohack. „Ich vertraue darauf, dass die ausgezeichnete Eliza nicht lebenslang entstellt wird", hatte er ruhig im Auto beobachtet. „Wovon redest du, Vater?" hatte Sissie misstrauisch ausgerufen. „Ich hatte Angst, dass ihre Lippen versengen könnten. Du spürst selbst keinen Schmerz, mein Kind, hoffe ich?" Er machte das Geräusch eines Kusses. Danach gab es während der Fahrt kein Gespräch mehr im Auto. Zu Hause angekommen sagte Sissie lässig, dass sie ins Bett gehen würde.

„Verbrenne mir zuerst die Lippen", flehte Mr. Prohack.

"Vater!" sagte sie, nachdem sie ihn geküsst hatte. „Du bist einfach schrecklich."

„Ich bin ein Kind", antwortete er. „Und du bist meine Großmutter."

„Warte, bis ich dir deine nächste Tanzstunde gebe", erwiderte Sissie, drehte sich um und drohte ihm von der Treppe aus. „Es wird nicht so mild sein wie heute Nachmittag."

Er lächelte und ahmte die Sphinx nach. Er war im Verhältnis zu den Sterblichen glücklich genug. Seiner Frau ging es vielleicht etwas besser. Und er begann nach und nach eine fleißige Karriere des Müßiggangs. Außerdem hatte er das Eis gebrochen, nämlich das Eis des Tanzunterrichts. Über die erste Tanzstunde war im ganzen Haus kein Wort gesprochen worden. Er hatte es gehabt, während Mrs. Prohack, zumindest theoretisch, Besuche abstattete; jedenfalls war sie mit dem Auto losgefahren. Mr. Prohack und Sissie hatten den Teppich im Wohnzimmer zusammengerollt und die Möbel selbst verschoben. Herr Prohack hatte das Grammophon persönlich ausgepackt. Sie hatten die Tür zum Wohnzimmer verschlossen. Am Ende der Unterrichtsstunde hatten sie den Teppich erneuert und die Möbel ersetzt, das Grammophon eingeschlossen und die Tür aufgeschlossen, und Mr. Prohack war wie ein Krimineller aus dem Salon gekommen. Der Gedanke in seinem Kopf war gewesen, dass er ein wahrer Hund war, und zwar ein tapferer Hund obendrein. Dann spottete er über sich selbst, weil er solch einen dummen Gedanken hatte. Was bedeutete es schließlich, tanzen zu lernen? Aber der Spott war fehl am Platz. Seine ursprüngliche Vorstellung, dass er etwas Mutiges und Wunderbares getan hatte, war nur eine Vorstellung.

Der Unterricht hatte die neu entstehende Intimität mit seiner Tochter begünstigt. Offensichtlich war sie sowohl eine geborene Lehrerin als auch eine geborene Tänzerin. Er erkannte in zwei Minuten, wie wunderbar ihre Füße waren. Sie führte ihn mit federleichtem Druck. Sie ließ sich mit einer intuitiven Reaktionsfähigkeit leiten, die man spüren musste, um es zu glauben. Ihre Ermahnungen waren köstlich, ihre Zurechtweisungen köstlich, ihre Geduld war unendlich. Darüber hinaus sagte sie, dass er einen, wie sie es nannte, „natürlichen Rhythmus" habe und leicht und zufriedenstellend lernen würde. Das Beste war, dass er sich sofort des körperlichen Nutzens der Übung bewusst war. Der Haushalt sollte nichts von der Angelegenheit wissen, aber die Küche wusste irgendwie viel darüber; In der Küche herrschte eine angenehme, eher herablassende Aufregung und ein wenig Kritik, weil noch nie jemand in der Küche in einem Haus gelebt hatte, dessen Herr als Eltern erwachsener Kinder heimlich Tanzunterricht nahm; Die Sache war beispiellos und daher natürlich an sich verwerflich. Mr. Prohack hatte die Stimmung in der Küche erraten und Machins respektvollem Blick mit verlegenem Blick begegnet.

Er verriegelte nun die Haustür und ging nach oben, um das Licht hinter ihm auszulöschen. Eva hatte ihrem Mann und ihrem Kind gesagt, sie sollten früh zu Bett gehen. Er hatte vor, ein ausgelassenes, neckendes Gespräch mit ihr zu führen, denn der Arzt hatte festgelegt, dass ein leichtes Gespräch die Heilung traumatischer Neurasthenie unterstützen würde. Sie würde nicht schlafen, und selbst wenn sie schliefe, würde sie froh sein, aufzuwachen, denn sie bewunderte seine Art zu klatschen, wenn sie beide Lust darauf hatten. Er beschrieb ihr den Abend im Studio auf humorvolle Art und Weise, um sie in ihrer gerechten Überzeugung zu bestätigen, dass die fehlgeleitete Sissi die mütterliche Weisheit erkannt und das Tanzstudio für immer verlassen hatte.

Im Schlafzimmer waren die Lampen aus. Sie schlief. Er machte Licht, aber ihr Bett war leer; es war nicht besetzt!

„Marian!" rief er mit leiser Stimme und dachte, sie könnte im Boudoir sein.

Und wenn sie im Boudoir war, musste sie dort im Dunkeln liegen. Er stellte fest, dass sie nicht im Boudoir war. Dann besuchte er sowohl den Salon als auch das Esszimmer. Nirgendwo Marian! Er blieb einen Moment im Flur stehen und hatte vor, nach Machin zu klingeln – an einer vagen Beleuchtung am Eingang zur Kellertreppe konnte er erkennen, dass die Küche noch bewohnt war –, aber in diesem Moment kamen alle Diener auf dem Weg nach oben auf dem Dachboden, und angesichts des seltsamen Schauspiels ihres Tanzmeisters in der Halle wurden sie alle nervös und husteten oder beeilten sich, als ob sie nicht beim Zubettgehen ertappt werden sollten.

Mr. Prohack warf sozusagen ein Lasso über Machin, der der Letzte der Prozession war.

„Wo ist deine Herrin, Machin?" Er versuchte sachlich zu bleiben, aber etwas Ungewöhnliches in seinem Tonfall erschreckte sie offenbar.

„Sie ist zu Bett gegangen, Sir. Sie hat mir gesagt, ich solle ihren Wärmbeutel früher ins Bett legen."

„Oh! Danke! Gute Nacht."

„Gute Nacht, Sir."

Er konnte sich nicht dazu durchringen, Alarm zu schlagen. Er konnte Machin nicht einmal mitteilen, dass sie sich geirrt hatte, denn das wäre einem Alarm gleichgekommen. Zögernd und untätig ließ er die schwarz-weißen Mädchen und die blaue Köchin verschwinden. Er würde Sissie auch nicht stören – noch nicht. Er musste sich zunächst an die seltsame Vorstellung gewöhnen, dass seine Frau von zu Hause verschwunden war. Könnte dieses Verschwinden eine der Auswirkungen einer traumatischen Neurasthenie sein? Er eilte umher und durchsuchte noch einmal alle Räume, wobei er mit absurder Sorgfalt aussah, als wäre seine Frau ein unbedeutender Gegenstand, der unbemerkt unter einen Stuhl oder hinter ein Sofa hätte fallen können.

Dann rief er ihre Schwester an und erkundigte sich mit geübter Lässigkeit. Eve war nicht bei ihrer Schwester. Er hatte die ganze Zeit gewusst, dass sie nicht bei ihrer Schwester sein würde. Da er sich nicht an die Nummer erinnern konnte, musste er im Telefonbuch nachschlagen. Sein Instinkt war nun, Sissie zu holen, deren gesunder Menschenverstand ihn in letzter Zeit immer mehr beeindruckt hatte; aber er unterdrückte diesen Instinkt und war der Meinung, dass er die Angelegenheit allein bewältigen sollte. Er konnte kaum zu seiner Tochter sagen: „Deine Mutter ist verschwunden. Was soll ich tun?" Darüber hinaus fühlte er sich als Hüter von Marians Ruf als vollkommen geistig gesund und wollte ihr Verschwinden nicht preisgeben, es sei denn, er wäre dazu gezwungen. Sie könnte jeden Moment zurückkehren. Sie muss sehr bald zurückkehren. Es war unvorstellbar, dass in der Familie Prohack irgendetwas „passiert" haben sollte …

Fast gegen seinen Willen suchte er im Telefonbuch nach „Polizeistationen". Es gab Dutzende Polizeistationen. Der nächstgelegene schien der von Mayfair zu sein. Er verlangte die Nummer. Die Nummer der Polizeistation zu verlangen war wie ein Sprung ins bodenlos kalte Wasser. In einem abscheulichen Traum gab er seinen Namen und seine Adresse an und fragte, ob die Polizei Neuigkeiten über einen Straßenunfall hätte. Ja, mehrere. Er beschrieb seine Frau. Er sagte, wild nachdenkend, dass sie nicht sehr groß und eher rundlich sei; dunkles Haar. Kleid? Dunkelblau. Hut und Mantel? Er konnte es nicht sagen. Alter? Ein queerer Impuls hier. Er wusste, dass sie die Erwähnung ihres wahren Alters hasste, und so sagte er: neununddreißig. NEIN! Die Polizei hatte keine Nachricht über eine solche Person. Aber die höfliche, feste Stimme im Kabel sagte, dass sie andere Stationen anrufen und Herrn Prohack sofort hören lassen würde, wenn es etwas zu kommunizieren gäbe. Wunderbare Organisation, die Londoner Polizei!

Als er den Hörer auflegte, wurde ihm bewusst, was geschehen war und was er getan hatte. Marian war auf mysteriöse Weise verschwunden und hatte die Polizei informiert – er, Arthur Prohack, CB. Was für ein schreckliches Ereignis!

Seine Gedanken kreisten um die Folgen einer traumatischen Neurasthenie. Er setzte Hut und Mantel auf, öffnete die Haustür so leise er konnte – denn er wollte immer noch nicht, dass irgendjemand im Haus das Geheimnis erfuhr – und ging auf die Straße. Was zu tun? Ein lächerlicher Schachzug! Hatte er damit gerechnet, sie in der Gosse liegen zu finden? Er ging bis zum Ende der dunklen Straße, spähte auf die Querstraße und kehrte zurück. Er hatte die Haustür offen gelassen. Als er das Haus wieder betrat, entdeckte er in einer Ecke des Flurs einen zusammengeknüllten Telegraphenumschlag. Warum hatte er es vorher nicht bemerkt? Er schnappte danach. Es war an „Mrs. Prohack“ gerichtet.

Mr. Prohacks Seele wurde augenblicklich in himmlischen Trost gebadet. Traumatische Neurasthenie hatte nichts mit Evas Verschwinden zu tun! Seine Glückseligkeit wurde dadurch noch verstärkt, dass er kein Wort zu den Dienern gesagt und Sissie nicht angerufen hatte. Und es wurde etwas durch die andere Tatsache getrübt, dass er so bescheuert gewesen war, es der Polizei zu sagen. Er rätselte gerade darüber nach, welches Unglück seine Frau weggerufen haben könnte – nicht, dass ihn die Aussicht auf ein Unglück jetzt, da Eves Verschwinden aufgeklärt war, sonderlich beunruhigte –, als er durch die Tür ein Taxi vorfahren sah. Eve stieg aus dem Taxi.

II

Er wäre vielleicht rausgegangen und hätte das Fahrgeld für sie bezahlt, aber er blieb, wo er war, in der Tür, und dachte mit seliger Erleichterung, dass in der Familie schließlich nichts „passiert“ war.

"Ah!" Er sagte im gewöhnlichsten, selbstgefälligsten und völlig ungestörten Ton: „Ich habe mich gerade gefragt, wo du geblieben bist. Wir sind seit etwa fünf Minuten zurück, Sissie und ich, und Sissie ist zu Bett gegangen. Ich weiß es wirklich nicht." Ich glaube nicht, dass sie weiß, dass du draußen warst.

Mrs. Prohack kam drängend auf ihn zu und schob die Tür mit einem unvorsichtigen lauten Knall hinter sich zu. Der Knall könnte den ganzen Haushalt aufwecken, aber das war Mrs. Prohack egal. Mrs. Prohack küsste ihn wortlos. Er besaß in seinem Herzen eine barometrische Skala ihrer Küsse, und dies war ein fairer Kuss, ein Kuss mit einem etwas heftigen Anfang und einem widerwilligen Ende. Dann hielt sie ihm die Wange zum Küssen hin. Wangen und Lippen waren frisch von der Nachtluft kalt. Mr. Prohack war sich einer ungeheuren, romantischen Glückseligkeit bewusst. Und er wurde sofort leichtfertig, nicht laut, sondern heimlich, um sich vor sich selbst zu verstecken.

Er dachte:

„Es ist eine positive Tatsache, dass ich dieses Mädchen von einer Frau seit einem Vierteljahrhundert küsse, und sie ist fett."

Aber hinter seiner Leichtfertigkeit und seinem Glück verbarg sich eine scharfe Skrupel, die er, wenn er sie zum Ausdruck gebracht hätte, so zum Ausdruck gebracht hätte:

„Wenn ihr irgendetwas passieren *würde* , wäre das der absolute Ruin für mich."

Die Wahrheit war, dass ihm seine Glückseligkeit Angst machte. Noch nie zuvor hatte er sich ernsthafte Sorgen um ihr Wohlergehen gemacht. Die Reaktion auf seinen ernsten Alarm erhellte das Innere seiner geheimnisvollen Seele mit einem aufschlussreichen Blitz von einzigartiger Intensität.

„Wofür brennen all diese Lichter?" sie murmelte. Tatsächlich brannten überall Lichter. Er war in der Stimmung gewesen, sich einzuschalten, aber nicht auszuschalten.

"Oh!" Er sagte: „Ich bin nur umhergewandert."

„Ich gehe direkt nach oben", sagte sie und versuchte, so sachlich zu sein, wie ihr Arthur zu sein schien.

Als er das ganze Erdgeschoss in aller Ruhe in Ordnung gebracht hatte, folgte er ihr. Sie wartete im Boudoir auf ihn. Sie hatte Hut und Mantel abgenommen, einen der neuen Heizkörper angezündet und saß auf dem Sofa.

„Da kam ein Telegramm von Charlie", begann sie. „Ich war gerade dabei, den Flur zu durchqueren, als der Junge die Tür erreichte. Also öffnete ich die

Tür selbst. Charlie sagte mir, dass er heute Abend im Grand Babylon Hotel sein würde."

„Charlie! Das Grand Babylon!... Nicht der Buckingham Palace." Eve ignorierte seine grobe Scherzhaftigkeit.

„Es scheint, ich hätte es am frühen Nachmittag erhalten sollen. Ich war so verwirrt, dass ich nicht wusste, was ich tun sollte – ich zog einfach meine Sachen an und ging sofort ins Hotel. Das geschah erst, nachdem ich angekommen war." Im Taxi, an das ich mich erinnerte, hätte ich den Bediensteten sagen sollen, wohin ich wollte. Ich wollte zurückkommen, bevor Sie es taten, aber ich ließ es auf keinen Fall zu ."

"Warum nicht?"

„Nun, ich dachte, du wärst vielleicht verärgert und fragst dich, was zum Teufel los ist."

"Was ist passiert?" wiederholte Herr Prohack und blickte in ihr kindlich-mütterliches, ernstes Gesicht, dessen Wehmut ihn auf außergewöhnliche Weise berührte. „Was zum Teufel willst du damit andeuten?"

NEIN! Es war unvorstellbar, dass dieses pulsierende Mädchen, das auf dem Sofa saß, die Mutter des reifen und unabhängigen Charles sein sollte.

„Charlie *wohnt* im Grand Babylon Hotel", sagte Eve, als wollte sie damit sagen, dass Charlie einen Scheck gefälscht oder das Kenotaph gesprengt hatte.

Sogar der unerschütterliche Mann von Welt, der vor ihr stand, erbleichte bei der Nachricht für einen Moment.

„Noch mehr Idioten!" bemerkte Herr Prohack.

„Ja, und er hat ein Schlafzimmer und ein privates Wohnzimmer und ein Badezimmer und ein Zimmer für eine Sekretärin –"

„Daher eine Sekretärin", warf Herr Prohack ein.

„Ja, und eine Sekretärin. Und er diktiert der Sekretärin ständig Dinge, und das Telefon läuft immer – ja, sogar um diese Nachtzeit. Er muss enorme Summen ausgeben. Also bin ich natürlich schnell zurückgekommen, um es Ihnen zu sagen ."

„Das hast du ganz richtig gemacht, mein Liebling", sagte Herr Prohack. „Eine gute Ehefrau sollte diese Leckerbissen zum frühestmöglichen Zeitpunkt mit ihrem Mann teilen."

Er war wirklich so, wie er in seinen eher konventionellen Momenten eine Frau beschrieben hätte. Wenn Eva die Angelegenheit auf die leichte Schulter genommen hätte, hätte er zweifellos Einwände erhoben und erklärt, dass eine solche Angelegenheit keinesfalls auf die leichte Schulter genommen werden sollte. Doch als er sah, dass sie es sehr ernst nahm, lachte er instinktiv darüber, obwohl er in Wirklichkeit selbst äußerst beunruhigt war über diese Neuigkeit, die bestimmte finstere Eindrücke, die ihn selbst betrafen, hundertfach und auf verblüffendste Weise bestätigte Charlies Taten in Glasgow. Und er nahm die schwule Haltung nicht aus dem Wunsch an, seine Frau zu beruhigen, sondern aus bloßem Widerspruch. Mit Sicherheit der seltsamste Ehemann, der je gelebt hat, und völlig anders als normale Ehemänner!

Dann sah er Tränen in Evas Augen hängen – Tränen, nicht des Grolls über seinen Mangel an Mitgefühl, sondern Tränen der Fassungslosigkeit und Ratlosigkeit. Sie verstand seine Haltung einfach nicht. Und er setzte sich neben sie auf das Sofa und tröstete sie mit drei Küssen. Sie war einzigartig attraktiv in ihrem Wechsel von Scharfsinn und Hilflosigkeit.

„Aber es ist schrecklich", wimmerte sie. „Der Junge muss täglich zwanzig oder fünfundzwanzig Pfund Geld wegwerfen."

„Sehr wahrscheinlich", stimmte Herr Prohack zu.

„Woher hat er es?" sie verlangte. „Er muss es irgendwoher bekommen."

„Ich gehe davon aus, dass er es geschafft hat. Er ist ziemlich schlau, wissen Sie."

„Aber er kann so kein Geld verdient haben."

„Das tun die Leute manchmal."

„Ehrlich gesagt – du weißt, was ich meine, Arthur!" Dies war ein erschütternder Satz, der aus dem Mund einer Mutter kam.

„Und doch", sagte Mr. Prohack, „war alles, was Charlie tat, richtig für Sie."

„Aber er macht sein Leben einfach wie ein Abenteurer! Ich habe in Prozessberichten gelesen, dass Leute einfach so weitermachen. Vor vierzehn Tagen hatte er keine fünfzig Pfund Bargeld auf der Welt, und jetzt lebt er wie ein Millionär Grand Babylon Hotel! Arthur, was wirst du dagegen unternehmen?

„Jetzt hören Sie mir zu", begann Mr. Prohack in einem neuen Ton und nahm ihre Hände. „Angenommen, ich würde ihn heute Abend besuchen, was könnte ich ihm sagen?"

„Nun, du bist sein Vater."

„Und du bist seine Mutter. Was hast *du* zu ihm gesagt?"

„Oh! Ich habe nichts gesagt. Ich habe nur gesagt, dass ich sehr froh gewesen wäre, wenn er es geschafft hätte, wie immer zu Hause zu schlafen, und er sagte, es täte ihm leid, dass er das nicht konnte, weil er so beschäftigt war."

„Du hast ihm nicht gesagt, dass er sich wie ein Abenteurer verhält?"

„Arthur! Wie könnte ich?"

„Aber Sie möchten, dass *ich* ihm so etwas erzähle. Alles, was ich sagen kann, könnten Sie sagen – und das heißt, freundlich nachfragen, was er getan hat, tut und zu tun hofft."

"Aber-"

„Ja, mein unschuldiges Geschöpf. Du kannst ruhig innehalten." Er streichelte sie und sie versuchte weiterhin unglücklich zu sein, aber es gelang ihr nicht. „Sie machen eine Pause, weil es nichts zu sagen gibt."

„Du bist auf jeden Fall sein Vater", platzte sie triumphierend heraus.

„Das ist nicht seine Schuld. Du hättest das alles schon vor über zwanzig Jahren bedenken sollen, bevor Charlie geboren wurde, bevor wir geheiratet haben, bevor du mich kennengelernt hast. Eltern zu werden bedeutet, schreckliche Risiken auf sich zu nehmen. Ich bin Charlies Vater." Was soll ich ihm dann befehlen, was er tun soll und was nicht? Das ist nicht das 18. Jahrhundert. Er schuldet mir überhaupt nichts Da er hungerte und reichlich hatte, würde er es wahrscheinlich als seine Pflicht betrachten, sich um uns zu kümmern. Aber das ist die Grenze dessen, was er uns schuldet. Sehen Sie, wir haben ihn hierher gebracht Es wäre so schön, Kinder zu haben, und so hat sich Charlie weder seine Zeit noch seine Ausbildung ausgesucht, noch seine Chance Wollen Sie, dass ich ihm darüber hinaus noch sage, dass er gehorsam etwas anderes von uns akzeptieren muss – unseren Verhaltenskodex? Unverschämtheit, besonders gegenüber der Jugend. Er war fast zwanzig Jahre lang unser Sklave. Wir machten mit ihm, was wir wollten; Und wenn Charlie jetzt versagt, bedeutet das einfach, dass wir versagt haben. Wie kann man außerdem sicher sein, dass er sich wie ein Abenteurer verhält? Möglicherweise handelt er wie ein Finanzgenie. Vielleicht haben wir einen Riesen auf die Erde gebracht. Wir können es natürlich nicht glauben, weil wir nicht genug Vertrauen in uns selbst haben, aber später könnten wir gezwungen sein, es zu glauben. Wenn Charlie nach einem spektakulären Flug abstürzt, ist er natürlich kein Finanzgenie, sondern nur ein Abenteurer, und es kann zu leichten Problemen vor Gericht kommen, was normalerweise der Fall ist. Da müssen wir ansetzen und für das schöne Gefühl, Kinder zu haben, bezahlen. Und denken Sie daran, wir werden nicht in der Lage sein, Charlie Vorwürfe zu machen. Er konnte uns mit einer Frage zum Schweigen bringen, auf die wir keine Antwort fanden: „Warum habt ihr geheiratet, ihr zwei?" Aber, mein Liebling, lasst uns das

Beste hoffen. Es ist noch kein Verbrechen, im Grand Babylon Hotel zu einem tollen Preis zu wohnen. Möglicherweise hat Ihr Sohn noch gar kein Verbrechen begangen. Wenn es ihm gelingt, ein riesiges Vermögen zu machen und es zu behalten, wird er kein Verbrechen begehen. Reiche Männer tun das nie. Sie können es nicht. Sie begehen nicht einmal einen Mord. Es gibt keinen Grund, warum sie das tun sollten. Was auch immer sie tun, es ist nicht schlimmer als eine Eigenart. Jetzt erzähl mir, worüber unser Sohn gesprochen hat.

„Nun, er hat nicht viel geredet. Er – er hat mich nicht erwartet."

„Hat er nach mir gefragt?"

„Ich habe ihm von dir erzählt. Er hat nach dem Auto gefragt."

„Er fragte nicht nach mir, sondern nach dem Auto. Nichts sehr Originelles da, oder? Jeder Sohn würde sich so verhalten. Er muss es besser machen, wenn er nicht als Abenteurer enden will. Ich Ich muss zu ihm gehen und ihm sehr respektvoll einen Rat geben.

ihm nachläufst ."

„Puh, mein Lieber! Ich bin selbst reich genug, um ihm nachzulaufen, ohne dass ihm Snobismus, Löwenjagd oder ähnliches vorgeworfen wird."

„Oh! Arthur!" schluchzte Eva. „Glaubst du nicht, dass du schon lange genug lustig warst?" Dann weinte sie offen.

Der einzigartige Mr. Prohack war von den Tränen seiner Frau offenbar nicht im Geringsten berührt. Er und sie allein im Haus waren aus dem Bett; Es bestand keine Chance, dass sie gestört würden. Er machte sich keine Sorgen um seinen abenteuerlustigen Sohn. Er machte sich keine Sorgen über die Möglichkeit, dass Oswald Morfey die Absicht hatte, seine Tochter in Mrs. Oswald Morfey zu verwandeln. Er machte sich keine Sorgen über das Schicksal der Spekulationen, denen er sich Sir Paul Spinner angeschlossen hatte. Er machte sich auch keine Sorgen über die Krankheit namens traumatische Neurasthenie. Was ihn selbst betrifft, so bildete er sich ein, dass er sich seit Jahren nicht besser gefühlt hatte als in diesem Moment. Er war sich des köstlichsten Gefühls bewusst, die perfekte nächtliche Einsamkeit mit seiner Frau zu teilen. Er zog sie zu sich, bis ihr nachgiebiger Kopf an seiner Weste lag. Er hielt ihren Körper in seinen Armen und kam bewusst zu dem Schluss, dass es großartig sei, am Leben zu sein.

Evas Körper war so nachgiebig wie der eines jungen Mädchens. Für Mr. Prohack, der natürlich von einer Illusion getäuscht wurde, hatte es eine absolut bezaubernde Mädchenhaftigkeit. Sie schluchzte und schluchzte, und Mr. Prohack ließ sie schluchzen. Er lockerte den Griff seiner Arme ein wenig, so dass ihr Gesicht, frei von seiner Weste, nach oben zur Decke gerichtet war; und dann wischte er ihr ganz zärtlich mit seinem eigenen Taschentuch über die Augen. Er achtete sorgfältig darauf, ihr über die Augen zu wischen. Für einige Minuten war es eine Sisyphusarbeit, denn was er tat, machte sie sofort wieder rückgängig; aber nach einiger Zeit wurden die Schluchzer weniger häufig und hörten schließlich auf; nur ihre Lippen zitterten ab und zu.

Herr Prohack sagte einschmeichelnd:

„Und wessen Schuld ist es, wenn ich lustig bin? Antworte, du Hexe."

„Ich weiß es nicht", murmelte Eve zitternd und nicht ganz artikuliert.

„Es ist deine Schuld. Weißt du, dass du mir heute Nacht den Schrecken meines Lebens eingejagt hast, als du hinausgegangen bist, ohne zu sagen, wohin du wolltest? Weißt du, dass du mich in einen solchen Zustand versetzt hast, dass ich die Polizei angerufen habe?" -Stationen, um herauszufinden, ob einer Frau Ihrer Beschreibung irgendwelche Straßenunfälle passiert sind? Ich war so verärgert, dass ich es nicht einmal wagte, nach oben zu gehen und Sissie anzurufen.

„Du hast gesagt, dass du erst fünf Minuten zurück warst, als ich kam", bemerkte Eve mit etwas festerer Stimme.

„Das habe ich", sagte Herr Prohack. „Aber das war nicht mehr und nicht weniger als eine völlige Lüge. Sie sehen, ich war in einem solchen Zustand, dass ich sowohl Ihnen als auch mir selbst gegenüber so tun musste, als ob die Dinge nicht so wären, wie sie sind … Und dann, ohne das Bei der geringsten Warnung kommen Sie plötzlich ohne einen Kratzer an. Sie sind nicht einmal tot. Es ist eine skandalöse Schande, dass eine Frau in der Lage sein sollte, einen vernünftigen Mann in ein solches zu stecken Ein Anfall der Befriedigung, in den Sie mich vor einiger Zeit versetzt haben. Es ist nicht fair. Dann versuchen Sie, mich mit blöden Geschichten über den schrecklichen Reichtum Ihres Sohnes zu deprimieren, und als Sie feststellen, dass Sie mich nicht deprimieren können, brechen Sie in Tränen aus Und beschuldigen Sie mich, lustig zu sein. Haben Sie erwartet, dass ich stöhne, weil Sie nicht tot in einer Leichenhalle liegen? Aber ich möchte, dass Sie verstehen, dass diese extremen Gefühlsschwankungen, die Sie mir auferlegen, für einen einfachen Mann, der sich einer Ruhekur unterzieht, sehr gefährlich sind.

Eve legte ihre Arme um Mr. Prohacks Hals, richtete sich an ihnen auf und küsste ihn schweigend. Dann sank sie in ihre frühere Position zurück.

„Ich war in letzter Zeit eine große Prüfung für dich, nicht wahr?" sie atmete.

„Nicht mehr als sonst", antwortete er. „Du weißt, dass du immer deine Macht missbrauchst."

„Aber ich *war* seltsam?"

„Nun", juristisch gesehen, „vielleicht haben Sie das. Vielleicht fünf Prozent oder so über Ihrem Durchschnitt an Seltsamkeit."

„Hat der Arzt nicht gesagt, dass ich traumatische Neurasthenie habe?"

„Das oder etwas ähnlich Absurdes."

„Nun, ich habe es nicht mehr. Ich bin geheilt. Du wirst sehen."

In diesem Moment begann die Uhr im Esszimmer mit ihrer langwierigen Aufgabe, die Mitternachtsstunde zu schlagen. Und während es leise läutete, war Herr Prohack, der seine Frau unterstützte, überwältigend von der Schönheit des Daseins und insbesondere von seinem eigenen Glück überzeugt – obwohl ihm die Frage seines Erbes nie ein einziges Mal in den Sinn kam. Er blickte auf Evas unbefangene Gesichtszüge hinab und sah in ihnen die anspruchsvolle Feinheit, die sie so empfindlich vor der Zurschaustellung ihres Sohnes im Grand Babylon zurückschrecken ließ. Ja, Frauen hatten eine spirituelle Schönheit, die Männer nicht für sich in Anspruch nehmen konnten.

„Arthur", sagte sie, „ich habe dir nie gesagt, dass du vergessen hast, die Uhr am Sonntagabend aufzuziehen. Sie blieb heute Abend stehen, als du weg warst, und ich musste sie aufziehen, und ich habe nur geraten, wie spät es war." "

KAPITEL XII
Die Praxis des Müßiggangs

ICH

Um zehn Minuten vor elf am nächsten Morgen stürmte Mr. Prohack über den Bürgersteig und sprang kopfüber in den ursprünglichen Eagle (inzwischen ordnungsgemäß repariert) mit der Geschwindigkeit und Beweglichkeit eines Mannes, der seit langem daran gewöhnt ist, dass Sekunden wertvoller sind als sechs -Pence und Minuten als Banknoten. Und Carthew schlug ihm die Tür zu wie ein Zauberer, der vor dreitausend Zuschauern den letzten Akt eines Tricks vorführt.

Herr Prohack kam zu spät. Als bewusst und wissenschaftlich untätiger Mann kam er am ersten vollen Tag seiner Karriere zu spät. Carthew wusste, dass sein Arbeitgeber zu spät kam; und sicherlich wussten die Leute in seinem Haus, dass er zu spät kam. Mr. Prohacks Frühstück im Bett war spät gewesen, was bedeutete, dass seine verdauungsfördernde und erholsame Stunde des Zeitunglesens nach vorn verschoben wurde. Und dann war er durch die gemeinsame Schuld von Sissie und ihrer Mutter, die offenbar beschlossen hatte, Sissies endgültige Entlassung aus dem Tanzstudio und Mrs. Prohacks erstaunliche Genesung von traumatischer Neurasthenie zu feiern, tatsächlich von seinem eigenen Badezimmer ferngehalten worden gründliche Besichtigung und Neuordnung von Haus und Haushalt. Diese beiden, die ihre Zuneigung füreinander wiedergefunden hatten, hatten ausgerechnet im Badezimmer eine Inquisition abgehalten, genau in dem Moment, als Mr. Prohack dasselbe brauchte, mit der Folge, dass er das Bad leer statt voll vorfand, und Der Geysir brannte nicht einmal. Dennoch wussten sie genau, dass er um Viertel nach zehn einen äußerst wichtigen Termin beim Schneider hatte, gefolgt von weiteren ebenso wichtigen Terminen! Das Schlimmste daran war, dass er ihr Verbrechen nicht ernst nehmen konnte, weil er mit jedem einzelnen von ihnen eine so innige und verschwörerische Beziehung pflegte. Am Abend zuvor hatte er wundervolle und ziemlich gefährliche Vertraulichkeiten mit seiner Tochter ausgetauscht, und im weiteren Verlauf der Nacht hatten er und ihre Mutter beschlossen, dass der fantastische Ausflug der Tochter zum Grand Babylon Hotel ein Geheimnis bleiben sollte. Und Sissie hatte ebenso wie ihre Mutter seine Hilflosigkeit auf die übliche skrupellose weibliche Art ausgenutzt. Sie gingen sogar so weit, über seine jungenhafte Geschäftigkeit quasi mütterlich zu lächeln.

Kaum hatte Carthew die Tür des Eagle zugeschlagen und sich auf den Fahrersitz gesetzt, erschien eine junge Frau, die Mr. Prohack völlig fremd war, und fragte durch das offene Fenster mit mitleiderregender kindlicher

Stimme, ob Mr. Prohack tatsächlich da sei Herr Prohack äußerte, nachdem er darüber informiert worden war, den Wunsch, mit ihm zu sprechen. Herr Prohack war außer sich vor Ärger und unterdrückter Energie. Verbündete sich das gesamte Universum gegen die Ausführung seines Programms?

„Ich habe eine sehr wichtige Verabredung", sagte er, lüftete seinen Hut und erreichte mit enormer Anstrengung Höflichkeit, „und wenn Ihre Angelegenheit dringend ist, steigen Sie besser in den Wagen. Ich fahre zur Conduit Street."

Sie schlüpfte wie eine Schlange ins Auto, und Carthew, der sich nicht bewusst war, dass er zwei Passagiere hatte, fuhr gleichzeitig davon.

Wenn es eine Schlange war, dann war sie eine sehr schlanke, errötende und verwirrte Schlange – auch klein für eine Python. Und sie hatte eine Stupsnase und war ziemlich jung. Ihre Waage war stilvoll. Und obwohl sie sicherlich beschämt, ängstlich und ängstlich war, hatte sie doch an ihrem zarten Mund die Zeichen schrecklicher Entschlossenheit, Rücksichtslosigkeit und eines Ehrgeizes, den nichts zu vereiteln vermochte. Herr Prohack war vielleicht beunruhigt, aber zum Glück gewöhnte er sich daran, mit jungen Frauen in geschlossenen Autos zu fahren, und behielt so die Nerven. Darüber hinaus genoss er diese Erfahrungen, da er ein Mann mit einfachem Geschmack war und das Glück, wenn es ihm begegnete, nicht allzu genau betrachtete.

„Es ist sehr nett von dir, mich so zu sehen", sagte das Mädchen mit der Stimme eines reißenden Baches mit Kiesbett. „Mein Name ist Winstock und ich habe wegen dem Auto angerufen."

„Das Auto? Welches Auto?"

„Der Autounfall in Putney, wissen Sie."

"Ah!"

"Ja."

„Einfach so. Einfach so. Sie sind der Besitzer und Fahrer des anderen Autos."

"Ja."

„Ich denke, Sie hätten meine Frau sehen sollen. Sie ist tatsächlich die Besitzerin dieses Autos. Wie Sie wissen, war ich selbst nicht in den Unfall verwickelt, und ich weiß nichts darüber. Außerdem ist es so." liegt vollständig in den Händen der Versicherungsgesellschaft und der Anwälte? Sie beschäftigen einen Anwalt, nicht wahr?"

"Oh ja."

„Dann bin ich vermutlich auf seinen Rat gekommen, um mich zu besuchen."

„Nun, ich fürchte, das ist nicht der Fall."

"Was!" rief Herr Prohack. „Wenn Sie nicht auf seinen Rat hören, haben Sie möglicherweise Angst. Wissen Sie, dass Sie etwas höchst Ungebührliches getan haben? Höchst ungebührlich. Ich kann Ihnen unmöglich zuhören. *Sie* können hinter dem Rücken Ihres Anwalts handeln. Aber ich kann 't. Und da ist auch die Versicherungsgesellschaft. Mr. Prohack hob den Teppich hoch, der von ihren kurzen Röcken gefallen war.

„Ich denke, Anwälte und Firmen und so etwas sind so albern", sagte Miss Winstock, deren Augen sich nicht von der Fußmatte gelöst hatten. "Danke schön." Das Dankeschön bezog sich auf den Teppich.

„Das sind sie", stimmte Herr Prohack zu.

„Deshalb dachte ich, es wäre besser, direkt zu dir zu kommen." Zum ersten Mal blickte sie ihn an; ein verwirrender Blick, ein Blick, der irgendwie dazu führte, dass sich ein Teil der Besorgnis in ihrer eigenen Brust auf die von Mr. Prohack übertrug.

„Nun", sagte er in einem Abteilungston, der an Whitehall erinnerte. „Würden Sie freundlicherweise sagen, was Sie zu sagen haben?"

„Kann ich vertraulich sprechen?"

Mr. Prohack hob die Hände und lachte, wie er hoffte, sardonisch.

„Ich gebe euch junge Frauen auf", murmelte er. „Ja, ich gebe dich auf. Du bist mein Feind. Wir sind vor Gericht. Und du willst vertraulich reden! Wie kann ich herausfinden, ob ich dich vertraulich reden lassen kann, bis ich gehört habe, was du sagen wirst?" ?"

„Oh! Ich wollte nur sagen, dass ich nicht wirklich der Besitzer und Fahrer des Autos bin. Ich bin der persönliche Sekretär von Mr. Carrel Quire, und es ist wirklich sein Auto. Sehen Sie, er hat drei Autos, aber es gibt ja welche Ich habe in letzter Zeit so viel Aufhebens um Verschwendung gemacht und er ist in der Anti-Verschwendungs-Kampagne so prominent, dass er es vorzieht, nur ein Auto auf seinen eigenen Namen zu behalten.

„Sie wollen nicht da sitzen und mir sagen, dass Sie über den Außenminister sprechen!"

„Ja, natürlich. Wer sonst? Du weißt, er ist derzeit auf dem Kontinent. Er wollte mich nicht mitnehmen, weil er in Paris einen Spareffekt erzeugen wollte – das hat er gesagt; und ich muss diese Unfallaffäre bekommen." Beruhige dich, bevor er zurückkommt, sonst wird er mich *vielleicht* nicht entlassen, weil ich eine Cousine der verstorbenen Lady Queenie Paulle bin – so habe ich die Stelle bekommen –, aber er könnte es tun Sei? Mir wurde gesagt, du wärst so nett und nett – deshalb bin ich gekommen."

„Ich bin nicht freundlich und ich bin nicht nett", bemerkte Herr Prohack in einem sauren Tonfall, lachte aber vor sich hin, weil der berühmte junge Staatsmann, Herr Carrel Quire (mit fünfunddreißig Jahren kahlköpfig), genau einer der Minister war , hatte sich während des Krieges dem Finanzministerium widersetzt und es mit Füßen getreten. Er dachte jetzt fast dämonisch über den Untergang von Mr. Carrel Quire nach.

„Sie haben einen schweren Fehler begangen, als Sie zu mir gekommen sind. Leider können Sie ihn nicht mehr rückgängig machen. Seien Sie so freundlich zu verstehen, dass Sie nicht vertraulich gesprochen haben."

Miss Winstock hätte durch die bedrohliche Art des früheren Terrors der Ministerien eingeschüchtert und gelähmt sein sollen. Aber das war sie nicht.

„Bitte, bitte, Mr. Prohack", sagte sie ruhig, „reden Sie nicht in dieser Art und Weise. Ich habe Ihnen deutlich gesagt, dass ich vertraulich spreche, und ich bin sicher, dass ich mich auf Sie verlassen kann – es sei denn, ich habe alles gehört über Sie ist unwahr; was nicht sein kann, ich möchte nur, dass die Angelegenheit stillschweigend geklärt wird, und wenn Mr. Quire zurückkommt, wird er alles bezahlen, was bezahlt werden muss – wenn es nicht zu viel ist.

„Mein Chauffeur behauptet, dass Sie über den Unfall eine höchst ungezogene Unwahrheit gesagt haben. Sie sagen, dass er Sie angefahren hat, während er in Wirklichkeit fast stillgestanden ist, während Sie zu schnell gefahren sind, und Sie von der Straßenbahn schwer in ihn hineingerutscht sind. Und er hat Zeugen gefunden, die beweisen, was er sagt.

„Vielleicht habe ich mich ein wenig geirrt", gab Miss Winstock leicht traurig zu. „Ich werde nicht sagen, dass ich das nicht getan habe. Du weißt, wie es einem bei einem Unfall ergeht."

„Ich hatte noch nie in meinem Leben einen Unfall", wandte Herr Prohack ein.

„Wenn du es getan hättest, würdest du mit mir sympathisieren."

In diesem Moment hielt der Eagle am gewünschten Ziel in der Conduit Street. Herr Prohack blickte auf seine Uhr.

„Es tut mir leid, dass ich ungastlich wirke", sagte er, „aber mein Termin ist äußerst wichtig. Ich kann es kaum erwarten."

„Kann *ich* warten?" Miss Winstock schlug vor. „Ich bin es gewohnt, auf Mr. Carrel Quire zu warten. Wenn ich im Auto warten dürfte, bis Sie herauskommen … Sie sehen, ich möchte zu einer Einigung kommen."

„Ich weiß nicht, wie lange es dauern wird."

„Das spielt wirklich keine Rolle. Ich habe nichts anderes auf der Welt zu tun, da Mr. Carrel Quire weg ist."

Mr. Prohack ließ Miss Winstock im Auto zurück.

Das Geschäft, in das Herr Prohack verschwand, war das der Schneiderei seines Sohnes. Er schlüpfte voller Ehrfurcht hinein, nicht nur, weil die Schneider die Schneider seines Sohnes waren, sondern teilweise, weil sie Schneider verschiedener erhabener oder einst erhabener Persönlichkeiten in ganz Europa waren. Bis zu diesem Tag hatte Herr Prohack seine Kleidung bei einem unbedeutenden, aber traditionellen Schneider in der Maddox Street gekauft, zu dem ihn sein eigener Vater als Junge gebracht hatte. Und er hatte seine Kleidung hastig, zumindest nachlässig, in Pausen zwischen den Essenszeiten oder auf dem Weg von einem wichtigeren Termin zu einem anderen, wichtigeren Termin bestellt. Tatsächlich hatte er nicht mehr daran gedacht, einen Anzug zu bestellen, als an die Bestellung eines Whiskys und einer Limonade. Nein, er war einmal unglaublich tief gefallen, und sein Gedächtnis bewahrte für immer das schreckliche Geheimnis: Einmal hatte er tatsächlich einen fertigen Anzug gekauft. Es hatte ihm gepasst, denn er war schlank und von guter Statur, aber er hatte niemandem, nicht einmal seiner Frau, von dieser schockierenden Abweichung vom Kodex echten britischen Gentlemans erzählt – und er hatte das Verbrechen nie wiederholt; das Geheimnis würde mit ihm sterben. Und nun widmete er den ganzen Vormittag dem Gebot eines Anzugs. Die Angelegenheit war sein Hauptanliegen, und er war in einem großen Wagen dorthin gekommen, dessen sechs Zylinder für nichts anderes harmonisch arbeiteten, und mit der Hilfe eines intelligenten, erfahrenen und erfahrenen Menschen, dessen einziges Lebensziel an diesem Morgen darin bestand, den Vorsitz zu führen über Mr. Prohacks Fortbewegung zu und von den Schneidern!

Herr Prohack merkte, dass er gerade erst begann, das Wunder der Existenz zu begreifen. Die Experten der Schneiderei schienen in der Sache jedoch nichts Wunderbares zu sehen. Sie zeigten keine Überraschung, dass er geschrieben hatte, um einen Termin mit einem bestimmten Experten namens Melchizidek zu vereinbaren, den Charles Wochen zuvor beiläufig als den einzigen Mann in London erwähnt hatte, der sich wirklich mit Westen auskannte. Sie hielten es für selbstverständlich, dass Mr. Prohack am Ende des Morgens nichts anderes zu tun hatte, als Kleidung zu bestellen, und dass er, während er dies tat, einen reifen Mann und eine riesige und hochentwickelte Maschine in der Halle auf sich warten lassen sollte Straße draußen. Und allein Mr. Melchizideks Verhalten überzeugte Mr. Prohack davon, dass das, was er seiner Familie und Miss Winstock im Auto erzählt hatte, absolut wahr und nicht eine Erfindung seiner Fantasie war – nämlich dass die Ernennung wirklich von großer Bedeutung war .

Herr Melchizidek besaß die seltsame Gabe, Herrn Prohack gegenüber majestätisch herablassend zu wirken, während er ihm die Stiefel leckte. Er hörte Herrn Prohack zu wie einem Autokraten, während er Herrn Prohack zu verstehen gab, dass Herr Prohack nicht die ersten Elemente der modischen Eleganz beherrschte. Von Zeit zu Zeit blickte er abwesend auf die goldgerahmten und gekrönten Porträts, die an den Wänden hingen, und auf die ebenfalls gerahmten und gekrönten und aufgehängten Inschriften, und es kam Herrn Prohack in den Sinn, dass sich die Inschriften in der Praxis auf Herrn Melchizidek bezogen, und dass derselbe Melchizidek, schmeichelnd und herrisch, Monarchen in Hemdsärmeln gesehen und mit Nadeln im Mund zu Fürsten gesprochen und mit weißer Kreide Markierungen zwischen den Schulterblättern von Großfürsten gemacht hatte; und dass Revolutionen und Katastrophen für Herrn Melchizidek nichts bedeuteten.

Als Herr Melchizidek durch hypnotische Suggestion und magische Kraft entschieden hatte, was Herr Prohack an Stoffen und Mustern wünschte, führte er Herrn Prohack auf geheimnisvolle Weise in eine kleine Kammer, und ein Schreiber folgte ihnen und Herrn Prohack mit Bleistift und Papier Mit Hilfe zog er seinen schäbigen Mantel und seine Weste aus, und Herr Melchizidek maß ihn in beispielloser Genauigkeit und Präzision, und der Schreiber gab beim Schreiben laut alle Maße von Herrn Prohack an. Und die ganze Zeit fragte Herr Prohack in seinem Herzen: „Wie viel werden diese Klamotten kosten?" Und er, einst der Schrecken der Ministerien, der den Krieg hinausgezögert hätte, um seine offizielle Preisfrage zu befriedigen, wagte nicht zu fragen, wie viel die Kleidung kosten würde. Er hatte das Gefühl, dass Geld in diesem einzigartigen Establishment einfach nicht erwähnt wurde – es konnte nie mehr als Gegenstand formeller und stattlicher Korrespondenz sein.

Während des letzten Teils der Operation hörte Herr Prohack draußen im Laden die scharfen Töne einer kaiserlichen und entschlossenen Stimme und war dadurch fast wie vom Donner gerührt. Und sogar Herr Melchizidek schien von der Stimme in ähnlicher Weise berührt zu sein – so sehr, dass der Vertraute der Herrscher ungerührt die Aufgabe beschleunigte, Herrn Prohack in die schändliche Weste und den schändlichen Mantel zu stecken, und dann mit einer entschuldigenden Geste ohnmächtig wurde verließ die Kabine und ließ Mr. Prohack beim begleitenden Schreiber zurück.

Herr Prohack folgte Herrn Melchizidek, von einer furchtbaren Neugier geplagt; und die Stimme sagte:

„Oh! Du bist da, Melchizidek. Komm einfach und sieh dir diese Falte an."

Herr Melchizidek ging gequält weiter. Drei Ministranten standen bereits in schockiertem Schweigen um einen jungen Mann herum, der ein Bein ausstreckte, damit alle es sehen konnten.

„Ich frage Sie", fuhr der junge Mann fort, „ist es ein Zentimeter weiter oder nicht? Und wie oft habe ich diese Dinger schon anprobiert? Ich bin ein vielbeschäftigter Mann, und hier muss ich meine Zeit verschwenden." Immer wieder hier, um etwas richtig zu machen, was beim ersten Mal hätte richtig sein sollen. Und Sie bezeichnen sich selbst als die ersten Schneider Europas ... Korrigieren Sie mich, wenn ich mit einer meiner Aussagen falsch liege.

Herr Melchizidek, der im Gegensatz zu einem Engländer wusste, wann er geschlagen wurde, sagte mit feierlichem Bass:

„Wann kann ich nach ihnen schicken, Sir?"

„Sie können sie heute Nachmittag im Grand Babylon holen lassen und sicher sein, dass ich sie morgen Abend zurück habe."

„Sicherlich, Sir. Es ist uns gegenüber nur fair, Sir, zu sagen, dass wir heutzutage große Probleme mit unseren Arbeitern haben."

„Kein Zweifel. Und ich habe heutzutage große Probleme, an Bargeld zu kommen, aber ich glaube, ich bezahle Ihre Rechnungen nicht mit schlechtem Geld."

Ein diskretes, kriecherisches Lächeln der Gruppe angesichts dieses niederschmetternden Witzes!

Herr Prohack näherte sich vorsichtig; Der Moment war etwas peinlich, aber Mr. Prohack war es sich selbst schuldig, sich mit aller Geistesgegenwart zu verhalten.

„Hallo, Charlie!" sagte er beiläufig.

"Hallo Vater, wie geht es dir?" Und Charlie, der genau den Anzug trug, in dem er von zu Hause nach Glasgow aufgebrochen war, schüttelte jungenhaft die Hand.

Beim Blick in seine festen, selbstbewussten Augen wurde Mr. Prohack vielleicht zum ersten Mal klar, dass die Frucht seiner Lenden kein gewöhnlicher Junge war. Die bloße Tatsache, dass er es als arbeitsloser Ex-Offizier gewagt hatte, sich bei Motorradgeschäften einen prekären Anteil zu verdienen, es gewagt hatte, zu Melchizideks Firma zu gehen, um Kleidung zu holen, und dass er es nun wagte, Melchizidek zu beleidigen – diese einzige Tatsache trennte ihn von der Schar der Söhne.

„Ich warne dich, Papa, wenn du hier Kleidung bestellst, bestellst du Ärger."

Die Zwischenbemerkungen von Herrn Melchizidek passten zum Anlass. Die Gruppe löste sich auf. Die Männer der Prohack-Familie konnten in einer solchen Situation nichts Interessantes miteinander sagen. Sie konnten nur so tun, als wären ihre Beziehungen völlig normal; was ihnen ganz gut gelungen ist.

„Ich sage, Papa, ich bin heute Morgen furchtbar beschäftigt. Ich kann jetzt nicht aufhören. Ich habe die Mutter angerufen und sie kommt zum Mittagessen ins Grand Babylon – halb eins. Schwester auch, glaube ich. Kommen Sie doch. Sie habe nichts anderes zu tun." Der Junge murmelte das alles.

„Oh! Habe ich nicht! Ich bin genauso beschäftigt wie du und noch mehr."

Herr Prohack nahm die Einladung jedoch an. Charlie ging hastig los. Herr Prohack kam gerade rechtzeitig auf dem Bürgersteig an, um ihn in einem offenen Halbrennwagen abfahren zu sehen, der von einer reifen, gutaussehenden und eleganten Frau gelenkt wurde und hinter dem ein Chauffeur saß. Mr. Prohacks Gedanken beschäftigten sich mit einem gewaltigen Verhör, das seinen Sohn betraf. Er hatte ihn gesehen, mit ihm gesprochen und – aufgrund der besonderen Umstände – überhaupt nichts erfahren. Tatsächlich wurde das Geheimnis um Charlie vertieft. Hatte Charles sich beeilt, die reife, hübsche Dame vor seinem Vater zu verstecken? … Mr. Prohack hätte vielleicht moralisieren können, aber ihm fiel plötzlich ein, dass er eine Dame in seinem eigenen Auto hatte und dass der Altersunterschied zwischen ihnen nicht geringer war als der Altersunterschied der Insassen des Autos, in dem Charles geflohen war.

III

Als er sich zu seinem eigenen Wagen umdrehte, stellte er mit einem kurzen Erstaunen fest, dass Carthew, der Chauffeur, ein wenig lässig durch das offene Seitenfenster des Wagens gelehnt, in ein Gespräch mit Miss Winstock vertieft war. Das Erstaunen verging, als er darüber nachdachte, dass die beiden, da sie sich durch einen Unfall in der erzwungenen Intimität befunden hatten, zwangsläufig auf irgendeine Art und Weise miteinander redeten. Bevor Carthew Mr. Prohack bemerkt hatte, bemerkte Mr. Prohack, dass Carthews Haltung gegenüber Miss Winstock eine gewisse tolerante Herablassung erkennen ließ, während Miss Winstocks mädchenhafte Gesten auf subtile Weise ansprechend waren. Dann verschwand augenblicklich Carthew, der lockere Mann, der ungenaue, aber charmante junge Frauen tolerierte, aus dem Fenster – tatsächlich verschwand er vollständig vom Erdboden –, und ein völlig unmenschlicher, teilnahmsloser Automat tauchte hinter dem Heck des Autos auf und stand aufmerksam an der Tür und hielt die Klinke fest. Mr. Prohack, der über eine ebensolche Gabe der Tarnung verfügte wie Carthew, gab ihm eine Adresse in der Bond Street.

„Ich habe noch einen sehr dringenden Termin", sagte Mr. Prohack zu Miss Winstock, als er sich neben sie setzte. Und er nahm sein Tagebuch aus der Tasche und starrte es aufmerksam und stirnrunzelnd an, obwohl auf der Seite überhaupt nichts außer der gedruckten Information stand, dass der vorherige Sonntag der vierundzwanzigste nach Trinitatis war, und einer Warnung: „Wenn Sie es unterlassen haben Bestellen Sie Ihr neues Tagebuch. Es wäre gut, dies JETZT zu tun, um Enttäuschungen vorzubeugen.

„Es ist furchtbar nett von Ihnen, mich hier zu haben", sagte Miss Winstock.

„Das ist es", gab Herr Prohack zu. „Und soweit ich sehen kann, hast du nichts getan, was es verdient hätte. Es war zum Beispiel ein großer Fehler, dich mit meinem Chauffeur zu unterhalten."

„Das habe ich die ganze Zeit gespürt. Aber er hat eine so starke Individualität."

„Vielleicht hat er das. Aber ich bezahle ihn dafür, dass er mein Auto fährt, und nicht dafür, seine Passagiere in einen halbhypnotischen Zustand zu versetzen. Wissen Sie, warum ich Sie so herumführe?"

„Ich hoffe, das liegt daran, dass du gutherzig bist."

„Überhaupt nicht. Glaubst du, ich sollte es tun, wenn du fünfzig, fett und furchteinflößend wärst? Natürlich sollte ich das nicht tun. Und niemand weiß das besser als du. Ich mache es, weil du jung und charmant bist." Und obwohl ich sechsundvierzig bin, bin ich immer noch ein Mann. Der Hauptunterschied zwischen mir und den meisten anderen Männern besteht darin, dass ich meine Motive kenne und sie offen eingestehe. Beachten Sie, dass ich Sie nicht gefragt habe, was Sie zu Carthew gesagt haben. Was genau soll ich nun tun?

„Nur um den Rechtsstreit um den Unfall nicht weitergehen zu lassen."

„Und sind Sie in der Lage, der Versicherung den Schaden an meinem Auto zu bezahlen?"

„Oh! Mr. Carrel Quire wird bezahlen."

„Sind Sie sicher? Sind Sie ganz sicher, dass Mr. Carrel Quire nicht das Doppelte seines Ministergehalts ausgibt, wobei dieses Gehalt seine gesamten finanziellen Ressourcen umfasst, mit Ausnahme von Krediten von Millionären, die Einfluss statt Zinsen akzeptieren? Das werde ich nicht tun." Erkundigen Sie sich, ob Herr Carrel Quire Ihr Gehalt regelmäßig zahlt. Wenn er dies tut, ist dies das einzige Beispiel für Regelmäßigkeit in seiner gesamten großartigen Karriere. Wenn unsere kleine Affäre an die

Öffentlichkeit gelangt, könnte dies Herrn Carrel Quire zumindest als Politiker ruinieren es würde ihn um zehn Jahre zurückwerfen. Und ich bin besonders daran interessiert, Herrn Carrel Quire zu ruinieren. Damit werde ich eine patriotische Tat vollbringen.

„Oh, Herr Prohack!"

„Ja. Mr. Carrel Quire mag – wahrscheinlich ist er – ein entzückender Kerl sein, aber er ist zu klug und stellt die größte Gefahr dar, die das Britische Empire seit hundert Jahren bedroht. Daher ist es meine Pflicht, ihn zu ruinieren wenn ich die Chance bekomme; und ich sehe nicht, wie er die bloße Tatsache überstehen könnte, dass er, während er gegen Verschwendung predigt, Autos im Namen junger Frauen betreibt.

Das Auto hatte vor einem Laden angehalten, über dessen Tür ein Paar vergoldeter Tiere, die in der Zoologie nichts zu bieten hatten, freundlich aufeinander sprangen. Miss Winstock begann neurotisch in einer Tasche nach einem Taschentuch zu suchen.

„Dies ist der Schauplatz meines nächsten Termins", fuhr Herr Prohack fort. „Möchtest du mich lieber sofort verlassen oder noch einmal warten?"

Miss Winstock zögerte.

„Sie sollten besser warten", entschied Mr. Prohack. „Du wirst in fünfzehn Sekunden weinen und dein Taschentuch ist der Krise leider nicht gewachsen. Versuchen Sie ein wenig Selbstbeherrschung und lassen Sie sich nicht von Carthew hypnotisieren. Es wird mich nicht wundern, wenn Sie weg sind, wenn ich zurückkomme." ."

Ein Beamter hielt nun die Wagentür auf.

„Carthew", sagte Mr. Prohack heimlich, nachdem er ausgestiegen war. „Geben Sie mir den Gefallen, indem Sie sich vorstellen, dass das Auto während meiner Abwesenheit leer ist."

Carthew zitterte für den Bruchteil einer Ewigkeit, erholte sich dann aber außerordentlich schnell.

"Jawohl."

Der Laden bestand ausschließlich aus gewachstem Parkett, Seide, Satin, reinem Leinen und reiner Wolle, ergänzt durch ein paar Spazierstöcke und einen Manschettenknopf oder so. Angesichts einer richterlichen Autorität mittleren Alters im Gehrock verlor Herr Prohack plötzlich das herrschaftliche Auftreten, das er einem wehrlosen Mädchen im Auto gegenüber an den Tag gelegt hatte. Er begriff blitzartig, dass Anzüge ein Detail im Dasein eines müßigen Mannes waren und dass Krawatten und ähnliche Vorzüge allein von Bedeutung waren.

„Ich möchte eine Krawatte", begann er sanft.

„Sicherlich, Sir", sagte der Richter. Aber die Augen des Richters, die auf Herrn Prohacks Hals gerichtet waren, sagten: „Ich denke einfach, dass Sie es getan haben."

Das Leben vergrößerte sich zu einem verwirrenden, wahnsinnigen Labyrinth aus Krawatten. Mr. Prohack dachte in seinem Herzen, dass eines der heutigen Bedürfnisse eine Enzyklopädie der Krawatten sei. Als er Krawatten kaufte, kam er sich so dumm vor wie eine Frau, die Zigarren kauft. Jeder Idiot konnte sich einen Anzug kaufen, aber Krawatten verwirrten die Intelligenz des Terrors der Behörden, obwohl er seit vierzig Jahren so etwas wie eine Krawatte trug. Die Krawatten, die er kaufte, lösten in ihm Angst aus – die Angst, er könnte nicht den Mut haben, sie zu tragen. In einem Albtraum sah er, wie er sie in seinem Schlafzimmer anzog und nach unten ging, um zu frühstücken, und dann voller Panik zurück ins Schlafzimmer eilte, um eine seiner alten Krawatten anzuziehen.

Und als er Krawatten gekauft hatte, erkannte er, dass Krawatten ohne Hemden wie Butter ohne Brot seien, und kaufte Hemden. Und dann vermutete er, dass Hemden ohne Kragen unanständig seien. Und als er Halsbänder gekauft hatte, erzählte ihm eine leise leise Stimme, dass die logische Grundlage aller Dinge Socken seien und dass er eigentlich versucht habe, ein Haus vom vierten Stock an abwärts zu bauen. Glücklicherweise hatte er bei den Socken weniger Bedenken, denn er konnte sich mit dem Gedanken trösten, dass Socken nicht wie Krawatten ins Auge fielen und dass ihre Heftigkeit durch ständige Pflege sogar für immer vor den Blicken seiner Familie verborgen bleiben könnte. Am Ende der Socken-Episode seufzte er erleichtert. Aber er hatte die Zahnspange vergessen und übergab sich bedingungslos dem Richter im Gehrock. Er duldete die erstaunlichsten Zahnspangen, denn niemand außer Eva würde sie sehen, und er konnte Eva einschüchtern.

„Sollen wir Ihnen ein Vierteldutzend Paar nach Maß anfertigen, Sir?"

Diese außergewöhnliche Frage stellte auf wundersame Weise Mr. Prohacks verlorene Souveränität wieder her. Dass am Ende des größten Krieges in der Geschichte der Erde, inmitten enthaupteter Reiche und hungernder Städte, Zahnspangen nach Maß angefertigt werden sollten – das war zu viel für Herrn Prohack, der nicht davon geträumt hatte, dass jemals Zahnspangen hergestellt worden wären messen. Es brachte ihn schockierend wieder zur Besinnung.

„ *Nein!* " sagte er kalt und verließ bald darauf den Laden.

Miss Winstock saß im Auto vor der Statue der wehmütigen Melancholie.

„Himmel!" hauchte Mr. Prohack vor sich hin. „Das kleine Ding nimmt mich ernst. Mit all ihrer Erfahrung in der queeren Welt, all ihrer Initiative und ihrem Mut nimmt sie mich ernst!" Er war berührt; seine Ironie wurde sympathisch, und er dachte: „Wie jung die Jungen sind!"

Ihr Lächeln, als er zu ihr zurückkehrte, hatte etwas Pathetisches. Sie war in ihrer Gesamtheit köstlich.

„Sie können nicht ganz schlecht sein, Miss Winstock", sagte er zu ihr, nachdem er den Chauffeur belehrt hatte, „denn das ist niemand. Sie sind undiszipliniert. Sie machen wilde und überstürzte Dinge – Sie haben heute Morgen schon mehrere geschafft. Aber Sie haben rechtschaffene Instinkte." , wenn auch nicht oft genug. Natürlich könnte ich Sie mit einem Wort an die Versicherungsgesellschaft retten, ohne auch Herrn Carrel Quire zu retten. Carrel Quire, denn ihn zu retten würde bedeuten, die Zukunft des britischen Empire zu gefährden, denn wenn er nicht besiegt wird, würde der hektische Egoismus und der rücksichtslose Ehrgeiz dieses Mannes eine politische Katastrophe für vierhundert Millionen Menschen herbeiführen Kann ich Sie im Vergleich zu einem Imperium abwägen?

„Nein", antwortete Miss Winstock schwach, aber aufrichtig.

„Da liegen Sie einfach falsch", sagte Herr Prohack. „Das kann ich. Und Sie sind beschämend unwissend über die Geschichte. Noch nie, als ein Imperium, irgendein Imperium, gegen eine junge und attraktive Frau aufgewogen wurde, hat die junge Frau nicht gesiegt! Das ist eine schreckliche Tatsache, aber Männer sind so." Wärest du eine Hexe gewesen, hätte ich nicht gezögert, meine Pflicht gegenüber meinem Land zu erfüllen, aber da du so bist, wie du bist, und so angenehm in meinem Auto sitze, werde ich dich retten und mein Land gehen lassen.

„Oh! Herr Prohack, Sie sind sehr nett – aber jeder hat mir gesagt, dass Sie es sind."

„Nein! Ich bin ein Schurke. Außerdem gibt es eine Bedingung."

„Ich werde allem zustimmen."

„Sie müssen Mr. Carrel Quires Dienst verlassen. Dieser Mann ist nicht nur für Imperien gefährlich. Die gesamte Umgebung ist für ein Mädchen wie Sie anständig das Schlimmste, was man sich vorstellen kann. Gehen Sie davon weg. Wenn Sie sich nicht dazu verpflichten, ihm Bescheid zu geben einmal und ziehe mich ganz aus seinem Umfeld zurück, dann werde ich sowohl dich als auch ihn ruinieren.

„Aber ich werde verhungern", rief Miss Winstock. „Ich werde nie wieder einen Ort ohne Einfluss finden, und ich habe keinen Einfluss mehr."

„Haben die Winstocks kein Geld?"

„Keinen Cent."

„Und haben die Paulles kein Geld?"

„Keine für mich."

„Sie sind das ideale Programmmädchen in einem Theater", sagte Herr Prohack. „Sie werden nie verhungern. Entschuldigen Sie mich für ein paar Minuten. Ich habe einen weiteren sehr wichtigen Termin", fügte er hinzu, als das Auto in Piccadilly anhielt.

Nachdem er eine Viertelstunde damit verbracht hatte, zu lernen, dass Anzüge nichts wert waren, Krawatten nichts waren, Hemden, Kragen, Socken und sogar Hosenträger nichts waren, dass aber Hüte allein einen Mann der Mode und des Müßiggangs ausmachten, kehrte Mr. Prohack zu Miss Winstock zurück und verkündete es :

„Ich werde Sie als meine Privatsekretärin engagieren. Ich brauche wirklich dringend eine. Tatsächlich kann ich nicht verstehen, wie ich bei all meinen Verpflichtungen so lange ohne eine auskommen konnte. Ihre Hauptaufgabe wird es sein, gute Beziehungen zu pflegen." mit meiner Frau und meiner Tochter, und sich nicht in meinen Sohn zu verlieben, wäre Ihnen vielleicht ein junger Mann aufgefallen, der kurz vor mir aus der Schneiderei kam ."

"Oh!" rief Miss Winstock, „der Junge, der in Lady Massulams Auto davonfuhr?"

„War das Lady Massulam?" fragte Mr. Prohack, bevor er Zeit hatte, sich von der immensen Wirkung zu erholen, die es mit sich brachte, den verblüffenden, fast legendären Namen Lady Massulam im Zusammenhang mit seinem Sohn zu hören.

„Natürlich", sagte Miss Winstock. „Wussten Sie das nicht?"

Mr. Prohack ignorierte ihre Kühnheit.

„Nun", fuhr er fort, nachdem er seine Gefühle nun erfolgreich verheimlicht hatte, „nachdem Sie mit meiner Frau und meinen Kindern so umgegangen sind, wie ich es vorschlage, werden Sie sich um meine Angelegenheiten kümmern. Sie sollen das gleiche Gehalt bekommen, das Mr. Carrel Quire gezahlt hat – oder es vergessen hat." Bezahlen. Sind Sie damit einverstanden oder nicht?"

„Ich würde es lieben", antwortete Miss Winstock begeistert.

„Wie ist Ihr Vorname?"

„Mimi."

„So ist es. Ich erinnere mich jetzt. Na ja, das geht überhaupt nicht. Erwähne es bitte nie wieder."

Nachdem er Mimi zu einem benachbarten Postamt begleitet und in ihrem Namen ein passendes Abschiedstelegramm an Mr. Carrel Quire geschickt hatte, ließ Mr. Prohack sie bis zum nächsten Morgen allein und fuhr schnell los, um seine Frau zum Grand Babylon-Mittagessen abzuholen .

„Ich bin ein vollkommener Wahnsinniger", sagte er sich. „Es muss die Auswirkung von Reichtum sein. Aber das ist mir egal."

Damit meinte er, dass ihm die denkbaren Konsequenzen einer Verpflichtung von Mimi Winstock als Sekretärin egal seien. Aber was ihn interessierte, war die Konjunktur zwischen Lady Massulam und Charlie.

Kapitel XIII
Weitere Müßiggang

ICH

So seltsam und unvorstellbar es für Menschen aus der großen Welt und Zeitungsleser auch erscheinen mag, Mr. Prohack, CB, war noch nie in seinem Leben im Grand Babylon Hotel gewesen. Dies mag die enge und gemeine Existenz sein, die den insgeheim mächtigen Dienern der Krone durch die Umstände aufgezwungen wird. Er kam zu spät, da seine Frau und seine Tochter komplizierte Vorbereitungen für Charlies Mittagessen getroffen hatten. Diese beiden taten erfolglos so, als wären sie nicht nervös, und ihre Nervosität wirkte sich auf Mr. Prohack aus, der mit Abscheu bemerkte, dass ihm die fröhliche und schelmische Stimmung des Morgens trotz seiner Bemühungen, sie zu bewahren, entglitt. Er wusste jetzt definitiv, dass sich sein Gesundheitszustand in die richtige Richtung geschlagen hatte, und dennoch konnte er die junge Sissie nicht so anstoßen, wie er es bei der jungen Mimi Winstock getan hatte. Darüber hinaus war Mimi ein Geheimnis, das preisgegeben werden musste, und dieses Geheimnis lag nicht nur schwer in ihm, sondern schien auch ein beunruhigendes Gegengewicht zu den Geheimnissen zu sein, die Charlie zurückhielt.

Bei dieser Gelegenheit sah er wenig vom Grand Babylon, denn sobald er dem lässigen Beamten hinter dem Auskunftsschalter den Namen seines Sohnes nannte, verwandelte sich der Beamte blitzschnell in einen unterwürfigen Höfling, und Charles' Familie wurde mit der Obhut eines umherschweifenden Dieners beauftragt Der Junge begleitete es in einem Aufzug und durch eine Meile Korridore, und Charlies Familie musste an einer Tür warten, bis die Stimme von Charlie dem Jungen erlaubte, die Tür zu öffnen. Ein ziemlich großer Salon mit einem Tisch für fünf Personen; Ein herrlicher Blick aus dem Fenster auf eine riesige weiße Backsteinmauer und Dutzende von Schornsteinen und Elektrokabeln und darüber einen sich bewegenden grauen Himmel! Auch Charlie tat erfolglos so, als wäre er nicht nervös.

„Hallo, Junge!" er begrüßte seine Schwester.

„Hallo selbst", antwortete Sissie.

Sie schüttelten sich die Hände. (Sie küssten sich sehr selten. Charlie küsste jedoch seine Mutter. Selbst er hätte es nicht gewagt, sie nicht zu küssen.)

„Mater", sagte er, „lass mich dir Lady Massulam vorstellen."

Lady Massulam hatte am Fenster gestanden. Sie trat mit einem angenehmen, zurückhaltenden Lächeln vor und machte Bekanntschaft mit Charlies Familie; aber sie war nicht gesprächig. Ihre Anwesenheit, die für die Damen der Familie Prohack eine gewaltige Überraschung und für Herrn Prohack eine ziemlich starke Überraschung darstellte, vervollständigte den allgemeinen Zwang. Frau Prohack war tatsächlich etwas eingeschüchtert davon. Mrs. Prohacks Wissen über Lady Massulam stammte ausschließlich aus *The Daily Picture* , wo ihr Porträt unter allen möglichen Vorwänden ständig erschien und sie als Anführerin der Londoner Gesellschaft beschrieben wurde. Mr. Prohack kannte sie als eine Frau, der große Kriegsleistungen und auch ein gewisses echtes Organisationstalent zugeschrieben wurden; außerdem hatte er gehört, dass sie eine Begabung für die Hochfinanz hatte und diese nicht ohne Gewinn ausübte. Da sie gebürtige Französin war, störte es keinen festen Engländer ernsthaft, dass ihre eheliche Karriere im Dunkeln lag, und da sie zufällig sehr reich war, hoben alle skeptisch die Augenbrauen bei der Behauptung, ihr Mann (ein Ritter) sei tot ; Denn *The Daily Picture* hat Millionen von Lesern täglich die große Wahrheit eingeprägt, dass den sehr Reichen nichts einfach passieren kann. Die gesamte *Daily-Picture-* Welt wusste, dass sie in letzter Zeit dauerhaft im Grand Babylon Hotel gelebt hatte. Diese Welt hätte sie nicht anhand ihrer veröffentlichten Porträts erkannt, die eher historisch als real waren. Obwohl sie auffällig antiviktorianisch war, besaß sie eine beeindruckende viktorianische Schönheit; sie hatte es immer noch. Ihr Haar war von dunklem, glänzendem Braun und zeigte kein Grau. Von der Figur her war sie groß, eher mehr als rundlich und eher weniger als dick. Ihre perfekte und perfekt getragene Kleidung bewies, dass sie wusste, wie man mit sich selbst umgeht. Im Theater sah sie aus wie vierzig, in einem Garten fünfzig und im Morgengrauen ihrer Zofe sechzig.

Diese wichtige Person sprach, wenn sie sprach, mit einem kaum wahrnehmbaren französischen Akzent und einer schönen, klaren Stimme. Aber sie sprach wenig und sagte praktisch nichts: was ein Schock für Marian Prohack war, der sich vorgestellt hatte, dass in den von Lady Massulam beehrten Kreisen die Konversation von Schimpfereien bis hin zu Tiefgründigkeit schwankte und nie aufhörte. Es war nicht so, dass Lady Massulam sprachlos war, noch dass sie unhöflich war; es lag lediglich daran, dass sie nicht mit ausgezeichneter Ruhe sprach. Wenn ihr jemand ein Thema reichte, ließ sie es einfach fallen; Der Boden um sie herum war mit Motiven übersät.

Das Mittagessen war gesellschaftlich schrecklich. Es wäre vielleicht besser gewesen, wenn Charlies Familie nicht von der gewaltigen Frage gequält worden wäre: Was hatte Charlie mit Lady Massulam zu tun? Schon jetzt war Charlies Situation geheimnisvoll genug, ohne dass dieses Erzgeheimnis darüber verbreitet war. Und der unerfahrene Charlie war ein schlechter Gastgeber; Als Gastgeber war er geradezu erbärmlich und konkurrierte in puncto Schweigsamkeit mit Lady Massulam.

Sissie fing an, ihren Bruder zu ärgern, und nach einer Weile sagte Charlie plötzlich knapp:

„Hast du deinen albernen Tanzplan aufgegeben, Junge?"

Sissie musste zugeben, dass sie es getan hatte.

„Dann sage ich dir, was du tun könntest. Du könntest kommen und eine Weile hier bei mir wohnen. Ich möchte eine Gastgeberin, weißt du?"

„Das werde ich", sagte Sissi geradeheraus. Keine Beratung der Eltern!

Diese kurze Episode erschütterte Frau Prohack. Das Mittagessen wurde so schlimm, dass Mr. Prohack unbeschwerter wurde und seinerseits Charlie verärgerte. Stoff für Spreu fand er in der großen Menge neu gekaufter Bücher, die im Zimmer herumlagen. Es gab sogar die *Encyclopaedia of Religion and Ethics* in elf Bänden. Seltsame Besitztümer für einen Jugendlichen, der zu Hause nie etwas anderes als die Zeitschriftenliteratur über Automobilismus gelesen hatte! Könnte dies der Einfluss von Lady Massulam sein? Dann klingelte das Telefon und es war wie ein Zeichen der Erlösung. Charlie sprang auf das Instrument zu.

„Für dich", sagte er und deutete auf Lady Massulam, die sich erhob.

"Oh!" sagte sie. „Es ist Ozzie."

„Wer ist Ozzie?" Forderte Charlie ohne nachzudenken.

„Kein Zweifel, Oswald Morfey", sagte Mr. Prohack und punktete über seinen Sohn.

„Er will mich sehen. Darf ich ihn bitten, zum Kaffee vorbeizukommen?"

„Oh! Tu es!" sagte Sissie, ebenfalls ohne nachzudenken. Dann wurde sie rot.

Herr Prohack dachte misstrauisch und besorgt:

„Ich wette, er hat herausgefunden, dass meine Tochter hier ist."

Ozzie verwandelte den letzten Akt des Mittagessens. Als versierter Gesprächspartner schuf er Gesprächspartner auf allen Seiten. Frau Prohack mochte ihn sofort. Sissie konnte ihre Augen nicht von ihm lassen. Charlie war von ihm beeindruckt. Lady Massulam behandelte ihn mit der Vertrautheit eines Vertrauten. Einzig Herr Prohack hatte eine finstere Haltung. Ozzie brachte die große Welt mit in den Raum. Mit seiner affektierten Stimme war er bereit, alle Phänomene des Universums zu diskutieren; aber nach zehn Minuten bemerkte Herr Prohack, dass der Kerl nur ein einziges Thema im Kopf hatte. Nämlich eine Theaterpremiere, die für genau diesen Abend geplant war; eine Uraufführung von höchster Bedeutung; einer von Mr. Asprey Chowns Premierenabenden, der durch die wunderbare Inszenierung von Mr. Asprey Chown zu einem gewaltigen Ereignis wurde. Die Konkurrenz um die Plätze war groß, aber natürlich hatte Lady Massulam ihren üblichen Stand erhalten.

„Schade, dass wir nicht gehen können!" sagte Sissie einfach.

„Kommt ihr alle in meine Loge?" „Erstaunlicherweise antwortete Mr. Oswald Morfey und umarmte mit seinem schwachen Blick die gesamte Prohack-Familie.

„Der Kerl kam mit Absicht hierher, um das Problem in Ordnung zu bringen", sagte Mr. Prohack zu sich selbst, als die Angelegenheit überschwänglich geklärt wurde.

„Ich muss gehen", sagte er laut und blickte auf seine Uhr. „Ich habe einen sehr wichtigen Termin."

„Aber ich wollte mit dir reden, Papa", sagte Charlie in einem ganz neuen Tonfall über den Tisch hinweg.

„Möglicherweise", antwortete der überlegene ironische Vater in Mr. Prohack, der nicht nur die Mittagsparty satt hatte, sondern auch entschlossen war, dass nichts sein medianes und persisches Programm beeinträchtigen sollte. „Möglicherweise. Aber das wird ein anderes Mal sein."

„Na ja, dann heute Abend", sagte Charlie etwas bestürzt.

„Vielleicht", sagte Herr Prohack. Dennoch brannte er darauf, die Worte seines Sohnes zu hören.

II

Es gelang Herrn Prohack jedoch nicht, sich für weitere dreißig Minuten den Umarmungen des Grand Babylon Hotels zu entziehen. Er bot an, das Auto zu verlassen, alles seiner Frau und seiner Tochter zu überlassen und seinen nächsten wichtigen Termin mit den üblichen Transportmitteln des einfachen Volkes zu erreichen; aber die Damen ließen so etwas nicht zu; Sie kündigten ihre feste Absicht an, ihn persönlich zu seinem Ziel zu begleiten. Die Partei schien nicht in der Lage zu sein, sich aufzulösen. Am Eingang zum Aufzug kam es zu einer heftigen Konfabulation zwischen Eve und Lady Massulam.

Mr. Prohack bemerkte erneut, dass Eves Haltung gegenüber Lady Massulam immer noch schmeichelhaft war. Tatsächlich zeigte Eva, dass die Begegnung mit einer so großen Persönlichkeit wie Lady Massulam ihrer Meinung nach keine ganz gewöhnliche Episode in ihrem einfachen Leben war. Und Lady Massulam redete nun ungezwungen mit Eve. Sobald das Gespräch zu Ende war und Eve sich endlich zu ihrem schwelenden Ehemann im Aufzug gesellte, musste Charlie ein privates Gespräch mit Lady Massulam führen, abseits, geheimnisvoll, über ihre Angelegenheiten, was auch immer sie sein mochten! Trotz seines Willens war Herr Prohack vom Verhalten des jungen Mannes und der reifen Blüte der Frau zueinander beeindruckt. Sie zeigten gegenseitiges Vertrauen; sie verstanden sich; sie mochten sich. Sie war mehr als alt genug, um seine Mutter zu sein, und doch wurde sie, als sie mit ihm sprach, irgendwie zu einem würdevollen Mädchen. Mr. Prohack war auf eine Weise beunruhigt, die er niemals zugegeben hätte – wie absurd es war, sich vorzustellen, dass Lady Massulam in ihrem beeindruckenden Kopf die Idee hatte, den Jungen zu heiraten! Dennoch kam es zu solchen Verbindungen! – aber er war auch angenehm berührt.

Dann bildeten Oswald Morfey und Sissie ein weiteres Paar, ganz anders, lebhafter und gleichermaßen berührend. Ozzie schien unter dem ehrlichen und ehrlich gesagt leidenschaftlichen Blick von Miss Prohack sympathischer und weniger verabscheuungswürdig zu werden; und Mr. Prohack wurde erneut von Zweifeln heimgesucht, ob der Kerl tatsächlich der vollkommen dumme Arsch war, der er angeblich war.

Nachdem Lady Massulam sich im Aufzug zum letzten Mal verabschiedet hatte, eröffnete Ozzie Mrs. Prohack das Thema einer Organisation namens „Vereinigte Liga aller Künste“. Herr Prohack wollte sich das nicht anhören. Er hasste Ligen und insbesondere Kunstligen. Er wusste bis ins Mark, dass sie absurd waren; aber Mrs. Prohack und Sissie hörten mit ungeheucheltem Eifer der wunderbaren Geschichte über die Zukunft der Vereinigten Liga aller Künste zu. Und als Herr Prohack aus dem Aufzug kam und ungeduldig weiterging, standen die drei ruhig und regungslos da, um sich zu unterhalten, bis Herr Prohack wieder ungeduldig zurückschlendern musste. Charlie stand allein da; Es gab Zeit für das gewünschte Wort mit seinem Vater, aber Herr Prohack hatte dies unverblümt verschoben, und so war die Muße verschwendet.

Ohne Mr. Prohacks Wünsche zu berücksichtigen, zog Ozzie die Damen zum großen Salon und Mr. Prohack in einiger Entfernung widerwillig hinter ihnen her. In der Lounge, die seit den Tagen des berühmten Hotelgründers Felix Babylon so stark vergrößert und bereichert wurde, verschmolz der Kaffee nach dem Mittagessen mit dem Nachmittagstee. Die Zahl der Müßiggänger auf der Welt und die Zahl der beschäftigten Menschen, die sich um sie kümmerten, und die Zahl der Künstler, die ihrem Müßiggang üppige Musik vorspielten, kamen Herrn Prohack einfach nur erstaunlich vor. Er hätte sich nicht träumen lassen, dass in der Stadt, die für ihn schon immer eine Stadt harter Arbeit und begrenzter Essenszeiten gewesen war, Müßiggang in so gewaltigem Ausmaß blühte. Er erkannte, dass er noch viel lernen musste, bevor er hoffen konnte, im Nichtstun so geschickt zu sein wie der unterste dieser Experten im Wohnzimmer. Er tippte warnend mit dem Fuß. Keine Wirkung auf seine Frauen. Er klopfte lauter, als der Hass auf die Eile von ihm Besitz ergriff. Eve blickte sich mit einem entzückenden beschwichtigenden Lächeln um, das ihrem Mann ein Antwortlächeln ins Gesicht zauberte.

Nachdem er gelächelt hatte, versuchte er, irritiert zu sein, und als er näher kam, sagte er in einem scheinbar grimmigen Ton:

„Wenn dieses Mittagessen noch viel länger dauert, werde ich kaum Zeit haben, mich für das Abendessen anzuziehen."

Aber der Versuch scheiterte – so gründlich, dass Sissie ihn auslachte.

Er hatte erwartet, dass seine Frauen ihm im Auto die Sprüche und Taten von Ozzie Morfey in Bezug auf die Vereinigte Liga aller Künste erzählen würden. Aber sie sagten kein Wort zu diesem Thema. Er wusste, dass sie ihm etwas Furchtbares verheimlichten. Er hätte vielleicht eine Frage stellen können, aber er war zu stolz, dies zu tun. Darüber hinaus verachtete er sie, weil sie versuchten, über Lady Massulam unparteiisch zu sprechen, als wäre sie nur ein einfacher Körper oder gar niemand. Ein widerlicher Vorwand ihrerseits.

Als das Auto eine Straße überquerte, wurde es von einer Prozession Arbeitsloser mit Wachpolizisten, einer Bande, die hauptsächlich aus Trommeln bestand, und einer Reihe kragenloser, kräftiger junger Männer aufgehalten, die den Passanten bedrohlich weiße Schachteln mit Kupfermünzen ins Gesicht schüttelten.

„Anstatt sie zu ermutigen, sollte die Polizei diese Arbeitslosenumzüge verbieten", sagte Eve ernst. „Sie werden zu einer echten Plage."

"Warum!" sagte Herr Prohack, „Ihr Auto ist eine Prozession von Arbeitslosen."

Diese sardonische Höflichkeit gefiel Herrn Prohack ebenso sehr wie sie Frau Prohack missfiel. Es schien seine verschiedenen Sorgen zu lindern, und der Prozess der Linderung ging noch weiter, als er sich daran erinnerte, dass er, obwohl er zu seinem wichtigen Termin zu spät kommen würde, wirklich keine Zeit verloren hatte, weil Dr. Veiga ihm verboten hatte, diesen bestimmten Termin schon früher einzuhalten zwei volle Stunden nach einer Mahlzeit.

„Lass dich nicht erkälten, Liebling", drängte Eve mit liebevoller Fürsorge, als er das Auto verließ, um den Treffpunkt zu betreten. Sissie grinste ihn

spöttisch an. Sie wussten beide, dass er noch nie zuvor einen solchen Termin
eingehalten hatte.

III

Feierlichkeit und Stille und alte, traditionsstarre Diener umgaben ihn. Sobald
er den Eintrittspreis bezahlt und alle seine Wertsachen in einer Schublade
deponiert hatte, deren Schlüssel ihm offiziell ausgehändigt wurde, wurde er
durch ein Drehkreuz geführt und aufgefordert, das Ausziehen seiner Stiefel
zu erlauben. Er stimmte zu. Dann wurde ihm weiße Bettwäsche gereicht.

„Sehen Sie hier", sagte er mit einzigartigem Mut zu dem Wärter. „Ich war
noch nie in einem dieser Resorts. Wohin soll ich gehen?"

Der Diener, ein barfüßiges, sanft gekleidetes Kind im maurischen Stil,
kümmerte sich beruhigend um Herrn Prohacks Wohlergehen und führte den
Anwärter in eine riesige Moschee mit einem Kuppeldach und kleinen
leuchtenden Fenstern aus farbigem Glas. In der Mitte der Moschee befand
sich ein hellgrüner Teich. Weiße Gestalten lagen in Nischen rund um die
Wände. Ein Brunnen spielte – das einzige Orchester. Man hörte östliches
Händeklatschen, und ein anderer Diener glitt über den mit Teppich
ausgelegten, warmen Boden. Mr. Prohack verstand, dass man in dieser
immensen Abgeschiedenheit, wenn man irgendetwas begehrte, in die Hände
klatschte und bedient wurde. Ein wunderschöner Frieden kam auf ihn herab
und umhüllte ihn; und er dachte: „Das ist der wunderbarste Ort der Welt.
Ich habe zwanzig Jahre auf diesen Ort gewartet."

Er gab dieser einzigartigen Einladung vorbehaltlos nach. Doch es verging
einige Zeit, bis er sich von der unbestreitbaren Tatsache erholen konnte, dass
er sich immer noch weniger als eine Viertelmeile vom Piccadilly Circus
entfernt befand.

Aufgrund der Erklärungen des Bademeisters und der genauen Anweisungen,
die er von Dr. Veiga bezüglich des richtigen Verhaltens in einem türkischen
Bad erhalten hatte, entwickelte Herr Prohack, ein Mann mit schnellem
Verstand, bald die Reihenfolge der Zeremonie, die dazu geeignet war seinen
Fall und begann, ihn in die Tat umzusetzen. Zunächst fand er das
Zeremoniell anspruchsvoll. Sich von all seinen Kleidern zu trennen und in
einer Kleidung durch die Moschee zu marschieren, deren wichtigste
Gegenstände ein Handtuch und der Schlüssel zu seinen Wertsachen (der sein
Handgelenk schmückte) waren, war für jemanden mit seinem Temperament
und seiner Erziehung eine leichte Prüfung. Ungeschützt im gleißenden
Dampf zu sitzen war zwar nicht amüsant, aber aufregend. Aber die

Dampfkapelle (wie man sie nennen könnte) der Moschee war eine Freude im Vergleich zur übernächsten Kapelle weiter, wo das Holzwerk der Stühle zu heiß war, um es anzufassen, und wo ein riesiges Thermometer Mr. Prohack das nur mitteilte Bei weiteren fünfzig Grad Hitze hätte er den Siedepunkt erreicht.

Er erinnerte sich, dass er in dieser Kammer große Mengen eiskaltes Tonic Water trinken musste. Er klatschte feucht in die Hände, und ein großer, dünner alter Mann, dessen ganzes Leben an der Siedegrenze gelebt haben musste, brachte sofort den Schluck. Bis der Schlüssel zu seinen Wertgegenständen schmolz, passierte in dieser außergewöhnlichen Kammer alles Mögliche. Aber Herr Prohack war entschlossen, vor nichts zurückzuschrecken, um dem Müßiggang nachzugehen.

Und schließlich, nachdem er in einer weniger leidenschaftlichen Kapelle gesessen hatte und in noch einer anderen Kapelle wie für eine Autopsie auf einer Marmorplatte ausgelegt und wehrlos eine Viertelstunde lang von einem Preisboxer angegriffen worden war, war er gesprungen Als er verzweifelt in den eiskalten See stürzte und herausgezogen und in dicken Leinenfalten erstickt wurde und schließlich horizontal in seiner ursprünglichen Nische ruhte, war er sich einer inneren und tiefen Überzeugung bewusst, dass wahres, vollkommenes, vollständiges und höchstes Nichtstun gewesen war erreicht. Er kümmerte sich überhaupt nicht darum; er war von der Welt abgeschnitten; er hatte keine Familie; er existierte selig und individuell in einem erhabenen und zufriedenen Egoismus.

Aber die Unsicherheit menschlicher Organismen und Institutionen ist so groß, dass er in weniger als zwei Minuten ein seltsames Gefühl in seinem Inneren verspürte, das er schließlich als Hunger diagnostizierte. In die Hände zu klatschen war die Arbeit eines Augenblicks. Der entgegenkommende Kellner trug einen Katalog der ihm zur Verfügung stehenden Lebensmittel vor; und der Ausdruck „welsh rarebit" erregte seine Aufmerksamkeit. Er muss ein Welsh Rarebit haben; seit seiner Schulzeit hatte er kein Welsh Rarebit mehr gegessen. Es kam auf magische Weise auf einem orientalischen Tablett an, das auf einem niedrigen maurischen Tisch stand.

Während er das wunderbarste Essen seines Lebens aß und Tee trank, schaute er sich um und sah, dass zwei der unbesetzten Sofas in seiner Nische mit Kleidungsstücken übersät waren; Die Besitzer der Kleidungsstücke waren zweifellos während seiner Abwesenheit in den Kapellen angekommen und hielten sich nun in den Kapellen selbst auf. Er lehnte sich zurück; irdische Phänomene verloren ihre harte Realität....

Als er aufwachte, war die Moschee eine Grube aus Dunkelheit, in der scharfe elektrische Lichtpunkte schimmerten. Er hörte Stimmen, die Stimmen zweier Männer, die auf den benachbarten Sofas saßen. Sie diskutierten miteinander über die Schwierigkeiten, in Afghanistan bzw. in Rio de Janeiro an guten Whisky zu kommen. Vom Whisky gingen sie zu noch interessanteren Dingen über, und Mr. Prohack begann zum ersten Mal zu erfahren, wie die andere Hälfte lebt, und zwar so sehr, dass er dachte, es wäre besser, die Lampe über seinem Kopf anzuzünden. Daraufhin schwenkte das Gespräch auf den Nachbarsofas auf das englische Wetter im Spätherbst um.

Dann bemerkte Herr Prohack ein tiefes Schnarchen. Er erkannte, dass das Schnarchen von einer stattlichen Gestalt herrührte, die, in Weiß gehüllt und der Moschee nur einen ehrwürdigen Kopf zeigend, in einem der riesigen Sessel saß, die in der Nähe des Eingangs zu jeder Nische standen. Es schien ihm, dass er das Schnarchen erkannte, und er täuschte sich nicht, denn er hatte es schon zweimal an Sonntagnachmittagen in seinem Hauptclub gehört. Der Kopf war der Kopf von Sir Paul Spinner. Herr Prohack erinnerte sich, dass der alte Paul ein Anhänger des türkischen Bades war.

Jetzt war Mr. Prohack äußerst darauf bedacht, mit dem alten Paul zu sprechen, denn er hatte sehr interessante Gerüchte über Pauls Aktivitäten gehört. Er stand leise auf, näherte sich dem Sessel und musterte Sir Paul, der in seinem damaligen Zustand weniger wie ein hoher Finanzier aussah, sondern eher wie etwas, das vom Dach einer Kathedrale abgebrochen war, als alles, was Mr. Prohack jemals gesehen hatte.

Aber Paul erwachte nicht. Ein Badegast stürzte mit lautem Platschen ins Becken, doch Paul wachte nicht auf. Und Herr Prohack hatte das Gefühl, dass es dem Geist des Rituals der Moschee widersprechen würde, ihn zu wecken. Aber er beschloss, dass er, wenn er die ganze Nacht warten würde, warten würde, bis der alte Paul wieder zu Bewusstsein kam.

In diesem Moment fragte ein Angestellter Herrn Prohack, ob er die Aufmerksamkeit des Friseurs, des Fußpflegers oder des Maniküristen wünsche. Vor Mr. Prohack eröffneten sich neue Perspektiven. Er sagte ja. Nach dem Friseur trottete er von der Friseurkapelle (die sich im Obergeschoss der Moschee befand) die Treppe hinunter, um zu beobachten, ob sich der Zustand des alten Paul veränderte. Paul schlief noch. Herr Prohack machte das Gleiche nach dem Fußpfleger. Paul schlief noch. Dann noch einmal nach der Maniküre. Paul schlief noch. Dann eilte ein knabenhafter Diener herbei und schüttelte den monumentalen Paul auf sehr verwegene Weise an der Schulter.

„Sie haben mir gesagt, ich soll Sie um sechs wecken, Sir Paul." Und Paul wachte auf.

„Wie einfach", überlegte Herr Prohack, „sind die Probleme der Existenz, wenn man sie mit Entschlossenheit angeht! Hier habe ich in der letzten Stunde vergeblich versucht, den Kerl aufzuwecken. Aber ich habe vergessen, dass der, der das Ende wünscht, auch das Ende wünschen muss." Mittel, und meine Wertschätzung für das Ritual der Moschee war absurd.

Er zog sich in den Alkoven zurück, um sich anzuziehen, und behielt den alten Paul im Auge. Er fühlte sich im höchsten Zustand körperlicher Leistungsfähigkeit. Von Kopf bis Fuß war er über jede Kritik erhaben. Als Mr. Prohack seine Weste erreicht hatte, erhob sich Sir Paul schwerfällig aus dem Sessel.

"Hallo Paul!"

Die Begegnung zwischen den beiden Freunden war eine dieser liebevollen und ekstatischen Affären, die nur in einem türkischen Bad passieren können.

„Ich habe den halben Tag versucht, Sie ans Telefon zu bekommen", grunzte Paul Spinner und ließ sich auf Mr. Prohacks Sofa nieder.

„Ich war den ganzen Tag unterwegs. Furchtbar beschäftigt", sagte Herr Prohack. „Was ist los? Stimmt etwas nicht?"

„Oh nein! Ich dachte nur, dass du gerne wissen würdest, dass ich den Deal abgeschlossen habe."

„Ich habe einige große Geschichten gehört, aber kein Wort von dir, altes Ding." Herr Prohack versuchte, eine Ruhe anzunehmen, die er ganz sicher nicht verspürte.

„Nun ja, ich singe nie, bis ich aus dem Wald bin. Aber dieses Mal bin ich früher draußen, als ich erwartet hatte."

"Etwas Glück?"

„Ja. Aber ich habe dir einen Brief diktiert, bevor ich hierher kam."

„Ich nehme an, Sie können sich nicht erinnern, was drin war."

„Ich werde die Wertpapiere nächste Woche bekommen."

„Welche Wertpapiere?"

„Nun, du wirst", hier senkte Paul seine Stimme, „dreitausend weniger als eine Viertelmillion als Gegenleistung für das bekommen, was du eingezahlt hast, mein Junge."

„Dann bin ich über zweihundertfünfzigtausend Pfund wert!" murmelte Herr Prohack schwach. Und er fügte noch schwächer hinzu: „Da muss bald etwas getan werden." Sein Herz schlug wie ein Motor gegen seine Weste.

KAPITEL XIV
ENDE EINES LEERTAGES

ICH

Es ist bemerkenswert, dass selbst in den angesagtesten Einkaufsstraßen einige Geschäfte noch etwa eine Stunde lang strahlend geöffnet bleiben und plüschgepolsterte Waren unter dem grellen Licht der Elektrizität in der ansonsten dunklen Straße zur Schau stellen, nachdem alle benachbarten Geschäfte ihre Jalousien heruntergelassen und aufgehängt haben ihre Fensterläden. An diesem Phänomen ist ein interessanter Aspekt der Psychologie beteiligt.

Auf dem Heimweg aus dem Paradies der Moschee besuchte Mr. Prohack, zu Fuß und gut gelaunt und belebt von einem längst vergessenen Gefühl körperlichen Wohlbefindens, einen solchen Laden und, mit einem Minimum an Verhandlungen, kaufte einen Artikel, der in einem reichhaltigen Etui verpackt war. Ein schneller und glücklicher Impuls seinerseits! Der Gegenstand war für seine Frau bestimmt, und er hatte mit der Schenkung die Absicht, ihm dabei zu helfen, ihr leichter mitzuteilen, dass er jetzt oder in Kürze über eine Viertelmillion Geld wert war. Denn er war ein seltsamer, dummer Kerl, und so wie er sich einer gewissen falschen Scham bewusst gewesen war, weil er hunderttausend Pfund geerbt hatte, so war er sich jetzt einer gewissen falschen Scham bewusst, weil er seinen Besitz auf zweihundertfünfzigtausend Pfund vergrößert hatte .

Der Adler wartete vor Mr. Prohacks Tür; er fragte sich, was das neueste Abendprojekt seiner Frauen sein könnte, denn er hatte das Auto noch nicht so früh bestellt; vielleicht war die erste Nacht verschoben worden; Er war jedoch zu diskret oder zu würdevoll, um dem Chauffeur Fragen zu stellen. zu gleichgültig gegenüber den Plänen seiner geliebten Frauen. Er wäre ganz zufrieden damit, allein zu Hause zu sitzen, über die Wunder des Daseins nachzudenken und in ihnen nach seiner Seele zu suchen.

Im Haus liefen die Bediensteten in einer Atmosphäre voller Aufregung und Glockenläuten umher. Er ahnte, dass seine Frau und seine Tochter sich gleichzeitig für einen wichtigen Anlass anzogen — entweder für den ersten Abend oder etwas anderes. In dieser fieberhaften Umgebung vergaß er die Wortform, die er sorgfältig vorbereitet hatte, um seiner Frau die großartigen Finanznachrichten zu überbringen. Zum Glück ließ sie ihm keine Chance, Fehler zu machen.

„Oh, Arthur, Arthur!" Sie weinte süß vorwurfsvoll, als er mit gespielter Unbeschwertheit das Schlafzimmer betrat. „Wie spät bist du! Ich habe dich vor mindestens einer Stunde zurückerwartet. Deine Sachen sind im Boudoir ausgelegt. Du hast keinen Moment übrig. Wir sind ohnehin schon zu spät." Sie war überhaupt nicht angezogen, und das Schlafzimmer sah aus, als wäre es in den Sack gesteckt worden; Fast jede Schublade stand offen, und die beiden Betten ähnelten einem Second-Hand-Laden.

Mr. Prohacks Selbstschutzinstinkt verwandelte ihn sofort in ein Stachelschwein. Es wurde versucht, ihn zur Eile zu zwingen, und er verabscheute Eile.

„Ich bin nicht zu spät", sagte er, „weil ich nicht gesagt habe, wann ich zurückkommen soll. Ich werde nicht länger als eine Viertelstunde brauchen, um zu essen, und wir haben noch jede Menge Zeit fürs Theater." ."

„Ich gebe ein kleines Abendessen im Restaurant Grand Babylon", sagte Eve, „und natürlich müssen wir zuerst dort sein. Sissie hat es am Telefon für mich arrangiert. Es wird viel amüsanter sein, als hier zu speisen, und." es rettet die Diener." Doch seit Kurzem behauptet die Frau, die Bediensteten hätten nicht genug zu tun!

"Ah!" sagte Herr Prohack erschrocken. „Und wer sind die Gäste?"

„Oh! Niemand! Nur wir und Charlie natürlich und Oswald Morfey und vielleicht Lady Massulam. Ich habe Charlie angewiesen, die Bestellung zu erledigen."

„Ich hätte gedacht, dass eine Mahlzeit pro Tag im Grand Babylon ausreichend gewesen wäre."

„Aber das ist im *Restaurant*, nicht wahr? Oh je! Das habe ich schon dreimal versucht, meine Haare zu frisieren. Es ist immer das Gleiche, wenn ich es schön haben möchte. Jetzt versteh dich, Arthur!"

"Seltsam!" sagte er mit sardonischer Fröhlichkeit. „Seltsam, dass es immer meine Schuld ist, wenn dir die Haare ausfallen!" Und zu sich selbst sagte er: „In Ordnung! In Ordnung! Ich werde dir nur nichts über diese Viertelmillion erzählen. Du hast heute Abend keine Zeit für Einzelheiten, mein Mädchen."

Und er ging ins Boudoir.

Seine glückselige Gelassenheit war zu fest etabliert, um durch etwas anderes als eine Katastrophe zunichte gemacht zu werden. Dennoch zitterte es leicht unter dem Schock von Eves neuen Lebenstaktiken. Dies war die Frau, die sich erst am Abend zuvor gegen die Zurschaustellung der Karriere ihres Sohnes im Grand Babylon geschimpft hatte. Jetzt schien sie entschlossen zu sein, ihm in puncto Auffälligkeit Konkurrenz zu machen und die Partnerin seiner angeblichen Vulgarität zu sein. Dass die unreife Sissi plötzlich die Ideale der neuen Armen zugunsten der Ideale der neuen Reichen aufgeben sollte, war entschuldbar. Aber Eva! Aber diese bescheidene Verkörperung des schüchternen und ruhigen gesunden Menschenverstandes! Sie, die einst die Welt von *The Daily Picture* verachtet hatte , offenbarte immer mehr ein Verlangen nach dieser Welt. Und wo waren jetzt ihre Zweifel an der Rechtschaffenheit von Charlies glänzenden Taten? Und wo war der alte Scharfsinn, der sie sicherlich davor hätte bewahren sollen, sich von den Oberflächlichkeiten eines Oswald Morfey täuschen zu lassen? Hat sie blind dazu beigetragen, eine Katastrophe für ihre blinde Tochter vorzubereiten? War die Erklärung, dass sie von der Frucht geschmeckt hatte? Der schreckliche Gedanke schoss Herrn Prohack durch den Kopf: *Alle Frauen sind gleich.* Er verdrängte es aus seinem treuen Gedächtnis und versuchte es zu ersetzen: „Alle Frauen außer Eva sind gleich." Aber es kam in seiner ursprünglichen Form zurück ... Eigentlich war es ihm egal. Wenn Eva sich in eine Kleopatra verwandelt hätte, hätte seine lächerliche Leidenschaft für sie keine Veränderung erfahren.

Rund um das Boudoir lagen verschiedene rechteckige Pakete, die in fließender Kalligraphie an ihn selbst adressiert waren: die ersten Ernteladungen seines arbeitsreichen Morgens. Ihr Anblick traf sein Gewissen. Folgte nicht auch er seiner Frau auf dem Weg zum Neureichen? NEIN! Wie immer war er schuldlos. Er folgte lediglich dem Rezept seines Arztes, der die Notwendigkeit wissenschaftlichen Nichtstuns und die heilende Wirkung feiner Kleidung auf die Gesundheit dargelegt hatte. Er wusste zwar, dass er geheilt war, aber wenn die Natur beschlossen hatte, ihn zu schnell zu heilen, war das nicht seine Schuld ... Er hörte, wie seine Frau im Schlafzimmer mit Machin sprach und wie Machin mit seiner Frau sprach; und die Stimme der Dienerin war so freudig und so besorgt, als ob sie selbst und nicht Eva im Grand Babylon ein kleines Abendessen geben würde. Seltsam! Seltsam! Der Satz „eine Viertelmillion" glitzerte und blitzte in der umgebenden Luft. Aber es war fast eine bedeutungslose Phrase. Er war so etwas wie ein Superwilder und konnte nicht weiter als hunderttausend zählen. Und völlig unphilosophisch vergaß er, dass die Ekstase, die Hunderttausend hervorrief, in wenigen Tagen vergangen war, und ging davon aus, dass die Ekstase, die zweihundertfünfzigtausend hervorrief, für immer anhalten würde.

„Zieh das Ding bitte aus", befahl er seiner Frau, als er in voller Aufmachung ins Schlafzimmer zurückkehrte. Sie war noch lange nicht fertig, aber sie hatte einige Fortschritte gemacht und probierte die Wirkung ihrer Granatkette aus.

„Aber es ist das Beste, was ich habe", sagte sie.

„Nein, ist es nicht", widersprach er ihr rundheraus und öffnete den so neu erworbenen Koffer.

„Arthur!" Sie schnappte nach Luft, gebannt, fasziniert, verzaubert.

"Das ist mein Name."

„Perlen! Aber – aber – das muss Tausende gekostet haben!“

„Und was wäre, wenn es so wäre?“ erkundigte er sich ruhig und legte ihr das Ding mit großer Zartheit um den Hals. Sein eigenes Vergnügen war groß, und doch machte er sich selbst schwere Vorwürfe. Tatsächlich bezeichnete er sich selbst als Verbrecher. Kaum konnte er ihrem Blick begegnen, als sie nach langem Blick in den Spiegel ihre Hände auf seine Schultern legte. Und als sie ihn küsste und wütend sagte, er sei ein lieber und verrückter Mensch, stimmte er ihr insgeheim zu. Sie rannte zur Tür.

"Wo gehst du hin?"

„Ich muss es Sissie zeigen.“

„Warte einen Moment, Kind. Weißt du, warum ich diese Halskette gekauft habe? Weil die Affäre mit Spinner geplatzt ist.“ Dann gab er ihr die Zahlen.

Sie bemerkte, nicht übermäßig gerührt:

„Aber ich wusste, *dass das* in Ordnung sein würde.“

"Woher wusstest du das?"

„Weil du so schlau bist. Du holst immer das Beste aus jedem heraus.“

Er erkannte erneut, dass sie eine äußerst verstörende Frau war. Ohne nachzudenken und ohne Vorwarnung fällte sie äußerst beunruhigende Urteile. Man wusste nie, was sie sagen würde.

„Ich denke“, bemerkte er und tat ruhig so, als hätte sie etwas ganz Offensichtliches gesagt, „dass es für uns gut wäre, überhaupt kein Wort über diesen neuen Glücksfall zu verlieren.“

Sie stimmte eifrig zu.

„Aber wir müssen wirklich anfangen, Geld auszugeben – ich meine, regelmäßig Geld auszugeben.“

„Ja, natürlich“, gab er zu.

„Sonst wäre es doch absurd, oder?“

"Ja natürlich."

„Arthur.“

"Ja."

„Wie hoch wird das Einkommen sein?“

„Nun, ich werde mich nicht auf weitere Pannen einlassen. Nein! Ich habe mit allen spekulativen Idioten absolut Schluss gemacht. Die Vorsehung hat über uns gewacht. Ich verstehe den Hinweis. Deshalb müssen alle meine Investitionen völlig sicher und solide sein." Keine ausgefallenen Zinssätze. Ich würde sagen, bis der alte Paul meine Investitionen getätigt hat, werden wir etwas über vierhundert Pfund pro Woche haben – falls Ihnen das ein Hinweis ist.

„Arthur, ist das nicht *böse* !"

Sie untersuchte die Halskette noch einmal.

Als sie alle drei im Auto saßen, wurde Mr. Prohack bewusst, dass er nach Sissies Ansicht gleich zwei Halsketten hätte kaufen sollen.

Sissies Koffer lagen auf dem Dach des Autos. Sie hatte beschlossen, sich noch in dieser Nacht im Grand Babylon niederzulassen. Die Schnelligkeit und Unkontrollierbarkeit der Ereignisse löste bei Herrn Prohack ein Schwindelgefühl aus.

„Ich hoffe, du hast etwas Geld mitgebracht, Liebling", sagte seine Frau.

II

„Leihen Sie mir etwas Geld, ja?" murmelte Mr. Prohack leichthin zu seinem prächtigen Sohn, nachdem er einen Blick auf die Rechnung für Eves Theaterdinner im Grand Babylon geworfen hatte. Herr Prohack hatte zwar etwas Geld mitgebracht, aber nicht genug. „Ich habe keine", sagte Charlie mit der gleichen Leichtigkeit. „Geben Sie mir besser die Rechnung. Ich kümmere mich darum." Daraufhin unterschrieb Charlie die Rechnung und reichte dem sich verbeugenden Kellner fünf Zehn-Schilling-Scheine.

„Das reicht nicht", sagte Herr Prohack.

„Nicht genug für das Trinkgeld. Nun ja, das muss sein. Ich gebe nie mehr als zehn Prozent."

Herr Prohack bemühte sich, seinen eigenen schmerzlichen Mangel an Weltlichkeit zu verbergen. Er hatte sich vorgestellt, dass er jede Menge Geld in seinen Taschen hatte, um einer Handvoll Menschen eine Mahlzeit zu bezahlen. Er hat sich geirrt; Das war alles, und der Vorfall hatte keine Bedeutung, denn ein paar Pfund mehr oder weniger konnten einem Gentleman seines Einkommens überhaupt nichts ausmachen. Dennoch fühlte er sich schuldig, ein Verschwender zu sein. Er konnte sich nicht an die Höhe der Ausgaben gewöhnen. Früher hätte er in einer Woche kaum den

Preis für das Mahl verdienen können, das er heute in einer Stunde verzehrt. In der riesigen Wohnung wimmelt es nur so von Menschen, die mit ihren Ausgaben leben und sich scheinbar nichts dabei denken. „Aber machen zwei Fehler ein Recht?" er forderte privat von seiner Seele. Dann kam seine Seele mit ihrem robusten gesunden Menschenverstand zu Hilfe und antwortete:

„Vielleicht machen zwei Fehler noch kein Recht, aber fünfhundert Fehler müssen unbedingt ein Recht ergeben." Und er fühlte sich besser.

Und plötzlich verstand er die wahre Funktion des großartigen Orchesters, das die Szene dominierte. Es war die Funktion einer Blaskapelle am Stand eines Quacksalbers auf einem Jahrmarkt, die Schreie der Opfer der Extraktionskunst zu übertönen.

„Ja", überlegte er voller Gesundheit und Sorglosigkeit. „Das ist ein wirklich tolles Leben."

Die Party ging in zwei Autos los, seinem eigenen und dem von Lady Massulam. Autos kämpften um Platz vor der brennenden Fassade des Metropolitan Theatre, über der der Titel der Unterhaltung, „ *Smack Your Face* ", zusammen mit den Namen von Asprey Chown und Eliza Fiddle in Flammen aufging. Ein Wagen nach dem anderen strömte eine Schar herrlicher Mädchen und Männer heraus und wurde von einer Reihe gigantischer und unerbittlicher Kommissare mit Wildheit davongejagt. Herr Oswald Morfey betrat direkt an der Spitze seiner Gäste das Gebäude. An dem kleinen Fenster der Abendkasse demütigten sich sehr teure Leute, aber Ozzie hielt an seinem Kurs fest, und die Beamten vollführten Ehrerbietungen, die nur damit endeten, dass sie bei seinem Anblick auf die Gesichter fielen. Tickets waren nicht für ihn.

„Das ist eine wunderschöne Kiste", sagte Eva zu ihm und war erstaunt über die Größe des Gefäßes, in das sie geführt worden waren.

„Es ist Mr. Chowns eigene Kiste."

„Dann soll Mr. Chown heute Abend nicht hier sein?"

„Nein! Er ist heute Morgen zum Ausruhen nach Paris gefahren. Der Schauspieldirektor wird ihn nach jedem Akt anrufen. So macht er das immer, wissen Sie."

„Wenn die Katze weg ist, werden die Mäuse spielen", dachte Mr. Prohack unbehaglich und mit den ungezogenen Gefühlen einer Maus. Der riesige Zuschauerraum war ein wunderbarer Schauplatz aufgeregter Brillanz. Als sich die Stände füllten, ertönte in regelmäßigen Abständen Klatschen aus der unsichtbaren Grube.

„Wofür klatschen sie?" sagte die einfache Eve, die wie Mr. Prohack noch nie zuvor bei einer Premierennacht gewesen war, ganz zu schweigen von einer so tollen Premierennacht wie dieser.

"Oh!" antwortete Ozzie nachlässig. „Irgendjemand, den sie vom Sehen kennen, kommt einfach in die Box. Das *Schicke* an der Boxengasse ist, sie zu erkennen und durch Applaus zu zeigen, dass man sie erkannt hat. Derjenige, der am häufigsten applaudiert, gewinnt das Spiel in der Boxengasse."

Bei diesen Worten und ihrem Ton sah Mr. Prohack Ozzie mit einem neuen Blick an, als hätte er gedacht: „Hat Sissie doch Recht mit diesem Kerl?"

Sissie setzte sich bescheiden und ruhig neben ihre Mutter. Niemand konnte anhand ihres scheinbar naiven Gesichtsausdrucks erraten, dass sie wusste, dass sie und nicht der Terror der Behörden und seiner Frau die Ursache für Mr. Morfeys grandiose Gastfreundschaft war.

„Ich nehme an, die Stände sind voller Prominenter?" sagte Eva.

„Sie sind voller Leute, die das Doppelte des normalen Preises für ihre Sitzplätze bezahlt haben", antwortete Ozzie.

„Wer ist diese außergewöhnliche alte rothaarige Frau in der Loge gegenüber?" Eva verlangte.

„Das ist Enid."

„Enid?"

„Ja. Du kennst den Enid-Ofen, nicht wahr? Alle Damen kennen den Enid-Ofen. Es ist seit vierzig Jahren ein Begriff. Das ist der ursprüngliche Enid. Ihr Vater hat den Ofen erfunden und ihn nach ihr benannt, als sie ein Jahr alt war Mädchen. Sie verpasst nie eine erste Nacht.

„Wie außergewöhnlich! Ist sie das, was man eine Berühmtheit nennt?"

"Eher!"

„Jetzt", sagte Herr Prohack. „Jetzt verstehe ich endlich die wahre Bedeutung von Ruhm."

„Aber da unten ist Charlie!" rief Eve plötzlich aus, zeigte auf die Boxen und schaute dann hinter sich, um zu sehen, ob nicht noch ein Charlie in der Box war.

„Ja", stimmte Ozzie zu. „Lady Massulam hatte einen zusätzlichen Stand, und um fünf Uhr ist es in dieser Box ziemlich eng … Ich dachte, er hätte es dir gesagt."

„Das hatte er nicht", sagte Eva.

Der Vorhang ging hoch und diese einfache Geste des Vorhangs löste enormen Applaus aus. Das Publikum konnte den Ausdruck seiner Freude nicht unterdrücken. Eine junge Dame erschien unter einem Sonnenschirm; Die bloße Tatsache ihrer Existenz versetzte das Publikum in eine neue Ekstase. Ein alter Mann mit roter Nase erschien: Ähnliche Demonstrationen aus dem Publikum. Als diese beiden miteinander geredet und gesungen hatten, verdreifachte sich der Applaus, und als die Szene um 4 Uhr morgens vom Piccadilly Circus in das Innere eines spanischen Palastes wechselte, in dem berühmte französische Schauspieler und Schauspielerinnen lebten, die dann eine Rolle aufführten einer Tragödie von Corneille wurde der Applaus verfünffacht. Am Ende der Tragödie verzehnfachte sich der Applaus. Dann löste sich der spanische Palast in einen abessinischen Harem auf, und Eliza Fiddle in abessinischer Tracht wurde auf zweitausend Kissen in zweitausend Farben liegend entdeckt, und das Publikum erhob sich zu Eliza, und Eliza erhob sich zu dem Publikum, und die daraus resultierende Raserei war die erhabenste Raserei, die es je gab hat jemals ein Theater erschüttert. Das Stück wurde drei Minuten lang unterbrochen, während das Publikum und Eliza ihre gemeinsame und einzigartige Leidenschaft zum Ausdruck brachten. Von diesem Zeitpunkt an verlor Herr Prohack den Kopf. Er rannte in dem verwirrenden, glitzernden Labyrinth des Stücks hin und her und suchte nach einer Erklärung, einem Wegweiser, einem Hinweis, dem geringsten Hinweis, und fand nichts. Ihm blieb keine andere Wahl, als sich an Eliza Fiddle zu klammern, und er klammerte sich verzweifelt an sie. Sie war bereit, sich an sie zu klammern. Sie widmete sich nicht nur Herrn Prohack, sondern jedem einzelnen Mitglied des Publikums; sie gab sich in der Vollständigkeit aller ihrer Manifestationen hin. Das Publikum war reich an dem Besitz ihrer ganzen Individualität, was sehr viel war. Sie sang, tanzte, plapperte, erstarrte, schmolz dahin, lachte, weinte, flirtete, küsste, trat, fluchte und schlug Purzelbäume mit der Wut eines Derwischs, der Mattigkeit einer Odaliske und der Unerschöpflichkeit eines Geysirs mit heißen Quellen. .. Und schließlich wurde sich Herr Prohack eines Gefühls in seinem Inneren bewusst, das im Widerspruch zu dem frischen, feinen Gefühl körperlichen Wohlbefindens stand. „Ich habe noch nie eine Revue gesehen", sagte er heimlich. „Ist es möglich, dass mir langweilig ist?"

III

„Möchten Sie nach hinten gehen und Miss Fiddle vorgestellt werden?" schlug Ozzie in der Pause vor, nachdem der Vorhang als Reaktion auf hektische Rufe, Jubelrufe, Klopfen und Klatschen siebzehn Mal aufgezogen worden war und der mächtige Tumult der Heiterkeit in ein fröhliches

Summen abgeklungen war, das von allen Sitzen im gesamten orangefarbenen Brillantraum erklang Auditorium. Die Damen wollten nicht gehen; Die Damen fürchteten sich, sagten sie, Miss Fiddle in der enormen Belastung ihrer Aktivitäten ihre Gesellschaft aufzuzwingen. Sie sprachen prägnant und entschieden. Es stimmte, dass sie Angst hatten; aber ihre Angst beruhte eher auf Rücksichtnahme auf sich selbst als auf Rücksichtnahme auf Miss Fiddle. Ozzie wurde offensichtlich brüskiert. Er hatte ihm ein wunderbares Privileg angeboten, und es war missachtet worden.

Mr. Prohack konnte das Schauspiel von Ozzies Unbehagen nicht ertragen. Seine traurige Schwäche, Menschen zu gefallen, überkam ihn, und er legte dem jungen Mann wohlwollend die Hand auf die Schulter und sagte:

„Mein lieber Freund, ich persönlich möchte unbedingt gehen.“

Sie gingen durch seltsam enge Gänge und durch eiserne Türen über die Bühne, deren hemdsärmeliges, zerlumptes Publikum sich zu benehmen schien, als hätte die letzte Posaune ertönt, und so die Treppe hinauf und durch einen breiten Gang voller offen stehender Türen, aus denen Flüstern und Stimmen erklang Ausrufe und vergängliche Visionen junger Frauen. Aus der Umkleidekabine des Stars drängte sich am Ende eine Menschenmenge aller Art und Verfassung. Mr. Prohack zitterte vor schrecklicher Besorgnis und fragte sich vergeblich, was er im Namen des gesunden Menschenverstandes dort tat, und betete, dass Ozzie der Zutritt verweigert werden möge. Im nächsten Moment wurde er einer Frau mittleren Alters in einem Morgenmantel vorgestellt. Ihr Gesicht war dick mit Farbe und Puder bedeckt, ihre Augen waren von tiefschwarzen Ringen umgeben, ihre Fingernägel waren rot. Mr. Prohack erkannte Eliza nicht ohne Schwierigkeiten. Zu beiden Seiten von ihr stand eine Kommode. Blendende Schauer elektrischen Lichts ergossen sich auf ihre wehrlose, aber robuste Gestalt. Sie schüttelte ihr die Hand, aber Herr Prohack meinte, dass sie einen Hinweis tragen sollte: „Gefahr. Besucher werden gebeten, sich nicht zu berühren.“

„Schön, dass du vorbeikommst“, sagte sie mit ihrer vollen und kraftvollen Stimme und lächelte mit all ihren prächtigen Zähnen. Mr. Prohack blickte fasziniert nicht auf eine Frau, sondern wie auf ein öffentliches Denkmal. Dennoch war er der Meinung, dass sie keine schlechte Frau sei und für die harte Arbeit der Welt gut geeignet sei.

„Ich hoffe, ihr kommt heute Abend alle zu meinem Ball“, sagte sie. Herr Prohack hatte noch nie von einem Ball gehört. Einen Augenblick später erzählte sie ihm, dass sie bei ihm in der Loge zwei höchst charmante Damen bemerkt hatte – (übertriebene Beobachtungsgabe, grübelte Mr. Prohack) – und im nächsten Augenblick verkaufte sie ihm drei Zwei-Guinea-Tickets für einen großen Ball und ein Turnier zugunsten der West End Chorus Girls'

Aid Association. Konnte er sich weigern, da er so deutlich erkannte, dass sich in dem öffentlichen Denkmal ein wehmütiges Geschöpf verbarg, menschlich wie er selbst, menschlich wie seine Frau und seine Tochter? Er konnte nicht.

„Jetzt kommst du ? " sagte sie.

Herr Prohack schwor, dass er kommen würde, und sein Herz sank, als ihm klar wurde, welche Folgen seine eigene törichte Schwäche hatte. Es klopfte an der Tür.

„Wolltest du mich, Liza?" sagte eine Stimme, und ein dicker Herr, gekleidet in strahlende Korrektheit, betrat den Raum. Es war der Intendant, auf seine Weise ein Gott.

Eliza Fiddle wurde zum Zyklon.

„Ich glaube, ich wollte dich", sagte sie leidenschaftlich. „Deshalb habe ich nach dir geschickt, und beim nächsten Mal werde ich dich bitten, schneller zu kommen. Ich werde dieses schielende Mädchen heute Abend nicht mehr auf der Bühne haben. Du weißt schon, das am Ende von Zweimal hat sie mir den Abgang verdorben, indem sie in die Quere kam. Und du musst sie rauswerfen, und das tust du mit Absicht.

„Ich kann sie nicht ohne Mr. Chowns Befehl rauswerfen, und Mr. Chown ist in Paris."

„Dann weigern Sie sich?"

Eine Pause.

"Ja."

„Dann werde ich heute Abend nicht wieder mitmachen, nicht wenn ich es weiß. Ich lasse mich in meinem eigenen Theater nicht beleidigen."

„Es ist nicht die Schuld des Mädchens. Du weißt, dass sie keinen Bewegungsspielraum haben."

„Ich weiß nichts darüber und es ist mir auch egal. Ich weiß nur, dass ich mit dieser Frau mit den schielenden Augen fertig bin und Sie jetzt zwischen ihr und mir wählen können. Und das ist es."

Miss Fiddles zerbrechlicher Teint hatte sich den breiten und glänzenden Gesichtszügen des Bühnenmanagers bis auf sechs Zoll angenähert und hatte wenig Ähnlichkeit mit den verschiedenen Gesichtern, die das Publikum mit der Figur von Eliza Fiddle in Verbindung brachte; Es war ein Gesicht, das durch die Heftigkeit der Gefühle wollüstig verzerrt war. Da Fräulein Fiddle den Eindruck zu haben schien, sie sei allein mit dem Intendanten, machte Mr. Prohack diesem Eindruck alle Ehre, indem er sich sanft entfernte. Ozzie folgte ihm. Auch der Intendant folgte. "Wo gehst du hin?" Sie hörten Elizas Stimme hinter sich, die sich an den Bühnenmanager wandte.

„Ich werde Ihren Schülern sagen, dass sie sich schnell fertig machen sollen.“

Es kam zu einer gewaltigen Auseinandersetzung, und aus jeder Tür des Korridors blickten Gesichter; aber Mr. Prohack blieb nicht. Ozzie führte ihn in Mr. Asprey Chowns Privatzimmer. Der Terror der Ressorts wurde erschüttert. Ozzie lachte sanft, als er die Tür schloss.

"Was wird passieren?" fragte Mr. Prohack und zeigte dabei eine Fröhlichkeit, die er nicht empfand.

"Was denkst du wird passieren?" lächelte Ozzie sanft, „in Anbetracht der Tatsache, dass Miss Fiddle zwischen dreihundertfünfzig Pfund pro Woche und einem Rechtsstreit mit Chown wählen muss, bei dem es um hohe Schadensersatzforderungen geht? Ich muss sagen, es gibt niemanden wie Blaggs, der diese dreihundertfünfzig Pfund behält.“ Chown würde lieber vierzig Pfund pro Woche verlieren als Blaggs. Und was halten Sie von der Show?

„Wird es gelingen?“

„Sie sollten die Vorausbuchung sehen. Heute Abend sind tausend Pfund im Haus. Chown wird fünfzehnhundert pro Woche abrechnen, wenn er seine Produktion abbezahlt hat.“

„Nun, es ist wunderbar.“

„Du meinst nicht die Show?“

„Nein. Der Gewinn.“

„Ich stimme zu“, lächelte Ozzie.

„Ich fange an, diesen brutzelnden Idioten zu mögen“, dachte Mr. Prohack sozusagen mit Bedauern. Wie Brüder verließen sie den kaiserlichen Reichtum von Mr. Chowns Privatzimmer.

IV

Als Mr. Prohack den Griff der Logentür berührte, hatte er das Gefühl, als würde er in die Zivilisation zurückkehren; er fühlte sich durch die unmittelbare Vergangenheit und die Aussicht auf die unmittelbare Zukunft weniger trostlos ; Er sehnte sich nach der Gesellschaft einfacher Frauen nach seinem Handel mit einem Star für dreihundertfünfzig Pfund pro Woche. Zwar wollte er unbedingt seine Seele erforschen und seine Lebensphilosophie erforschen, aber er war bereit, diese Untersuchung aufzuschieben, bis die Gesellschaft einfacher Frauen eine wohltuende Wirkung auf ihn gehabt hatte.

Charlie, der seiner Mutter und seiner Schwester einen Staatsbesuch abgestattet hatte, verließ gerade die Loge und der Vorhang ging gerade auf.

„Hallo, Papa!" „Du bist genau der Mann, den ich gesucht habe", sagte der Junge und zog seinen Vater hinaus auf den Flur. „Sie haben zwei der besten Gesellschaftstänzerinnen, die ich je gesehen habe", fügte er zu Ozzie hinzu.

„Haben wir nicht!" Ozzie stimmte mit leichtem Enthusiasmus zu.

„Aber der Rest der Show ...", fuhr Charlie unbarmherzig fort. „Nun, wenn Chowns Shows nur seinem Showtalent ebenbürtig wären...! Nur sind sie es nicht!"

Ozzie hob die Augenbrauen – eine geschickte Geste, die sowohl seinen Arbeitgeber verteidigte als auch Charles zustimmte.

„Übrigens, Papa, ich habe ein Haus für dich. Ich habe der Mutter davon erzählt und sie wird es morgen früh besichtigen."

"Ein Haus!" rief Mr. Prohack schwach, da er neue Aussichten auf Besorgnis voraussah. „Ich habe eins. Ich kann nicht in zwei leben."

„Aber das ist ein *Haus*. Du weißt davon, nicht wahr, Morfey?"

Ozzie nickte und lächelte vage.

„Schau her, Papa! Komm mal kurz raus."

Ozzie betrat diskret die Kiste und schloss die Tür.

"Was ist es?" fragte Herr Prohack.

„Das ist es", antwortete Charlie und reichte seinem Elternteil einen Scheck. „Ich habe den Betrag, den ich heute Abend für Sie bezahlt habe, von dem abgezogen, was Sie mir vor Kurzem geliehen haben. Ich habe die Zinsen für das Darlehen mit zehn Prozent berechnet. Zehn Prozent bekommt man heutzutage praktisch überall, Pech gehabt."

„Aber das will ich nicht, mein Junge", protestierte Mr. Prohack und hielt den Scheck in der Hand, als hätte er das vom Boden aufgehobene Damentaschentuch gehalten.

„Nun, ich bin mir ziemlich sicher, dass ich das nicht tue", sagte Charlie etwas steif.

Es entstand eine Pause.

„Wie Sie wollen", sagte Mr. Prohack und steckte den Scheck samt Zinsen und allem in die Tasche.

„Danke", sagte Charlie. „Vielen Dank. Du bist ein edler Vater, und ich sollte mich nicht im Geringsten wundern, wenn du den Grundstein für mein Vermögen gelegt hast. Aber natürlich weiß man nie – in meinem Geschäft."

"Was *ist* Ihr Geschäft?" fragte Mr. Prohack schüchtern, fast entschuldigend. Er hatte am Abend zuvor beschlossen, mit Charlie zu reden, wie ein Vater mit seinem Sohn reden sollte, also wie ein im Kreuzverhör vernehmender Anwalt und ein Moralist. Er hatte entschieden, dass es mehr als sein Recht war – es war seine Pflicht, dies zu tun. Aber jetzt schien das Recht, wenn nicht sogar die Pflicht, weniger klar zu sein, und er erinnerte sich daran, was er zu Eva über die richtige Haltung der Eltern gegenüber ihren Kindern gesagt hatte. Und vor allem erinnerte er sich daran, dass Charlie nicht in seiner Schuld stand.

„Ich bin Käufer und Verkäufer. Ich kaufe für weniger, als ich verkaufe. So lebe ich."

„Es scheint profitabel zu sein."

„Ja. Ich habe in Glasgow über zehntausend Dollar verdient, indem ich mit Ihrem Geld eine Option auf ein Maschinenbauunternehmen von Leuten gekauft habe, die es loswerden wollten, und dann das, wofür ich nicht bezahlt hatte, an Leute in London verkauft habe, die es wollten." Dort oben ein Ingenieurbüro zu ergattern, scheint einfach zu sein, und der einzige Grund, warum es nicht jeder tut, ist, dass es nicht so einfach ist, wie es scheint, aber ich habe festgestellt, dass es ein Händchen dafür ist Durch meine kleinen Geschäfte mit Motorrädern und anderen Dingen hatte ich herausgefunden, was ich meine. Tatsächlich habe ich es nicht herausgefunden, sagte mir jemand, und ich begann zu denken ... Aber sei nicht so Ich bin beunruhigt, wenn ich jetzt eine viel größere Option habe, in der Stadt ... Sie werden sehen, dass sie etwas davon hat ein Richter... Irgendwelche Bemerkungen?"

Mr. Prohack blickte vorsichtig auf den jungen Mann, seine eigene Schöpfung, dem er, wie es schien, erst vor Kurzem die Angewohnheit gegeben hatte, pro Schuljahr ein Pfund als Taschengeld zu geben. Und er hatte Angst – nicht vor dem, was er geschaffen hatte, sondern vor den erstaunlichen Möglichkeiten der Vaterschaft, die ihm plötzlich als äußerst gefährliches Unterfangen erschien.

„Keine Bemerkungen", sagte er kurz. Welche Bemerkungen könnte er tatsächlich machen? Während er wild über die Wahrheit über seinen Sohn nachdachte, hatte er in dem Gespräch mit Eve am Vorabend zufällig richtig geraten. Und seine Predigt an Eva verhinderte nun die Ausgabe von Bemerkungen.

"Ah, natürlich!" Charlie platzte heraus. „Du kannst mir nichts sagen, was ich nicht schon weiß. Ich bin ein Pirat. Ich produziere nicht. Das ganze Geld, das ich verdiene, muss jemand anderes verdienen, bevor ich es in die Hände bekomme. Das bin ich nicht." Aber ich habe versucht, einen nützlichen Job zu finden, nicht wahr? Mein schönes Land wollte mich doch nicht haben. Ich werde dafür sorgen, dass es sich jetzt auszahlt. Ich werde ihm eine Lektion erteilen. Und warum nicht ? und wenn ich *dich* nicht gehabt hätte , hätte ich heute vielleicht alle meine Bänder getragen und in der Oxford Street eine Drehorgel gespielt, anstatt im Grand Babylon zu wohnen.

„Sie werden in Ihrem Alter ziemlich beredt", sagte Herr Prohack zitternd scherzhaft, während er alarmiert in sein väterliches Herz blickte. War er nicht selbst ein Pirat? Mussten die hundertfünfzigtausend, die ihm zukamen, nicht jemand anders verdienen? Geld hat sich nicht von selbst verdient.

„Nun", erwiderte Charlie mit einem grimmigen Lächeln. „Für mich gibt es eines zu sagen: Wenn ich *rede* , rede ich."

„Und Sie haben also endlich angefangen zu lesen?"

„Ich werde kein gewöhnlicher Millionär sein. Keine Angst! Beruhigen Sie sich in diesem Punkt. Außerdem ist Lesen gar nicht so schlecht."

„Und was ist mit dem Haus, von dem Sie gesprochen haben? Sie werden mir keine Ihrer Optionen aufbürden."

„Das besprechen wir morgen. Ich muss zurück zu meinem Platz", sagte Charlie bestimmt und entfernte sich. "So lange."

„Ich sage", forderte Mr. Prohack ihn auf, zurückzukommen. „Ich bin ziemlich neugierig auf die Methoden von euch Millionären. Wann habt ihr den Scheck für mich unterschrieben? Ihr habt mir das Geld erst geliehen, als wir das Hotel verließen."

„Ich habe es natürlich herausgefunden, als ich mit der Mutter und der Schwester in deiner Box gesprochen habe."

„Wie einfach sind die Taten des Genies — wenn sie vollbracht sind!" bemerkte Herr Prohack. „Natürlich hast du es im Kästchen unterschrieben."

Als er zu seiner Familie zurückkehrte, gähnte er und überraschte sich selbst. Er begann eine geheimnisvolle Müdigkeit zu verspüren. Die Wirkung des türkischen Bades, ohne Zweifel! Der Rest des Abends lag endlos langweilig vor ihm. Der Titel des Stücks war irreführend. Er konnte sich nicht ins Gesicht schlagen. Er wünschte im Himmel, er könnte ... Und dann, nach dem Spiel, der Ball! Eliza könnte ihm sagen, er solle mit ihr tanzen. Sie wäre zu einer solchen Tat durchaus fähig. Und nach allgemeiner Konvention waren ihre Vorschläge das Äquivalent von Forderungen. Niemand konnte oder wollte sich jemals weigern, mit Eliza zu tanzen ... Da war sie, alle ihre vier Gliedmaßen prächtig zur Schau gestellt, und lächelte süß mit ihrem riesigen Mund, als ob die Beziehungen zwischen Blaggs und ihr die von Paul und Virginia wären. Das aufgeregte Publikum „fraß" sie, um es professionell auszudrücken, auf.

V

Herr Prohack war wirklich eine höchst absurde Person. Als *Smack Your Face* gegen Mitternacht zu Ende ging, hatte es sich als echter Riesenerfolg etabliert; und weil es Herrn Prohack egal war, weil es ihn langweilte, weil er es vulgär und langweilig und teuer fand, weil es in seinem Mund wie ein Sandwich aus Staub und Asche schmeckte, war der Kerl tatsächlich traurig; er fühlte sich sogar verbittert. Er hasste es, das modische und prächtige Publikum zu sehen, das nicht bereit war, das Theater zu verlassen, wie es einen Superfavoriten, fünf Erzfavoriten und fünfzehn Favoriten anfeuerte und sie immer wieder anfeuerte und den Vorhang immer wieder auf und ab und auf und ab ließ . Er konnte es nicht ertragen, dass das, was er verabscheute, wahnsinnig bewundert wurde. Er ging sogar so weit, sich Ansichten über den Verfall der Institution Theater zu bilden. Am meisten empörte er sich, weil seine geliebte Eva nicht angewidert war. Eve sagte gelassen, dass sie nicht viel von der Angelegenheit halte, sie aber sehr genossen habe und nichts dagegen hätte, am nächsten Abend vorbeizukommen, um es noch einmal zu sehen. Er sagte düster:

„Und ich erziehe dich seit fast fünfundzwanzig Jahren."

Was Sissie betrifft, so war sie bei vielen Tänzen mit stiller und strenger Begeisterung dabei. Sie verkündete ihr Urteil als Expertin, und Charlie stimmte ihr zu, und es gab keine Berufung, und Mr. Prohack wirkte wie ein ignoranter Außenseiter, dessen Meinungen vernachlässigbar waren. Darüber hinaus war er insofern absurd, als er, obwohl er sicherlich überhaupt keine Lust hatte, zum Ball zu gehen, sich über die Verzögerung auf dem Weg dorthin ärgerte. Selbst als sie alle auf der Veranda des Theaters angekommen waren, zeigte er eine kontrollierte, aber intensive Ungeduld, weil Charlie das Auto nicht sofort aus den verwirrten Horden von Autos hervorholte, die in den umliegenden Straßen warteten. Außerdem hatte er sich, was den Ball anging, törichterweise in eine falsche Position gebracht; denn er musste so tun, als hätte er die Karten gekauft, weil er persönlich zum Ball gehen wollte. Hatte er nicht tanzen gelernt? Tatsache war nun, dass er dem Ball mit Entsetzen entgegensah. Er war noch nie öffentlich aufgetreten. Er ging von einem Vorwand zum nächsten. Als Charlie knapp erklärte, dass er, Charlie, zu keinem Ball gehen würde, täuschte er Enttäuschung vor und sagte, dass Charlie seiner Schwester zuliebe hingehen sollte. Dennoch war er über Charlies Abreise sehr erleichtert (sogar im Auto von Lady Massulam); Er konnte die Vorstellung nicht ertragen, dass Charlie zynisch zusah, wie sein

Kleinkind auf dem polierten, tückischen Boden herumschritt. Auch Oswald Morfey heuchelte Enttäuschung, wenn es um Charlie ging, allerdings aus einem anderen Grund. Ozzie wollte Sissie so viel wie möglich für sich haben.

Herr Prohack gähnte im Auto.

„Du bist übermüdet, Arthur. Es ist das türkische Bad", sagte Eve mitleidig. Das war ein ziemlich schlimmer Fehler ihrerseits, aber sie verschlimmerte ihn noch, indem sie hinzufügte: „Vielleicht wäre es das klügste, wenn wir alle nach Hause gingen."

Herr Prohack war äußerst erschöpft und hätte den Kopf dafür gegeben, nach Hause zu gehen; aber so seltsam, so widersprüchlich, so betrügerisch und so albern war seine Natur, dass er antwortete:

„Liebling! Woher zum Teufel hast du diese Ideen? Es gibt nichts Schöneres als ein türkisches Bad, um dich zu stimulieren, und ich bin überhaupt nicht müde. Ich habe mich noch nie in meinem Leben besser gefühlt. Aber die Atmosphäre dieses Theaters würde jeden zum Gähnen bringen." ."

Der Ball fand in einer Bildergalerie statt, in der gerade eine Ausstellung der International Portrait Society stattfand. Das Gedränge der Autos vor den Portalen war ebenso groß wie vor den Portalen des Metropolitan. Und alle Personen, die aus den Autos stiegen, wirkten so frisch, als wären sie gerade erst aus dem Bett gestiegen. Herr Prohack war erstaunt über die große Zahl von Menschen, denen es egal war, wann sie zu Bett gingen, weil es ihnen egal war, wann sie aufstanden; er lief Gefahr, von der außerordentlichen Verbreitung des Müßiggangs krankhaft besessen zu werden. Die Räume waren voller brillanter Müßiggänger in allen Farben. Alle außer den Chormädchen hatten es für angebracht gehalten, an diesem Ball zugunsten der bewundernswerten gemeinnützigen Chorus Girls' Aid Association teilzunehmen. Und da alle auch auf den Wänden waren, mussten die Tänzer mit ihren Porträts konkurrieren – ein Wettbewerb, bei dem viele von ihnen deutlich geschlagen wurden.

Nachdem sie den Speisesaal besucht hatten, wo sowohl Sissie als auch ihre Mutter wunderbare Gaumenfreuden vollführten und Herr Prohack alles trank, was ihm gut tat, befahl Sissie ihrem Vater, mit ihr zu tanzen. Er verweigerte. Sie ging mit Ozzie los, während ihre Eltern wie ihre Vorfahren Seite an Seite auf goldenen Stühlen saßen. Sissie wiederholte ihren Befehl, und Mr. Prohack wollte gerade ungehorsam sein, als Eliza Fiddle in der Versammlung auftauchte.

Das übernatürliche Wesen hatte bis 3 Uhr morgens geprobt, von 9 Uhr morgens bis 17 Uhr hatte sie Kleidung anprobiert. Sie hatte fast dreieinhalb Stunden lang die Hauptlast von *Smack Your Face auf ihren einzigartigen Schultern getragen.* Sie hatte sich in ein unvergessliches schwarzes Ballkleid verwandelt, das so geschnitten war, dass es deutlich zeigte, dass ihre Schultern keinen Schaden erlitten hatten; und hier war sie so frisch wie Aphrodite aus dem Schaum. Sie machte sich sofort daran, das Hauptgewicht des Balls auf denselben wehrlosen Schultern zu tragen; denn sie war, zumindest theoretisch, die Hauptorganisatorin der Veranstaltung, und der gesamten Presse zufolge war es „ihr" Ball. Sobald Herr Prohack sie sah, hatte er die lächerlichste Angst, sie könnte ihn zum Tanzen aussuchen, und um sich zu schützen, sagte er zu seiner Tochter: „Alles klar."

Ein Foxtrott kündigte sich an. In seinem eigenen Salon, bei verschlossener Tür, konnte Mr. Prohack einen Foxtrott als ein Kinderspiel behandeln, und das tat er auch. Aber jetzt wurde ihm klar, dass er jede Bewegung des höllischen Dings völlig vergessen hatte. Qual, als er aufstand und die Hand seiner Tochter nahm! Eine schreckliche Überzeugung, dass jeder (wer irgendjemand war) Zeuge des Terrors der Abteilungen wurde, die zum ersten Mal versuchten, in der Öffentlichkeit Jazz zu spielen. Eine kranke, sinkende Angst, dass einige seiner alten Kollegen aus dem Finanzministerium in der Ecke lauern könnten, um ihn zu überfallen! Qual, als er sich sammelte und seinen Körper leicht wiegte, um den Rhythmus der Melodie zu erfassen! Wo um Himmels Willen war der erste Schlag in der Bar?

„Gehen Sie zuerst", sagte Sissie professionell. Er war in Bewegung.

"Jetzt!" sagte Sissi. „ *Eins* , zwei. *Eins* , zwei." Wie durch ein Wunder tanzte er! Es war, als würde der ganze Raum rufen: „Sie sind weg!" Sissie steuerte ihn.

„Schau nicht auf deine Füße!" sagte sie scharf, und wie ein Schuljunge hob er gehorsam das Kinn ... Dann lenkte er sie. Obwohl ihre Füße das Gegenteil von riesig waren, konnte er sich irgendwie nicht von ihnen fernhalten; Aber dieses Mädchen war aus robustem Holz und zuckte nie zusammen. Es ging ihm besser. Der Stolz machte ihn wütend. Dennoch wollte er, dass die Musik aufhörte. Die Musik hörte auf.

„Danke", hauchte er.

"Ach nein!" sagte sie. "Das ist nicht alles." Die Tänzer klatschten und das Orchester spielte weiter. Er fing wieder an. Um ihn herum strömten Paare, und manchmal ging er ihnen aus dem Weg, manchmal nicht. Dann sah er nicht weit entfernt einen Kopf hin und her wackeln, als wäre er ein Korken und er ein anderer auf einer unruhigen See. Es ähnelte Evas Kopf. Es war Evas Kopf. Sie tanzte mit Oswald Morfey. Er hätte nie gedacht, dass Eva diese neuen Tänze tanzen könnte.

„Lass uns aufhören", sagte er.

„Ganz sicher nicht", verbot Sissie. „Wir müssen es zu Ende bringen." Er beendete es, ziemlich atemlos und schwindelig. Er hatte es überlebt.

„Du bist absolut wundervoll, Arthur", sagte Eve, als sie sich trafen.

„Oh nein! Ich bin nicht gut."

„Zuerst war ich furchtbar nervös wegen dir", sagte Sissie.

Er sagte kurz:

„Das hättest du nicht tun müssen. Das war ich auch nicht."

Etwas später sagte Eva zu ihm:

„Wirst du *mich nicht* zum Tanzen auffordern, Arthur?"

Mit Eva zu tanzen war nicht ganz wie mit Sissie zu tanzen, aber sie überstanden tödliche Gefahren sicher. Und Herr Prohack schwitzte sehr gesund.

„Du tanzt wirklich wunderschön, Liebes", sagte Eve und lächelte wohlwollend.

Danach befreite er sich und streifte umher. Er wollte Eliza Fiddle zum Tanzen auffordern, aber er wollte sie auch nicht zum Tanzen auffordern. Allerdings hatte er für sie offenbar aufgehört zu existieren. Ozzie hatte ihm mehrere strahlende junge Geschöpfe vorgestellt. Er wollte sie zum Tanzen auffordern; aber er wagte es nicht. Und er war wütend auf sich selbst. Mit seiner Tochter und seiner Frau zu tanzen war auf seine Weise gut genug, aber es war nicht die wahre Sache. Es war ohne Salz. Ein oder zwei der Strahlen blickten ihn mit einladenden Augen an, aber nein, er wagte es nicht, sich dem zu stellen. Er wurde immer düsterer. Er dachte wütend: „Das ist alles nichts für mich. Ich bin ein Idiot mittleren Alters und habe es die ganze Zeit gewusst." Das Leben verlor seinen Reiz und wurde abstoßend. Die Müdigkeit bestrafte ihn und reduzierte gleichzeitig zweihundertfünfzigtausend Pfund auf den Wert von etwa vier Pence. Es war Eva, die ihn entführte.

„Zuhause", rief er Carthew zu, nachdem Eve und Sissie sich von Ozzie verabschiedet und sich ins Auto gesetzt hatten.

„Entschuldigung", sagte Sissi. „Du musst mich zuerst im Grand Babylon ausliefern."

Er hatte es vergessen! Dieser Umweg war die schlimmste Folter der Nacht. Er konnte es nicht länger ertragen, nicht im Bett zu liegen. Und als er nach endlosen nächtlichen Kilometern endlich nach Hause und ins Bett kam, seufzte er, als würde er von der Stange genommen. Ah! Der köstliche Kontakt mit dem Kissen!

VI

Aber es gibt gewisse Menschen, die zwar logisch genug denken, aber einen unlogischen Körper haben. Herr Prohack war einer von ihnen. Sein lächerlicher physischer Organismus (wie er Dr. Veiga einmal gesagt hatte) war am wenigsten in der Lage, einzuschlafen, wenn er am erschöpftsten war. Hätte sich Herr Prohacks Körper vier Stunden früher als tatsächlich ins Bett zurückgezogen, wäre Herr Prohack sofort und problemlos eingeschlafen. Nun konnte er trotz köstlichem Kontakt mit dem Kissen nicht „absteigen". Und sein Geist wurde, beeinflusst von seinem Körper, unruhig, dann aufgeregt und dann erschreckend realistisch. Sein Verstand begann, grundlegende Fragen zu stellen, Fragen, die zwar nicht gerade originell, aber dennoch sehr unbeholfen waren.

„Sie hatten Ihren ersten müßigen Tag, Mr. Prohack", sagte sein Geist herausfordernd, anstatt sich zum Schlafen zu bereiten. „Es war nach wissenschaftlichen Gesichtspunkten organisiert. Es wurde mit Gewissenhaftigkeit durchgeführt. Und schauen Sie sich an! Und schauen Sie mich an! Sie hatten ein paar schöne Momente, wie zum Beispiel im Türkischen Bad, aber wollen Sie eine Reihe solcher Momente? Könnten Sie eine Reihe solcher Tage überleben? Würden Sie jeden Tag zu viel essen und zu viel trinken und sich zu sehr langweilen? Habe zu viele ablehnende Menschen getroffen und zu viel Geld verschwendet und deiner Familie ein durch und durch schlechtes Beispiel gegeben. Deine Gesundheit ist gut. Macht dich das zufriedener? Das ist nicht der Fall. Sie haben Ihre Existenz verkompliziert, in der Hoffnung, sie zu verbessern. Aber Sie werden nicht Ihre ganze Entschlossenheit brauchen Weitere Komplikationen, die sich in Ihr Leben einfügten, waren Ihr Unglück. Hunderttausend Pfund zu erben. Aber die absichtliche Erhöhung der Summe auf eine Viertelmillion war Ihre Schuld. Im Finanzministerium waren Sie glücklicher. Sie sind krankheitsbedingt aus dem Finanzministerium ausgeschieden. Du bist nicht mehr krank. Werden Sie zum Finanzministerium zurückkehren? Nein. Sie werden niemals zurückkehren, denn Ihr gesunder Menschenverstand sagt Ihnen, dass es grotesk wäre, mit einem Jahreseinkommen von zwanzigtausend ins Finanzministerium zurückzukehren. Und anstatt grotesk zu sein, würdest du leiden. Wieder einmal zu Recht. Nichts ist schlimmer, als grotesk zu sein.

„Außerdem", sagte sein Verstand, „haben Sie für Ihren Sohn eine finstere, abenteuerliche Karriere begonnen, die im Unglück enden könnte. Sie haben der latenten Frivolität Ihrer Tochter gedient. Sie haben Ihrer Frau Versuchungen in den Weg gelegt, denen sie nicht widerstehen kann." Sie haben sich zu einem Verschwender entwickelt, der über Ihr Geld verfügt. Aber Ihre Damen haben das Recht, darüber zu verfügen. Nicht in der Wohltätigkeit, weil Sie von der großen sozialen Schädlichkeit der Nächstenliebe überzeugt sind, und nicht darin, einer großen sozialen Bewegung zu helfen, weil Sie nicht dumm genug sind, nicht zu wissen, dass die Verschwendung von Reichtum niemals wirklich das Gute fördert, sondern es aufs Schärfste behindert Und Sie können Ihr Einkommen nicht sparen und es anhäufen lassen, denn wenn Sie es täten, würden Sie erneut ins Groteske abstürzen und darüber hinaus Ihren Nachfolgern ein Erbe des Bösen hinterlassen, das kein Mensch rechtfertigen kann im Verlassen an seine Nachfolger. NEIN! Ihr Fall ist in der Praxis unheilbar. Wie der Mörder auf dem Schafott sind Sie das Opfer der Umstände. Und nicht einer von einer Million Menschen wird Mitleid mit Ihnen haben. Du bist eine lebendige Tragödie, die nur der Tod beenden kann.

Während dieser beunruhigenden Sitzung war Eve auf mysteriöse Weise im Boudoir beschäftigt gewesen. Sie kam nun in das dunkle Schlafzimmer.

"Was?" murmelte sie leise, als sie Mr. Prohacks Unruhe hörte. „Schläfst du nicht, Liebling?" Sie beugte sich über ihn und küsste ihn und ihr Kuss war noch sanfter, einschläfernder als ihre Stimme. „Jetzt geh doch schlafen."

Und Mr. Prohack schlief ein, und sein letzter wacher Gedanke war, mit dem Gefühl des Kusses auf seiner Nase (die arme Frau hatte schlecht im Dunkeln gezielt): „Jedenfalls hat diese Tragödie eine Entschädigung, und zwar hundertviertel davon." Eine Million kann mich nicht berauben.

KAPITEL XV
DER SCHWERE VATER

ICH

Nur wenige Augenblicke nach seinem letzten Aufwachen am nächsten Morgen sah Mr. Prohack, wie sich Eve über ihn beugte, ein Bild der Besorgnis. Sie war für ein Outdoor-Geschäft gekleidet.

"Wie fühlen Sie sich?" fragte sie in einem zärtlichen Tonfall, der verlangte, das Schlimmste sofort zu wissen.

"Warum?" fragte Herr Prohack mit einem Wort und einem passenden Lächeln und kritisierte ihren Ton.

„Du hast letzte Nacht so furchtbar müde ausgesehen. Du hast mir wirklich leidgetan, Liebling. Meinst du nicht, dass du heute besser im Bett bleiben solltest?"

„Können Sie so etwas ernsthaft vorschlagen?" er weinte. „Was ist mit meinem täglichen Programm, wenn ich im Bett bleibe? Ich habe mir vorgenommen, untätig zu sein, und niemand kann wissenschaftlich untätig im Bett sein. Ich bin schon spät dran. Wo ist mein Frühstück? Wo sind meine Zeitungen? Ich muss den Tag ohne beginnen Verlust eines weiteren Augenblicks. Bitte gib mir meinen Schlafrock.

„Ich frage mich sehr, wie Ihr Blutdruck ist", beschwerte sich Eve.

„Und es geht Ihnen wohl vollkommen gut?"

„Oh ja, das bin ich. Ich bin absolut geheilt. Dr. Veiga ist wirklich wunderbar. Aber ich habe Ihnen immer gesagt, dass er es ist."

„Nun", sagte Herr Prohack. „Was Soße für die Gans ist, muss Soße für den Betrachter sein. Wenn es dir vollkommen gut geht, bin ich es auch. Du kannst in dieser Ehe nicht das Monopol auf gute Gesundheit haben. Was ist das für eine Broschüre, die du in der Hand hast? mein Täubchen?"

„Oh! Es ist nichts. Es geht nur um die Liga aller Künste. Mr. Morfey hat sie mir gegeben."

„Ich nehme an, es war die Broschüre, die du gestern Abend im Boudoir gelesen hast, anstatt ins Bett zu gehen. Eve, du verheimlichst mir etwas. Wo willst du so eilig hin?"

„Ich verstecke nichts, du dummer Junge ... Ich dachte, ich laufe einfach mal vorbei und schaue mir das Haus an. Weißt du, wenn es überhaupt nicht zu uns passt, zu mir Wenn Sie zuerst gehen, ersparen Sie sich die Mühe, dorthin zu gehen.

„ *Welches Haus?* " rief Herr Prohack mit furchtbarer Nachdruck.

„Aber Charlie hat mir erzählt, dass er dir alles darüber erzählt hat", protestierte Eve unschuldig.

„Charlie hat dir nichts dergleichen gesagt", widersprach ihr Mr. Prohack. „Wenn er Ihnen überhaupt etwas erzählt hat, dann hat er Ihnen lediglich gesagt, dass er mir gegenüber auf die beiläufigste Art und Weise ein Haus erwähnt hat."

Eve fuhr milde fort:

„Es steht am Manchester Square, sehr praktisch für die Wallace Gallery, und Sie wissen ja, wie gern Sie Bilder haben. Es steht zum Verkauf, mit Möbeln und allem; aber es kann für ein Jahr gemietet werden, um zu sehen, wie es zu uns passt. Natürlich kann es das." Ich verstehe, dass es einige schöne Räume gibt, die für große Empfänge genau das Richtige wären.

„ *Große Empfänge* ! Ich werde damit nichts zu tun haben. Jetzt haben wir unsere Kinder verloren, selbst dieses Haus ist zu groß für uns. Und ich weiß, was die Häuser am Manchester Square sind. Du hast dein ganzes Leben lang gesagt, dass du Empfänge hasst." ."

„Das tue ich. Sie machen so viel Ärger. Aber man weiß nie, was passieren kann...! Und mit vielen Dienern...!"

„Du verstehst mich. Ich werde damit nichts zu tun haben. Nichts!"

„Liebling, bitte, bitte reg dich nicht auf. Die Entscheidung liegt ganz bei dir. Du weißt, ich sollte nicht im Traum daran denken, dich zu beeinflussen. Als ob ich könnte! Allerdings habe ich versprochen, Charlie heute Morgen dort zu treffen. Also Ich schätze, ich sollte besser losfahren. Sie tippte mit dem Fuß. „Und doch habe ich ihm ausdrücklich gesagt, er solle pünktlich hier sein."

„Nun, wenn man bedenkt, wie viel Stunde er uns nach Hause gebracht hat, hatte er kaum Zeit, ins Bett zu gehen. Er hätte den Morgen frei haben sollen."

„Warum? Ein Chauffeur ist schließlich ein Chauffeur. Sie wissen, was sie zu tun haben. Außerdem würde Carthew alles für mich tun."

„Ja, das bist du. Du verhexst ihn absichtlich, und dann beutest du ihn schamlos aus. Ich werde meine Notizen mit Carthew vergleichen. Ich kann ihm ein oder zwei nützliche Tipps über dich geben."

„Oh! Hier ist er!" sagte Eve, die aus dem Fenster zugeschaut hatte. „Au revoir, mein Liebling. Hier ist Machin mit deinem Frühstück und deinen

Zeitungen. Ich gehe davon aus, dass ich zurück bin, bevor du wach bist. Aber verlass dich nicht auf mich."

Als er sich, nachdem sie und Machin gegangen waren, zum Essen in die Kissen erhob, erinnerte sich Mr. Prohack daran, was ihm einige Stunden zuvor über den Kampf gegen weitere Komplikationen seiner Existenz gesagt hatte, und er biss die Zähne zusammen und beschloss, es zu tun Kämpfe hart.

Kaum hatte er mit dem Frühstück begonnen, als Eve aufgeregt zurückkam.

„Unten im Esszimmer wartet eine junge Frau auf dich. Anscheinend wollte sie Machin ihren Namen nicht nennen, aber sie sagt, sie sei deine neue Sekretärin. Anscheinend hat sie auf dem Weg aus der Garage mein Auto erkannt und angehalten und stieg hinein; und dann fand sie heraus, dass sie etwas vergessen hatte und das Auto musste mit ihr zurück zu ihrem Wohnort, wo auch immer das sein mag, und deshalb kam Carthew zu spät zu *mir*. Eva sprach diese Sätze mit einer ungeheuren Gewöhnlichkeit, als ob sie ganz alltägliche Ereignisse und Unruhen erzählten und als ob keine Frau in ihnen Anlass zu Verwunderung oder Vorwurf sehen könnte. Dies war eine ihrer Methoden, um Wirkung zu erzielen.

Herr Prohack sammelte sich. Während des Nachmittags und Abends zuvor hatte er mehrere Male etwas unbehaglich über die häuslichen Schwierigkeiten nachgedacht, die mit diesem impulsiven Engagement von Miss Winstock als Privatsekretärin einhergehen könnten, aber seit dem Aufwachen war ihm die Angelegenheit nicht mehr in den Sinn gekommen. Er hatte es tatsächlich völlig vergessen.

„Wer hat dir das alles erzählt?" fragte er vorsichtig.

„Nun, sie hat es Machin erzählt und Machin hat es mir erzählt."

„Lassen Sie mich jetzt sehen", sagte Herr Prohack. „Ja. Das stimmt. Nachdem ich gestern Morgen eine Zahnspange bestellt hatte, bestellte ich auch eine Sekretärin. Sie wurde mir empfohlen."

„Du hast gestern nichts dazu gesagt."

„Meine Taube, hatte ich die Gelegenheit dazu? Hatten wir einen einzigen Moment zusammen? Und Sie wissen doch, wie es mir ging, als wir zu Hause ankamen, nicht wahr? ... Sehen Sie, ich hatte immer eine Sekretärin im Finanzministerium, und ich fühle mich irgendwie verloren ohne einen.

„Aber, Liebling, *natürlich*! Ich glaube immer daran, dich genau tun zu lassen, was du willst. Und dann an der Tür: „Wenn sie nichts zu tun hat, kann sie sich immer um die Blumen kümmern. Wenn ich zurückkomme, stellst du uns vielleicht vor."

Sobald er das Knallen der Haustür gehört hatte, klingelte Herr Prohack.

„Machin, ich habe gehört, dass meine Sekretärin im Esszimmer wartet."

"Jawohl."

„Bitten Sie sie, ihre Sachen auszuziehen und bringen Sie sie dann hierher."

„Hier oben, Sir?"

"Das ist richtig."

Mit sieben Bewegungen von unvorstellbarer, heimlicher Schnelligkeit beseitigte Machin die schlimmsten Unordnungen im Raum und ging. Herr Prohack setzte sein Frühstück fort.

Miss Winstock erschien mit einer kleinen tragbaren Schreibmaschine im Arm und einem daran befestigten Notizbuch. Sie trug einen schicken schwarzen Rock und eine elegante weiße Bluse mit hohem Kragen. In ihrer makellosen, frischen Kleidung ähnelte sie ein wenig einer Bühnensekretärin an einem Premierenabend; Man hätte sie für die brillante Nachahmung einer echten Sekretärin halten können.

II

„Guten Morgen. Sie sind also gekommen", begrüßte Herr Prohack sie fest.

„Guten Morgen. Ja, Herr Prohack."

„Nun, stellen Sie das Ding irgendwo auf einen Stuhl."

Auch Machin hatte den Raum betreten. Sie reichte Herrn Prohack ein Papier.

„Die Herrin hat mich gebeten, Ihnen das zu geben, Sir."

Es war eine lange, maschinengeschriebene Beschreibung eines Hauses am Manchester Square.

„Gib mir bitte die Streichhölzer", sagte Mr. Prohack zu Mimi, als sie allein waren. „Übrigens, warum hast du bei deiner Ankunft nicht deinen Namen genannt?"

„Weil ich nicht wusste, was es war."

„Wussten Sie nicht, was es war?"

„Als ich Ihnen gestern meinen Vornamen sagte, sagten Sie, das würde überhaupt nicht gehen, und ich sollte ihn nie wieder erwähnen. Da es keine eindeutigen Anweisungen zu meinem Nachnamen gab, hielt ich es für besser, eine vorsichtige Politik des Abwartens zu verfolgen. Ich Ich habe dem Chauffeur gesagt, dass er meinen Namen zu gegebener Zeit erfahren wird und dass er ihn nicht erfahren darf, bis ich ihm sage, was ich bin. Ich war mir nicht sicher, ob Sie möchten, dass die Mitglieder Ihres Haushalts wissen, dass ich der bin Frau Prohack und ich waren nach dem Unfall beide zusammengebrochen, und ich wurde entfernt, bevor sie mich sehen konnte. Aber andererseits hat sie mich nicht erkannt hat meinen Namen seit dem Unfall zweifellos oft genug gehört und würde *das wiedererkennen* .

Herr Prohack zündete sich die erste Zigarette des Tages an.

„Warum hast du diese Schreibmaschine mitgebracht?" fragte er ernst.

„Es gehört mir. Ich dachte, wenn du nicht zufällig eine hier hättest, könnte sie nützlich sein. Es war die Schreibmaschine, für die das Auto zurück musste. Ich hatte sie vergessen. Ich kann sie wieder mitnehmen. Aber wenn Wenn Sie möchten, können Sie es entweder kaufen oder bei mir leihen.

Das Mädchen hätte es anhand seines Gesichtsausdrucks nicht erraten können, aber Mr. Prohack war wie vom Blitz getroffen. Sie brachte Überlegungen vor, die ihm definitiv nicht in den Sinn gekommen waren. Dass sie viel Initiative hatte, zeigte sich an ihrem Verhalten vom Vortag. Sie offenbarte nun eine verblüffende Fähigkeit zur Intrige. Herr Prohack ließ sich jedoch nicht einschüchtern. Die Erfahrung eines Beamtenlebens hatte ihn den Wert der Schweigsamkeit gelehrt, und darüber hinaus überkam ihn ein angenehmes Gefühl der Befriedigung, als ihm klar wurde, dass er wieder einmal eine Sekretärin unter seiner Fuchtel hatte. Es schien ihm, als würde er mit Freude wieder die Gewohnheiten annehmen, die sein schlechter Gesundheitszustand so rücksichtslos gebrochen hatte.

„Mary Warburton", sagte er schließlich.

„Sicherlich", sagte sie. „Ich werde es Ihrem Chauffeur sagen."

„Die Initialen werden übereinstimmen – für den Fall –"

„Ja", sagte sie. „Das war mir aufgefallen."

„Wir schauen, was Ihre Schreibmaschine kann, und dann entscheide ich darüber."

"Sicherlich."

„Bitte notieren Sie sich ein paar Briefe."

„Mr. Carrel Quire hat mir immer gesagt, was er sagen wollte, und ich habe die Briefe selbst geschrieben."

„Das ist sehr interessant", sagte Herr Prohack. „Vielleicht schaffst du es, an der Frisierkommode zu sitzen. Pass auf die Halskette dort auf. Sie soll ziemlich wertvoll sein. Leg sie in das Etui und lege das Etui in die mittlere Schublade."

„Bewahren Sie es nicht in einem Safe auf?" sagte Miss Warburton und gehorchte.

„Alle Fragen zu Halsketten sollten direkt an Frau Prohack gerichtet werden."

„Ich bevorzuge es, mich auf mein Knie niederzulassen", sagte Miss Warburton und öffnete ihr Notizbuch, „wenn ich herunterkommen soll."

„Das sind Sie. Jetzt. ‚Sehr geehrte Frau. Ich werde von meinen Lords of the Treasury gebeten, Ihnen den beiliegenden Scheck über einhundert Pfund für Ihre Geheimgeldbörse zu übermitteln.' Neue Zeile: „Ich muss außerdem erklären, dass keine Ausgabenabrechnung erforderlich ist." Neue Zeile. „Seien Sie so freundlich, Ihre gehorsame Dienerin zu bestätigen." Verstanden? „Sehr geehrter Herr. Was die von Ihrem Unternehmen gegen Miss Mimi Winstock eingeleitete Klage angeht, habe ich festgestellt, dass sich die Beklagte offensichtlich äußerst dumm verhalten hat. " Auf strafrechtliche Weise habe ich jedoch beschlossen, die Angelegenheit privat zu regeln. Bitte akzeptieren Sie diesen Brief als Befreiung von allen Ihren Verbindlichkeiten mir gegenüber und auch als meine persönliche Verpflichtung, alle Kosten dafür zu tragen Mit freundlichen Grüßen, World's Car Insurance Corporation. Wischen Sie sich die Augen, Miss Warburton. Sie machen das Notizbuch nass.

„Ich habe nur geweint, weil du so nett bist. Ich weiß, dass ich mich kriminell verhalten *habe* . "

„Genau so, Miss Warburton. Aber es wird für mich und auch für Sie bequemer sein, wenn Sie es schaffen, in Ihrer eigenen Zeit zu weinen und nicht in meiner." Und er fuhr fort, sie in Gedanken anzusprechen: „Glauben Sie nicht, dass mir Ihre aufstrebende Nase und Ihre rücksichtslosen kleinen Lippen und Ihre Gabe zur Verschwörung und Ihre wunderbare Schwäche für Tränen nicht aufgefallen sind! Und verwechseln Sie mich nicht mit Mr . Carrel Quire, weil wir zwei ganz unterschiedliche Menschen sind! Und in einem entfernteren Teil seines Geistes fuhr er noch weiter fort: „Du bist ein ziemlich anständiges Kind, nur wurdest du verwöhnt. Ich werde dich befreien. Du hast deine erste Medizin ziemlich gut eingenommen. Ich." wie du, sonst werde ich dich mögen, bevor ich mit dir fertig bin.

Miss Warburton wischte sich die Augen.

„Sie verstehen", fuhr Herr Prohack laut fort, „dass Sie als mein vertraulicher Sekretär eingestellt sind. Und wenn ich ‚vertraulich' sage, meine ich ‚vertraulich' im wahrsten Sinne des Wortes."

„Oh, durchaus", stimmte Miss Warburton fast leidenschaftlich zu.

„Und Sie sind niemand anderes als meine Sekretärin. Sie können so tun, als wären Sie die Sekretärin aller anderen, Sie können so viel tun, wie Sie wollen

– es kann sogar ratsam sein, dies zu tun –, aber die Tatsache muss immer bestehen bleiben, dass Sie allein mir gehören . Sie müssen meine Interessen schützen, und ich möchte Sie warnen, dass meine Interessen manchmal sehr seltsam, um nicht zu sagen, eigenartig sind. Denken Sie daran, dass es in meinem Dienst nicht nur eines gibt: über meine zu wachen Interessen, um sie vor allen anderen auf der ganzen Welt zu schützen. Als Gegenleistung für einen existenzsichernden Lohn gibst du mir die absolutste Loyalität, eine Loyalität, die an nichts, nichts, nichts festhält.

„Oh, Herr Prohack!" antwortete Mary Warburton und lächelte einfach. „Das brauchen Sie mir nicht alles zu sagen. Ich verstehe das vollkommen. Das ist doch das Übliche bei vertraulichen Sekretärinnen, nicht wahr?"

„Und jetzt", fuhr Mr. Prohack fort und ignorierte sie. „Da dies völlig klar ist, gehen Sie in das Boudoir – das ist der Raum da hinten – und bringen Sie mir alle herumliegenden Pakete hierher. Unsere nächste Aufgabe besteht darin, die Genauigkeit mehrerer der führenden Handwerker im West End zu überprüfen."

„Ich glaube, heute Morgen wurden noch ein oder zwei Pakete im Flur zugestellt", sagte Miss Warburton. „Vielleicht sollte ich sie besser holen."

„Vielleicht hattest du."

In wenigen Minuten hatte Miss Warburton durch das Öffnen von Paketen das Schlafzimmer in eine Mischung aus den wichtigsten Herrengeschäften in Piccadilly und Bond Street verwandelt. Herr Prohack schreckte vor der chromatischen Show und auch vor der Aussicht auf Eves Ansichten zur Show zurück.

„Nehmen Sie alles mit ins Boudoir", sagte er, „und ordnen Sie es unter dem Sofa an. Es ist wichtig, dass wir in dieser Krise nicht den Kopf verlieren. Wenn Sie zum Mittagessen ausgehen, kaufen Sie Zeitungspapier und machen es heute Nachmittag eine Liste der Waren, unterteilt nach den Teilen des menschlichen Körpers, die sie verbergen oder schmücken sollen. Worüber lachen Sie, Miss Warburton?"

„Sie sind so amüsant, Herr Prohack."

„Ich bin vielleicht amüsant, aber ich bin nicht empfänglich für die Schmeichelei des Kicherns. Versuchen Sie, ernste Themen nicht auf die leichte Schulter zu nehmen."

„Ich sehe keine Stiefel."

„Ich auch nicht. Sie werden mit dem Schuhmacher und meinem Schneider telefonieren; auch mit Sir Paul Spinner und den Herren Smathe und Smathe. Aber vorher werde ich nur noch ein paar Briefe diktieren."

"Sicherlich."

Als er mit dem Diktieren fertig war, sagte Herr Prohack:

„Ich werde jetzt aufstehen. Gehen Sie nach unten und bitten Sie Machin –
das ist das Stubenmädchen –, Ihnen den Frühstücksraum zu zeigen. Der
Frühstücksraum liegt hinter dem Esszimmer und wird so genannt, weil er nie
zum Frühstück genutzt wird. Es existiert in allen echten Londoner Häusern
und ist in allen völlig nutzlos, außer in denen, die von Zahnärzten bewohnt
werden, die es für ihre wohltätige Arbeit nutzen, indem sie den Körpern ihrer
Patienten Dinge abnehmen oder ihnen Dinge hinzufügen. Der
Frühstücksraum in diesem Haus wird das Zimmer der Sekretärin sein – Ihr
Zimmer, wenn Sie mir weiterhin Freude bereiten, entfernen Sie die
Schreibmaschine von hier und richten Sie Ihr Zimmer nach Ihren Wünschen
ein ... Und ich sage, Miss Warburton.

„Ja, Herr Prohack", antwortete die Sekretärin eifrig und blieb an der Tür
stehen.

„Gestern habe ich Ihnen einen kurzen Überblick über Ihre Aufgaben
gegeben. Aber ich habe einen äußerst wichtigen Punkt ausgelassen – fast so
wichtig, wie sich nicht in meinen Sohn zu verlieben. Sie müssen mit Machin
ein gutes Verhältnis halten. Machin ist unverzichtbar und unersetzlich. I
konnte vierzig absolut treue Sekretärinnen bekommen, während meine Frau
erfolglos nach einer anderen Maschine suchte.

„Ich habe ein untrügliches Gespür für den Umgang mit Stubenmädchen",
sagte Miss Warburton.

"Was ist das?"

„Ich höre mir ihre Beschwerden und ihre Liebesaffären an."

Obwohl Herr Prohack erschöpft war, fühlte er sich außerordentlich wohl,
und er vermutete, dass dieses Glück auf die Tanzübungen am Abend zuvor
zurückzuführen war, die auf das türkische Bad folgten. Es ging ihm seit vielen
Jahren nicht mehr so gut. Er lachte ab und zu vor sich hin, während er seine
Toilette machte, und wusste nicht genau warum. Seine Sekretärin war für ihn
wie ein neues Spielzeug, das viele Vorteile des offiziellen Alltags und der
Routine ohne dessen Nachteile bot. Um halb elf betrat er den
Frühstücksraum, trug ein oder zwei seiner diskreteren neuen Besitztümer
und hatte das Gefühl, bereits einen guten Arbeitstag hinter sich gebracht zu
haben, wo er Miss Warburton und Machin im Gespräch traf. Machin schürte
fieberhaft das frisch angezündete Feuer und verließ dann den Raum, indem
er vorgab, dringende Geschäfte anderswo zu erledigen.

„Hier sind einige Einzelheiten eines Hauses am Manchester Square", sagte
Herr Prohack. „Bitte lesen Sie sie."

Miss Warburton kam dieser Bitte nach.

„Es scheint wirklich sehr schön zu sein", sagte sie. "Tatsächlich sehr nett."

„Wirklich? Jetzt hören Sie mir zu. Dieses Haus ist anscheinend das praktischste und schönste Haus in London. Der Beschreibung nach zu urteilen, verdient es, in einem Museum unter eine Glasvitrine gestellt und als „das ideale Haus" bezeichnet zu werden. An diesem Haus gibt es nichts zu bemängeln, und ich sollte es wahrscheinlich sofort nehmen, aber ich möchte es nicht ."

„Dann haben Sie es inspiziert."

„Das habe ich nicht. Aber ich will es nicht. Jetzt werden in Kürze entschlossene Anstrengungen unternommen, um mich dazu zu bewegen, dieses Haus zu übernehmen. Ich werde nicht auf Details oder Persönlichkeiten eingehen. Ich sage nur, dass in Kürze entschlossene Anstrengungen unternommen werden, um mich zu bewegen." Zwinge mich, gegen meinen Willen und meine Wünsche zu handeln. Kurz gesagt, die Gegenwart ist ein Moment, in dem ich möglicherweise die skrupellosen Dienste einer absolut ergebenen vertraulichen Sekretärin brauche.

"Was soll ich tun?"

„Ich habe nicht die geringste Ahnung. Ich weiß nur, dass meine Existenz auf keinen Fall kompliziert sein darf und dass der Besitz dieses Hauses sie ernsthaft verkomplizieren würde."

„Überlassen Sie die Angelegenheit mir, Herr Prohack?"

„Was sollst du tun?"

„Wäre es nicht besser für dich, nicht zu wissen, was ich tun soll?" Miss Warburton warf ihm einen seltsamen Blick zu. Ihr Blick war angenehm und doch beunruhigend. Die Attraktivität der jungen Frau schien hervorgehoben zu sein. Die Institution des vertraulichen Sekretärs wurde in den Augen von Herrn Prohack zu einer der größten Errungenschaften der menschlichen Gesellschaft aufgebauscht.

„Überhaupt nicht", antwortete er. „Sie unterschätzen meine Fähigkeiten, denn ich kann gleichzeitig wissen und nicht wissen."

„Nun", sagte Miss Warburton. „Man kann natürlich kein altes Haus übernehmen, ohne die Abflüsse untersuchen zu lassen. Angenommen, der Bericht über die Abflüsse wäre ungünstig?"

„Haben Sie vor, die Abflüsse zu manipulieren?"

„Auf jeden Fall nicht. Ich sollte nicht im Traum daran denken, so etwas Schändliches zu tun. Aber ich könnte den Gutachter manipulieren, der den Bericht über die Abflüsse erstellt hat."

„Sag nichts mehr", beschwor Mr. Prohack sie. "Ich gehe aus."

Und er ging hinaus, obwohl er Miss Warburton noch lange nicht in die Kunst eingewiesen hatte, seine Sekretärin zu sein. Sie wusste nicht einmal, wo sie die wichtigsten Werkzeuge für ihren Beruf finden konnte, noch wusste sie die Namen der Handwerker, mit denen sie telefonieren musste. Er hätte drinnen bleiben sollen, und sei es nur, um seiner Frau seine Sekretärin vorzustellen. Aber er ging hinaus – um unter vier Augen über ihre Initiative, ihren Einfallsreichtum und ihre große Begabung für Verschwörungen nachzudenken. Er musste von ihr wegkommen. Der Gedanke an sie löste in ihm Ängste aus. Konnte er sie überhaupt schaffen? Was für ein Verlust wäre sie für Mr. Carrel Quire! Dennoch war sie in der Lage, dumm zu sein. Es war ihre Dummheit, die sie von Mr. Carrel Quire zu sich selbst gebracht hatte.

III

Mr. Prohack ging hinaus, weil er von der Kraft einer Anziehungskraft angezogen wurde, die er selbst sich selbst kaum eingestehen würde – einer geheimnisvollen und schrecklichen Anziehungskraft, die, wenn er wie der Rest von uns ein logischer Mensch gewesen wäre, es auch sein sollte waren für ihn eine Abstoßung.

Und als er im angenehm nebligen Sonnenschein der Straßen des West End durchs Land spazierte, ein plutokratischer Müßiggänger, der nichts anderes zu tun hatte, als seltsamen Impulsen nachzugeben, sah er in einem Autobus das Plakat einer Finanztageszeitung mit der Zeile: „The Der jüngste Öl-Coup." Er wollte das Papier sofort kaufen. Als Londoner vertrat er die Meinung, wann immer er etwas wollte, sollte er es an der nächsten Ecke kaufen können. Doch jetzt schaute er in alle Richtungen, konnte aber nirgends Anzeichen eines Zeitungsladens entdecken. Es war Morgen – für das West End war es früher Morgen –, und auf den Bürgersteigen standen Zeitungsverkäufer, aber durch eine merkwürdige Anomalie verkauften sie Abendzeitungen und keine Morgenzeitungen. Kühn fragte er einen dieser Säuglinge nach der Finanzzeitung; Das Kind kicherte und tat nichts mehr. Ein anderer verwies ihn zu einem Geschäft in einer Gasse an der Edgware Road. Der Verkäufer bezweifelte die Existenz einer solchen Finanzzeitung, wie Herr Prohack sie angab, und legte offenbar keinen Wert darauf, dass in jedem Autobus, der entlang der Edgware Road fuhr, Werbung für sie gemacht wurde, aber er schlug vor, dass sie, wenn sie existierte, vielleicht doch existierte möglicherweise am Hauptbücherstand am Bahnhof

Paddington erhältlich. Entschlossen, das Papier um jeden Preis zu bekommen, hielt Mr. Prohack ein Taxi an und fuhr nach Paddington, wobei er achtzehn Pence für die Fahrt verschwendete und während er weiterrollte, über die Primitivität einer sogenannten Zivilisation nachdachte, in der man kein Papier kaufen konnte Er schrieb die Morgenzeitung am Morgen, ohne den ganzen Vormittag mit der Transaktion zu verbringen – und dachte auch über die beunruhigende Tatsache nach, dass sein Plan des wissenschaftlichen Nichtstuns nach einem ganzen Tag der Ausübung völlig in die Brüche gegangen war. Er bekam die Zeitung und las darin einen sehr spannenden Bericht über Sir Paul Spinners Geschäft mit Ölvorkommen. Die Höhe von Pauls Gewinn wurde nicht genau angegeben, aber den Lesern wurde klargestellt, dass er enorm war und dass Paul das größte Ölkombinat der Welt erfolgreich ausgeblutet hatte. Obwohl der Artikel diskret und vage formuliert war, war er eine Zeile auf jedem Plakat wert. Es hatte Mr. Prohack den Preis eines kompletten Shakespeare gekostet, aber er nannte es nicht teuer. Er warf das Papier mit einer freien, optimistischen Geste der Freude weg. Ja, er hatte klugerweise auf den alten Paul vertraut, und er war wirklich ein reicher Mann – einer, der auf ein mittelmäßiges Vermögen von etwa hunderttausend Pfund herabblicken konnte. Die Zivilisation war doch nicht so schlimm.

Dann nahm die ursprüngliche Anziehungskraft, die ihn aus dem Haus gelockt hatte, ihre Anziehungskraft wieder auf ... Warum trugen ihn seine unbewussten Füße in Richtung Manchester Square? Es stimmt, die Wallace-Bildersammlung befindet sich im Hertford House am Manchester Square, und Mr. Prohack hatte sich schon immer für Bilder interessiert! Nun, wenn er sich zufällig auf dem Manchester Square befände, könnte er vielleicht einen Blick auf die Außenseite des Hauses werfen, das sein Sohn auf ihm bepflanzen wollte und dessen Frau sich gewünscht hatte, dass er mit ihm bepflanzt würde ... Es war genau dort. Es war in den Nachtstunden nicht weggezaubert worden. Er erkannte die Nummer. Ein riesiges Haus; das größte auf dem Platz nach Hertford House. Über seinem monumentalen Portikus hing ein riesiges Schild, das es wahrheitsgemäß als „dieses edle Herrenhaus“ beschrieb. Da vor der Haustür kein Auto mehr stand, kam Herr Prohack zu dem Schluss, dass der Inspektionsbesuch seiner Frau beendet sei. Zweifellos suchte sie ihn in diesem Moment zu Hause auf, um ihn durch ihre sanften, skrupellosen Künste davon zu überzeugen, das edle Anwesen zu übernehmen.

Die Haustür stand offen. Erstaunliche Nachlässigkeit des Hausmeisters! Mr. Prohacks unbewusste Beine trugen ihn ins Haus. Der Innenraum war unglaublich. Herr Prohack hatte sich schon immer nicht nur für Bilder, sondern auch für Möbel interessiert. Bilder und Möbel hätte man als die Schwäche bezeichnen können, zu der seine Umstände ihn bisher gezwungen hatten, zu stark zu sein, um nachzugeben. Er erkannte ein gutes Bild und ein gutes Möbelstück, wenn er sie sah. Das edle Herrenhaus war voller guter Bilder und guter Möbel. Offensichtlich war es das Zuhause von jemandem gewesen, der sowohl über einen guten Geschmack als auch über die Mittel verfügte, diesen zu befriedigen. Und der Ort war fertig. Nichts war entfernt worden und nichts war vor dem schmutzigen Staub Londons geschützt worden. Die Besatzer könnten es schon ein paar Stunden früher verlassen haben. Die Wirkung der dunklen Fülle in den halbverglasten Räumen überwältigte Herrn Prohack fast. Ohne ihn zu hindern, stieg er die wunderschöne georgianische Treppe hinauf, die mit einer Reihe wundersamer Perserteppiche ausgelegt war, die aneinandergereiht waren. Eine Frau in einer schwarzen Schürze erschien aus dem Keller im Flur, blickte auf Mr. Prohacks wachsende Beine und sagte nichts. Im ersten Stock befand sich der Salon, eine prächtige Wohnung, die exquisit im Louis-Quinze-Stil eingerichtet war. Mr. Prohack erbleichte. Er hatte nichts halb so Wunderbares erwartet. War es möglich, dass er es sich leisten konnte, dieses edle Herrenhaus zu nehmen und darin zu wohnen? Es war mehr als möglich; es war sicher.

Mr. Prohack hatte die Vorahnung eines wilden, vorübergehenden Impulses, es zu nehmen. Der Impuls starb, bevor er geboren wurde. Weitere Komplikationen seiner Existenz sollten nicht zugelassen werden; er würde bis zum letzten Tropfen seines Blutes gegen sie kämpfen. Und die mit dem Aufenthalt in einer solchen Wohnung verbundenen Komplikationen wären enorm. Dennoch dachte er, dass er sich genauso gut das ganze Haus ansehen könnte, und ging nach oben und fragte sich, wie viele Menschen es in London gab, die den Geschmack besaßen, ein solches Haus zu bauen, und das Geld, um es zu unterhalten. Sogar die Treppe vom ersten zum zweiten Stock war wunderschön, mit einem schönen Teppich, schönen Gravuren an den Wänden und einer entzückenden Balustrade. Auf dem Treppenabsatz im zweiten Stock standen zwei Tische voller Kunstgegenstände, von denen Mr. Prohack alles hätte einstecken können, ohne dass es jemand gemerkt hätte; Die Nachlässigkeit, die dazu führte, dass der Ort unbewacht blieb, war schlichtweg ungeheuerlich.

Herr Prohack hörte ein Geräusch; es könnte das Knarren eines Dielenbretts oder die Verschiebung eines Möbelstücks gewesen sein. Erschrocken blickte er durch eine halboffene Tür in einen kleinen Raum. Er konnte einen alten vergoldeten Spiegel über einem Kamin sehen; und im Spiegel die Bilder der oberen Teile eines jungen Mannes und einer jungen Frau. Die junge Frau war zweifellos Sissie Prohack. Nach einem Moment des Zögerns kam er zu dem Schluss, dass es sich bei dem jungen Mann um Oswald Morfey handelte — denn er konnte im Spiegel nur einen Mann im Mantel erkennen. Die Bilder lagen sehr nah beieinander. Sie rührten sich nicht. Dann hörte Herr Prohack ein Flüstern, verstand aber nicht, was es bedeutete. Dann begann das Bild vom Gesicht des Mädchens zu erröten; es wurde immer röter und das Purpur schien nach unten zu fließen, bis auch der entblößte Hals errötete. Ein wunderbares und beunruhigendes Schauspiel. Herr Prohack hatte das Gefühl, dass er selbst errötete. Dann verschmolzen die beiden Bilder, und Kopf und Hut des Mädchens schienen wie von einem starken Wind bewegt zu werden. Und dann verließen beide Bilder das Feld des Spiegels.

Der letzte Gesichtsausdruck des Mädchens, als er verschwand, war eines der erlesensten Dinge, die Mr. Prohack je gesehen hatte. Es trieb ihm Tränen in die Augen. Dennoch war er schockiert.

Seine Gedanken liefen:

„Dieser Kerl hat meine Tochter geküsst, und er hat sie zum ersten Mal geküsst. Es ist ungeheuerlich, dass ein Mädchen und insbesondere meine Tochter zum ersten Mal geküsst werden. Ich wurde nicht konsultiert und hatte nicht das Geringste." Die Idee, dass die Sache so weit gekommen ist, war wahrscheinlich mit Charlie zusammen und hat diese Tauben allein gelassen. Die Affäre hätte wohl kein einziger Vater sein können gestoppt. Das kommt einem Skandal gleich.

Ein eigenartiger Mensch, Herr Prohack! Kein normaler Vater hätte solche Gedanken haben können. Mr. Prohack hätte natürlich in die beiden eindringen und eine Idylle in Stücke reißen können. Doch anstatt dies zu tun, wandte er sich von der Idylle ab und stieg so leise er konnte die Treppe hinunter.

Niemand stellte seinen Ausstieg in Frage. Auf der Straße atmete er erleichtert auf, als wäre er aus einem Haus in großer Gefahr entkommen; aber er fühlte sich nicht sicher, bis er sich in der Menschenmenge der Oxford Street verloren hatte.

„Aus gesellschaftlichen und familiären Gründen", überlegte er, „habe ich diesen Kuss nicht gesehen. Ich kann ihnen oder irgendjemandem unmöglich sagen, dass ich ihre Umarmung beobachtet habe. Um mich zu rechtfertigen, hätte ich gleich einen Gruß rufen sollen." Ich habe sie sofort entdeckt, aber ich habe es nicht getan, um mich in eine falsche Lage zu versetzen.

Er hatte wichtige Geschäfte mit Handwerkern abzuwickeln. Er konnte es nicht tun. Als er das Haus verließ, hatte er sich noch nicht entschieden, ob er zu Hause oder im Grand Babylon zu Mittag essen würde. Er erkannte nun, dass er weder das eine noch das andere tun konnte. Er würde in einem seiner Clubs zu Mittag essen. NEIN! Er konnte sich nicht dazu durchringen, in einem der beiden Clubs zu Mittag zu essen. Er konnte niemandem gegenüberstehen. Er ähnelte einem Mann, der heimlich ein beträchtliches Paket Sprengstoff bei sich trug. Er wanderte umher, bis er nicht mehr umherwandern konnte, und dann betrat er einen Teeladen, der fast voller

junger Mädchen war. Für ihn war es eine neue Welt. Er sah „Mutton Pie 8d"
auf der Speisekarte und bestellte es willkürlich. Zu seinem Erstaunen stellte
er fest, dass er hungrig war. Nachdem er die Hammelpastete gegessen hatte,
bestellte er eine zweite und aß sie. Die zweite Hammelfleischpastete schien
dem Esser das Sehvermögen zu verleihen – ein Ergebnis, das vielleicht noch
keine andere Hammelfleischpastete in der gesamten Geschichte des Essens
erreicht hatte. Er fühlte sich viel besser. Er wurde von einer großen,
erfrischenden Weisheit erleuchtet, die sich so in seinem aufgeregten Gehirn
ausdrückte:

„Schließlich denke ich, dass es nicht der erste oder einzige Fall ist, in dem ein
Mädchen von einem Mann geküsst wird. Ähnliche Vorfälle müssen in der
Geschichte der Menschheit ziemlich oft vorkommen."

IV

Als er nach Hause zurückkehrte, schien sein Haus erbärmlich klein, eng und
ohne reiche Verzierung zu sein; Es schien kein Haus für einen Mann mit
zwanzigtausend Dollar im Jahr zu sein. Aber er war entschlossen, sein Haus
um jeden Preis zu lieben und es niemals zu verlassen. Der Philosoph in ihm
selbst sagte ihm, dass Glück nicht aus großen, von Hand gebauten Häusern
entspringt. Und sein eigenes Haus war an diesem Nachmittag hell; Schon
beim Betreten spürte er, dass es heller als sonst war. Der Grund wurde
umgehend bekannt gegeben. Sissie war drin. Sie war gekommen, um einige
Habseligkeiten zu holen und ihrer Mutter einen Besuch abzustatten.

"Mein Wort!" Sie begrüßte ihren Vater im Salon, wo sie klimperte, während
Eve sich liebevoll am Klavier lehnte. „Mein Wort! Uns geht es gut mit
unserer neuen Privatsekretärin!"

Weder im Gesicht noch in ihrem Verhalten deutete das Mädchen darauf hin,
dass sie ein Liebesgeheimnis hatte, dass ihr erst ein paar Stunden zuvor etwas
völlig Unvorhergesehenes widerfahren war! Die Doppelzüngigkeit der
Frauen überraschte sogar den Philosophen Mr. Prohack.

„Wird sie es erwähnen oder nicht?" Herr Prohack fragte sich; und begann
dann, Sissie in ihrer Doppelzüngigkeit gleichzuziehen, indem er von seinen
Frauen in spöttischem Tonfall verlangte, was sie von der neuen
Privatsekretärin hielten. Er überlegte, dass er das Schlimmste genauso gut
sofort erkennen könnte.

„Das wird sie tun", sagte Sissie fröhlich, und Eve sagte: „Sie scheint sehr
bereit zu sein, dem zu gehorchen."

"Ah!" Mr. Prohack wurde aufmerksam. „Sie hat dir doch schon den Gefallen
getan, oder?"

„Nun", sagte Eva. „Es ging um das neue Haus –"

„Welches neues Haus?"

„Aber weißt du, Liebling. Charlie hat es dir gestern Abend erwähnt und ich habe dir gesagt, dass ich es mir heute Morgen ansehen werde."

"Oh *das* !" Herr Prohack ejakulierte verächtlich.

„Ich habe es gesehen. Ich habe es überall erlebt und es ist einfach wunderschön. Ich habe noch nie etwas Vergleichbares gesehen."

"Natürlich!"

„Und so billig!"

"Natürlich!"

„Aber es ist zerreißend, Papa, im Ernst."

„Das ist echt reißend? Naja, was mich betrifft, werde ich es krachen lassen."

„Ich bin sofort hierher zurückgekehrt, als ich es gesehen hatte", fuhr Eve fort und ignorierte die letzte Bemerkung stillschweigend. „Aber Sie waren weggegangen, ohne zu sagen, wohin. Niemand wusste, wohin Sie gegangen waren. Es war sehr peinlich, denn wenn wir dieses Haus wollen, müssen wir uns sofort entscheiden – spätestens in drei Tagen, sagt Charlie. Miss Warburton – Das ist ihr Name, nicht wahr? – Miss Warburton hatte eine sehr gute Idee. Sie dachte an die Abflüsse und das Wenn es eilig ist, sollten die Vermessungsingenieure sofort informiert werden. Sie kannte einige Vermesserleute und ist daher losgegangen, um die Agenten aufzusuchen und von ihnen die Genehmigung für die Inspektion einzuholen, und sie wird gleichzeitig mit den Vermessern sprechen . Sie sagt, wir sollten den Bericht bis morgen Nachmittag haben.

Die Unternehmungslust von Miss Warburton machte Herrn Prohack Angst. Sie hatte genau so gehandelt, wie er es sich gewünscht hätte – nur besser; offensichtlich war sie dabei, sein Komplott gegen das Haus auf die effizienteste Art und Weise auszuarbeiten. Dennoch hatte er Angst. So sehr, dass er nichts anderes sagen konnte als: „In der Tat!"

„Sie haben mir nie erzählt, dass sie mit Mr. Carrel Quire zusammen war und mit der Familie Paulle verwandt ist", bemerkte Eve und mischte einen milden Vorwurf mit freudiger Lebhaftigkeit, als wollte sie sagen: „Warum haben Sie mir diesen Leckerbissen vorenthalten?"

„Ich muss mich jetzt ein wenig ausruhen", sagte Herr Prohack.

„Wir verlassen dich", sagte Eve, bestrebt, freundlich zu sein. „Du musst müde sein, du armer Schatz. Ich gehe nur mit Sissie einkaufen. Ich weiß nicht, ob ich zum Tee vorbeikomme, aber ich werde es sein, wenn du denkst, dass du einsam bist."

„Haben Sie beim Mittagessen viel Unterhaltung geboten, junge Frau?" fragte Herr Prohack.

„Charlie hatte mehrere Leute – Männer –, aber ich weiß wirklich nicht, wer sie waren. Und Ozzie Morfey kam. Und gestatten Sie mir, Ihnen mitzuteilen, dass Charlie von meinen Qualitäten als Gastgeberin einfach umgehauen wurde. Wissen Sie, was er gesagt hat? mich danach? Er sagte: „Das Mittagessen war einigermaßen in Ordnung, Junge." Enorm von Charlie, nicht wahr?"

Mutter und Tochter gingen Arm in Arm wie zwei junge Mädchen. Zweifellos waren sie sehr zufrieden mit sich selbst und der Welt. Eve kam nach einem Moment zurück.

„Fühlst du dich wohl, Liebes? Ich habe Machin gesagt, dass du auf keinen Fall gestört werden darfst. Charlie hat sich das Auto geliehen. Wir werden ein Taxi in der Bayswater Road nehmen." Sie beugte sich hinunter und schien ihre weichen Lippen in seiner Wange zu vergraben. Sie fing an, andere Interessen als ihn selbst zu haben. Und da sie sich jetzt im mütterlichen Sinne um nichts mehr kümmern musste, war sie ein Kind geworden. Sie war dick – jedenfalls konnte sie niemand als weniger als rundlich bezeichnen – und über vierzig, aber ein Kind, ein wunderschönes Kind. Er ließ sich prächtig von ihr küssen. Er wusste jedoch, dass sie wusste, dass sie seine einzige Leidenschaft war. Sie flüsterte ihm ganz vertraulich und überzeugend ins Ohr:

„Sollen wir uns morgen früh das Haus ansehen, nur du und ich? Du wirst die Möbel lieben."

„Vielleicht", antwortete er. Was könnte er sonst noch antworten? Er wollte unbedingt mit ihr über Sissie und den Morfey-Kollegen reden; aber er konnte das Thema nicht ansprechen, weil er ihr nicht kaltblütig sagen konnte, dass er Sissie in Morfeys Armen gesehen hatte. Dies hätte die gleiche Wirkung wie das Anzünden eines Hauses. Es sei denn natürlich, Sissie hätte sich ihrer Mutter bereits anvertraut? War es denkbar, dass Eva ein Geheimnis vor ihm hatte? Es war durchaus denkbar, dass er ein Geheimnis vor Eva hatte. Er verbarg ihr nicht nur sein Wissen über die überraschende Entwicklung in den Beziehungen zwischen Sissie und Morfey, er hatte ihr auch nicht einmal erzählt, dass er das Haus am Manchester Square gesehen hatte. Er führte ein Doppelleben – eine Folge des Reichtums! War sie?

Sobald sie sanft die Tür geschlossen hatte, beruhigte er sich, denn er war tatsächlich ziemlich erschöpft. Als er sich an ein Gespräch im Club mit einem berühmten Psychoanalytiker über die Möglichkeiten der Autosuggestion erinnerte, bemühte er sich, seinen Geist zu leeren und dann ganz schnell und leise zu murmeln: „Du wirst schlafen, du wirst schlafen, du wirst schlafen." Schlaf, du wirst schlafen", unzählige Male. Aber der Zauberspruch funktionierte nicht, wahrscheinlich weil er seinen Geist nicht leer halten konnte. Das mysteriöse Gefäß füllte sich schneller, als er es leeren konnte. Es füllte sich, bis es von der überwältigenden Erkenntnis der schrecklichen Komplexität der Existenz überfloss. Er sehnte sich danach, ihre Einfachheit beizubehalten, wohl wissend, dass sein Glück allein aus der Einfachheit resultieren würde. Aber die Existenz weigerte sich rundweg, einfach zu sein. Er wünschte sich Liebe in einem Cottage mit Eva. Er hätte hundert Cottages kaufen können, alle in idealer Umgebung. Die bloße Tatsache, dass er in der Lage war, hundert Hütten zu kaufen, machte es ihm jedoch irgendwie unmöglich, sich in einer Hütte ausschließlich der Liebe zu Eva zu widmen ...

Seine Fantasie sprang über die Ereignisse dazwischen und er stellte sich die Hochzeit von Sissie als einen Albtraum voller Komplikationen vor – egal, wen sie heiratete. Er verabscheute Hochzeiten. Natürlich sollte ein Mädchen von Sissies Verstand und Modernität darauf bestehen, sich auf dem Standesamt trauen zu lassen. Aber würde sie? Sie würde nicht. Einen Monat vor der Heirat legten alle Mädchen die Moderne ab und wurden viktorianisch. Ja, sie würde echte Orangenblüten und alles, was dazugehört, verlangen von intelligenten Personen im 20. Jahrhundert praktiziert. Sein Charakter verschlechterte sich, und er konnte diesen Verfall nicht verhindern ...

Dann kam Sissi selbst ganz leise ins Zimmer.

„Setz dich, meine Liebe. Ich möchte mit dir reden", sagte er in seinem einschmeichelndsten und mitfühlendsten Tonfall. Und in einem ganz anderen Ton sprach er sie stumm an: „Es ist Zeit, dass ich dir das ein oder andere beibringe, mein Mädchen."

„Ja, Vater", antwortete sie charmant auf seine listige Einschmeichelnden und setzte sich.

„Wenn du das gewöhnliche Mädchen wärst", begann er, „würde ich kein Wort sagen. Es hätte keinen Zweck. Aber das bist du nicht. Und ich schmeichle mir selbst, dass ich kein gewöhnlicher Vater bin. Du bist verliebt." Oder du denkst, dass du es bist. Im Moment ist es eine schöne Sache, dich zu lieben. Ja, das weiß ich über das Verliebtsein. Du hast genug Vorstellungskraft, um das zu erkennen, und ich möchte, dass du begreifst, dass ich ein bisschen mehr über Liebe weiß als du, nicht wahr?

„Ja, Vater", sagte Sissie ruhig und respektvoll.

„Die Liebe hat einen Nachteil. Sie schränkt die Fähigkeit zur Kritik sehr stark ein. Du denkst, du kannst unseren Freund Oswald vollkommen unparteiisch beurteilen. t. Du merkst das, nicht wahr?"

„Ganz gut, Papa", stimmte das entzückende Kind zu.

„Na ja, weißt du wirklich etwas über ihn?"

„Nicht viel, Vater."

„Ich auch nicht. Ich habe überhaupt nichts gegen ihn. Aber ich würde Ihnen nichts vormachen, wenn ich Ihnen nicht sagen würde, dass er im Verein nicht sehr bewundert wird. Und ein Verein kann einen Mann sehr gut einschätzen." , der beste Richter eines Mannes. Und wenn du nicht in ihn verliebt wärst, würde dir sein Geschäft natürlich nicht gefallen, aber ich werde sie jetzt nicht besprechen Ich rate Ihnen nur, ein wenig vorsichtig zu sein. Wenn Sie und ich nicht so ein Idiot wären, würden wir in dieser Hinsicht nicht reden Aber ich weiß, dass du mich nicht missverstehen wirst, genauso wie ich weiß, dass es absolut keinen konventionellen Unsinn über dich gibt Jung, und oft haben die Jungen Recht und die Alten Unrecht. Aber es ist keine Frage von Alt und Jung, sondern von zwei Freunden – das ist alles.

„Papa", sagte sie, „du bist der wunderbarste Papa, den es je gab. Oh! Wenn alle so reden würden!"

„Überhaupt nicht! Überhaupt nicht!" er war missbilligend, erfreut über sich und sie. „Ich sage dir einfach, was du bereits weißt. Mehr brauche ich nicht zu sagen. Du wirst genau das tun, was du für das Beste hältst, und was immer du tust, wird mir gefallen. Ich möchte nicht, dass du auf meine Weise glücklich bist." „Ich möchte, dass Sie auf Ihre Weise glücklich sind. Vielleicht entscheiden Sie sich, Herrn Morfey zu sagen, er solle drei Monate warten."

„Das werde ich auf jeden Fall tun, Papa", unterbrach Sissie ihn, „und ich bin dir zu schrecklichem Dank verpflichtet."

Er hatte sie immer für ein wunderbares Mädchen gehalten, und hier war der Beweis. Er hatte mit perfektem Takt, Mitgefühl und Weisheit gesprochen, aber sein Erfolg überraschte ihn. Zu diesem Zeitpunkt bemerkte er, dass Sissie überhaupt nicht auf dem Stuhl saß und dass der Stuhl leer war. Damit war die Zurschaustellung von Scharfsinn völlig umsonst gewesen.

„Jedenfalls habe ich geschlafen", sagte der Philosoph in ihm.

Die Tür öffnete sich. Machin erschien und widersetzte sich den Befehlen ihrer Herrin.

„Es tut mir leid, Sie zu stören, Sir, aber ein Mr. Morfey ist am Telefon und fragt, ob es für Sie angebracht wäre, ihn heute Abend zu sehen. Er sagt, es sei dringend." Mr. Prohack machte sich bereit, aber wo sein Magen gewesen war, war eine Leere.

V

„Hatten Sie einen Unfall mit Ihrer Brille?" fragte Mr. Prohack und schüttelte Oswald Morfey die Hand, als dieser nach Vereinbarung Mr. Prohacks Frühstücksraum nach dem Abendessen betrat. Nachdem Miss Warburton nach Hause gegangen war, hatte Mr. Prohack beschlossen, ihr Dienstzimmer für formelle Interviews zu nutzen. Durch die Berührung ihrer Frau hatte sie ihm eine geschäftliche Atmosphäre verliehen, die ihn angenehm an das Finanzministerium erinnerte.

Ozzie trug keine Brille, und das Fehlen des breiten schwarzen Bandes, das normalerweise wie eine Kabelverbindung zwischen seinem Auge und seiner Nabelgegend verlief, erzeugte die beunruhigende Illusion, er hätte ein wichtiges Kleidungsstück vergessen.

„Ja", antwortete Ozzie und öffnete die Augen mit der Miene der Überraschung, die seine Antwort auf alle Fragen war, selbst auf die einfachsten. „Miss Sissie hat es geknackt."

„Es tut mir sehr leid, dass meine Tochter so ungeschickt ist."

„Es war nicht gerade Ungeschicklichkeit. Ich bot ihr das Brillenglas an, um zu tun, was ihr gefiel, und sie zerbrach es gerne."

„Sicherlich eine Zumutung?"

„Nein. Ein Gefallen. Miss Sissie mochte mein Brillenglas nicht."

„Sie müssen ziemlich unbequem sein."

„Nein. Der Zweck meines Brillenglases war dekorativ, nicht optisch." Ozzie lächelte freundlich, wenn auch nervös.

Mr. Prohack spürte eine gewisse überraschende Sympathie für diesen pummeligen, affektierten jungen Mann mit der eigenartigen Berufung, den er in letzter Zeit verachtet und den er einmal als perfekten Arsch beschrieben hatte.

„Na, sollen wir uns setzen?" schlug der Ältere vor, den die Nervosität des Jüngeren in einen ausgezeichneten Zustand unbefangenen Selbstvertrauens versetzt hatte.

„Tatsache ist", sagte Ozzie gehorchend, „Tatsache ist, dass ich wegen Sissie zu Ihnen gekommen bin. Ich möchte sie unbedingt heiraten, Mr. Prohack."

„In der Tat! Dann müssen Sie diesen alten Samtmantel entschuldigen. Wenn ich die Feierlichkeit Ihres Besuchs gemerkt hätte, mein lieber Morfey, hätte ich Sie in einem Smoking getroffen. Darf ich nur eine Frage stellen? Haben Sie sich geküsst? Sissie schon?

„Ich – äh – habe.“

„Mit Gewalt oder im gegenseitigen Einvernehmen?“

"Weder."

„Sie hat nicht protestiert?“

"NEIN."

„Eher das Gegenteil?“

"Ja."

„Warum kommst du dann zu mir?“

„Um Ihre Zustimmung einzuholen.“

„Ich nehme an, du hast mit Sissie vereinbart, dass du hierher kommst?“

„Ja, das habe ich. Wir dachten, es wäre das Beste, wenn ich alleine käme.“

„Nun, ich kann nur sagen, dass Sie ein sehr altmodisches Paar sind. Ich fürchte, Sie haben zu Beginn des 20. Jahrhunderts vergessen, Ihren Datumskalender zu ändern. Ich kann Ihnen versichern, dass dies keineswegs der Fall ist Ich gebe zu, dass ich meinen eigenen Datumskalender erst heute Nachmittag geändert habe, und selbst dann nur aufgrund eines ungewöhnlichen Traums.

"Ja?" sagte Ozzie höflich und sagte nichts weiter, aber Mr. Prohack kam es so vor, als ob Ozzie dachte: „Dieser seltsame alte Kerl nutzt seine Position aus, um sich auf seine seltsame alte Art lächerlich zu machen.“

„Lassen Sie uns die Umstände untersuchen“, fuhr Herr Prohack fort. „Du willst Sissie heiraten. Deshalb respektierst du sie. Deshalb hättest du sie nicht zur Heirat eingeladen, wenn du nicht einigermaßen sicher gewesen wärest, dass du über den Verstand und die materiellen Mittel verfügst, um nicht nur im nächsten Jahr für ihr körperliches und moralisches Wohlergehen zu sorgen.“ aber bis zum Ende ihres Lebens wäre es sinnlos, um nicht zu sagen unhöflich, wenn ich Sie nach Ihrer Situation und Ihren Fähigkeiten befragen würde, denn Sie sind von beidem überzeugt, und wenn Sie es nicht schaffen würden, mich von beidem zu überzeugen, würden Sie gehen Ich bin mir vollkommen sicher, dass die Schuld bei mir lag und nicht bei Ihnen, und Sie würden Ihre Pläne trotzdem verfolgen – weit mehr ein Mann von Welt als ich selbst – und Sie sind zweifellos der Beste Beurteilen Sie Ihre Fähigkeit,

Ihre Pflicht gegenüber einer Frau zu erfüllen. Natürlich könnten einige argumentieren, dass ich, da ich deutlich älter bin als Sie, deutlich weiser bin als Sie und dass meine Meinung zu wichtigen Angelegenheiten mehr wert ist als Ihre. Aber Sie wissen es, und vielleicht Ich weiß auch, dass der Mensch mit zunehmendem Alter nicht wirklich weiser wird; er erwirbt einfach eine andere Art von Weisheit – ob es eine bessere oder eine schlechtere ist, kann niemand entscheiden. Wir wissen nur, dass die extrem Jungen und die extrem Alten in der Praxis im Allgemeinen dumm sind. Was Sie überhaupt nicht weiterführt. Wenn wir jedoch die Geschichte betrachten, stellen wir fest, dass die Ideen der gemäßigten Jugend immer über die Ideen der gemäßigten Alten gesiegt haben. Und das zum Glück, denn sonst gäbe es keinen Fortschritt. Daher besteht die Wahrscheinlichkeitsabwägung darin, dass Sie, wenn Sie und ich unterschiedlicher Meinung wären, mehr Recht hätten als ich.

„Aber ich hoffe, dass wir nicht unterschiedlicher Meinung sind, Sir“, sagte Ozzie. Und Mr. Prohack fand Befriedigung in der Natürlichkeit, der Freiheit von Ozzies schüchternem und verwirrtem Auftreten. Sein Mitgefühl für den jungen Mann wurde durch die zunehmende Bestürzung des jungen Mannes noch verstärkt.

„Noch einmal“, fuhr Mr. Prohack fort und ignorierte Ozzies Hoffnung. „Nehmen Sie den Fall von Sissie selbst. Sissies Ausbildung wurde von mir selbst entworfen und geleitet. Das oberste Ziel der Ausbildung sollte darin bestehen, ein gesundes Urteilsvermögen in den großen Angelegenheiten des Lebens und moralisches Durchhaltevermögen zu vermitteln, um den Krisen zu begegnen, die auftreten, wenn ein gesundes Urteilsvermögen verfälscht wird Wenn ich Ihnen sagen würde, dass Sissies Urteil über Sie als zukünftigen Ehemann unzutreffend war, wäre das so, als würde ich zugeben, dass meine Erziehung zu Sissie unzutreffend war. So wie du ein Mann von Welt bist, so ist Sissie von ihrer Vererbung und ihrem natürlichen Charakter her klug und hat sich mit allen möglichen Dingen vertraut gemacht, von denen ich auch nichts weiß Erinnern Sie sich an einen Fall, in dem sie aus echter Überzeugung meinem Urteil nachgab, als es ihrem eigenen widersprach. Daraus folgt, mein lieber Morfey, dass Ihre Mission für mich heute Abend eine etwas unlogische, vergebliche und unnötige Mission ist. und dass der Missionar entweder besonders altmodisch und konventionell sein muss – oder mich auslachend auslacht. Nein!“ Mr. Prohack missbilligte Ozzies unterbrechenden Protest mit einer Handbewegung aus dem 19. Jahrhundert. „Nein! Es gibt eine dritte Alternative, und ich akzeptiere sie. Du wolltest mir eine Höflichkeit erweisen. Ich danke dir."

„Aber hast du keine Fragen, die du mir stellen könntest?“ forderte Ozzie.

„Ja“, sagte Herr Prohack. „Wie haben Sie meine Tochter kennengelernt?“

„Willst du damit sagen, dass du es nicht weißt? Hat dir Sissie das noch nie gesagt?"

„Niemals. Außerdem hat sie Ihren Namen in keinem Gespräch erwähnt, bis ihn jemand anders erwähnt hat. Das ist das Ergebnis meines Bildungssystems und des Einflusses des Zeitgeistes."

„Nun, ich bin am Boden zerstört!" rief Ozzie aufrichtig aus.

„Das hoffe ich nicht, Morfey. Ich hoffe nicht, wenn du mit gestrichelt ‚verdammt' meinst."

„Aber es war das wunderbarste Treffen, Mr. Prohack", platzte Ozzie heraus und war so begeistert, dass er fast vergaß zu lispeln. „Du wusstest, dass ich im Krieg nach meinem Grabenfieber im MI war."

„MI, das heißt Secret Service."

„Ja. Geheimdienst, wenn Sie so wollen. Nun, Sir, ich habe im East End gearbeitet, in einer bestimmten ausländischen Gemeinde, und ich musste schnell weg, und so sprang ich in ein Wohnmobil, das gerade da war vorbeifahren. Dieser Van wurde von Sissie gefahren!"

„Ein Beispiel dafür, wie Fakten Fiktion imitieren!" bemerkte Mr. Prohack und versuchte, nicht mit vollem Erfolg, die Emotionen aus seiner Stimme herauszuhalten, die Ozzies zu kurze Aufführung in ihm hervorgerufen hatte. „Das ist eine Frage, und Sie haben sie hervorragend beantwortet. Meine zweite und letzte Frage lautet: Bist du in Sissie verliebt?"

„Bitte, Herr Prohack!" Ozzie erhob sich halb von seinem Stuhl.

„Oder liebst du sie? Die beiden Dinge sind sehr unterschiedlich."

„Ich bitte um Verzeihung, Sir. Ich hatte es nicht ganz begriffen", sagte Ozzie entschuldigend und ließ nach. „Ich verstehe ganz genau, was du meinst. Ich bin beides."

„Du bist ein Wunder!" Mr. Prohack murmelte.

„Jedenfalls, Sir, ich bin froh, dass Sie keine Einwände gegen unsere Verlobung haben."

„Mein lieber Oswald", sagte Mr. Prohack in einem neuen Ton. „Stellen Sie sich vor, dass ich, nachdem meine Tochter ihre Meinung über Sie durch einen Kuss zum Ausdruck gebracht hatte, diese Ansicht nicht teilen konnte. Sie haben eine großartige Meinung von Sissie, aber ich bezweifle, dass Ihre Meinung über sie größer ist als meine. Das werden wir jetzt haben." ein wenig Whiskey zusammen."

Ozzies pausbäckiges Gesicht leuchtete, als er in seiner angenehmen Aufregung nach dem Brillenband suchte, das nicht da war.

„Nun, Sir", sagte er strahlend. „Dieses Interview war überhaupt nicht so, wie ich es erwartet hatte."

„Auch nicht so, wie ich es erwartet hatte", sagte Herr Prohack. „Aber wer kann die Zukunft vorhersehen?" Und er fügte hinzu: „Konnte ich, als ich diesen Jungen einen perfekten Arsch nannte, vorhersehen, dass ich ihn in sehr kurzer Zeit, nicht unangenehm, als zukünftigen Schwiegersohn empfangen würde? Das Leben ist wunderbar."

Im selben Moment betrat Frau Prohack das Zimmer.

"Oh!" rief sie und tat so, als wäre sie überrascht über die Anwesenheit von Ozzie.

"Gattin!" sagte Mr. Prohack, „Mr. Oswald Morfey hat Ihnen die Ehre erwiesen, um die Hand Ihrer Tochter zur Heirat zu werben. Sie sind verblüfft!"

„Wie lächerlich du bist, Arthur!" sagte Mrs. Prohack und küsste Ozzie impulsiv.

VI

Die Hochzeitsfeierlichkeiten begannen am nächsten Abend mit einem Familienessen zur Feier von Sissies Verlobung. Das Mädchen kam prächtig aus dem Grand Babylon, begleitet von ihrem Geliebten, und fand Mrs. Prohack ebenso prächtig – sogar noch prächtiger aufgrund der Perlenkette. Mr. Prohack kam es so vor, als hätte Eve sich bald an diese wunderbare Halskette gewöhnt; er hatte sie bereits tadeln müssen, weil sie es herumliegen ließ. Auch Ozzie war großartig; Selbst ohne Brille und Band war er großartig. Mr. Prohack, der schätzte, dass ein ruhiges häusliches Essen zu Hause keiner Zeremonie bedarf, hatte seinen alten Samt angezogen, aber Eve hatte seinen Sinn für Werte scharf korrigiert – in der Tat so schlau, dass niemand sie für die kürzliche Empfängerin einer wunderbaren Halskette gehalten hätte durch seine Hände – und er hatte bis zum Äußersten nachgegeben. Charlie war noch nicht gekommen. Seit dem Vormittag war er auf großen Unternehmungen außerhalb der Stadt gewesen, aber Sissie hatte ihn noch vor ihrer Abreise ins Hotel zurückkommen sehen, und er wurde sofort erwartet. Mr. Prohack bemerkte, dass Eve Ozzie von vornherein wie ihren Sohn behandelte, und Ozzie reagierte herzlich: ein Phänomen, das Mr. Prohack wider Willen als angenehm empfand. Sissie zeigte gegenüber Ozzie mehr Zurückhaltung als ihre Mutter; Aber andererseits war Sissie ein stolzes Wesen, was Eve nie war. Herr Prohack gab privat zu, dass er glücklich war –

ja, er war glücklich über die Verlobung, und er hatte höchst feierlich verkündet und erklärt, dass er mit der Hochzeit nichts zu tun haben würde, außer seiner Tochter ein Hochzeitsgeschenk zu machen und seiner Tochter ein Geschenk zu machen Ozzie. Und als Sissie sagte, dass die Hochzeit sehr bald stattfinden würde, da weder sie noch Ozzie viel mit dem Zustand der bloßen Verlobung zu tun hätten, freute sich Mr. Prohack über die Aussicht, dass die Überraschung so schnell vorbei sein würde. Nach den Emotionen und Komplikationen der Hochzeit begnügte er sich mit der Einfachheit – möglicherweise luxuriös, aber dennoch Einfachheit: das Schlichte, aber Perfekte. Und lass sein Vermögen weiter anhäufen, nun ja, es muss sich ansammeln und daran hängen!

„Aber wie wäre es mit einem Haus?" fragte er seine Tochter.

„Oh, wir werden in Ozzies Wohnung wohnen", sagte Sissie.

„Wird es nicht eher klein sein?"

„Je kleiner, desto besser", sagte Sissie. „Es wird unserem Einkommen entsprechen."

„Oh, mein liebes Mädchen", protestierte Eve mit einem Blick auf Mr. Prohack, um anzudeuten, dass Sissie für die Bitte das gesamte Einkommen bekommen könnte, das sie wollte. „Und ich gebe dir eine Idee", fügte Eve fröhlich hinzu. „Sie können *dieses* Haus mietfrei haben."

Sissie schüttelte den Kopf.

„Stellen Sie nicht sicher, dass sie dieses Haus haben können", sagte Herr Prohack.

„Aber, Arthur! Du hast zugestimmt, dir den Manchester Square anzusehen! Und bis auf die Diener ist alles fertig. Mir wurde gesagt, dass es keine Schwierigkeiten gibt, wenn du nicht weniger als sieben Diener, darunter ein oder zwei Diener, haben möchtest über die Bediensteten überhaupt. Ich wäre sehr enttäuscht, wenn wir die Hochzeit nicht am Manchester Square durchführen würden.

Mr. Prohack krümmte sich, obwohl er sich in Sicherheit wusste. Sieben Diener; zwei Diener? NEIN! Und wieder nein! Keine Komplikationen!

„Ich werde Manchester Square nur zustimmen", sagte er mit Bestimmtheit und Feierlichkeit, „unter der Voraussetzung, dass die Abflüsse in Ordnung sind. Jemand an diesem Ort muss ein wenig grundlegende Klugheit und Zurückhaltung an den Tag legen."

„Aber die Abflüsse sind bestimmt in Ordnung!"

„Das hoffe ich", sagte der betrügerische Vater. „Und ich glaube, dass das so sein wird. Aber solange wir nicht sicher sind, kann nichts getan werden." Und er lachte satanisch vor sich hin.

„Haben Sie den Bericht noch nicht gehabt?" Sissie beschwerte sich. „Miss Warburton sollte heute Abend versuchen, es zu ergattern."

Einen Moment später brachte Machin, in einem Zustand höchster Aufregung wegen der Verlobung, einen großen Umschlag herein und sagte, Miss Warburton habe ihn gerade verlassen. Der Umschlag enthielt den Bericht der Herren Doy und Doy über die Abflüsse des Adelshauses. Mr. Prohack las es, runzelte die Stirn und schürzte seine richterlichen Lippen.

„Lies es, meine Liebe", sagte er zu Eve.

Eve las, dass die Herren Doy und Doy sich nach einer vorläufigen Inspektion, die aufgrund ihrer Anweisungen zur Schnelligkeit nicht absolut erschöpfend gewesen war, nicht in der Lage sahen, die Abflüsse des noblen Herrenhauses zu bescheinigen. Sie befürchteten das Schlimmste, aber es gab natürlich immer eine leichte Hoffnung auf das Beste, oder besser gesagt auf das Zweitbeste. (Sie haben es zwar anders formuliert, aber so gemeint.) In der Zwischenzeit würden sie auf weitere Anweisungen warten. Herr Prohack überlegte ruhig: „Meine neue Sekretärin ist ein Kenner der ersten Verschwörungsordnung." Eve war schockiert und verstummte. (Doy und Doy benutzten sehr dickes und überzeugendes Notizpapier.) Als Charlie eintrat, löste sie ihre Zunge.

"Charlie!" Sie weinte. „Die Abflüsse sind alle falsch. Schauen Sie sich das an. Und haben Sie nicht gesagt, dass die Option morgen abgelaufen ist?"

Charlie las den Bericht.

„Höllische Schurken!" er murmelte. „Wem gehört das? Wer hat sich wegen der Abflüsse Sorgen gemacht?" Er blickte sich vorwurfsvoll um.

„Das habe ich", sagte Mr. Prohack tapfer, konnte aber dem strengen Blick des Jungen nicht gerecht werden.

„Nun, Papa, wofür hast du mich gehalten? Dachtest du, ich sollte eine Option auf ein Haus kaufen, ohne mir der Abflüsse sicher zu sein? Meine erste Amtshandlung bestand darin, die Abflüsse von Flockers, der ersten Firma in London, und mir begutachten zu lassen Ich habe ihr Zertifikat. Was Doy und Doy angeht, sie sind berüchtigt dafür, dass sie alle anderen außer sich selbst daran hindern wollen, eine Provision für dieses Haus zu bekommen, und das ist ihre Vorgehensweise Es."

Eva vergötterte ihren Sohn.

„Sehen Sie", sagte sie siegreich zu Herrn Prohack, der insgeheim zitterte.

„Ich werde eine Klage gegen Doy und Doy einreichen“, fuhr Charlie fort. „Ich werde die ganze schelmische Sache aufdecken.“

„Ich hoffe, du wirst so etwas nicht tun, mein Junge“, sagte Mr. Prohack und versuchte törichterweise das Grandiose.

„Das werde ich auf jeden Fall tun, Papa.“

Herr Prohack erkannte verzweifelt, dass außer der Ehre alles verloren war, und er war sich nicht einmal der Ehre sicher.

KAPITEL XVI
ÜBERTRAGUNG VON MIMI

ICH

Herr Prohack hat eine sehr schlimme Nacht verbracht – die schlimmste seit Monaten, eine der außergewöhnlichsten schlimmen Nächte seines gesamten Lebens.

„Warum habe ich es nicht mit Charlie geklärt, bevor er gegangen ist?" fragte er sich einige Dutzend Male, während er dem ruhigen, regelmäßigen Atmen von Eva lauschte, die sich nun natürlich ihres Hauses sicher war und wahrscheinlich die Bedeutung von Fürsorge völlig vergessen hatte. „Ich muss es früher oder später mit ihm austragen, und wenn ich es sofort getan hätte, hätte ich auf jeden Fall geschlafen. Sie schlafen alle außer mir."

Er konnte das Leben einfach nicht begreifen; Das verfluchte Ding namens Leben verblüffte ihn durch seine geheimnisvolle Unlogik. Er wurde von seiner Ehefrau verehrt, von seinen Kindern geliebt und von der Welt respektiert. Er hatte jede Menge Geld und die volle Kontrolle darüber. Sein Wort war, wenn er wollte, Gesetz. Er brauchte nur zu sagen: „Ich werde das Haus am Manchester Square nicht einnehmen", und niemand konnte ihn daran hindern. Er hatte den starken Wunsch, es nicht anzunehmen. Es gab keinen vernünftigen Grund, warum er es nehmen sollte. Und doch würde er es nehmen, unter dem unerklärlichen Zwang der Umstände. In diesen düsteren Stunden hegte er ein Mitgefühl für orientalische Tyrannen, die absolute Alleinherrscher, aber auch Sklaven genau derselben finsteren Macht waren, die ihn im Griff hatte. Er erkannte, dass es in der Praxis keinen Autokraten gibt....

Nicht, dass ihn seine Niederlage in Bezug auf das Haus wirklich beunruhigte. Er konnte sich mit dem Haus versöhnen, trotz der hasserfüllten Komplikationen, die es mit sich bringen würde. Was ihn schrecklich beunruhigte, war die Sache mit den Abflüssen, die Sache mit Doy und Doy, die Sache mit Mimi; Er sah keinen anderen Ausweg als den Weg durch das Tal der Demütigung. Mit schrecklichen Vorahnungen erinnerte er sich an die Bemerkung seiner Tochter, nachdem sie von dem Erbe erfahren hatte: „Du wirst nie wieder so glücklich sein."

Als der Haushaltstag begann und die vertrauten, angenehmen, entfernten Geräusche häuslicher Aktivitäten verkündeten, dass sich das Sonnensystem im unendlichen und unvorstellbaren Raum weitgehend wie gewohnt verhielt, kam er zu dem Schluss, dass er zu müde war, um an diesem Tag wissenschaftlich untätig zu sein – auch wenn er es versuchen musste -nach

Terminvereinbarung mit Herrn Melchizidek. Er beschloss auch, dass er nicht aufstehen würde, sondern dass er alles im Liegen ertragen würde und dass er sich weigern würde, auch nur eine einzige Treppenstufe hinunterzusteigen, um Ärger zu erleiden. Und er hatte den großen Wunsch, gereizt und wütend zu sein. Aber der Ort schien voller Engel zu sein, die die andere Wange hinhielten – und die andere Wange war wunderbar weich und bezaubernd.

Eve, Sissie (die angerufen hatte) und Machin – sie waren alle in einem Zustand der Glückseligkeit, und zwar aus dem doppelten Grund, dass Sissie verlobt war und der Haushalt in ein nobles Herrenhaus umziehen sollte. Machin sah sich an der Spitze einer Truppe von Unterzimmermädchen, Hausmädchen und Tweenies und sagte voraus, dass sie keinen Blödsinn von Butlern ertragen würde. Sie alle behandelten Herrn Prohack als einen beeindruckenden und verehrten Tyrannen, dessen Lächeln die Sonne und dessen Stirnrunzeln der Tod war und der die Quelle der Weisheit und Autorität war. Sie wussten, dass er irritiert sein wollte, und sie gaben ihm keine Chance, irritiert zu sein. Ihr Einblick in seine Psychologie war unheimlich. Sie wussten, dass er im Hauptpunkt geschlagen war, und mit ihrem abscheulichen weiblichen Realismus gaben sie in allen Nebenpunkten vortrefflich nach. Eva, frisch wie eine Rose, beugte sich über ihn und betaute ihn und sagte, dass sie ausgehen würde und dass Sissi wieder gegangen sei.

Als er allein war, klingelte er für Machin, als hätte die Glocke ihm eine Verletzung zugefügt.

"Wie spät ist es?"

„Elf Uhr, Sir.“

„Elf Uhr! Guter Gott! Warum ist Miss Warburton nicht gekommen?“

Als ob Machin für Miss Warburton verantwortlich wäre!... Nein! Herr Prohack benahm sich nicht gut, und es lässt sich nicht verbergen, dass es ihm an der Geistesgröße mangelte, die die meisten von uns auszeichnet.

„Miss Warburton war vor zehn Uhr hier, Sir.“

„Warum ist sie dann nicht hochgekommen?“

„Sie hat auf Befehle gewartet, Sir.“

„Schick sie sofort hoch.“

"Sicherlich."

Miss Warburton war der vierte Engel – ein Engel mit einer weiteren makellosen Bluse und dem Licht der Hingabe in ihren Augen und dem Klang dieser Hingabe in ihrer Stimme.

„Guten Morgen", begann der schroffe Kerl. „Habe ich gerade die Telefonklingel gehört?"

„Ja, Sir. Doy und Doy haben angerufen, um ihnen mitzuteilen, dass Mr. Charles Prohack gerade bei ihnen war, und sie haben ihn an Sie verwiesen, und – und –"

„Und was? Und was? Und was?" (Ein Maschinengewehr.)

„Sie sagten, er sei äußerst unangenehm."

Instinktiv warf Herr Prohack die Scham beiseite. Mimi war seine Dienerin. Er behandelte sie wie ein orientalischer Tyrann den stummen Wächter des Serails und erzählte ihr alles: dass Charlie ihnen in der Sache mit den Abflüssen des Adelshauses zuvorgekommen war, dass Charlie beschlossen hatte, Doy und Doy zu zerstören, dass er , Herr Prohack, war in der Falle gefangen, dass es den Teufel zu bezahlen gäbe und dass die feinsten Lügen, die Einfallsreichtum erfinden könne, ausgesprochen werden müssten. Er gab jeden Anspruch auf Ehrlichkeit und Aufrichtigkeit auf. Mimi zeigte keinerlei Überraschung und schien auch nicht im Geringsten schockiert zu sein. Sie schien die Angelegenheit als einen ganz normalen Teil des Tagesablaufs zu betrachten. Ihre unsensible Ruhe machte Herrn Prohack Angst.

„Jetzt müssen wir uns etwas einfallen lassen", sagte das skrupellose Monster.

„Ich sehe nicht, dass es wirkliche Schwierigkeiten geben muss", antwortete Mimi. „ *Du* wusstest nichts von meiner Verschwörung mit Doy und Doy. Ich hatte – völlig zu Unrecht – die Vorstellung, dass du das Haus lieber nicht haben wolltest, und ich habe aus übertriebenem Eifer gehandelt, was ich getan habe. Ich muss die Verschwörung gestehen. Ich allein trage die Schuld und ich gebe zu, dass das, was ich getan habe, völlig unentschuldbar war.

„Was für ein Mädchen! Was für ein Mädchen!" dachte Herr Prohack. Aber seiner Ungerechtigkeit waren Grenzen gesetzt, und er sagte laut, wohlwollend und überheblich: „Aber ich wusste davon. Du hast mir so gut wie genau gesagt, was du tun wolltest, und ich habe dich es tun lassen. Ich habe zugestimmt, und ich." Ich bin verantwortlich. Nichts wird mich dazu bewegen, Ihnen die Verantwortung zu überlassen, bitte.

Er sah das Mädchen direkt an und beobachtete voller Besorgnis, wie sich ihre aufstrebende Nase noch weiter hob und ihr zarter, rücksichtsloser Mund noch rücksichtsloser wurde.

„Entschuldigung", sagte sie. „Mein Plan ist der beste. Es ist der offensichtliche Plan. Mr. Carrel Quire hat ihn oft übernommen. Ich fürchte, Sie zögern, mir zu vertrauen, da ich erwarte, dass man mir vertraut. Bitte vergessen Sie nicht, dass Sie ein Imperium für mich geopfert haben „Das werde ich mir immer merken. Außerdem hast du gesagt, dass du von mir absolute Loyalität gegenüber deinen Interessen erwartest, außer dass ich dir nicht traue . "

Mr. Prohack sank tiefer ins Bett und lachte laut, maßlos, titanisch. Seine schlechte Laune verschwand, wie ein Nebel verschwinden wird. Dennoch war er entsetzt über die Offenbarung der Möglichkeiten des Charakters des Mädchens.

Die seltsame Szene wurde durch die Ankunft von Charlie unterbrochen, der dank seines hypnotischen Einflusses auf Machin souverän direkt nach oben kam, das Schlafzimmer betrat, ohne um Erlaubnis zu fragen, und in völliger Gleichgültigkeit gegenüber der angeblich schwachen Gesundheit seines Vaters ging zur Sache.

II

„Papa", sagte er, nachdem Mimi ihr selbstgewähltes Martyrium hinter sich hatte und den Raum verließ. „Ich frage mich, ob Ihnen wirklich klar ist, was für ein Top-Geschöpf dieses Warburton-Mädchen ist. Sie ist absolut erstaunlich."

„Das ist sie", gab Herr Prohack zu.

„Sie hat Ideen."

"Sie hat."

„Und sie hat keine Angst davor, sie auszuführen."

"Sie ist nicht."

„Sie ist viel zu gut für dich, Papa."

"Sie ist."

„Ich meine, man kann sie nicht wirklich voll ausnutzen, oder? Sie hat hier keinen Spielraum."

„Sie stellt ihr eigenes Zielfernrohr her", sagte Herr Prohack.

„Jetzt brauche ich wirklich eine gute Sekretärin", entlarvte Charlie endlich seinen Angriff. „Ich habe einen Idioten auf Zeit und ich möchte einen Erstklassigen, vorzugsweise eine Frau. Ich wünschte, Sie wären anständig und würden Miss Warburton mir übergeben. Sie wäre für mich von unschätzbarem Wert, und bei mir *würde sie es wirklich tun* Raum für ihre Talente haben." Charlie lachte.

"Worüber lachst du?"

„Ich habe nur daran gedacht, dass sie auf die Idee kam, die Kanalisation so zu quälen, weil sie dir gefallen wollte. Es war einfach großartig. Es ist das Beste, was ich je gehört habe." Er lachte wieder. „So, Papa, übergibst du sie mir?"

„Sie scheinen zu glauben, sie sei eine Sklavin, die man kaufen und verkaufen kann, und hier ist der Sklavenmarkt", sagte Mr. Prohack. „Es ist Ihnen nicht in den Sinn gekommen, dass *sie* Einwände gegen die Versetzung erheben könnte."

„Oh! Ich kann *sie bald überreden* ." sagte Charlie leichthin.

„Aber Sie konnten mich nicht so leicht überzeugen. Und ich kann Ihnen genauso gut gleich mitteilen, mein armer, naiver Junge, dass ich nicht zustimmen werde. Ich werde niemals zustimmen. Miss Warburton ist für meine Existenz notwendig."

„Alles in zwei oder drei Tagen, oder?" bemerkte Charlie sarkastisch.

"Ja."

„Nun, Vater, da wir Klartext reden, lasst uns Klartext reden. Ich werde sie dir wegnehmen. Es ist eine sehr kleine Hilfe, um die ich dich bitte, und dass du sie ablehnen solltest, ist ein bisschen schwerfällig. Das werde ich Sprich mit der Materie."

„Und was sollst du sagen?"

„Ich werde ihr alles über die Verschwörung gegen das neue Haus erzählen. Es war wirklich eine Verschwörung gegen sie, denn sie will das Haus – das Haus bedeutet mir nichts. Ich glaube vielleicht, dass Sie selbst nichts von der Verschwörung wussten, aber ich" Ich schätze die Wahrscheinlichkeit, dass das nicht der Fall ist.

„Wenn ich von Mann zu Mann spreche, mein Junge, gehe ich davon aus, dass du deine Mutter nicht gegen mich aufbringen kannst."

"Oh!" rief Charlie, „sie wird nicht *sagen* , dass sie glaubt, dass du schuldig bist, aber sie wird es trotzdem glauben. Und es kommt darauf an, was die Leute denken, nicht was sie sagen, dass sie denken."

„Das ist Weisheit", stimmte Herr Prohack zu. „Ich sehe, dass ich dich gar nicht so schlecht erzogen habe. Aber fällt dir nicht auf, dass du versuchst, deinen Vater zu erpressen? Ich hoffe, ich habe dir Scharfsinn beigebracht, aber ich habe dich nie zur Erpressung ermutigt – es sei denn, mein Gedächtnis lässt nach Mich."

„Du kannst es bei jedem beliebigen Namen nennen", sagte Charlie.

„Na gut, dann werde ich es tun. Ich nenne es Erpressung. Gib mir eine Zigarette." Er zündete die angebotene Zigarette an. „Sonst noch etwas heute Morgen?"

Vater und Sohn lächelten einander vorsichtig an. Beide waren amüsiert und sogar liebevoll, aber ernst im Kampf.

„Komm mit, Papa. Sei ein Spaß. Wie auch immer, lass uns das Mädchen fragen."

„Wissen Sie, was meine Antwort auf Erpressung ist?" Mr. Prohack erkundigte sich höflich.

"NEIN."

„Meine Antwort ist die Tür. Lassen Sie das Thema ganz fallen. Oder werfen Sie Ihr abenteuerliches Buch weg."

Mr. Prohack war etwas überrascht, als er sah, wie Charlie direkt das Schlafzimmer verließ. Der beunruhigende Verdacht, dass in seinem Sohn etwas Unkalkulierbares stecken könnte, wurde unsanft bestätigt.

Er sagte sich: „Aber das ist absurd."

III

An diesem Morgen schien sich das Prohack-Schlafzimmer in eine Art öffentlichen Platz zu verwandeln. Kaum war Charlie so überraschend gegangen, kam auch Machin wieder herein.

„Dr. Veiga, Sir."

Und Dr. Veiga kam herein. Die Freundschaft zwischen Mr. Prohack und seinem malerischen Quacksalber hatte sich so weit entwickelt, dass Eve selbst begann, ihren Mann zu ärgern, weil er wegen des Arztes den Kopf verloren hatte. Trotzdem war Eve insgeheim sehr zufrieden mit der Situation, denn sie bewies, dass sie mit den Qualitäten des dicken, unordentlichen, ironischen Portugiesen Recht und Mr. Prohack Unrecht gehabt hatte. Mr. Prohack freute sich, ihn zu sehen, denn ein Interview mit Dr. Veiga bedeutete immer einen ungewöhnlichen Genuss der Süßigkeiten der Offenheit und des Realismus.

„Das ist zweifellos das Werk meiner Frau", sagte Herr Prohack und schüttelte schlaff die Hand.

„Sie hat angerufen, um mich zu sehen, angeblich wegen sich selbst, aber natürlich wegen dir. Ich dachte jedoch, sie bräuchte ein Stärkungsmittel, und ich werde das Rezept ausschreiben, während ich hier bin. Was ist jetzt mit dir los?"

"NEIN!" Herr Prohack platzte heraus: „Ich bin gehängt, wenn ich es Ihnen sage. Ich werde Ihre Arbeit nicht für Sie erledigen. Finden Sie es heraus."

Dr. Veiga untersuchte ihn körperlich und mündlich und sagte dann: „Bei Ihnen ist überhaupt nichts los, mein Freund."

„Da irren Sie sich einfach", entgegnete Herr Prohack. „Mit mir ist etwas ziemlich Ernstes. Ich leide unter schwerwiegenden Komplikationen. Nur Sie können mir nicht helfen. Mein Problem ist spiritueller Natur. Weder Pillen noch Stärkungsmittel können daran etwas ändern. Aber das macht es nicht besser."

„Versuchen Sie es", sagte Dr. Veiga. „Ich bin bewundernswert, wenn es um die allgemeinen körperlichen Leiden geht, und zu diesem Zeitpunkt hätte ich allgemein als großer Mann anerkannt sein müssen, wenn gewöhnliche Leiden selten gewesen wären; denn Sie wissen, dass man in meinem Beruf nie eine Ehre erhält, wenn man sich nicht mit Krankheiten befasst." Es ist selten, dass niemand eine neue Krankheit hat und das Leben eines einsamen Niggers rettet, der sie nach Liverpool gebracht hat, und in zwei Wochen sind Sie Mitglied aller europäischen Akademien. Aber studieren Sie Erkältungen , Verdauungsstörungen und Schlaflosigkeit, und verwandeln jedes Jahr tausend Leben von Verzweiflung in Glückseligkeit, und keine Autorität wird sich auch nur im geringsten um Sie kümmern ... Wie bei körperlichen, so auch bei psychischen Krankheiten – oder spirituellen, wenn Sie sie so nennen möchten. Sie vermuten nicht, dass ich ein regelmäßiger Wohltäter der Menschheit bin; aber ich mache es Ihnen nicht übel, dass Sie es nicht wissen, denn Sie sind so ziemlich die letzte Person, die ich für anfällig für solche Krankheiten gehalten hätte Geisteskrankheit, und Sie hatten keine Chance, es herauszufinden.

„Soll ich dir nicht sagen, dass ich unter schrecklichen Komplikationen leide?" rief Herr Prohack.

„Was für Komplikationen?"

„Jede Art. Mein Ziel war es immer, mein Leben einfach zu halten, und das ist mir sehr gut gelungen – vielleicht zu gut –, bis ich Geld geerbt habe. Ich habe nichts gegen Geld, aber Komplikationen machen mir schon etwas aus. Ich möchte kein großes Haus – weil es Komplikationen bedeutet, aber ich hasse Hochzeiten, aber ich hasse fremde Dienstboten, aber ich hasse sogar das Risiko von Unfällen Ich habe keine Einwände gegen ein Einkommen, aber ich verlange nur, einfach und vernünftig zu leben, aber stattdessen verwandelt sich mein Leben in eine quadratische Gleichung Ich verbringe immer mehr Zeit damit, mich zu fragen, wohin ich gehe, was ich will und wo genau der Sinn des Lebens liegt. Das ist eine Tatsache, und jetzt weißt du es.

Dr. Veiga erhob sich von seinem Stuhl und setzte sich bewusst auf die Bettkante seines Patienten. Die Geste an sich war hinreichend unprofessionell, aber er krönte sie mit einer weiteren, die wahrscheinlich noch nie zuvor einem Arzt in einem britischen Krankenzimmer vorgekommen war; Er holte ein Taschenmesser hervor und wurde zu seiner eigenen Maniküre, wobei er seine etwas vernachlässigten Hände mit einem wohlwollend kritischen Blick betrachtete und sie anlächelte, als wollte er sagen: „Was sind das für komische Hände!"

Und Herr Prohack hatte das Gefühl, dass der Arzt sagte: „Was für ein lustiger Prohack Sie sind!"

„Mein Freund", sagte Dr. Veiga schließlich (mit seiner Stimme), „mein Freund, ich werde Ihnen nicht verheimlichen, dass Ihre Besorgnis berechtigt war. Sie leiden an einer der häufigsten und schwersten Geistesstörungen. I Ich bin überrascht, aber Sie haben noch nicht herausgefunden, dass es die Erde ist, auf der Sie leben. Sie vermuten, dass es Sirius, Uranus, Aldebaran oder Jupiter ist – sagen wir mal Jupiter sind anders geordnet, und ihre Wahrheit ist nicht unsere Wahrheit; aber lassen Sie mich Ihnen versichern, dass der Name Ihres Planeten die Erde ist und dass auf der Erde eine große, unabänderliche Wahrheit vorherrscht, nämlich: „Das können Sie nicht tun" – hier Dr . Veiga hielt einen geschorenen und fertigen Finger hoch und wedelte feierlich hin und her – „Sie können das nicht tun, ohne Ihren Finger zu bewegen ... Sie waren sich dieser großen Wahrheit bewusst? Warum sind Sie dann verärgert, weil Sie es nicht können?" Wedeln Sie mit dem Finger, ohne ihn zu bewegen? ... Vielleicht bin ich zu subtil für Sie. Sie haben die höchste irdische Tatsache aus den Augen verloren, dass alles nicht nur eine Konsequenz, sondern unzählige Konsequenzen hat . Als Sie geheiratet haben, wussten Sie , dass Sie endlose Konsequenzen nach sich ziehen, und jetzt möchten Sie die Konsequenzen begrenzen. Als Sie ein Vermögen annahmen, wussten Sie, dass Sie endlose Konsequenzen nach sich ziehen würden, und jetzt möchten Sie diese auch begrenzen. Sie möchten die Regeln ändern, nachdem das Spiel begonnen hat. Sie setzen Umstände in Gang, die die Entwicklung Ihrer Familienmitglieder beeinflussen mussten, und wenn die unvermeidlichen neuen Entwicklungen beginnen, erheben Sie Einspruch, einfach weil Sie sie nicht vorhergesehen haben. Sie wussten, dass Geld nicht effektiv existiert, bis es ausgegeben wird, und dass Sie kein Geld ausgeben können, ohne Konsequenzen zu haben, und wenn Ihre Familie Konsequenzen verursacht, indem sie das Geld zum Leben erweckt, beschweren Sie sich, dass Sie ein Märtyrer der Konsequenzen sind und dass Sie hatte nicht mit Komplikationen gerechnet. Mein armer Freund, Sie haben in Ihrer Karriere einen entscheidenden Fehler gemacht – den Fehler, geboren zu werden. Glücklicherweise ist der Fehler heilbar. Ich kann Ihnen mehrere Rezepte geben. Die erste ist Blausäure. Wenn Ihnen das nicht gefällt, können Sie Ihr gesamtes Vermögen an den Sinking Fund zur Tilgung der Staatsschulden spenden und an das Finanzministerium zurückgeben. Wenn Ihnen das nicht gefällt, können Sie Ihre Familie auf mysteriöse Weise verlassen und alleine in Timbuctoo leben. Wenn Ihnen das nicht gefällt, können Sie eine Peitsche kaufen und Ihrer Frau und Ihrer Tochter verbieten, älter zu werden oder sich in irgendeiner Weise zu verändern, unter Androhung von hundert Peitschenhieben. Und wenn Ihnen das nicht gefällt, können Sie sich mit den Grundsätzen vertraut machen, dass weder Sie noch irgendjemand sonst das Zentrum des Universums sind und dass das, was Sie Komplikationen nennen, lediglich ein anderer Name für das Leben selbst ist. Sorge ist Leben, und Leben ist Sorge. Und die Abwesenheit von Sorgen ist der Tod. Ich werde Ihnen nicht sagen, dass Sie reich und beliebt sind und sich daher keine Sorgen machen müssen. Ich sage Ihnen, Sie müssen sich große Sorgen machen, weil Sie reich und beliebt sind ... Die andere Hand lasse ich für morgen übrig." Dr. Veiga ließ die Klinge der Tasche herunterschnappen -Messer.

„Plattitüden!" rief Herr Prohack.

„Sicherlich", stimmte der Quacksalber zu. „Aber ich habe Ihnen schon einmal gesagt, dass ich meinen Lebensunterhalt verdiene, indem ich jedem erzähle, was jeder weiß."

„Ich stehe auf", sagte Herr Prohack.

„Und nicht zu früh", sagte der Quacksalber. „Stehen Sie unbedingt auf und beschäftigen Sie sich mit Ihren Sorgen. Mit allen Sorgen kann man sich befassen."

„Es macht das Leben nicht besser", sagte Herr Prohack.

„Nichts macht das Leben besser, außer dem Tod – und es gibt ein widerliches Gerücht, dass es keinen Tod gibt. Wo soll ich einen Bleistift finden, mein Lieber? Ich habe meinen vergessen und möchte Mrs. Prohacks Tonikum verschreiben."

„Im Boudoir dort", sagte Herr Prohack. „Was zum Teufel lächelst du da an?"

„Ich lächle, weil ich so froh bin, dass du nicht so weise bist, wie du aussiehst." Und Dr. Veiga verschwand fröhlich im Boudoir.

Fast im selben Moment klopfte Mimi und trat ein. Sie trat ein, starrte Mr. Prohack hart an, und dann zuckten und lockerten sich die Ecken ihres rücksichtslosen Mundes, und sie begann zu weinen.

„Herr Doktor", rief Herr Prohack, „kommen Sie sofort her." Der Arzt kam. „Du sagst, alle Sorgen lassen sich bewältigen? Wie solltest du mit dieser umgehen?"

Der Arzt ließ einen Zettel auf das Bett fallen und verließ lautlos das Zimmer, genau wie Charlie es getan hatte.

IV

Was die Wirkung der Predigt von Dr. Veiga auf Herrn Prohack betrifft, so war es, als ob Herr Prohack ein Schreibtisch mit vielen Schubladen und einer offenen Schublade gewesen wäre und die Predigt in die Schublade geworfen worden wäre und die Schublade zugeschlagen worden wäre und lässig verschlossen. Als die Schublade verschlossen war, wandte sich Herr Prohack der weinenden Gestalt vor ihm zu, die plötzlich aufhörte zu weinen und ganz gefasst und normal wurde.

„Nun, mein Kind", sagte Herr Prohack, „mir wurde gerade mitgeteilt, dass alles eine Konsequenz hat. Ich habe die Konsequenz gesehen. Was ist los?"

Er war ziemlich verärgert über Mimis Tränen, aber in seinem gefährlichen, charakteristischen Wunsch zu gefallen, konnte er die Freundlichkeit nicht aus seinem Ton heraushalten, und Mimi, beruhigt und getröstet, begann schwach zu lächeln, und auch Mr. Prohack bemerkte, dass ihr Mund immer heller wurde wieder Festigkeit.

„Ich sollte Ihnen als Erklärung für alles Persönliche, was ich ihm in Ihrer Gegenwart gesagt habe, sagen, dass der Herr, der gerade gegangen ist, mein medizinischer Berater ist und ich keine Geheimnisse vor ihm habe; in dieser Hinsicht steht er auf Augenhöhe mit Sie und alle anderen auf der Welt ohne Ausnahme. Sie müssen meine Freiheit entschuldigen, seine Aufmerksamkeit auf Sie zu richten.

„Ich sollte mich entschuldigen", sagte Miss Warburton positiv. „Aber Tatsache ist, dass ich nicht die geringste Ahnung hatte, dass du nicht allein bist. Ich war nur ein bisschen verärgert, weil ich verstehe, dass du mich loswerden willst."

"Ah!" murmelte Herr Prohaek, „wer hat Ihnen diese Vorstellung in den absurden Kopf gesetzt?"

Er wusste, dass er seinen Charme ausübte, aber er konnte nichts dagegen tun.

„Mr. Charles. Er war gerade in meinem Zimmer und hat es mir gesagt."

„Ich hoffe, Sie haben sich daran erinnert, was ich Ihnen über Ihre Pflichten ihm gegenüber gesagt habe."

„Natürlich, Herr Prohack." Sie lächelte erneut; und ihr Lächeln, so klug, so selbstbewusst, so rätselhaft, verstörte Mr. Prohack ein wenig.

„Was hat mein Sohn zu dir gesagt?"

„Er sagte, dass er dringend eine äußerst kompetente Sekretärin brauche – vertraulich – und dass er sicher sei, dass ich genau die Frau sei, die zu ihm passe, und dass er mir das Doppelte meines Gehalts geben würde."

„Hast du ihm gesagt, wie viel du bekommst?"

"NEIN."

„Nun, ich auch nicht! Und dann?"

„Dann erzählte er mir alles über sein Unternehmen, wie groß es war und auch schnell wuchs, und dass er auf der Suche nach einer jungen Frau war, die Fingerspitzengefühl und Einfallsreichtum hatte und mit jedem reden konnte, vom Bankdirektor bis zum Mechaniker oder Geistlichen." , und dass oft Zehntausende von Pfund von meinem Taktgefühl abhängen könnten und dass es Ihnen nichts ausmachen würde, wenn ich von Ihnen zu ihm versetzt würde.

„Und ich nehme an, er hat dich gebeten, sofort mit ihm zu gehen?"

„Nein, Anfang nächster Woche."

"Und was hast du gesagt?" forderte Herr Prohack, erstaunt und verängstigt über die Manöver seines skrupellosen Sohnes.

„Natürlich habe ich gesagt, dass ich dich unmöglich verlassen könnte – es sei denn, du sagst mir, ich soll gehen, und dass ich dir alles schuldig bin. Dann fragte er mich, was ich für dich getan habe, und ich sagte, dass ich gerade besonders damit beschäftigt sei, einen Zeitplan zu erstellen." von all Ihren Neuanschaffungen und der Überprüfung der Konten der Ausstatter usw. Da fällt mir ein, dass ich es noch nicht geschafft habe, die Krawatten richtig zu machen.

"Du lieber Himmel!" rief Herr Prohack aus. „Es ist mir nicht gelungen, die Krawatten richtig zu machen! Aber das ist sehr ernst. Die Krawatten sind am wichtigsten. Am wichtigsten!"

"Oh!" sagte Mimi. „Wenn nötig, werde ich in meiner Mittagspause zur Bond Street laufen."

An diesem Punkt begann sich die Schublade im Schreibtisch von selbst aufzuschließen und zu öffnen, und Mr. Prohacks Blick erhaschte einen flüchtigen Blick auf eine Seite der Predigt.

Mimi fuhr fort:

„Wir dürfen nicht vergessen, dass es rund um das neue Haus Hunderte von Dingen zu erledigen gibt.“

"Werden da?"

„Nun, Mrs. Prohack hat Machin erzählt, und Machin hat mir gerade gesagt, dass alles mit der Übernahme des Hauses geklärt ist. Und ich weiß, was es bedeutet, ein Haus zu übernehmen. Mr. Carrel Quire hat immer neue Häuser übernommen.“

„Aber vielleicht könnten Sie das Haus im Auge behalten, selbst wenn Sie zu Mr. Charles gehen würden?“

„Dann ist es wahr“, sagte Mimi. „Du willst, dass ich gehe.“ Aber sie zeigte keine Anzeichen dafür, erneut zu weinen.

„Sie müssen verstehen“, sagte Herr Prohack mit viel Wohlwollen, „dass mein Sohn mein Sohn ist. Natürlich sind meine Kleider auch meine Kleider. Aber Charles ist in einer schwierigen Lage. Er steht am Anfang seiner Karriere, während ich Ich bin am Ende meiner Kräfte. Er braucht jede Hilfe, die er kriegen kann, und er kann es sich leisten, mehr zu bezahlen als ich. Und selbst um den Preis, dass ich meine eigene Krawatte kontrollieren muss, möchte ich ihm nicht im Weg stehen. So sehe ich das. Allerdings habe ich Charlie ganz sicher nicht gesagt, dass ich dich freilassen werde.

„Das verstehe ich durchaus“, sagte Mimi. „Und natürlich, wenn man es so ausdrückt –“

„Du wirst immer noch in der Familie sein.“

„Es wird mir sehr leid tun, Sie zu verlassen, Mr. Prohack.“

„Zweifellos. Aber Sie werden noch lieber zu Charles gehen, obwohl Sie bei ihm eher wie ein Kessel am Schwanz eines tollwütigen Hundes sein werden als wie eine vertrauliche Sekretärin.“

Mimi hob ihre Nasenspitze.

„Entschuldigen Sie, Mr. Prohack, ich werde *nicht* gern zu Mr. Charles gehen. Jedes Mädchen wird Ihnen sagen, dass sie lieber für einen Mann in Ihrem Alter arbeitet als für einen Jungen. Jungen sind nicht interessant.“

„Ja“, murmelte Herr Prohack. „Eine ziemlich angenehme Theorie. Und ich habe sie schon mehr als einmal von Mädchen gehört. Aber ich habe noch nie eine Bestätigung in der Praxis gesehen. Und ich glaube nicht daran. Ich werde dir etwas über dich erzählen, Don." Ich weiß es nicht. Und wenn ich mich geweigert hätte, dich gehen zu lassen, hätte ich einen Märtyrer statt einer Sekretärin gehabt. Du willst ein Feld für dein bemerkenswertes Verschwörungstalent und Schikane. Du weißt aus Erfahrung, dass es hier wenig Spielraum gibt Sie können Charles meine Entscheidung telefonisch mitteilen. Ich werde jetzt aufstehen und alle meine neuen Krawatten auf einmal tragen.

Miss Warburton ging in einem Zustand voller Emotionen.

Als sich Herr Prohack mit aller Gemächlichkeit schön anzusehen begann, überlegte er: „Ich bin sehr impulsiv. Ich habe das Mädchen einfach in die Arme dieses Jungen geworfen. Eve wird etwas dazu zu sagen haben." Es gibt eine Komplikation, die mir nicht in den Sinn kommt.

Eve kam nach Hause, als er die Treppe hinunterstieg, und sie blies ihn erneut nach oben, schloss die Schlafzimmertür und schob ihn in die Privatsphäre des Boudoirs.

„Es ist alles geklärt", sagte sie. „Ich habe den Mietvertrag für ein Jahr unterschrieben. Charlie sagte, ich könnte, und es würde Ihnen Ärger ersparen. Es spielt keine Rolle, ob Sie den Scheck über die erste Halbjahresmiete unterschreiben, nur das Haus selbstverständlich in meinem Namen. Wie hübsch du bist, Liebling!" Und sie küsste ihn und band eine der neuen Krawatten neu. „Aber das wollte ich dir nicht sagen, Liebling." Ihr Gesicht wurde ernst. „Wissen Sie, dass ich mir ziemliche Sorgen um Charlie mache – und Ihre Freundin Lady Massulam. Sie sind heute Morgen wieder weg."

"Mein Freund?"

„Nun, du weißt, dass sie dich liebt. Es wäre absolut schrecklich, wenn – wenn – nun, du verstehst, was ich meine. Ich habe gehört, dass sie wirklich eine Witwe ist, also – nun, du verstehst, was ich meine! Ich bin überzeugt, dass sie es ist mindestens dreißig Jahre älter als Charlie. Aber sie ist Französin, und französische Frauen sind so schlau ... Bei ihnen kann man nie sicher sein.

„Herzflattern", sagte Herr Prohack plötzlich begeistert. „Regen Sie sich nicht auf. An all das habe ich bereits gedacht und Maßnahmen ergriffen, um mich davor zu schützen. Ich werde Charlie meine Sekretärin geben. Sie wird dafür sorgen, dass Lady Massulam keine weiteren Einnahmen erzielt." Komm voran, vertraue ihr!"

„Arthur, wie schlau du bist! Niemand außer dir hätte daran gedacht. Aber ist es nicht auch ein bisschen gefährlich? Du siehst – nicht wahr?"

Herr Prohack schüttelte den Kopf.

„Ich nehme an, Sie haben die Liebesgeschichte im *Daily Picture gelesen* “, sagte er. „In *The Daily Picture* heiratet die Stenotypistin immer den Millionär. Aber außerhalb von *The Daily Picture* bezweifle ich, dass diese romantischen Dinge wirklich passieren. Allein in der Stadt gibt es 65.000 weibliche Stenotypistinnen, zusätzlich zu etwa einer Million in Whitehall. Die Möglichkeiten für eine Verlobung Es gibt unzählige Millionäre und Staatsminister. Aber seit der Erfindung der Schreibmaschinen hat keine einzige Stenotypistin in St. George's, Hanover Square, geheiratet.

Kapitel XVII
Romantik

ICH

Schon am nächsten Tag verspürte Herr Prohack eine plutokratische Stimmung der Überheblichkeit, die zu einem plötzlichen Standortwechsel führte – derselbe wurde nach Frinton-on-Sea verlegt. Die Stimmung wurde durch einen Besuch in der Stadt auf Einladung von Paul Spinner hervorgerufen; und der Besuch beinhaltete Gespräche nicht nur mit Paul, sondern auch mit Smathe und Smathe, den Anwälten, und mit einer Börsenmaklerfirma. Paul übergab seinem Kumpel verkäufliche Wertpapiere, hauptsächlich in Form von Aktien des größten Ölkonzerns und seiner Tochtergesellschaften, für einen riesigen Betrag und riet Herrn Prohack, sie aufgrund der gegenwärtigen Depression zu behalten Da ein großer Streik bevorstand, würden sie wahrscheinlich „höher markiert" werden, bevor Herr Prohack viel älter war. Herr Prohack lehnte den Rat ab, und er lehnte auch den Rat von Anwälten und Börsenmaklern ab, die beide voller Weisheit und Tricks zur Steigerung des Kapitalwerts waren. Was diese Firmen über die Zukunft und über die Folgen von Ursachen und über die „Psychologie der Märkte" wussten, verblüffte den einfachen Terror der Abteilungen; und es war wahrscheinlich unbeantwortbar. Aber da Herr Prohack reich war, machte er sich nicht die Mühe, darauf zu antworten; Er fegte es lediglich mit einer tyrannischen und ungeduldigen Geste weg, die ihn auf mysteriöse Weise sofort zu einer großen Autorität in der Kunst des Investierens machte.

„Jetzt hören Sie mir zu", sagte er gebieterisch, und die Aktienmanipulatoren hörten zu und erinnerten sich daran, dass Herr Prohack seit über zwanzig Jahren Beamter des Finanzministeriums war und daher eine Anhörung wert sein musste – obwohl die Manipulatoren normalerweise viele Stunden in der Woche verbrachten indem er in der Presse und anderswo behauptete, dass die Beamten des Finanzministeriums nichts von Finanzen verstanden hätten. „Jetzt hören Sie mir zu. Mir ist mein Kapital völlig egal. Es kann sich verringern oder erhöhen, und das ist mir egal. Mir geht es nur um meine Zinsen. Ich möchte absolut sicher sein, dass meine Zinsen automatisch sinken Keine andere Überlegung berührt mich. Ich bin kein Wucherer, und wenn ich jemals den Wunsch verspüre, das Imperium enger zusammenzuschweißen Versuchen Sie, es zu tun, ohne einen Gewinn daraus zu machen. Daher sind Staatspapiere, die britische Regierung oder das koloniale Großbritannien, natürlich schon immer faul. Das werde ich immer tun. Aber ich bin höllisch abgeschottet, wenn es um Investitionen geht: Sie wissen, wo Sie sich befinden Ich möchte sogar welche. Ich kann mir die

Zerschlagung des britischen Empire vorstellen, aber ich kann mir nicht vorstellen, dass Manchester seine Zinszahlungen verweigert. Kannst du?" Und er schaute sich um und wartete auf eine Antwort, aber es kam keine Antwort. Niemand wagte sich zu rühmen, er könne sich Manchesters Zahlungsverzug vorstellen.

Gegen Ende des anstrengenden Tages verließ Herr Prohack die Stadt und hinterließ einen immensen Ruf für seinen finanziellen Scharfsinn und einen Investitionsplan, bei dem er absolut mit einem bescheidenen regelmäßigen Einkommen von 17.000 Pfund pro Jahr rechnen konnte. Er opferte über 5.000 Pfund pro Jahr, um sich von den Ängsten eines Investors zu befreien, und er schätzte, dass sein Seelenfrieden bei hundert Pfund pro Woche billig war. Allein dieses Detail zeigt, wie sehr die Vorliebe des Mannes für teuren Luxus gewachsen war.

Natürlich kam er geschwollen nach Hause. Nun geschah es, dass auch Eva wegen ihres Triumphs über das Haus am Manchester Square einen großen Kopf hatte. Es kam zu einem Konflikt der Individualitäten. Eine Kleinigkeit, sogar eine ganz angenehme Kleinigkeit! Nichts, was die Diener nicht mit Vorteil hören könnten. Aber bevor man „Messer" sagen konnte, hatte Herr Prohack gesagt, dass er in den Urlaub fahren und Eve im Stich lassen würde, um den Umzug nach Manchester Square so zu regeln, wie sie wollte, und Eve hatte sich der Herausforderung gestellt und es stand fest, dass Mr. Prohack sollte nach Frinton-on-Sea gehen.

Eve wählte Frinton-on-Sea für ihn aus, weil Dr. Veiga es ihr selbst empfohlen hatte. Sie hatte eine umfassende Vorstellung von der Ehe als einem Gemeinwesen. Sie liebte es, Mr. Prohacks Medikamente einzunehmen, und sie bestand nun darauf, dass er ihr die Wasserstellen nahm. Herr Prohack sagte, dass der drohende große Streik seine Reise verhindern könnte. Puh! Sie lachte über solche Ängste. Sie fuhr ihn selbst zur Liverpool Street.

„Vielleicht sehen Sie Ihre Freundin Lady Massulam", sagte sie, als der Wagen in das Bahnhofsgelände einfuhr. (Wieder einmal fielen ihm die Worte „Ihr Freund", die Lady Massulam vorangestellt waren, auf, aber er äußerte sich dazu nicht.)

„Warum Lady Massulam?" er hat gefragt.

„Wussten Sie nicht, dass sie ein Haus in Frinton hat?" antwortete Frau Prohack. „Das hat heutzutage jeder. Das ist das Richtige."

Sie sah ihn nicht im Zug, weil sie es wegen der Butler eilig hatte. Herr Prohack wurde in der Buchungshalle losgelassen und hatte ein wunderbares, neuartiges Gefühl der Freiheit.

Seit seiner Heirat war er nie allein in den Urlaub gefahren und hatte auch nie den Wunsch gehabt, dies zu tun. Er hatte das Gefühl, am Rande einer Romanze zu stehen. Frinton beispielsweise präsentierte sich als Stadt der Romantik. Er kannte es nicht, kannte kaum einen englischen Küstenort, da er es immer geschafft hatte, seine Ferien im Ausland zu verbringen; aber Frinton musste, so war er überzeugt, seltsam romantisch sein. Der Zug dorthin hatte einen Aspekt, der diese Überzeugung bestärkte. Es bestand größtenteils aus First-Class-Wagen, und im Fenster fast jedes First-Class-Abteils und Salons war ein Hinweis angebracht: „Dieses Abteil (oder Saloon) ist Mitgliedern der North Essex Season-Ticket-Holders Association vorbehalten." Herr Prohack, der immer noch etwas geschwollen war, entschied, dass er Mitglied der North Essex Season-Ticket-Inhaber-Vereinigung war, und handelte entsprechend. Sonst hätte er Frinton vielleicht nie erreicht.

Er befand sich in einer Art Club, etwa zwanzig mal sechs Meter groß, wo jeder jeden kannte, außer Mr. Prohack, und wo Karten und andere Spiele, Tee und andere Getränke, Tabak und anderes Unkraut in einer Atmosphäre gespielt und konsumiert wurden höchste Geselligkeit. Herr Prohack wurde ignoriert, aber es gab keine Einwände gegen ihn. Seine Mitreisenden betrachteten ihn vorsichtig, als einen neuen Kumpel. Der Oberdiener und Spender war sehr umgänglich, wie einem vielversprechenden Neuling gegenüber. Nur der Fahrkartenkontrolleur hob ihn von allen anderen ab, indem er vor ihm stehen blieb.

„Meine letzte Stunde ist gekommen", dachte Herr Prohack, als er sein elendes weißes Rückflugticket hervorholte.

Alle starrten; der Inspektor starrte; aber nichts ist passiert. Herr Prohack verspürte das Gefühl der Gnadenfrist und auch das Gefühl, getauft oder in einen Geheimbund aufgenommen worden zu sein. Vierzig Gespräche über körperliche Ablenkungen und Luxusgüter, über die bösartige und alberne Verlogenheit streikender Männer und über das nahende katastrophale Ende aller Dinge hörte er herzlich zu.

Mittlerweile schien das gesellschaftliche Gefüge im Bus zumindest recht gut zusammenzuhalten. Bevor der Zug die halbe Strecke nach Frinton zurückgelegt hatte, schätzte Herr Prohack – und das zu Recht –, dass er bereits dort war. Tatsache war, dass er dort war, seit er den Saloon betreten hatte. Nach zwei Stunden kam der stark verkürzte Zug mitten in einer dunklen Ebene zum Stehen, und im Handumdrehen verschwand die gesamte Waggonbesatzung daraus, und Mr. Prohack sah den Namen „Frinton". an einer flackernden Öllampe und erkannte, dass er sich vor den Toren des angesagtesten Resorts Englands befand, einem Ort, an dem sogar das Ozon exklusiv war. Das Bahnhofspersonal staunte über ihn, weil er nicht wusste, wo das Majestic Hotel war, und weil er ohne Vorankündigung nach einem Taxi, einem Flugzeug, einem Omnibus oder irgendetwas auf Rädern fragte. Alle anderen Passagiere waren verschwunden. Das exklusive Ozon war für Herrn Prohack voller aufregender Romantik, während das Stationspersonal über seinen einzigartigen und unverständlichen Fall nachdachte. Dann tauchte aus der Nacht ein winziger Omnibus auf.

„Ist das der Majestic-Bus?" Herr Prohack erkundigte sich beim Fahrer.

„Das ist es, wenn Sie so wollen, Sir", antwortete der Fahrer.

Herrn Prohack hat gefallen....

Das Majestic war groß und schlicht und ähnelte in seiner Einrichtung, der Sprache und Zusammensetzung der Speisekarte und dem Dialekt der Kellner einem Schweizer Hotel. aber es war etwa fünfzehn Grad kälter als im höchstgelegenen Hotel der Schweiz. Der Speisesaal war mit Lampen mit Rosenschirmen beschattet und es erfüllte das höfliche Flüstern eleganter Paare und Trios, und als Vorspeise gab es Kabinettpudding: eine schöne Präsentation angesichts des tiefen Winters und der Nebensaison.

Herr Prohack machte nach dem Abendessen einen kurzen Spaziergang im Ostwind. Einsamkeit! Schwärze! Nacht! Ostwind in den Büschen der Gärten, die die Fassaden großer Häuser schützten! Keine Seele! Kein Polizist! Er stieg unsicher zum weiten, glatten Strand hinab. Das Rauschen des Meeres! Romantik! Mr. Prohack schien wie Ozymandias kilometerweit auf dem einsamen und ebenen Sand zu laufen. Dann glaubte er, ein sich bewegendes Objekt zu erkennen. Er hat sich nicht geirrt. Es kam auf ihn zu. Es wurde ein Mann und eine Frau. Es wurde ein Mann und eine junge Frau Arm in Arm und Seele in Seele. Und da war nichts außer dem verschlossenen Paar und dem Rauschen des unsichtbaren, unermesslichen Meeres und dem Ostwind und Mr. Prohack. Romantik strömte durch Mr. Prohacks Rücken.

„Also sagte ich zu ihm", sagte der Mann zu der jungen Frau, als das Paar an Herrn Prohack vorbeikam, „ich sagte zu ihm: ‚Ich könnte ein Pint davon gebrauchen', sagte ich."

III

Am nächsten Morgen erhob sich Mr. Prohack eifrig aus seinem harten Bett und wurde im Flur vom Hotelmanager begrüßt, einem riesigen, sonnengebräunten, fröhlichen Menschen mittleren Alters in Flanellhemden und einem glühenden Blazer, der ihn fragte über seine Interessen am Golf und Hartplatztennis. Mr. Prohack, so sehr er sich auch in eine seltsame Romanze vertieft fühlte, war bereit, sich für diese Spiele zu interessieren, aber sein Selbstschutzinstinkt warnte ihn, dass diese Spiele, da sie nicht alleine gespielt werden konnten, wenn er sich ihnen hingeben würde, Bringen Sie ihn mit Leuten in Kontakt, die sich als langweilig erweisen könnten. Deshalb änderte er das Gespräch und fragte, ob er zum Frühstück Erdbeermarmelade haben könne. Das Gesicht des Managers veränderte sich augenblicklich und wurde immer strenger. War Herr Prohack exzentrisch? Wollte er die ruhigen Gewohnheiten des Hotels stören? Der Manager versprach, es zu sehen. Er sah es und gab bekannt, dass er „Angst" habe, dass Herr Prohack keine Erdbeermarmelade zum Frühstück haben könnte. Und Herr Prohack sagte sich: „Was hätte mein Sohn Charles getan?" Während eines einsamen Frühstücks (mit Brombeermarmelade) im riesigen Speisesaal kam Herr Prohack zu dem Schluss, dass Charles den Manager anders angegangen wäre.

Nach dem Frühstück traf er den Manager wieder und erkundigte sich nicht bei ihm, ob es eine Möglichkeit gäbe, ein Auto zu mieten. Er sagte kurz:

„Ich möchte bitte ein Auto mieten. Es muss pünktlich in einer halben Stunde hier sein."

„Ich werde mich selbst um die Sache kümmern", sagte der Manager bescheiden.

Das Auto hielt das Rendezvous und Mr. Prohack musterte Frinton vom Auto aus. Er bewunderte das prächtige Reservat Frinton, den englischsten Ort, den er je gesehen hatte. Die Häuser gaben nichts her; die frierenden Einkaufsfrauen auf der Straße gaben nichts preis; und sicherlich haben die Geschäfte nichts verschenkt. Die Zeitungsplakate kündigten an, was dem Ende der bestehenden Gesellschaftsordnung gleichzukommen schien; aber Frinton errötete und zitterte offenbar nicht; Es ging ruhig und kraftvoll in den Tag (der Samstag war) und stützte sich dabei auf das große britische Axiom: „Ignorieren heißt zerstören." Es ignorierte das Ende der bestehenden Gesellschaftsordnung, und siehe da! es gab kein Ende. Herr Prohack trieb verschiedene lange und unendlich gerade Alleen geschützter Häuser auf und ab und war überall verwirrt in seinem menschlichen Wunsch, Frinton auf halbem Weg entgegenzukommen. Er hielt das Auto beim Postamt an und telegrafierte an seine Frau: „In dieser Stadt gibt es keine Erdbeermarmelade. Liebe Grüße, Arthur." Das Mädchen hinter der Theke sagte: „Einen und einen Penny, bitte" und sah ihn eindringlich an. Fünf Minuten später kehrte er zum Postamt zurück und telegrafierte an seine Frau: „Im vorherigen Telegramm wurde nicht erwähnt, dass Frinton der großartigste Ausdruck angelsächsischen Charakters ist, den ich je getroffen habe. Liebe Grüße, Arthur." Das Mädchen hinter der Theke sagte: „Zwei und drei, bitte", starrte ihn genauer an und errötete. Als Mr. Prohack das

Erröten bemerkte, sandte er sofort ein drittes Telegramm an seine Frau: „Aber es hat bezaubernde Schwächen. Liebe Grüße, Arthur." Außerordentlich glücklich und fröhlich fuhr er aus Frinton heraus, um im belebenden Ostwind den Rest von Nordost-Essex zu besichtigen.

Am Abend schlief er in der Lounge ein, während er auf das Abendessen wartete, da er sich viel zu früh angezogen hatte und der Ostwind viel zu stark war. Als er aufwachte, bemerkte er eine andere Atmosphäre im Hotel. Jugend und Glanz waren darin eingezogen. In der Lounge herrschte Lebhaftigkeit und Erwartung; und Herr Prohack erfuhr, dass Samstagabend eine Gala war, mit Tanz und besonderer Bridge. Nicht einmal die Nachricht, dass der Stargast des Hotels, Lord Partick, plötzlich unpässlich war und auf sein Zimmer beschränkt war, konnte den neuen Optimismus des Ortes trüben.

Beim Abendessen ging der Manager um die kleinen Tische herum und unterhielt sich prächtig mit den Gästen über die sportlichen Leistungen des Tages. Und als Mr. Prohack sah, dass er selbst an die Reihe kam, kam es ihm so vor, als wäre er an Bord eines Schiffes. Er befürchtete das Schlimmste und das Schlimmste kam.

„Vielleicht möchten Sie einen vierten Platz auf der Bridge schaffen. Wenn ja …", sagte der Manager fröhlich. „Oder vielleicht tanzt du. Wenn ja –"

Mr. Prohack schloss die Augen und gab eine vage Bejahung von sich.

Und sobald der Manager ihn verlassen hatte, blickte er im Raum auf die allzu blonden jungen und alten Frauen und fragte sich ängstlich, welches sein Anteil für Bridge oder Tanz sein würde. Nach dem Abendessen zündete er sich im Aufenthaltsraum eine Zigarre an und beobachtete, wie der Ballsaal (normalerweise der Salon) erleuchtet wurde und die Musiker eintraten. Dann beobachtete er, wie der Manager mit zwei hochmütigen Beldames und einem alten Herrn plauderte, und alle drei warfen Mr. Prohack prüfende Blicke zu, und Mr. Prohack wusste, dass er für Bridge und nicht für Tanzen bestimmt war, und der Manager ging auf ihn zu. und Mr. Prohack atmete seinen vorletzten Seufzer aus …

Aber die Drehtüren am Eingang drehten sich, und aus der frintonischen Nacht erschien Lady Massulam, prächtig eingehüllt. Selten hatte Mr. Prohacks Brust eine tiefere Mischung aus Erstaunen und Trost empfunden. Bisher hatte er sich nicht besonders um Lady Massulam gekümmert und konnte nicht erkennen, was Charlie in ihr sah. Jetzt sah er, was Charlie sah, und vielleicht noch mehr. Sie hatte mehr als nur Würde – sie hatte Stil. Und sie forderte feminin heraus. Sie war wie eine Brise an der französischen Küste für eine britische Bark, die dumpf im Ärmelkanal kreuzte. Sie freute sich über den Anblick von Herrn Prohack, und ihre Begrüßung veränderte die Haltung der Manager gegenüber dem bescheidenen Terror der Abteilungen erheblich.

Der Manager teilte Lady Massulam respektvoll mit, dass Lord Partick unwohl sei, und entfernte sich respektvoll. Anschließend behandelten Lady Massulam und Mr. Prohack einander wie neue Spielzeuge. Mr. Prohack musste erklären, warum er in Frinton war, und Lady Massulam erklärte, dass sie immer, wenn sie am Wochenende in Frinton war, ins Majestic kam, um mit dem alten Lord Partick Bridge zu spielen. Es schmeichelte ihm; sie mochte ihn, obwohl er seinen Adelsstand erkauft hatte; er war ein guter Spieler – sie war es auch; und schließlich hatten sie geschäftliche Beziehungen gehabt, und finanziell kümmerte sich Lord Partick um sie wie um ein junges Mädchen.

Mr. Prohack war erleichtert, als er erfuhr, dass Lady Massulam nicht in das Majestic Hotel Frinton geschlendert war, um mit niemandem Besonderem Bridge zu spielen. Dennoch war sie den Stammgästen offenbar gut bekannt, und mehrere von ihnen kamen auf sie zu, um sie zu begrüßen. Sie hielt sich in ihrer ruhigen lateinamerikanischen Art mit ihnen auf, ermutigte sie weder, noch entmutigte sie sie und wandte sich jedes Mal wieder an Mr. Prohack an ihrer Seite.

„Wir werden gezwungen sein, Bridge zu spielen, wenn wir nicht aufpassen“, murmelte sie ihm ins Ohr, als eine Witwe auftauchte, die größer war als sie.

„Ja“, murmelte Mr. Prohack, „seit dem Abendessen spüre ich die Gefahr. Wollen Sie mit mir tanzen – natürlich nicht aus Vergnügen – ich will mir nicht schmeicheln –, sondern als Mittel zur Erlösung?“

Die Witwe beharrte mit einem äußerst eindeutigen Vorschlag für eine Bridge im Kartenraum. Lady Massulam gab definitiv an, dass sie mit dem Tanzen verlobt sei ...

Nun, natürlich war Lady Massulam selbst so etwas wie eine Galeone; aber sie war eine wunderschöne Tänzerin; das heißt, sie reagierte perfekt auf den männlichen Willen; sie brauchte kein Drücken und kein Ziehen; Sie gehorchte seinem Willen so leichtfertig wie ein junges Mädchen. Ihr kunstvoll frisiertes Haar hatte einen angenehmen Duft; ihr Teint war eine höchst gelungene Leistung; Alles an ihr hatte eine ruhige und doch umwerfende Eleganz, die ohne Rücksicht auf die Kosten erreicht worden war. Ihre Figur war von beachtlicher Größe, aber ihre wichtigen Konturen hatten einen weichen und zarten Charme. Und das alles war in den Augen von Mr. Prohack nichts im Vergleich zu ihrem Blick. Hin und wieder erhaschte er im Foxtrott einen Blick. Es war schelmisch, kokett, ewig jugendlich und herausfordernd; und es drückte Freude am Foxtrott aus. Herr Prohack tanzte besser als je zuvor in seiner Karriere als Tänzer. Sie ließ ihn besser tanzen. Sie war nicht dieselbe Frau, die er zum ersten Mal beim Mittagessen im Grand Babylon Hotel getroffen hatte. Sie war eine neue Offenbarung voller Möglichkeiten. Herr Prohack erinnerte sich an den Satz seiner Frau: „Sie wissen, dass sie Sie liebt." Er hatte es nicht gewusst. Ehrlich gesagt war ihm eine solche Idee nicht in den Sinn gekommen. Aber verehrte sie ihn? Nicht „lieben" – natürlich –, aber hatte sie eine gewisse Vorliebe für ihn?

Herr Prohack wurde der jüngste Mann im Raum – ein außergewöhnlicher Fall von Verjüngung. Er blickte triumphierend durch den Raum. Er schnüffelte an der blechernen und klickenden Musik in seinen vibrierenden Nasenlöchern. Er empfand keinen Neid auf einen Mann im Raum. Als die Band pausierte, klatschte er wie ein Kind für eine weitere Portion Foxtrott. Am Ende der dritten Dosis waren beide etwas atemlos und hatten Eis. Nach einem Walzer erkannten beide, dass es unklug wäre, zu viel zu tun, und kehrten in die Lounge zurück.

„Ich wünschte, Sie würden mir etwas über meinen Sohn erzählen", sagte Herr Prohack. „Ich denke, Sie müssen die größte lebende Autorität für ihn sein."

"Hier?" rief Lady Massulam aus.

"Irgendwo irgendwann."

„In meinem Haus wäre es sicherer", sagte Lady Massulam. „Aber bevor ich gehe, muss ich Lord Partick noch eine kleine Nachricht schreiben. Er wird damit rechnen."

So lud sie ihn ins „The Lone Cedar" ein, das auch ihr berühmter Bungalow an der Front war.

IV

„Ihr Sohn", sagte Lady Massulam in einem vertrauten Ton, aber höchst beruhigend wie eine Tante von Charlie, nachdem sie erklärt hatte, wie sie sich in Glasgow kennengelernt hatten, weil sie durch ein und dasselbe Geschäft entfernt verbunden waren, und wie beeindruckt sie davon gewesen war Charlies jugendliche Fähigkeiten: „Ihr Sohn hat ein sehr großes Talent für große Angelegenheiten, aber er spielt jetzt ein gefährliches Spiel – viel gefährlicher, als er sich vorstellt, und er lässt sich nicht warnen. Er verkauft etwas, das er nicht hat, bevor er es merkt." Welchen Preis wird er dafür zahlen müssen?"

"Ah!" hauchte Herr Prohack.

Sie saßen zusammen im reich verzierten Wohnzimmer des Bungalows am Feuer. Lady Massulam saß aufrecht in ihrem schlichten und doch gewagten Abendkleid. Mr. Prohack saß mit formloser Anmut in einem riesigen Sessel neben einem Whiskey-and-Soda-Restaurant. Sie hatte ihn nicht zum

Rauchen aufgefordert; er rauchte nicht und hatte auch keine Lust zu rauchen. Sie war ein herrlich reifes Exemplar einer Frau. Er stellte sie sich jung vor und beschloss, dass er den Herbst dem Frühling vorzog. Sie redete weiter über Finanzen.

„Sie bewegt sich in Regionen, die Eva niemals kennen kann", dachte er. „Aber wie merkte Eva, dass sie Gefallen an mir gefunden hatte?"

Die angebliche Gefahr für Charlie beunruhigte ihn kaum. Ihre Wertschätzung oder Abwertung Charlie gegenüber interessierte ihn nur insofern, als sie ein Mittel zum Ausdruck ihrer Persönlichkeit war. Er hatte noch nie eine solche Frau getroffen. Er antwortete ihr mit einer Lebhaftigkeit, die ihn selbst überraschte. Er schaute sich verstohlen im Zimmer um, das hier hell erleuchtet und dort dunkel war, und er begriff, wie jedes Detail seiner mannigfaltigen Pracht ihren Geist und ihr Herz treffend illustrierte. Sein eigenes Herz war voller ganz neuer Empfindungen.

„Natürlich", sagte sie, „wenn Charles die wirklich große Figur werden soll, die er sein könnte, muss er seinen größten Fehler heilen, und vielleicht ist er unheilbar."

„Ich weiß, was das ist", sagte Herr Prohack leise, aber positiv.

"Was ist es?" Ihr Blick traf seinen.

„Seine verdammte Zurückhaltung, sein Mangel an Elastizität, sein Mangel an Anpassungsfähigkeit. Die alte britische Illusion, dass alles zu dem kommt, der sich nicht rührt. Na ja, für ihn ist es eine Zehn-Pferde-Kraftanstrengung, auch nur zu lächeln!"

Lady Massulam schien von ihrem Stuhl aufzuspringen und brach schnell ins Französische ab:

, was ich in deinem schrecklichen England gelitten habe! Aber du ahnst nicht, was ich gelitten habe! Sie schließen. Niemals muss ich anfangen – sie sagen sich: „Was für eine seltsame Frau!" Sie heben ihre Schultern. Sie haben nie Mitleid mit mir, aber sie haben mir die Lektion nicht beigebracht Wer von euch kann verschlossener sein als ich? Ich schmeichele mir, dass ich schrecklicher sein kann als jede englische Frau oder jeder englische Mann. Aber was für ein Märtyrertum! ! In Paris würde ich einem *Emigranten* ähneln . Und die Leute würden sagen: „Es hat überhaupt keinen Namen." Außerdem mag ich dich, Englisch. Du bist schrecklich, aber auf dich kann man zählen.... *Vous y êtes* ?

„*J'y suis* ", antwortete Mr. Prohack entzückt.

Lady Massulam nahm in ihrer Aufregung das Glas und nippte daran.

"Begnadigung!" sie weinte entsetzt. „Es gehört dir", und stellte das Glas wieder auf den lackierten Tisch.

Herr Prohack hatte auch den Verstand, zu trinken. Sie redeten weiter ... Eine silberne Zunge vibrierte aus der Halle mit feierlicher britischer Überlegung – Eins! Zwei! Die Luft pulsierte viele Sekunden lang im Rhythmus des Geräusches.

"Du lieber Himmel!" rief Herr Prohack und erhob sich alarmiert. „Und das ist Frinton!" Sie ließ ihn selbst heraus, mit allen sanften Vorsichtsmaßnahmen, um die frintonische Welt nicht zu schockieren. Die Art und Weise, wie er das Majestic Hotel zurückeroberte, kann nur dadurch beschrieben werden, dass er „einen Eingang herbeiführte". Er ging zu Bett, schlief aber nicht ein.

„Was zum Teufel ist mit mir passiert?" fragte er sich erstaunt. „Ist es etwas Ernstes? Oder bin ich doch nur Engländer?"

V

Spät am nächsten Morgen, als er träumte, weckte ihn ein Diener mit der Nachricht, dass ein Chauffeur ihn verlange. Aber er war müde und schlief wieder. Zwischen Mittag und ein Uhr traf er auf den Chauffeur. Es war Carthew, der angab, dass seine Geliebte ihn mit dem Auto geschickt hatte. Sie hatte das Gefühl, dass er das Auto brauchen würde, um sich fortzubewegen. Sie selbst würde ohne es auskommen.

Herr Prohack schwieg einige Augenblicke und sagte dann:

„Seien Sie in einer Viertelstunde startbereit."

„Vor dem Mittagessen, Sir?"

"Vor dem Mittagessen."

Herr Prohack bezahlte seine Rechnung und packte.

„In welche Richtung, Sir?" fragte Carthew, als der Adler unter dem Portikus des Hotels hervorkam.

„Es gibt nur eine Straße aus Frinton heraus", sagte Herr Prohack. „Das ist die Straße, über die Sie gekommen sind. Nehmen Sie sie. Ich möchte so schnell wie möglich wieder weg. Das Klima an diesem Ort ist das gefährlichste und trügerischste, in dem ich je war."

„Wirklich, Herr!" antwortete Carthew höflich, aber gleichgültig. „Der Ostwind, nehme ich an, Sir?"

„Überhaupt nicht. Der Südwind."

Kapitel XVIII
Eine obdachlose Nacht

ICH

Wie berauschend (Herr Prohack fand es), ohne Ziel unterwegs zu sein! Es war Sonntagmorgen und der Morgen war für die Jahreszeit wunderbar. Mr. Prohack hatte eine sehr schöne Nacht gehabt, und jetzt verspürte er ein merkwürdiges Verlangen, sich etwas oder jemandem zu widersetzen, sich zu verteidigen und darauf hinzuweisen, dass er, falls ihn jemand der Feigheit bezichtigte, sich erst nach ihm aus der Gefahr zurückgezogen hatte hatte es ziemlich beleidigt. Noch merkwürdiger war das doppelte, widersprüchliche Gefühl, sich gleichzeitig gerecht und sündig zu fühlen. Den Vorwurf der Bosheit hätte er zurückgewiesen, und doch war das Gefühl, böse zu sein, wirklich sehr lustig. Es schien, als hätte er eine neue Seite seines Lebens begonnen und dann die Seite herausgerissen – und möglicherweise das ganze Buch ruiniert. Respekt vor Eva, natürlich! Respekt vor Eva! Oder lag es einfach nur daran, dass er Eva immer ins Gesicht sehen konnte? Indem sie ihm das Auto zur freien Verfügung schickte, hatte Eve eine Meisterleistung vollbracht, die ihn durch ihre Freundlichkeit, ihre Fraulichkeit, ihre Anklänge perverser Selbstaufopferung und vager, zarter Bosheit niederschmetterte. Lady Massulam hing in der riesigen Höhle seines Geistes, eine brillante und äußerst verführerische Gestalt; Aber auch Eve hielt durch, und Mr. Prohack musste zugeben, dass die einfache Eve sich behaupten konnte.

„Mein Scharfsinn ist berühmt", sagte sich Herr Prohack. „Und ich habe nie mehr davon gezeigt, als indem ich Frinton sofort verlassen habe. Nur wenige Männer hätten den Verstand und die Entschlossenheit gehabt, es zu tun." Und er fuhr fort, sich selbst zu loben. So war die Stimmung dieses einzigartigen Mannes.

Hunger – Mr. Prohacks Hunger zog sie nach Frating, einem Dorf ein paar Meilen vor Colchester. Das Gasthaus in Frating war schon vor langer Zeit gebaut worden, ganz ohne Rücksicht darauf, dass es für bestimmte Menschentypen unangemessen ist, in Gegenwart des anderen zu essen oder zu trinken. Kurz gesagt, es gab offensichtlich nur einen Speisesaal und keine Reihe von Speisesälen, die nach Kasten geordnet waren. Herr Prohack, frei, unbekümmert und originell, sagte zu seinem Chauffeur:

„Du isst besser mit mir, Carthew."

„Sie sind sehr freundlich, Sir", sagte Carthew, setzte sich sofort hin und hörte auf, Chauffeur zu sein.

„Nun, ich habe Sie in letzter Zeit nicht oft gesehen“, Mr. Prohack rückte in den Rand der Intimität vor, als drei Gläser Bier und drei Scheiben Derby Round ungleichmäßig zwischen ihnen aufgeteilt worden waren, „oder?“

"Nein Sir."

Mr. Prohack hatte Carthew tatsächlich fast täglich gesehen; aber bei dieser Gelegenheit benutzte er das Wort „sehen“ in einem besonderen Sinne.

„Versteht sich dein Junge gut?“

„Ganz fair, wenn man bedenkt, dass er keine Mutter hat, wenn Sie verstehen, was ich meine, Sir“, antwortete Carthew, schob seinen Stuhl zurück, streckte die Beine aus und stocherte mit einer Gabel in den Zähnen.

"Ah ja!" sagte Herr Prohack mitleidig. „Das ist eine sehr unangenehme Situation für Sie.“

„Es ist nicht peinlich für mich, Sir. Es ist mein Junge, für den es peinlich ist. Ich habe so recht wie der Regen.“

„Keine Chance, dass die Dame zurückkommt, nehme ich an?“

„Nun, sie sollte es besser nicht versuchen“, sagte Carthew grimmig.

„Aber heißt das, dass du in deinem Alter mit dem Sex fertig bist?“ rief Herr Prohack.

„Ich sage es nicht so, wie ich es mit dem Geschlecht *getan habe* , Sir. Er hat Männer und Frauen erschaffen, wie das gute alte Buch sagt; und ich gehe nicht dahinter. Nein, nicht ich! Ich sage nur: Mir geht es *im Moment* so gut wie dem Regen , und sie sollte es besser nicht versuchen.

„Ich wette, Sie werden nicht so weitermachen“, sagte Mr. Prohack und überschritt damit ungestüm die Grenzen des kastenübergreifenden Anstands.

„Wie geht’s weiter?“

„Diese Einstellung von dir.“

„Das wette ich nicht, Sir“, sagte Carthew. „Weil niemand um die Ecke sehen kann. Aber ich verspreche Ihnen, dass ich nie wieder eine Frau *ernst nehmen werde* . Das ist der Fehler, den wir machen, wenn wir sie ernst nehmen. Sehen Sie, Sir, als Chauffeur in den Anfängen der Automobile Ich habe eine Menge Erfahrung, wenn Sie verstehen, was ich meine. Denn damals war ein Chauffeur so, wie er heute ist. Er musste nicht fragen, das tat er auch nicht Was ich sage, ist Folgendes: Ich sage, wir wollen sie ernst nehmen.

„Du denkst, wir sind es!" „‚ sprudelte Mr. Prohack mit leerem Ton, als ihm klar wurde, dass er es mit einer Person zu tun hatte, die durch das Unglück unzugänglich für Argumente geworden war.

„Das tue ich, Sir. Und außerdem sage ich, dass man bei keiner Frau weiß, woran man ist."

„Dem stimme ich zu", sagte Herr Prohack mit einem höflichen Zeichen des Eifers. „Aber Sie schneiden sich von vielem ab, wissen Sie, Carthew", fügte er hinzu und dachte großartig über sein Abenteuer mit Lady Massulam nach.

„Es gibt nur wenige, die gerne an meiner Stelle wären", murmelte Carthew mit klangloser Überlegenheit. „Wenn es Ihnen egal ist, Sir, werde ich einfach einen Blick auf sie werfen, bevor wir wieder anfangen." Er schrammte mit seinem Stuhl grausam über den Holzboden, erhob sich und hörte auf, eine Autorität in Sachen Frauen zu sein.

Während Mr. Prohack sein Privileg ausübte, die Rechnung zu verlangen, abzuwarten und zu bezahlen, sah er zufällig am anderen Ende des langen, leeren Esszimmertisches ein Exemplar von „ *The Sunday Picture* ", der Sabbath-Ausgabe von *The Daily Picture* . Er stand auf und ergriff es, da er davon ausging, dass es mindestens eine Woche alt sein würde. Es erwies sich jedoch als so neu und frisch, wie es nur sein konnte. Herr Prohack warf einen Blick mit feindseliger Toleranz auf die Seiten, bis sein Auge auf die Porträts zweier ihm bekannter Damen nebeneinander stieß. Die eine war Miss Eliza Fiddle, die Wut des West End, und die andere war Mrs. Arthur Prohack, die Frau des bekannten Finanzbeamten. Die Porträts schienen einander gegenübergestellt zu sein, weil Miss Eliza Fiddle gerade ihr schönes Zuhause am Manchester Square an Mrs. Arthur Prohack vermietet hatte.

„Sunday Picture" zu treffen, war schrecklich, aber ebenso schrecklich war für Herrn Prohack die Entdeckung seiner Unwissenheit über den Besitz des Adelshauses. Er hatte verstanden – oder besser gesagt, man hatte ihm zu verstehen gegeben –, dass das Haus und sein Inhalt einem gewissen Adligen gehörten, dessen Kunstgeschmack ebenso gefeiert war wie der seiner herrschaftlichen Vorfahren. Sicherlich konnten weder Eliza Fiddle noch jemand wie sie für die exquisite Dekoration und Einrichtung dieses Hauses verantwortlich sein. Andererseits wäre es sehr charakteristisch für Eliza Fiddle gewesen, das Haus so achtlos zu verlassen, wie es verlassen worden war, mit wertvollen oder unschätzbaren Bibelots, die überall herumlagen. Mit ziemlicher Sicherheit muss Eliza Fiddle tatsächlich Eigentümerin des Ortes gewesen sein. Er wusste, dass schillernde Publikumslieblinge manchmal erstaunliches und geheimnisvolles Glück hatten, wenn es um luxuriöse Häuser ging, und dass einige von ihnen durch eine Reihe solcher Häuser gelangten, eines unerklärlicher als das andere. Er würde die Untersuchung nicht weiterverfolgen, nicht einmal in Gedanken. Er hegte natürlich keinen

Groll gegen die effiziente und anstrengende Eliza, denn es stand ihm völlig frei, kein Geld zu zahlen, um sie zu sehen. Sie muss eine überaus kluge Frau sein; und es stand ihm nicht zu, Steine zu werfen. Und doch, pharisäischer Snob, ärgerte er sich zutiefst darüber, dass sie seiner Frau im *Sonntagsbild gegenüberstehen sollte* ... Eva! Vorabend! Vor ein paar Wochen haben Sie sich über Frauen lustig gemacht, die sich in *The Daily Picture einmischten* . Und jetzt sind Sie selbst dabei! (Aber so und oft war es die Sirene Lady Massulam! Eine heikle Sache, Kritik am Leben!)

Und da war noch ein weiterer Punkt, so scharfsinnig wie jeder andere. Ozzie Morfey muss gewusst haben, Charlie muss gewusst haben, Sissie muss gewusst haben, Eve selbst muss gewusst haben, dass die *faktische* Besitzerin des Adelshauses Eliza Fiddle war. Und niemand hatte ihm die Wahrheit versprochen.

„Ich denke, wir werden uns schwer tun, in die Stadt zurückzukehren", sagte Mr. Prohack zu Carthew mit einem bemitleidenswerten Ausdruck von Heiterkeit. Und anstatt wie zuvor an Carthews Seite zu sitzen, saß er hinter ihm und dachte über Carthews Weisheit nach. Er war der Ansicht, dass Carthews Ansichten durch ein eigenartiges Erlebnis verzerrt waren. Jetzt sah er, dass sie keineswegs verzerrt waren, sondern wohlgeformt, vernünftig und unbestreitbar.

II

An diesem Abend, kurz nach Einbruch der Dunkelheit, rollte der Eagle, staubig und ungepflegt von einer Reise, die nicht frei von Pannen gewesen war, vor der Haustür von Mr. Prohacks ursprünglicher bescheidener Residenz hinter dem Hyde Park; und Mr. Prohack sprang heraus; und Carthew folgte ihm mit zwei Säcken. Das Haus war so dunkel wie die Seele des Besitzers; kein Lichtstrahl in irgendeinem Fenster. Mr. Prohack zog seinen vertrauten Hausschlüssel hervor, kratzte am Rand des Schlüssellochs herum, schob den Schlüssel brutal hinein und öffnete die Tür. Es gab immer noch kein Licht und kein Lebenszeichen. Mr. Prohack blieb auf der Schwelle stehen, dann suchte seine Hand instinktiv nach dem elektrischen Schalter und zog ihn nach unten. Kein reaktionsfähiger Glanz!

„Maschine!" rief Mr. Prohack sozusagen klagend.

Keinen Ton.

„Ich bin ein Narr", dachte Mr. Prohack.

Er zündete ein Streichholz an, ging vorsichtig vorwärts und spähte. Er entdeckte einen leeren Koffer, der auf der Treppe lag. Er stieß gegen die angelehnte Esszimmertür, zündete ein weiteres Streichholz an und machte sich auf den Rückweg. Das Esszimmer war voller Geister, die Möbel waren mit Staublaken bedeckt; und über seiner Lieblings-Chippendale-Uhr war eine Kappe aus Zeitungspapier verarbeitet worden. Er zog sich zurück.

„Legen Sie die Taschen wieder ins Auto", sagte er zu Carthew, der zögernd auf dem vagen Weiß der Vordertreppe stand.

Wie viel wusste Carthew? Mr. Prohack war zu stolz, um zu fragen. Carthew war keine Autorität mehr, wenn es um Frauen ging, die mit Gleichgestellten zu Mittag aßen; Er war als Diener angestellt und bezahlte mit der klaren Vereinbarung, dass er nicht sprechen sollte, bis man ihn ansprach.

„Fahren Sie zum Claridge's Hotel", sagte Mr. Prohack.

"Jawohl."

Am Eingang des Hotels wurde die Gruppe von gigantischen uniformierten Wachen mit dem Respekt empfangen, der einem Adler gebührt. Herr Prohack ignorierte die Wachen und ging majestätisch zum Empfangsbüro.

„Ich möchte bitte ein Schlafzimmer, ein Wohnzimmer und ein Badezimmer."

„Eine private Suite, Sir?"

„Eine private Suite."

„Was – äh – Art, Sir? Wir haben –"

„Das Beste", sagte Herr Prohack endgültig. Er unterschrieb mit seinem Namen und erhielt ein Ticket.

„Bitte lassen Sie mein Gepäck aus dem Auto holen und sagen Sie meinem Chauffeur, dass ich ihn morgen früh um zehn Uhr haben werde und dass er mit dem Auto zur Hotelgarage fahren soll, wo auch immer sie ist, und hier schlafen soll. Ich werde sofort in meinem Wohnzimmer etwas Tee trinken.

Das Hotelpersonal liebte, wie alle Hotelmitarbeiter, einen Kunden, der seine Gedanken genau kannte und sie aussprechen konnte. Herr Prohack wurde vortrefflich bedient.

Nach dem Tee nahm er ein Bad, weil ihm nichts anderes einfiel. Das Bad, wie es bei Bädern üblich ist, inspirierte ihn zu einer Idee. Er machte sich zu Fuß auf den Weg zum Manchester Square, und nachdem er den Platz erreicht hatte, folgte er vorsichtig der Seite gegenüber dem Adelshaus. Das edle Herrenhaus erstrahlte im Licht der winterlichen Bäume. Es ähnelte dem Bühnenbild einer pyrotechnischen Darbietung. Mr. Prohack zitterte in dem feuchten Abend. Dann bemerkte er, dass in dem edlen Herrenhaus Jalousien und Vorhänge zugezogen wurden, um die elende, rohe und von Armut geplagte Welt von seinem großartigen Adel fernzuhalten. Mit Ausnahme des

Scheins im Fächerlicht über den majestätischen Portalen war das edle Herrenhaus jetzt genauso dunkel wie Mr. Prohacks anderes Haus.

Er schloss die Lippen, wappnete sich, ging um den Platz herum zum edlen Herrenhaus und läutete kühn die Glocke. Er musste warten. Er zitterte schuldbewusst, als hätte er und kein Mitglied seiner Familie gesündigt. Noch ein bisschen mehr, und seine Zunge wäre am Gold seiner Oberkieferprothese hängengeblieben. Die Doppelportale schwangen nach hinten. Mr. Prohack erblickte die beleibte Gestalt eines sehr traditionellen Butlers und hinter dem Butler einen Ausblick auf äußere und innere Hallen und flüchtige Einblicke in die hoch aufragende Treppe. Irgendwo in der Ferne hörte er das schallende Lachen seiner Tochter Sissie.

Der Butler sah nachlässig auf ihn herab und forderte ihn heraus, da Mr. Prohack kein Wort sagte.

"Jawohl?"

„Ist Frau Prohack zu Hause?“

"Nein Sir." (Positiv.)

„Ist Miss Prohack zu Hause?“

"Nein Sir." (Positiver.)

"Oh!"

„Würden Sie Ihren Namen hinterlassen, Sir?“

"NEIN."

Abrupt wandte sich Herr Prohack ab. Er hatte schwarze Momente in seinem Leben. Das war das Schwärzeste.

Natürlich hätte er auch direkt hineingehen und zum Butler sagen können: „Hier ist ein Monatslohn. Haken Sie es an.“ Aber er war ein eigenartiger Kerl, der manchmal an der Grenze zur Albernheit grenzte. Er wandte sich lediglich ab. Die schwindelerregende Geschwindigkeit der Entwicklungen, Manöver und Verwandlungen seiner Frau hatte ihn in eine Art betäubten Idioten verfallen lassen. Innerhalb von zwei Tagen, innerhalb eines Tages, ohne ihn vor ihrer außergewöhnlichen Übereilung zu warnen, war sie „geflitzt“!

Bei Claridge's gelang es Mr. Prohack einigermaßen, sein Ansehen aufrechtzuerhalten, indem er Monsieur Charles, dem *Maitre d'hôtel*, bei der Bestellung seines Abendessens freie Hand ließ und sein Abendessen dann nur zur Hälfte aß, auch wenn er gegen Ende durch Mittel wieder an Boden gewann Champagner und Liköre. Das schwarz-goldene Restaurant war voll von teuren Leuten, die offenbar nicht wussten, dass die Grundlagen des sozialen Gefüges zerrissen waren. Sie waren alle schwul; die Musik war fröhlich; Alles war fröhlich, außer Mr. Prohack – dem einzigen Lebewesen im Ort, das in Gesicht und Herz der historischen Vorstellung vom britischen Sonntag entsprach.

Aber Mr. Prohack war jetzt kein Mann mehr – er war ein Ärgernis; Er war die tödlichste Art von Groll, die irrationale Art. Eine überaus feine Zigarre tröstete ihn ein wenig – nicht viel. Er rauchte es mit wissenschaftlicher Langsamkeit und sah zu, wie sich das Restaurant leerte ... Er war der letzte Überlebende im Restaurant; und fünfzehn Kellner und zweihundertfünfzig elektrische Lampen hielten ihn im Zaum. Dann hörte seine wandernde, geschwächte Aufmerksamkeit Musik aus der Ferne, und er erinnerte sich an eine Bemerkung von Sissie, dass Claridge's sonntagabends der beste Ort zum Tanzen in London sei. Er blickte Byronisch auf den Tanz. Er unterschrieb seine Rechnung und strebte in Richtung des Ballsaals, der voller strahlender Paare war: eine atemberaubende Szene, die das Ende einer Epoche und einer Gesellschaft markieren sollte.

Das nächste war, dass er die absurde Wahnvorstellung hatte, Sissie und Charlie zusammen inmitten der Paare zu sehen. Er hätte diese Täuschung vielleicht überwinden können, aber ihr folgte eine andere: die Illusion, Ozzie Morfey und Eve zusammen inmitten der Paare zu sehen ... Ja, sie waren da, alle vier . Zunächst staunte Herr Prohack wie über einen beispiellosen Zufall. Aber er erkannte, dass der Zufall doch nicht so erstaunlich war. Sie hatten getan, was sie tun mussten, um Eva in dem noblen Herrenhaus unterzubringen, und hatten sich dann für den Rest des Abends in das nächstgelegene und beste Tanzlokal begeben. Nichts könnte natürlicher sein.

Mr. Prohack hätte allerlei Kunststücke vollbringen können. Was er tatsächlich tat, war, wie ein Krimineller zum Aufzug zu fliegen und seine Couch zu suchen.

III

Am nächsten Morgen um zehn Uhr geschah etwas Seltsames. Die Hoteluhren zeigten die volle Stunde und Mr. Prohacks Uhr zeigte die volle Stunde, und Carthew war nicht mit dem Auto da. Mr. Prohack konnte dieses unnatürliche Versäumnis von Carthew, zu erscheinen, nicht verstehen, denn es war nie bekannt, dass Carthew zu spät kam (es sei denn, Mimi störte ihn) und konnte daher auch nie zu spät kommen. Herr Prohack machte sich eine Viertelstunde lang Sorgen und ließ dann die Hotelgarage anrufen. Das Auto hatte die Garage um neun Uhr fünfzig verlassen. Mr. Prohack ging spazieren, nicht vordergründig, aber wirklich, um in den Straßen Londons nach dem Auto zu suchen! (Das war seine kranke Geisteshaltung.) Er kam um halb elf zurück, und um elf Uhr zweiunddreißig kam der Wagen. Sofort wurde Herr

Prohack ruhig; sein Äußeres neigte dazu, sehr trügerisch zu sein; und er sagte sanft zu Carthew, als wäre nichts im Geringsten Ungewöhnliches passiert:

„Ein bisschen spät, nicht wahr?"

„Ja, Sir", antwortete Carthew mit einer Gelassenheit, die der seines Arbeitgebers ebenbürtig war. „Als ich von der Garage hierher kam, traf ich die Herrin. Sie suchte ein Taxi und nahm mich mit."

„Aber hast du ihr gesagt, dass ich dich gebeten habe, um 10 Uhr hier zu sein?"

"Nein Sir."

„Hast du ihr erzählt, dass ich in London war?"

"Nein Sir."

Herr Prohack zögerte einen Moment und sagte dann:

„Fahren Sie bitte in den Hyde Park und halten Sie sich auf der Nordseite."

Als das Auto eine ruhige Stelle im Park erreicht hatte, stoppte Mr. Prohack es, klopfte an die Frontscheibe und rief Carthew herbei.

„Carthew", sagte er durch das Seitenfenster, das er herunterließ, ohne die Tür zu öffnen, „wir sind allein. Könnten Sie mir freundlicherweise erklären, warum Sie Mrs. Prohack verheimlicht haben, dass ich in London war?"

„Nun, Sir", antwortete Carthew, sehr aufrecht und leicht stirnrunzelnd, „ich wusste nicht, dass Sie in London sind, wenn Sie verstehen, was ich meine."

„Hast du mich nicht nach London gebracht? Natürlich wusstest du, dass ich in London war."

„Nein, Sir. Nicht, wenn Sie verstehen, was ich meine."

„Ich verstehe nachdrücklich nicht, was Sie meinen", sagte Herr Prohack, der jedoch nicht die Wahrheit sagte.

„Darf ich eine Frage stellen, Sir?" Carthew schlug vor. „Unter Berücksichtigung aller Umstände – ich sage sozusagen unter Berücksichtigung aller Umstände: Was hätten Sie an meiner Stelle tun sollen, Sir?"

"Wie soll ich wissen?" rief Herr Prohack. „Ich bin kein Chauffeur. Was *haben* Sie zu Frau Prohack gesagt?"

„Ich sagte, dass Sie mich angewiesen hätten, nach London zurückzukehren, da Sie das Auto nicht brauchten, und dass ich nur zum Haus gehen würde, um Befehle zu holen. Und übrigens, Sir", fügte Carthew hinzu und warf einen Blick auf das Auto– Uhr: „Frau sagte mir, ich solle um Viertel nach zwölf zurück sein – ich sagte ihr, ich solle in die Werkstatt gehen, um etwas am Vergaser machen zu lassen – damit nicht viel Zeit bleibt."

Herr Prohack sprang aus dem Auto und sagte: „Los."

Als er alleine durch den kühlen Park spazierte, dachte er über die Möglichkeiten der menschlichen Natur nach, die in Chauffeuren zum Ausdruck kommen. Der Carthew-Kollege war offensichtlich zu dem Schluss gekommen, dass in den intimeren Beziehungen der Familie Prohack etwas nicht stimmte, und angesichts eines plötzlichen Konflikts hatte er nach bestem Wissen und Gewissen und im Einklang mit seiner Loyalität gegenüber seinem Arbeitgeber gehandelt , aber er hatte falsch gehandelt. Aber natürlich war der Erbsünder Mr. Prohack selbst. Anständige Staatsbeamte besuchen, selbst wenn sie krankgeschrieben sind, keine leeren Häuser und übernachten in Hotels, die nur einen Steinwurf von ihrem eigenen Wohnsitz entfernt sind und von denen ihre Familien nichts wissen. NEIN! Herr Prohack sah, dass er einen schiefen Kurs eingeschlagen hatte. Es lag ein Fehler vor, der behoben werden muss. Er beschloss, direkt zum Manchester Square zu laufen. Wenn Eve das Auto um Viertel nach zwölf haben wollte, wäre sie um halb eins aus dem Haus und wahrscheinlich zum Mittagessen unterwegs. So viel besser. Sie sollte ihn bei ihrer Rückkehr ordnungsgemäß etabliert vorfinden.

Als er später den Manchester Square erkundete, sah er kein Auto und klingelte an der Adelsvilla. Aufgrund des Interviews vom Vorabend fühlte er sich erheblich nervös und dumm, und der Butler litt ohne sein Verschulden.

„Ich bin Mr. Prohack", sagte er mit selbstbewusster Wildheit. „Wie heißt du? Brool, was? Nimm meinen Mantel und schick mir sofort Machin." Er zündete sich eine Zigarette an, um sich zu verstecken. Die Situation war zwar vorübergehend, aber ausreichend schwierig gewesen.

Machin sprang und hüpfte wie von Geisterhand die Treppe hinunter. Sie hatte seine Stimme gehört, und ihre Freude über seinen Eintritt in seine Wohnung ließ sie ihr Stubenmädchendasein vergessen und eine Menschlichkeit an den Tag legen, die Mr. Brool, der in den strengsten Traditionen des Lakaientums aufgewachsen war, schmerzte. Ihre Freude gefiel Herrn Prohack und er fühlte sich besser.

„Guten Morgen, Machin", sagte er ganz fröhlich. „Ich möchte nur sehen, wie die Dinge in meinen Räumen in Ordnung gebracht wurden." Er hatte nicht die geringste Ahnung, wo oder was seine Räume in dem riesigen Haufen waren.

„Ja, Sir", antwortete Machin eifrig und erfreut darüber, dass Mr. Prohack an sich selbst als alte Freundin einen Appell richtete, den er an den Butler hätte richten sollen. Herr Prohack entdeckte, geführt von dem herumtänzelnden

Machin, dass er neben einem Arbeitszimmer ein Schlafzimmer und ein Ankleidezimmer sowie einen Anteil an Eves Badezimmer hatte. Das Ankleidezimmer machte einen äußerst angenehmen Eindruck. Machin öffnete einen riesigen und prachtvollen Kleiderschrank, und in einer Schublade nach der anderen präsentierte er seine neuen Strumpfwaren, wunderbar arrangiert, und in anderen Teilen der Garderobe seine neuen Anzüge, Hüte und Stiefel. Das Ganze bot ein wunderbares Schauspiel.

„Und wer hat das alles getan?" er forderte an.

„Madam, Sir. Aber Miss Warburton ist heute Morgen um neun gekommen, um ihr zu helfen, und ich habe auch geholfen. Miss Warburton hat die Listen in Ihr Arbeitszimmer gelegt, Sir."

„Danke, Machin. Es ist alles sehr schön." Er war berührt. Der Gedanke an all diese Frauen, die sich heimlich abmühten, um ihm zu gefallen, war überaus süß. Es war nicht so, dass er irgendwelche Anfragen gestellt hätte. NEIN! Sie taten, was sie taten, aus Begeisterung, die er nicht kannte.

„Warte eine Sekunde", unterbrach er Machin, der ihn verließ. „Auf welcher Etage, sagten Sie, befindet sich mein Arbeitszimmer?"

Sie führte ihn in sein Arbeitszimmer. Ein riesiger Schreibtisch und in der Mitte ein kleiner Stapel Papiere, der von einem Kristallblock zerdrückt wurde! Bei den Papieren handelte es sich ausschließlich um Rechnungen. Die Beträge beunruhigten ihn vorübergehend, aber das lag nur daran, dass er sich nicht ständig und effektiv daran erinnern konnte, dass er über dreihundert Pfund pro Woche einnahm. Dennoch machten ihn die Rechnungen etwas zunichte, und er ließ sie stehen, ohne der Sache auf den Grund zu gehen des Stapels. Er dachte, er würde durch das Haus wandern, kam aber nicht weiter als bis zum Boudoir seiner Frau. Im Boudoir stand auch ein riesiger Schreibtisch, auf dem ebenfalls ein Stapel Papiere lag. Er verstieß gegen das Ehegesetz, indem er den ersten Brief in die Hand nahm, der wie folgt lautete: „Madam. Wir bitten Sie, den angeforderten Kostenvoranschlag für Erfrischungen am Buffet für einhundertfünfzig Personen sowie die Miete von einhundert vergoldeten Rohrstühlen und das Bringen und Mitnehmen beizufügen." Ich vertraue darauf, mit deinen Befehlen geehrt zu werden — „Dieses Dokument hat ihn mehr als nur beunruhigt; es erschütterte ihn. Offensichtlich plante Eve einen großartigen Empfang. Schon die Teilnahme an einem Empfang war für ihn eine Qual, war es schon immer gewesen; aber Gastgeber bei einem Empfang zu sein...! Nein, sein Verstand weigerte sich, über eine so entsetzliche Aussicht nachzudenken. Sicherlich hätte Eva ihn konsultieren sollen, bevor sie begann, einen Empfang zu planen. Warum ein Empfang? Er sah Dinge, die noch schlimmer sein könnten als ein Empfang. Und das war dieselbe Frau, die seine Kleidung so rührend arrangiert hatte.

Er betrachtete sich müßig in einem riesigen Spiegel, der über dem Kamin stand, und dachte, dass er trotz der Eleganz seiner Ausstattung wie ein ziemlich zerzauster und haariger Mensch unromantischen mittleren Alters aussah, als er im Glas das Vergoldete sah Die Tür öffnet sich und eine Frau betritt den Raum. Er rührte sich nicht, sondern starrte nur auf das Bild. Er kannte die Frau sehr genau, gründlich, umfassend, fast vollständig. Er kannte sie, wie man die Landschaft kennt, in der man aufgewachsen ist und in der jedes Merkmal der Szene zur Gewohnheit der Wahrnehmung geworden ist. Und doch hatte er auch das seltsame Gefühl, sie neu zu sehen, sie zum ersten Mal in seinem Leben zu sehen und sie neu zu schätzen. Blitzschnell hatte er sie in diesem Boudoir mit Lady Massulam in Lady Massulams Bungalow verglichen. In einem Augenblick waren ihm all die seltsamen, beängstigenden Liebesromane von 2 Uhr morgens in Frinton durch den Kopf gegangen. Nun, sie besaß weder die Imposanz noch das Geheimnis von Lady Massulam und vielleicht auch nicht die Herausforderung von Lady Massulam; sie war für ihn viel prosaischer. Dennoch gab er zu, dass sie eine Wirkung auf ihn hatte, dass er auf ihre Anwesenheit reagierte, dass sie auf jeden Fall mindestens so unberechenbar war wie Lady Massulam und dass in ihrer Prosa möglicherweise ein Hauch von Poesie aufschimmerte, und dass nach einer … Ein Vierteljahrhundert lang war er noch nicht zu einem endgültigen Urteil über sie gelangt. Allerdings hatte Lady Massulam eine Eigenschaft, die ihr fehlte – er wusste nicht, was diese Qualität war, aber er wusste, dass sie ihn auf beispiellose Weise erregte und dass er sie wollte und mit Bedauern darauf verzichten würde. „Ist es denkbar", dachte er, schockiert über sich selbst, „dass wir alle drei auf dem Weg zu fünfzig Jahren sind?"

Dann drehte er sich um, errötete und fühlte sich genau wie ein Student.

„Ich wusste, dass du dich dort oben in diesem Loch langweilen würdest." Eva begrüßte ihn.

„Mir war keinen Moment langweilig", sagte er.

„Erzähl es mir nicht", sagte sie.

Sie war sehr klug in ihrer Fülle. Die Krempe ihres ausgebreiteten Hutes stieß gegen seine Stirn, als er sich vorbeugte, um sie zu küssen. Der Rand des braunen Schleiers reichte bis zur Hälfte ihres Gesichts und ließ ihren Mund ungeschützt vor ihm, verdeckte aber ihre verstörenden Augen. Als er sie küsste, verschwanden all seine Verzweiflung und alle Sorgen von ihm, und er erkannte mit außerordentlicher Klarheit, dass er seit dem Abend zuvor ein unvernünftiger Arsch gewesen war. Die Kreatur hatte nichts

Ungewöhnliches getan, nichts, wozu er ihr nicht ausdrücklich die Freiheit gelassen hatte; und alles war in Ordnung.

„Haben Sie Ihre Freundin Lady Massulam gesehen?" war ihre erste Frage.

Wunderbar, was für eine Intuition – oder die glücklichen Zufälle – von Frauen haben! Doch ihre Doppelzüngigkeit war noch erstaunlicher. Die von der Kreatur zum Ausdruck gebrachte Besorgnis über die Gefahr, die Lady Massulams Gesellschaft für Charlie darstellt, muss reine, mutwillige und unbegründete Vortäuschung gewesen sein.

Er erzählte ihr von seinem Treffen mit Lady Massulam.

„Ich habe sie um 2 Uhr morgens verlassen", sagte er mit gespielter Leichtigkeit.

„Ich wusste, dass sie dich nicht lange alleine lassen würde. Aber ich habe keinen Zweifel daran, dass es dir gefallen hat.

„Oh, war ich!" er war dagegen. „Und was machst du hier? Machin hat mir erzählt, dass du zum Mittagessen unterwegs bist."

„Oh! Du hast dich mit deiner Freundin Machin unterhalten, nicht wahr? Anscheinend hat sie dir dein wunderschönes Ankleidezimmer gezeigt. Nun, ich wollte zum Mittagessen ausgehen. Aber als ich hörte, dass du zurückgekommen warst, habe ich es aufgegeben und kam zurück. Ich wusste so gut, dass du dich um ihn kümmern würdest.

„Und wer hat dir gesagt, dass ich zurückgekehrt bin?"

„Carthew, natürlich! Ihr seid ein sehr eigenartiges Paar, ihr zwei. Als ich ihn zum ersten Mal sah, gab Carthew mir zu verstehen, dass er euch in Frinton zurückgelassen hatte. Aber als ich ihn wiedersehe, erfahre ich, dass ihr in der Stadt seid und Dass du die letzte Nacht bei Claridge verbracht hast, ganz richtig. Ich möchte, dass es dir großen Spaß gemacht hat, bei Claridge vorbeizuschauen . Wir haben letzte Nacht bei Claridge getanzt, aber ich nehme an, du warst zu Bett gegangen.

„Was für ein Mistkerl du warst!" sagte er. „Übrigens könnten Sie einen Ihrer Butler beauftragen, im Hotel anzurufen, um meine Sachen zu holen und die Rechnung bezahlen zu lassen."

„Du wirst also heute Nacht hier schlafen?" sagte sie schelmisch.

„Wenn Platz ist", sagte er. „Jedenfalls hast du alle meine Kleidungsstücke mit der hinreißendsten Harmonie und Präzision arrangiert."

"Oh!" rief Eve in einem plötzlich veränderten Ton aus. „Das war eher Miss Warburton als ich. Sie hat sich heute Morgen eine Stunde von Charlie freigenommen, um das zu tun."

Dann beobachtete Herr Prohack, wie das Gesicht seiner Frau in Stücke zerfiel, sie trat von ihm weg, setzte sich und begann zu weinen.

„Was kommt jetzt? Was kommt als nächstes?" forderte er mit ungeduldiger Liebenswürdigkeit, denn er war völlig außerstande, mit den Verdrehungen ihres Geistes Schritt zu halten.

„Arthur, warum hast du mich wegen dieses Mädchens getäuscht? Wie konntest du das tun? Ich hatte nicht die geringste Ahnung, dass es M – Fräulein W – Instock war. Ich kann dich manchmal nicht erkennen, Arthur – wirklich nicht !"

Der Kerl hatte ganz ehrlich vergessen, dass er seine Frau tatsächlich so grob getäuscht hatte, dass er ihr Mimi Winstock als jemand anderen aufgedrängt hatte. Er hatte viele Stunden lang eingebildete und absurde Groll gegen Eva gehegt, aber ihr Groll gegen ihn selbst war echt genug und groß genug. Kein Wunder, dass sie ihn nicht erkennen konnte. Er konnte sich nicht erkennen. Sein Gewissen erwachte in ihm und wurde äußerst unangenehm. Aber da er ein schlechter Mensch war, lachte er etwas grob.

"Oh!" er sagte. „Das war nur ein Scherz. Aber wie hast du das herausgefunden, du dummes Kind?"

„Ozzie hat sie gestern gesehen. Er kannte sie. Du kannst dir nicht vorstellen, wie peinlich es war. Natürlich musste ich darüber lachen. Aber ich habe die halbe Nacht geweint."

„Aber warum? Was spielte das für eine Rolle? Ozzie gehört zur Familie. Das Mädchen ist überhaupt nicht schlecht, und ich habe es ihr zuliebe getan."

Eve trocknete ihre Augen und sah vorwurfsvoll mit feuchten Wangen zu ihm auf.

„Wenn ich daran denke", sagte sie, „dass dieses Mädchen mich bei diesem Unfall so leicht hätte töten können! Und es wäre alles ihre Schuld gewesen. Und wo wärst du dann ohne mich gewesen? Wo *wärst* du gewesen? Du" Du wärst nie darüber hinweggekommen, wenn du mich nicht unter falschem Namen ins Haus gebracht hättest! Ein Witz! Nein, Arthur, ich hätte es nicht glauben können.

Herr Prohack war betroffen. Er war nicht nur geblendet von dem neuen Licht, das sie auf die Dinge warf, er war auch emotional berührt ... Wäre Lady Massulam in einer solchen Situation zu einer solchen Haltung wie Eva fähig? Die Frau war erstaunlich. Sie war romantischer als jedes andere Wesen in jedem Bungalow des romantischen Frinton. Sie hat ihn geschlagen. Sie zerriss sein Herz. Also sagte er:

„Nun, mein geliebtes Kind, wenn es dir etwas nützt, bin ich bereit, ein für alle Mal zuzugeben, dass ich ein Arsch war. Wir werden die elende Mimi nie wieder im Haus haben. Ich werde Charlie das Wort geben. "

„Oh, überhaupt nicht!" sie murmelte und lächelte traurig. „Ich habe es überstanden. Und Sie müssen an meine Würde denken. Wie lächerlich wäre es von mir, einen Aufstand wegen ihrer Anwesenheit zu machen! Nun, nicht wahr? Aber ich bin froh, dass ich es Ihnen gesagt habe. Eigentlich wollte ich es nicht sagen, aber Tatsache ist, dass ich dir nichts vorenthalten kann.

Sie begann wieder zu weinen, aber anders. Er beruhigte sie, wie es niemand außer ihm vermochte, und dachte jubelnd: „Was für eine Macht ich über diesen Kerl habe!" Sie waren vollkommen glücklich. Sie aßen alleine zu Mittag und unterhielten sich ausschließlich zugunsten von Eves majestätischem Butler. Und Mr. Prohack sagte sich mit der Vielseitigkeit, die sein seltsames, bedauerliches Gemüt kennzeichnete, von Zeit zu Zeit: „Trotzdem verbirgt sie mir immer noch ihren abscheulichen Plan für einen großen Empfang. Und sie weiß ganz genau, dass ich es hassen werde."

KAPITEL XIX
DER EMPFANG

Der Empfang gefiel Herrn Prohack wie ein Spektakel, und er kostete ihn fast keine Mühe. Er verkündete seinen Entschluss, dass es ihm keine Probleme bereiten dürfe, und alle im Haus und einige Leute außerhalb des Hauses glaubten ihm beim Wort – was ihn nicht ganz befriedigte. Tatsächlich schienen die Familie und ihre Verbindungen sich verschworen zu haben, um ihm ein Leben in Leichtigkeit zu ermöglichen. Die Verantwortung wurde ihm entzogen. Er vermisste nicht einmal seine Sekretärin. Sissie, die – durch einen merkwürdigen Zufall – an dem Tag nach Hause zurückkehrte, an dem Mimi Winstock zu Charlies Diensten im Grand Babylon versetzt wurde, führte bei Bedarf für ihren Vater sogenannte „Sekretariatsstunts" durch. Am Nachmittag des Empfangs, der um 21 Uhr beginnen sollte, bekam er einen Schreckensanfall, der aber, wie es den Verantwortlichen bekannt ist, lange vorüberging, bevor er sich zu Lampenfieber entwickeln konnte; und um 21 Uhr war er ganz entspannt

Die ersten Ankünfte kamen um halb neun. Er stand bei Eva und begrüßte sie; und er hatte ungefähr zwanzig Personen begrüßt, als er gähnte (aus gutem Grund) und Eva zu ihm sagte:

„Du brauchst nicht hier zu bleiben, weißt du. Geh und amüsiere dich." (Dieser Vorschlag folgte dem Erscheinen von Lady Massulam.)

Er blieb nicht. Ozzie Morfey und Sissie ersetzten ihn. Um Viertel vor elf befand er sich mit Sir Paul Spinner im verglasten Wintergarten über dem monumentalen Portikus. Er konnte auf den Platz blicken, der voller prachtvoller und zahlreicher Autos war, die zum Empfang seiner Frau fuhren. Es trafen immer noch Gäste ein – und nicht die unbedeutendsten unter ihnen. Autos rollten zum Portikus, wunderschöne Frauen und schlichte Männer sprangen auf das rote Tuch, dessen Ende er am Randstein gerade noch sehen konnte, und verschwanden unter ihm, und die Autos versteckten sich in den Tiefen des Platzes. Als er in sein Haus blickte, bewunderte er die Aussicht auf strahlend erleuchtete Räume voller vergoldeter Stühle, kostbarer Möbel und äußerst mutiger Toiletten. Denn der Empfang bestand darin, „das Komitee der Liga aller Künste zu treffen". (Ozzie hatte viele Exemplare der erläuternden Broschüre auf verschiedene Tische gelegt), es gab Künstler aller Art und Grad in Hülle und Fülle, und die bürgerliche Welt (der hauptsächlich die Automobile gehörten) hielt es für angemessen, modisch so unpassend zu sein, wie es die Mode erlaubte; und die Mode ließ einiges zu. Die Affäre hätte man als Studie über Schulterblätter bezeichnen können. Es war eine sehr großartige Show, und Herr Prohack schätzte alles: die Frauen, die Männer, die Löwinnen, die Löwen, ihr Kaleidoskop, die Lichter, die Reflexionen in den Spiegeln und in den gewachsten Böden, das diskret Verborgene Musik, das grandiose Buffet, die effiziente Bedienung. Er gewöhnte sich schnell daran, die Besucher seines eigenen Hauses nicht zu erkennen und von ihnen nicht erkannt zu werden. Allerdings konnte er sich nicht vorstellen, dass die Affäre einem anderen Zweck dienen würde als einem, nämlich dem Zweck, seiner Frau unschuldiges und teures Vergnügen zu bereiten.

„Hier haben Sie ein ziemlich gutes Ziel gefunden", grunzte Sir Paul Spinner, dessen Westenknöpfe an Pracht nur von seinen Karfunkeln übertroffen wurden.

„Nun", sagte Herr Prohack, „für mich ist das Leben hier eher so, als stünde man die ganze Zeit auf der Bühne. Das ist nicht real."

„Was zum Teufel meinst du, es ist nicht echt? Es gibt nicht zwanzig Häuser in London mit einer schöneren Sammlung echter Bibelots als hier."

„Ja, aber sie gehören nicht mir, und ich habe sie nicht ausgewählt oder arrangiert."

„Was soll das schon? Man kann sie anschauen und sich an ihrem Anblick erfreuen. Mehr kann niemand tun."

„Paul, du redest wieder neokonventionellen Unsinn. Hast du in deiner Karriere als Stadtmensch jemals vor einem Geldwechsler gestanden und die schöne Sammlung echter Banknoten im Schaufenster betrachtet? Angenommen, ich hätte dir gesagt, dass du nachsehen könntest an ihnen und genieße ihren Anblick, und niemand könnte mehr tun? ... Nein, mein Junge, um etwas richtig zu genießen, muss man es besitzen. Und jeder, der das Gegenteil sagt, ist wahrscheinlich Mitglied der Liga von alle Künste. Er gähnte erneut gewaltig. „Entschuldigen Sie mein Gähnen, Paul, aber dieses Haus ist ein perfektes Inferno für mich. Die Kirche St. Nikodemus liegt in der Nähe, und die Kirche St. Nikodemus hat eine schlagende Uhr, und die Uhr schlägt alle Stunden und alle Viertelstunden Wenn ich jede Stunde schlafe, weckt die Uhr nicht nur die Stunden und die Viertelstunden, sondern ich reguliere auch mein Leben Ich beginne auf die Stunde genau zu ruhen und sage mir, dass ich bis zur vollen Stunde warten muss, bevor ich wirklich anfange, und ich warte. Es bringt mich um, und niemand sieht, dass es mich umbringt. Die Uhr nervt ab und zu fluchen sie, und dann schlafen sie ein und bleiben lästig, aber für mich ist es ein Attentat der St. Nikodemus-Uhr; dennoch wurde weder der Pfarrer ermordet noch die Kirche dem Erdboden gleichgemacht. Daher stört die Uhr nicht wirklich viele Menschen. Und es gibt Hunderte solcher höllischen Uhren in London, und sie alle überleben. Daraus folgt, dass ich eigenartig bin. Niemand hat das Recht, eigenartig zu sein. Deshalb beschwere ich mich nicht. Ich leide. Ich habe versucht, meine Ohren mit Watte zu stopfen und die Fenster meines Schlafzimmers mit Daunen zu stopfen. Keine Verwendung. Ich habe es mit Verona versucht. Auch nutzlos. Die einzige Lösung wäre, dass ich das Haus aufgeben würde. Was ihn absurd machen würde. Meine Frau beruhigt mich und sagt, dass ich mich natürlich an die Uhr gewöhnen werde. Ich werde mich nie daran gewöhnen. In letzter Zeit erwähnt sie die Uhr nicht einmal mehr. Meine Tochter glaubt, dass ich in meinen letzten Jahren zum Nörgler werde. Mein Sohn lächelt gleichgültig. Ich gebe zu, dass die Sekretärin meines Sohnes sympathischer ist. Wie die meisten Menschen, die sowohl untätig sind als auch wenig Schlaf haben, sehe ich normalerweise sehr gesund, munter und hellwach aus. Meine Freunde bemerken mein gesundes Aussehen. Du machtest. Das allgemeine Bewusstsein kann sich nicht vorstellen, dass ich nur hilflos darauf warte, dass der Tod mich aus meinem Elend erlösen wird; aber so ist es. Es muss in London noch eine ganze Reihe anderer geben, die in der gleichen Lage sind wie ich und sterben, weil Rektoren und andere Geistliche und Beamte darauf bestehen, ihnen die ganze Nacht die Uhrzeit zu sagen. Aber sie leiden im Stillen, genau wie ich. Während ich es tue, erkennen sie die Sinnlosigkeit einer ganzen Aufregung."

„Sie *werden* sich daran gewöhnen, Arthur", sagte Sir Paul nachsichtig, aber nicht unironisch, am Ende von Mr. Prohacks Abhandlung. „Du bist in einem nervösen Zustand und dein Urteilsvermögen ist verzerrt. Nun, ich habe noch nicht einmal gehört, wie deine berühmte Uhr zehn schlug."

„Nein, das würdest du nicht, Paul! Und mein Urteil ist verzerrt, oder?" In Mr. Prohacks Stimme lag Gereiztheit. Er holte seine Uhr heraus. „In sechzig oder siebzig Sekunden werden Sie hören, wie die Uhr elf schlägt, und Sie werden mir Ihre ehrliche Meinung dazu mitteilen. Und Sie werden sich bei mir entschuldigen."

Sir Paul hörte gehorsam und mitfühlend zu, während das Gemurmel des begeisterten Empfangs und der tiefe Takt der Musik im Inneren weiterklangen.

„Du sagst es mir, wenn es anfängt zuzuschlagen", sagte er.

„Sie werden es nicht wissen wollen", sagte Mr. Prohack, der den spaltenden, zerreißenden und zerschmetternden Klang der schrecklichen Glocken nur zu gut kannte.

„Das sind ziemlich lange siebzig Sekunden", bemerkte Sir Paul.

„Meine Wache muss schnell gehen", sagte Herr Prohack beunruhigt.

Aber achtzehn Minuten nach elf hatte die Uhr hörbar weder die Stunde noch die Viertelstunde geschlagen. Sir Paul war ein Mann mit Taktgefühl. Er sagte einfach:

„Ich hätte gern etwas zu trinken, lieber alter Junge."

„ *Die Uhr schlägt nicht* ", sagte Herr Prohack mit feierlicher Freude, als ihm die wunderbare Wahrheit vor Augen geführt wurde. „Entweder wird es gestoppt, oder sie haben die markante Befestigung abgeschnitten." Und zu einem der Dienstmädchen auf dem Treppenabsatz sagte er, als sie zum Buffet gingen: „Gehen Sie hinaus und schauen Sie an der Kirchenuhr, wie spät es ist, und kommen Sie zurück und sagen Sie es mir, ja?" Wenige Minuten später wurde ihm mitgeteilt, dass die Kirchenuhr halb elf zeigte. Die Uhr lief also noch, hatte aber aufgehört zu schlagen. Herr Prohack trank sofort zwei Gläser Champagner am Buffet, während Sir Paul den üblichen Whisky trank.

„Ich sage, altes Ding, sage ich!" Sir Paul protestierte.

„ *Ich werde schlafen!* " sagte Herr Prohack mit lauter, fröhlicher, triumphierender Stimme. Er war ein neuer Mann.

Der Empfang erschien ihm jetzt weitaus großartiger als je zuvor. Es war fast auf dem Höhepunkt. Alle vergoldeten Stühle waren besetzt; Alle Sofas und Sofas des Zimmers waren besetzt, und einige köstliche Toilettenartikel waren sogar auf Teppichen oder auf den blanken, spiegelnden Böden ausgebreitet. Überall waren künstlerische Diskussionen zu hören, ernst und sachlich und dennoch leichtfertig im Ton. Wenn es nicht um die wirkliche Originalität der Jazzmusik ging, die diskutiert wurde, dann um die Gewissheit des natürlichen, ungelehrten Geschmacks der Bewohner des East End und Südlondons, und wenn nicht, dann um die Größe männlicher Revuekünstler, und wenn nicht dann die Notwendigkeit eines Nationaltheaters und eines Ministers für schöne Künste, und wenn nicht, dann die skulpturale Qualität der besten Romane und die fiktionale Qualität der besten Skulptur, und wenn nicht, dann der Einfluss des Fuchses auf das britische Leben -trott, und wenn nicht, dann die Aussichten, moderne Dichter über die Internatsschulen dem größten Publikum nahezubringen, und wenn nicht, dann die bösen Auswirkungen der beiden großen Londoner Institutionen für den Musikunterricht auf die Individualität der jungen Genies die ihnen anvertraut wurden, und wenn nicht, dann die Rolle, die die ernsthaftesten Amateure bei der Zerstörung der Oper spielten, und wenn nicht, die völlige Verfinsterung von Beethoven, Brahms und Wagner seit dem Aufblühen des Russischen Balletts. Und immer strömte wie eine Flamme durch die Gespräche der heiße

Atem der leidenschaftlichen Absicht, Großbritannien in den Augen der zivilisierten Welt künstlerisch zu machen.

Was Herrn Prohack an der ganzen Angelegenheit besonders gefiel, da er auf der Suche nach Gesellschaft hin und her ging, anstatt ihr aus dem Weg zu gehen, war die völlige Sinnlosigkeit der Angelegenheit, abgesehen davon, dass sie Eves Ruf beeinträchtigte. Er erkannte die Schönheit kostspieliger Sinnlosigkeit, und als er aus der Ferne die siegreiche Miene seiner Frau beobachtete, war er erneut beeindruckt von der Tatsache, dass der Empfang nicht für die Liga da war, sondern die Liga für den Empfang. Der Empfang war eine echte und prächtige Sache; niemand konnte es leugnen. Die Liga war ein Nebel aus Schwall. Die Liga würde bei zwei Pence und einem halben Penny teuer sein. Der Empfang war billig, wenn er fünfhundert Pfund kostete. Eva war ein Säugling; Eve freute sich über Schnickschnack; Aber Eve hatte sich selbst gefunden und er war durchaus zufrieden, fünfhundert Pfund für den Ausdruck auf ihrem naiven Gesicht zu bezahlen.

„Und nichts davon wäre passiert", dachte er, beeindruckt von den Wundern des Lebens, „wenn ich nicht in einem törichten Impuls der Großzügigkeit diesem Angmering einmal hundert Pfund geliehen hätte."

Er erblickte Lady Massulam im Gespräch mit einem großen, kräftigen und prächtig gekleideten Herrn, der sich tief verneigte und ging, als Mr. Prohack näher kam.

„Wer ist dein dicker Freund?" sagte Herr Prohack.

„Er ist von *The Daily Picture* ... Aber ist das nicht eine seltsame Art, einen Gast nach so langer Trennung zu begrüßen? Wussten Sie, dass ich in Ihrem Haus bin und Sie mir nicht die Hand geschüttelt haben?"

In Lady Massulams Verhalten lag ein Hauch von Intimität und Herausforderung, der Herrn Prohack außerordentlich gefiel und ihn erkennen ließ, dass Frintons Romanze weder aufgesetzt noch zu Ende war. Er hatte das angenehme und sogar erregende Gefühl, dass sie etwas zwischen sich hatten.

"Ah!" Er kam zurück und setzte bewusst seinen Charme ein. „Ich dachte, Sie verabscheuen unsere englische Formalität und unsere schreckliche Zurückhaltung. Außerdem ist dies nicht mein Haus, sondern das meiner Frau."

„Deine Frau ist wunderbar!" sagte Lady Massulam, als wollte sie ihn lehren, seine Frau zu schätzen, und wies sie darauf hin, dass sie allein das Recht hatte, ihn auf diese Weise zu lehren – die subtilste Sache. „Ich habe noch nie einen besser gemachten Abend gesehen – *Reussie* ."

„Sie ist ziemlich wundervoll", gab Mr. Prohack zu, wobei sein Tonfall andeutete, dass er Lady Massulam zwar in eine Klasse für sich einordnete, aber klug genug war, auch seine Frau in eine Klasse für sich zu stecken – die subtilste Sache.

„Ich habe durchaus damit gerechnet, Sie in Frinton wiederzusehen", sagte Lady Massulam schlicht. „Wie schroff Sie in Ihren Methoden sind!"

„Nur wenn es um Selbsterhaltung geht", antwortete Mr. Prohack und blickte sie mit gewagter Bedeutung an.

„Ich werde mit Frau Prohack sprechen", sagte Lady Massulam und erhob sich. Doch bevor sie ihn verließ, murmelte sie ihm vertraulich ins Ohr: „Wo ist dein Sohn?"

„Ich weiß es nicht. Warum?"

„Ich glaube nicht, dass er schon gekommen ist. Ich fürchte, die Angelegenheiten des armen Jungen sind nicht sehr rosig."

„Ich werde mich um ihn kümmern", sagte Herr Prohack großartig. Beim Klang ihrer Worte durchfuhr ihn ein gewisses Unbehagen, aber er ließ sich nicht deprimieren. Er lächelte gelassen und selbstbewusst und sagte sich: „Ich könnte mich um vierzig Charleses kümmern."

The Daily Picture gleichberechtigt miteinander plauderten . Ja, Eva war wundervoll, und ohne den bloßen Zufall hätte er nie gewusst, wie wundervoll sie sein konnte.

„Du hast heute Abend hier eine tolle Show, alter Mann", sagte eine leise, geheimnisvolle Stimme an seiner Seite. Mr. Softly Bishop lächelte über seine Nase und streckte seine Hand aus, während er nichts außer seiner Nase betrachtete.

„Hallo, Bischof!" sagte Mr. Prohack und unterdrückte den Wunsch, hinzuzufügen: „Ich hatte keine Ahnung, dass *Sie* eingeladen wurden!"

„Proben jeder Welt – außer der nächsten", sagte Mr. Softly Bishop. „Und jetzt trifft das Theateraufgebot nach getaner Arbeit ein."

„Wissen Sie, wer dieser Kerl ist?" fragte Mr. Prohack und deutete auf einen kleinen Mann mit dem Aussehen eines Preisboxers, der Mrs. Prohack majestätisch mitteilte, dass Mrs. Prohack Glück hatte, ihn zu ihrem Empfang zu bringen.

"Warum!" antwortete Herr Bishop. „Das ist der Napoleon der Bühne."

„Nicht Asprey Chown!"

„Asprey Chown."

"Großartiger Scott!" Und Herr Prohack lachte.

"Warum lachst du?"

„Reine Freude. Das ist die Krönung meiner Karriere als Mann von Welt." Er sah, wie Mr. Asprey Chown Ozzie Morfey nachlässig und schroff nickte, und lachte erneut.

„Es ist ziemlich komisch, nicht wahr?" Mr. Softly Bishop stimmte zu. „Ich frage mich, warum Oswald Morfey seine berühmte Kollektion zugunsten einer gewöhnlichen Krawatte aufgegeben hat."

„Wahrscheinlich, weil er mein Schwiegersohn wird", sagte Herr Prohack.

"Ah!" rief Mr. Softly Bishop. „Ich gratuliere ihm."

Mr. Prohack sah grimmig aus, um seine Freude in der Gewissheit zu verbergen, dass er diese Nacht schlafen würde, und in den Gefühlen, die die klare Tatsache hervorrief, dass Lady Massulam immer noch an ihm interessiert war. Irgendwie wollte er tanzen, nicht mit irgendeiner Frau, sondern alleine, eine Rolle.

"Von Jove!" rief Mr. Softly Bishop aus. „Du *strahlst* heute Abend. Hier ist Eliza Fiddle, und das ist ihre Halbschwester Miss Fancy hinter ihr."

Und es war Eliza Fiddle, und die alternde Künstlerin mit ihrem zerstörten Teint und ihrer trotzigen, überaus lebhaften Miene hinterließ sofort einen Eindruck, wie ihn niemand außer ihr selbst hätte erwecken können. Die gesamte Versammlung starrte das berühmte Geschöpf an und murmelte voller Begeisterung. Eliza liebte das Starren und Murmeln. Sie war wie ein Fisch, der nach einem Atemzug in der Luft ins Wasser geworfen wurde.

„Ich gebe zu, ich hatte es zu eilig, als ich davon sprach, den Zenit erreicht zu haben", sagte Herr Prohack. „Ich bin gerade erst dabei. Und wer ist die Halbschwester?"

„Sie ist auf der amerikanischen Bühne nicht gerade unbekannt", antwortete Mr. Softly Bishop. „Aber bevor wir weitermachen, verrate ich dir vielleicht besser ein Geheimnis." Seine Stimme und sein Blick senkten sich noch tiefer. „Sie ist ein besonders schönes Mädchen und es ist nicht meine Schuld, wenn ich sie nicht heirate. Natürlich kein Wort! Mama!" Er wandte sich ab, während Mr. Prohack eine passende Antwort überlegte.

„Willkommen in Ihrem alten Zuhause. Und kommen Sie mit mir zum Buffet. Sie müssen nach der Arbeit müde sein", platzte Mr. Prohack mit kühner, lauter Stimme zu Eliza und nahm sie von seiner Frau weg, deren Taktgefühl fast erschöpft war beinahe konnte sie ihre Erleichterung nicht verbergen.

„Ich hoffe, dass dir der Geschmack meines alten Zuhauses gefällt“, antwortete Eliza. „Mein neues Haus am Fluss ist komplett mit echtem orientalischem Rotlack eingerichtet. Sie müssen vorbeikommen und es besichtigen.“

„Das würde ich gerne tun“, sagte Herr Prohack mutig.

„Das ist meine kleine Schwester, Miss Fancy. Fan, Mr. Prohack.“

Herr Prohack drückte seine Begeisterung aus.

Am Buffet lehnte Eliza den Champagner nicht ab, aber Miss Fancy lehnte ab. „Jetzt mach dir keine Blödsinn, Fan“, tadelte Eliza ihre Schwester herzlich und trank aus ihrem Glas, während Mr. Prohack etwas vorsichtig an seinem nippte. Ihm gefiel Elizas Vorwurf. Er fing sogar an, Eliza zu mögen. Zu sagen, dass ihr Stil grob war, bedeutete, in Maßen zu sprechen; aber sie war natürlich, und ihre Individualität schien Wellen in alle Richtungen auszusenden, von denen alle Personen in der Nähe betroffen waren, ob sie es wollten oder nicht. Mr. Prohack begegnete Elizas Blick zufrieden. Sie hatte jedenfalls nichts über das Leben zu lernen, was sie hätte lernen können. Sie wusste alles – und war wahrscheinlich die einzige Kreatur im Raum, die es wusste. Es war ihr gelungen. Sie wurde verehrt – seltsamerweise. Und sie hat sich nicht aufgeblasen. Ihre ursprüngliche Grobheit war offenbar völlig unverkennbar, wohingegen die von Miss Fancy nicht besonders geschickt übermalt worden war. Miss Fancy war eine Blondine, viel jünger als Eliza; auch schlanker und feiner und luxuriöser gekleidet und mit Juwelen geschmückt. Aber Mr. Prohack kümmerte sich nicht um sie. Sie hielt ihre unruhigen, unbeweglichen Lippen stets in Ordnung, knöpfte sie zu oder nähte sie zu oder streichelte sie miteinander. Außerdem blickte sie in die Tiefe; wahrscheinlich war dieser Charakterzug das geheime Pfandrecht zwischen ihr und Mr. Softly Bishop. Obwohl Mr. Prohack ein klösterliches Leben im Finanzministerium verbrachte, erkannte er ihren Typ sofort. Sie gehörte zu der Art, die umschmeichelt, sich aber nie umschmeicheln lässt. Und sie war so hübsch und so affektiert, und ihre blauen Augen waren so stählern. Und Mr. Prohack war in seiner ursprünglichen Sündhaftigkeit erfreut darüber, dass es ihr so ging. Er hatte das Gefühl, dass „es Softly Bishop helfen würde“. Nicht, dass Mr. Softly Bishop ihm irgendetwas getan hätte! Im Gegenteil. Aber er hatte eine Abneigung gegen Mr. Softly Bishop, und der Anblick, wie Mr. Softly Bishop mehr abbiss, als er kauen konnte, und wie Mr. Softly Bishop in sein Verderben hineingezogen wurde, bereitete Mr. Prohack das größte Vergnügen. Leider war Herr Prohack eines der seltenen Monster, die mit Befriedigung über das Unglück eines Mitmenschen nachdenken können.

Mr. Softly Bishop gesellte sich unauffällig zu den Schwestern und Mr. Prohack.

„Nimm lieber einen Schluck", sagte er zu Miss Fancy, als Eliza ihm sagte, dass das Mädchen nicht kontaktfreudig sein würde. Seine Augen funkelten sie durch seine kunstvolle Brille an. Sie hörte gehorsam seiner leisen Weisheit zu und nippte. Sie übte eine Million Faszinationen auf ihn aus. Mr. Prohack kam zu dem Schluss, dass das ultimative Duell zwischen den beiden vielleicht doch ziemlich ausgeglichen ausfallen würde; aber er würde sein Geld auf die Dame setzen. Und er hatte Mr. Softly Bishop für so schlau gehalten!

Plötzlich kam ihm ein schrecklicher Gedanke: Angenommen, der Ausfall der Schlagkraft der Kirchenuhr wäre nur vorübergehend; Angenommen, es würde sich unter der Behandlung eines Kirchendieners erholen und zwölf schlagen!

„Lass uns in den Wintergarten gehen und uns den Platz ansehen", sagte er. „Ich schaue immer um Mitternacht auf den Platz, und jetzt ist es fast zwölf."

„Du bist der seltsamste Mann, den ich je getroffen habe", sagte Eliza Fiddle und musterte ihn unruhig.

„Sehr wahr", stimmte Herr Prohack zu.

„Ich habe halb Angst vor dir."

„Sehr weise", sagte Herr Prohack geistesabwesend.

Gemeinsam durchquerten sie die Räume und weckten bei allen Betrachtern reges Interesse. Und als sie überquerten, betrat Charlie die Versammlung. Er hatte auf jeden Fall ein äußerst beunruhigtes – oder war es nur verlegenes – Gesicht. Und direkt vor ihm stand Mimi Winstock, die aussah, als flüchtete sie vom Tatort. War Lady Massulams Warnung vor Charlie gerechtfertigt? Mr. Prohacks Bedenken erneuerten sich. Einen Moment lang bebte der Boden unter seinen Füßen, dann war er wieder fest und bewegungslos. Kaum hatte das Quartett den Wintergarten erreicht, verließ Eliza ihn, um wichtige Angelegenheiten mit Mr. Asprey Chown zu besprechen, der Ozzie an seine Seite gerufen hatte. Vielleicht haben sie sich viele Jahre lang nicht gesehen, und vielleicht haben sie über das Schicksal der Kontinente geklärt.

Mr. Prohack holte seine Uhr hervor, die eine Minute vor zwölf zeigte. Er erlebte eine minutenlange Qual. Die Uhr schlug nicht.

„Nun", sagte Mr. Softly Bishop, der im Laufe der Minute Miss Fancy Informationen über den historischen Platz zugeflüstert hatte, die mit aller Kraft an seinen Worten hing, „Nun, es ist sehr interessant und sogar amüsant, dass wir drei allein sind." Hier zusammen, nicht wahr? ... Die drei Erben des verstorbenen Silas Angmering! Und er untersuchte seine Nase mit neuer Neugier.

Die ganze Haut von Mr. Prohack kribbelte, und sein Gesicht wurde rot, als ihm klar wurde, dass Miss Fancy die mysteriöse dritte Begünstigte von Angmerings Testament war. Ja, sie war tatsächlich mit Juwelen geschmückt wie eine Frau, die kürzlich mit etwa einhunderttausend Pfund zurechtgekommen war. Und Mr. Softly Bishop war von den stahlblauen Augen vielleicht weniger fasziniert, als Mr. Prohack gedacht hatte. Mr. Softly Bishop könnte das Duell tatsächlich gewinnen. Die Frage interessierte Herrn Prohack jedoch nicht, er war von einem Gefühl düsterer Demütigung erfüllt. Er lief von seinen Miterben weg. Er musste einfach zu schnell wegrennen.

KAPITEL XX
DER STILLE TURM

ICH

Die Quelle des Reichtums und des Schreckens der Departements, gekleidet in die neuesten Muster prächtiger Pyjamas, lag in der Mitte seines prächtigen und geräumigen Bettes und blickte mit der schattigen elektrischen Kugel über seiner Stirn auf die Pracht des riesigen Schlafzimmers die Eva ihm zugeteilt hatte. Es war voll, aber nicht zu voll, mit feinsten Directoire-Möbeln, und die Wände waren mit allerlei Gravuren und Aquarellen bedeckt. Offensichtlich war diese Wohnung das Versteck des wahren Besitzers und Schöpfers des großen Hauses gewesen. Herr Prohack konnte die Katholizität und Geschmackssicherheit, die es zeigte, zu schätzen wissen. Ihm gefielen sowohl das Gesims als auch die Form des Schminktisches und die Cumberland-Landschaft von CJ Holmes sowie die große Piranesi-Radierung eines imaginären Gefängnisses, das ihn besonders interessierte, weil es sich zufällig um einen Abdruck zwischen zwei „Staaten" handelte „– ein Detail, das niemand außer einem echten Amateur genießen könnte. Das dargestellte Gefängnis war ein schrecklicher Ort der Qual, aber es war wunderschön, und der Anblick ließ Herrn Prohack auf völlig absurde Weise glauben, auch er sei im Gefängnis, genauso sicher, als wäre er darin verriegelt und eingesperrt worden. Sein Blick wanderte durch den Raum und sah nichts, was nicht schön war und was er nicht bewunderte. Dennoch empfand er wenig oder gar keine echte Freude an dem, was er sah, teils weil es die Einrichtung eines Gefängnisses war, teils weil es ihm nicht gehörte. Er hatte oft gegen den Besitzwahn gepredigt, aber jetzt – und sogar noch deutlicher als damals, als er Paul Spinner gepredigt hatte – erkannte er, und hasste es, dies wahrzunehmen, dass Besitz wahrscheinlich ein wesentlicher Bestandteil der meisten Freuden war. Der Mann, der törichterweise stolz darauf war, ein Philosoph zu sein, war in der Tat eine fleischliche Ansammlung seltsamer Inkonsistenzen.

Noch wichtiger war, dass er die Gewissheit verlor, dass er in dieser Nacht tief und fest schlafen würde. Er konnte seine Gedanken nicht von seiner Miterbin und seinem Miterben abwenden. Das Gefühl der Demütigung, mit ihnen eng verbunden zu sein und ihnen eine Klasse zu geben, wollte ihn nicht loslassen. Er fühlte sich – wieder einmal absurderweise – auf mysteriöse Weise mit ihnen in einer scharfsinnigen Praxis oder sogar in einer Gaunerei verbunden. Sie stellten eine weitere Komplikation seiner Existenz dar. Er wollte sie verleugnen und nie wieder mit ihnen sprechen, aber er wusste, dass er sie nicht verleugnen konnte. Er lebte in Schönheit, und zwar nur deshalb, weil er und sie im selben Boot saßen.

Eve kam herein, öffnete zunächst vorsichtig die Tür und stürmte dann vorwärts, sobald sie sah, dass der Raum nicht im Dunkeln lag. Einen Moment lang befürchtete er, sie könnte ihm einen Vorwurf machen, weil er sie im Stich gelassen hatte. Aber nein! Triumphierendes Glück lag auf ihrer Stirn und liebevolle Sorge um ihn lag in ihren Augen. Sie ließ sich in ihrem kostbaren Glanz neben ihm auf das Bett fallen.

"Also?" sagte er.

„Ich bin so froh, dass du dich entschieden hast, ins Bett zu gehen", sagte sie. „Du musst müde sein, und lange Nächte liegen dir nicht. Ich habe mich nur für eine Minute davongeschlichen, um zu sehen, ob es dir gut geht. Bist du in Ordnung?" Sie zog ihre glänzende Stirn genau wie früher in Falten, beugte sich zu ihm und küsste ihn wie früher. Einer ihrer besten Küsse.

Doch obwohl ihre Aufmerksamkeit ihn berührte, gefiel es dem seltsamen Kerl nicht, dass sie so froh war, dass er zu Bett gegangen war. Dem angeblichen Philosophen wäre es lieber gewesen, wenn sie ihre Abhängigkeit von seiner männlichen Unterstützung bei dem für sie gewaltigen Ereignis zum Ausdruck gebracht hätte.

„Ich glaube, ich werde schlafen", log er.

„Das wirst du bestimmt, Liebling", stimmte sie zu. „Glauben Sie nicht, dass alles ein großartiger Erfolg war?" sie fragte naiv.

Er antwortete lächelnd:

„Ich kann es kaum erwarten, morgen *The Daily Picture zu sehen. Ich denke, ich werde dem Zeitungshändler in Zukunft sagen, dass er es nur an den Tagen ausliefern soll, an denen Sie darin sind.*"

„Sei nicht albern", sagte sie, zu zufrieden mit sich selbst, um ihm seine Ironie zu verübeln. Sie war in dieser Nacht gegen alle seine Pfeile mit einem Kettenhemd bekleidet.

Er gab zu, was er insgeheim immer gewusst hatte, dass sie ein elementares Geschöpf war; Sie wäre in der Steinzeit genauso zu Hause gewesen wie im 20. Jahrhundert – und vielleicht noch mehr zu Hause. (War Lady Massulam ebenso elementar? Nein? Ja?) Dennoch war Eva für ihn notwendig.

Nur war sie bis vor Kurzem seine Ergänzung gewesen; wohingegen er jetzt ihre Ergänzung zu sein schien. Er, der Philosoph und die Quelle häuslicher Weisheit, war sich auf überlegene und erhabene Weise völlig bewusst, dass sie das ewige Kind war, das von Spielzeug, Spielereien und Illusionen getäuscht wurde; Dennoch war er nur ihre Ergänzung, der unverzichtbare Ehemann und Geldgeber. Sie hatte Erfolg, ohne dass er dafür eingreifen musste. Er bemerkte, dass sie nicht die Perlen trug, die er ihr gegeben hatte.

Zweifellos hatte sie im letzten Moment einfach vergessen, sie anzuziehen. Sie vergaß sie ständig und ließ sie liegen. Aber diese nachlässige Frau war die Hauptorganisatorin der großen Soiree! Nun, wenn es gelungen war, hatte sie Glück.

„Ich muss weglaufen", sagte sie und fuhr auf, geschäftig, stolz, falsch ruhig, der General einer siegreichen Armee, als die Schlacht zu Ende ging. Sie umarmte ihn erneut und er fühlte sich tatsächlich getröstet ... Sie war weg.

„Je älter ich werde", überlegte er, „ich werde gehängt, wenn ich das Leben immer weniger verstehe."

II

Er lauschte dem fernen Rhythmus der Musik, als ihm unklar wurde, dass es keine Musik gab und dass die Geräusche in seinem Ohr nicht musikalisch waren. Er konnte nicht glauben, dass er geschlafen hatte und aufgewacht war, aber die Fakten waren bald zu viel für seine Täuschung und er sagte mit der Miene eines Entdeckers: „Ich habe geschlafen" und machte das Licht an.

In den Korridoren oder auf dem Treppenabsatz waren Stimmen und Schritte zu hören – Flüstern, lautes und doch undeutliches Sprechen, Töne, die darauf hindeuteten, dass die Redner aufgeregt, wenn nicht sogar verängstigt waren und dass ihre Gedanken gewaltsam von der Suche nach Vergnügen abgelenkt worden waren. Seine Uhr zeigte zwei Uhr. Die Party war vorbei, das letzte Auto war abgefahren und wahrscheinlich schlief sogar die unermüdliche Eliza Fiddle in ihrem neuen Zuhause. Als nächstes bemerkte Herr Prohack, dass die Tür seines Zimmers angelehnt war.

Er hatte keine Angst. Vielmehr fühlte er sich ziemlich fröhlich und sorglos, umso mehr, als er mit dem falschen Gefühl völliger Erfrischung aufgewacht war, das ein kurzer, schwerer Schlaf hervorrief. Er dachte:

„Was auch immer passiert ist, ich hatte und werde nichts damit zu tun haben, und sie müssen selbst mit den Folgen umgehen, so gut sie können." Und als Vorsichtsmaßnahme, um nicht kompromittiert zu werden, schaltete er das Licht aus. Er hörte Evas Stimme überraschenderweise in der Nähe seiner Tür:

„Ich traue mich einfach nicht, es ihm zu sagen! Nein, ich traue mich nicht!"

Die Stimme war ziemlich aufgeregt, aber er lächelte boshaft vor sich hin und dachte:

„Es kann nichts sehr Schlimmes sein, denn sie redet nur dann so, wenn es gar nichts ist. Sie liebt es, so zu tun, als hätte sie Angst vor mir. Und außerdem glaube ich nicht, dass es irgendetwas auf der Welt gibt, das sie mir nicht zu sagen wagt." "

Er hörte eine andere Stimme als Antwort, die der von Mimi ähnelte. War das Mädchen noch nicht nach Hause gegangen? Und er hörte Sissies Stimme und Charlies Stimme. Aber für ihn war das alles unartikuliert.

Dann wurde sein Zimmer von schnellem, blendendem Licht erfüllt. Jemand hatte eine Hand durch die Tür gesteckt und das Licht angeschaltet. Es muss Eva sein... Es war Eva, verängstigt und verzweifelt, aber immer noch komplett in Kriegsbemalung gekleidet.

„Ich bin so erleichtert, dass du wach bist, Arthur", sagte sie und näherte sich dem Bett, als rechnete sie damit, dass das Bett sie beißen würde.

„Ich bin nicht wach. Ich schlafe offiziell. Mein armes Mädchen, du hast die schönste Nacht ruiniert, die ich jemals in meinem Leben haben würde."

Sie ignorierte seine Beschwerde absolut.

„Arthur", sagte sie, während ihr Gesicht in alle Richtungen zuckte und all ihr Triumph von ihr abfiel, „Arthur, ich habe meine Perlen verloren. Sie sind weg! Jemand muss sie mir genommen haben!"

Mr. Prohacks Reaktion auf diese Neuigkeit war, dass er in herzhaftes und gesundes Gelächter ausbrach; er schien wirklich abgelenkt zu sein; und als Eva gegen eine solche Haltung protestierte, sagte er:

„Mein Kind, alles, was dir komisch vorkommt, nachdem du um zwei Uhr morgens geweckt wurdest, ist sehr lustig, wirklich sehr lustig. Wie kann ich das Lachen unterdrücken?" Eva begann daraufhin schwach zu weinen.

„Kommen Sie bitte hierher", sagte er.

Und sie kam und setzte sich auf das Bett, aber wie anders als beim vorherigen Besuch! Sie wurde nun von den Umständen überwältigt und wandte sich hilfesuchend an seinen angeblich mächtigeren Geist und seine tiefere Weisheit. Der Mann war nicht nur amüsiert, sondern auch überaus glücklich, weil er nicht mehr nur eine bloße Ergänzung war! Also tröstete er sie und legte ihr die Hände auf die Schultern.

„Mach dir keine Sorgen", sagte er sanft. „Und schließlich wundert es mich nicht, dass die Halskette geklaut wurde."

„Nicht überrascht? Arthur!"

„Nein. Sie versammeln hier die Hälfte der berüchtigten klugen Leute in London. Fünfzig Prozent von ihnen durchlaufen das eine oder andere Gericht; fünf Prozent werden am Ende als Kriminelle entdeckt, und Gott weiß, wie viele Prozent am Ende als unentdeckte Kriminelle gelten. Möglicherweise Zwei Prozent nehmen die Ehe ernst, und möglicherweise ist ein Prozent nicht verschuldet. Das ist die Atmosphäre, die Sie geschaffen haben, und es ist eine Atmosphäre, in der Perlen leicht dahinschmelzen , es wäre interessant zu wissen, *wie* die Sachen geschmolzen sind. Hast du sie getragen?"

„Natürlich habe ich sie getragen. Heute Abend gab es hier nichts Schöneres – das habe *ich* gesehen."

„Du hattest sie noch nicht an, als du hier reinkamst."

„Hatte ich nicht?" sagte Eva nachdenklich.

„Nein, das hast du nicht."

„Warum hast du es mir dann nicht gesagt?" forderte Eve plötzlich, fast heftig, unter Tränen und entzog ihre Schultern seinen Händen.

„Nun", sagte Herr Prohack. „Ich dachte, du wüsstest, worauf du Lust hast und was nicht."

„Ich denke, du hättest es mir vielleicht sagen können. Wenn du vielleicht die …"

Mr. Prohack legte seine Hand auf ihren Mund.

„Halt", sagte er. „Mein süßes Kind, ich kann dir viel Ärger ersparen. Es ist alles meine Schuld. Wenn ich nicht ein Wunder der Dummheit gewesen wäre, wäre die Halskette nie verschwunden. Nachdem wir diesem Punkt zugestimmt haben, gehen wir zum nächsten über." Wann haben Sie von Ihrem traurigen Verlust erfahren?"

„Es war Miss Winstock, die mich fragte, was ich mit meiner Halskette gemacht hätte. Ich legte meine Hand an meinen Hals und sie war weg. Sie musste sich gelöst haben."

„Hast du mir nicht vor etwa zwei Wochen gesagt, dass die kleine Sicherheitskette schief gegangen ist?"

"Habe ich?" sagte Eva unschuldig.

„Haben Sie die Sicherheitskette reparieren lassen?"

„Ich wollte es morgen machen lassen. Wenn ich es heute hätte machen lassen, dann hätte ich die Halskette heute Abend doch nicht tragen können, oder?"

„Sehr wahr", stimmte Herr Prohack zu.

„Aber wer hätte es nehmen können?"

„Ah! Bist du sicher, dass es nicht irgendwo auf dem Boden liegt?"

„Jeder Ort, an dem ich war, wurde gründlich durchsucht. Es ist ziemlich sicher, dass es aufgehoben und eingesteckt worden sein muss."

„Dann von einem Mann, der sieht, dass Frauen keine Taschen haben – außer denen ihres Mannes. Ich fange schon an, mich wie ein Detektiv zu fühlen. Übrigens, meine Dame, die Vorstellung, in einem Haus wie diesem einen Empfang ohne Detektiv zu geben als Gast verkleidet war eher grotesk.

„Aber natürlich hatte ich Detektive!" Eve platzte heraus. „Ich hatte zwei private. Ich dachte, einer sollte ausreichen, aber sobald die Agenten das Inventar an Nippes und anderen Dingen sahen, rieten sie mir, zwei Männer zu haben. Einer von ihnen ist immer noch hier. Tatsächlich wartet er darauf, Sie zu sehen . Die Leute von Scotland Yard sind sehr nervig. Sie haben sich bis zum Morgen geweigert, etwas zu unternehmen.

Dass Eve Detektive engagierte, war ein schwerer Schlag für die männliche Überlegenheit von Mr. Prohack. Er hielt sich jedoch im Zaum, indem er sich insgeheim davon überzeugte, dass sie nicht auf diese Idee gekommen war; Die Idee muss ihr von einer anderen Person gegeben worden sein – wahrscheinlich von Mimi, die allerdings auch eine Frau war.

„Und erwarten Sie ernsthaft, dass ich mitten in der Nacht einen Detektiv befrage?" fragte Herr Prohack.

„Er sagte, er würde dich gerne sehen. Aber wenn du dich dazu nicht gewachsen fühlst, mein armer Junge, werde ich es ihm natürlich sagen."

mich sehen ? Ich habe nichts damit zu tun und ich weiß nichts."

„Er sagt, als du die Halskette gekauft hast, muss er dich sehen – und je früher, desto besser."

Dieser neue Aspekt der Angelegenheit schien Herrn Prohack ziemlich nachdenklich zu machen.

III

Eva brachte zu ihrem Mann, der seine moralische Ausdauer und seinen körperlichen Charme durch den feinsten seiner Morgenmäntel verbessert hatte, einen dunklen, dünnen jungen Mann, der wunderbar perfekt gekleidet war, einen beliebten Schnurrbart hatte und so aussah frisch, als würde er gerade auf eine Party gehen. Herr Prohack erkannte ihn natürlich als einen der Gäste.

„Guten Morgen", sagte Herr Prohack. „ *Sie sind* also der Detektiv."

„Ja, Sir", antwortete der Detektiv förmlich.

„Wissen Sie, den ganzen Abend hatte ich den Eindruck, Sie seien Erster Sekretär der tschechisch-slowakischen Gesandtschaft."

„Nein, Sir", antwortete der Detektiv förmlich.

„Nun! Nun! Ich glaube, es gibt ein Sprichwort, das besagt, dass der Schein trügt."

„Gibt es das tatsächlich, Sir?" sagte der Detektiv mit unerschütterlichem Ernst. „In unserem Geschäft sind wir der Meinung, dass der Schein täuschen sollte."

„Ich spreche jetzt von Ihrem Geschäft", bemerkte Herr Prohack mit einer seiner Bemühungen, sehr überzeugend zu sein. „Was ist mit dieser unglücklichen Angelegenheit?"

„Ja, Sir, was ist damit?" Der Detektiv sah Eve schief an.

„Ich nehme an, es besteht kein Zweifel daran, dass das Ding gestohlen wurde. Setz dich übrigens ans Ende des Bettes, ja? Dann bist du in meiner Nähe."

„Ja, Sir", sagte der Detektiv und setzte sich. „Es besteht kein Zweifel, dass die Halskette von jemandem entfernt wurde, entweder aus schändlichen Gründen oder aus Spaß."

„Ah! Ein Witz?" meditierte Mr. Prohack laut.

„Es ist sicherlich kein Scherz", sagte Eve herzlich. „Niemand, den ich gut genug kenne, um einen solchen Streich zu spielen, würde auch nur im Traum daran denken, ihn zu spielen."

„Dann", sagte Herr Prohack, „sind wir mit dem schändlichen Ziel ganz allein. Ich hatte so eine Art Vorstellung, dass ich das schändliche Ziel erreichen sollte, und hier ist es! Ich nehme an, es gibt wenig Hoffnung?"

„Nun, Sir. Sie wissen, was mit einer gestohlenen Perlenkette passiert. Die Perlen werden getrennt. Sie können auf einmal verkauft werden, eine nach der anderen, oder sie können jahrelang aufbewahrt und dann verkauft werden. Perlen, außer den allerfeinsten, Hinterlassen Sie keine Spuren, wenn sie einen fairen Start haben."

„Was ich nicht verstehe", rief Eve aus, „ist, wie es abfallen konnte, ohne dass ich es bemerkte."

„Oh! Das kann ich leicht verstehen", sagte Herr Prohack mit einem eigenartigen Tonfall.

„Ich habe schon erlebt, dass Damen sogar ihre Haare verloren, ohne es zu merken", sagte der Detektiv bestimmt. „Ganz zu schweigen von anderen Gegenständen."

„Aber ohne dass es auch sonst jemand bemerkt hätte?" Eve verfolgte ihren eigenen Gedankengang.

„Jemand hat es bemerkt", sagte der Detektiv und schrieb auf ein kleines Stück Papier.

"WHO?"

„Die Person, die die Halskette genommen hat."

„Natürlich weiß ich das", sagte Eve ungeduldig. „Aber wer kann es sein? Ich bin mir sicher, dass es einer der neuen Diener oder einer der angeheuerten Kellner ist."

„In unserem Geschäft, meine Dame, verdächtigen wir normalerweise die Bediensteten und Kellner zuletzt." Dann drehte er sich ganz plötzlich um und fragte: „Wer ist das an der Tür?"

Eve ging erschrocken auf die Tür zu, und im selben Moment legte der Detektiv Herrn Prohack ein kleines Stück Papier in den Schoß, und Herr Prohack las darauf:

„ *Ich möchte dich gerne alleine sehen* ." Der Detektiv hob das Papier wieder auf. Herr Prohack lachte innerlich freudig.

„Es ist niemand an der Tür", sagte Eve. „Wie du mir Angst gemacht hast!"

„Marian", sagte Herr Prohack völlig inspiriert. „Nehmen Sie dort bitte meine Schlüssel ab, gehen Sie in mein Arbeitszimmer und schließen Sie die obere rechte Schublade des großen Schreibtisches auf. Ganz oben auf der Rückseite finden Sie ein blaues Papier. Bringen Sie es mir. Ich weiß nicht, welcher Schlüssel der richtige ist, aber du wirst es bald sehen.

Und als Eve, voller Eifer ihrer wichtigen Mission nachgegangen war, fuhr Mr. Prohack mit dem Detektiv fort:

„Das ist doch ziemlich gut, nicht wahr, für eine Improvisation? Der Schlüssel zu dieser Schublade ist überhaupt nicht an diesem Ring. Und selbst wenn sie es schafft, die Schublade zu öffnen, ist überhaupt kein blaues Papier darin. Sie wird ziemlich viel sein." Zeit."

Der Detektiv starrte Mr. Prohack auf eine Weise an, die seine oberflächliche Selbstzufriedenheit minderte.

„Was ich von Ihnen, Sir, persönlich wissen möchte, ist, ob Sie wollen, dass diese Angelegenheit vertuscht wird oder nicht."

„Vertuscht?" wiederholte Mr. Prohack, dem dieser einzigartige Vorschlag neue und finstere Wege der Spekulation eröffnete. „Warum vertuschen?"

„Die meisten Fälle, mit denen wir uns befassen, müssen früher oder später vertuscht werden", antwortete der Kriminalbeamte. „Ich wollte nur wissen, wo ich war."

„Wie interessant Ihre Arbeit sein muss", bemerkte Herr Prohack mit rascher, mitfühlender Begeisterung. „Ich gehe davon aus, dass es Ihnen gefällt. Wie sind Sie dazu gekommen? Haben Sie eine Ausbildung absolviert? Ich habe mich oft über Sie als Privatdetektive gewundert. Es ist ein wunderbares Leben."

„Ich bin dazu gekommen, weil ich in der Piccadilly-U-Bahn einen Mann kennengelernt habe. Und was das Gefallen angeht: Ich sollte keine Arbeit mögen."

„Aber manche Leute lieben ihre Arbeit."

„Das habe ich gehört", sagte der Detektiv skeptisch. „Dann gehe ich davon aus, dass du die Sache wirklich unterdrücken willst?"

„Aber Sie haben Scotland Yard deswegen angerufen", sagte Herr Prohack. „Danach können wir es nicht mehr vertuschen."

„Ich habe es *ihnen gesagt*", antwortete der Detektiv grimmig und deutete mit dem Kopf auf die ganze Welt des Hauses. „Ich habe *ihnen gesagt*, dass ich mit Scotland Yard telefonieren würde, aber das habe ich nicht getan. Ich habe mit unserer Zentrale telefoniert. Soll ich dann davon ausgehen, dass Sie alles herausfinden wollen, was Sie können, aber Sie wollen, dass es unterdrückt wird?"

„Überhaupt nicht. Ich habe keinen Grund, etwas zu vertuschen."

Der Detektiv blickte ihn mit einem harten, kleinbürgerlichen Blick an, und Mr. Prohack zitterte ein wenig vor diesem Blick.

„Würden Sie mir bitte sagen, wo Sie die Halskette gekauft haben?"

„Das habe ich wirklich vergessen. Irgendwo in der Bond Street."

„Oh! Ich verstehe", sagte der Detektiv. „Eine Halskette aus neunundvierzig Perlen, von denen mehr als die Hälfte angeblich so groß wie Erbsen ist, und Ihnen ist entfallen, wo Sie sie gekauft haben." Der Detektiv gähnte.

„Und ich fürchte, ich habe die Quittung auch nicht aufbewahrt", sagte Herr Prohack. „Ich habe die Vermutung, dass die Firma kurz nach dem Kauf der Halskette ihre Geschäftstätigkeit aufgegeben hat. Zumindest erinnere ich mich, dass ich bemerkt habe, dass der Laden geschlossen und dann als etwas anderes wieder eröffnet wurde."

„In der Bond Street gibt kein Juwelier jemals sein Geschäft auf“, sagte der Detektiv und gähnte noch einmal. „Nun, Mr. Prohack, ich glaube nicht, dass ich Sie heute Abend noch mehr belästigen muss. Wenn Sie oder Mrs. Prohack morgen im Laufe des Tages in unserem Hauptbüro vorbeikommen, erhalten Sie unseren offiziellen Bericht und … Sollte etwas wirklich Neues auftauchen, rufe ich Sie sofort an. Gute Nacht, Herr Prohack. Der Mann verneigte sich ziemlich unbeholfen, als er vom Bett aufstand und ging.

„Dieser Kerl glaubt, dass zwischen Eve und mir etwas faul ist“, überlegte Mr. Prohack. „Ich frage mich, ob das so ist!“ Aber er war immer noch in Hochstimmung, als Eve zurück ins Zimmer kam.

„Der Spürhund ist geflohen“, sagte er. „Ich muss ihm etwas zum Nachdenken gegeben haben.“

„Ich habe alle Schlüssel ausprobiert und keiner passt“, beschwerte sich Eve. „Und trotzdem schimpfst du immer darüber, dass ich meine Schlüssel nicht in Ordnung halte. Wenn du ihm das blaue Papier zeigen wolltest, warum hast du ihn gehen lassen?“

„Meine Liebe“, sagte Herr Prohack, „ich habe ihn nicht gehen lassen. Er hat mich nicht konsultiert, sondern ist einfach und vollständig gegangen.“

„Und was ist das blaue Papier?“ Eva verlangte.

„Nun, angenommen, es wäre die Quittung für das, was ich für die Perlen bezahlt habe?“

„Oh! Ich verstehe. Aber wie würde das helfen?“

„Es würde nicht helfen“, antwortete Herr Prohack. „Mein kaputter Schmetterling, du kannst genauso gut das Schlimmste wissen. Der Spürhund macht nicht viel Hoffnung.“

„Ja“, sagte Eva. „Und du scheinst erfreut darüber zu sein, dass ich meine Perlen verloren habe! Ich weiß, was es ist. Du denkst, es wäre eine Lektion für mich, und du liebst es, wenn Menschen Lektionen erhalten. Warum! Jeder könnte eine Halskette verlieren.“

„Stimmt. Schiffe werden zerstört, Halsketten gehen verloren und Nelson hat sogar sein Auge verloren.“

„Und ich bin sicher, dass es einer der Diener *war*.“

„Mein Kind, du kannst ohne eine Perlenkette genauso glücklich sein wie mit einer. Du bist wirklich keine Frau, die Wert auf vulgäre Zurschaustellung legt. Außerdem ist in Zeiten wie diesen, in denen die Gesellschaft zu stürzen scheint, was wertvoll Halskette, außer ein Grund zur Sorge? Felicity ist nicht zu erreichen durch die-“

Eva schrie.

„Arthur! Wenn du so weitermachst, renne ich direkt aus dem Haus und erkälte mich auf dem Platz."

„Ich werde Ihnen noch eine Halskette geben", antwortete Herr Prohack auf diese Drohung, und da sich ihr Gesicht nicht sofort klarte, fügte er hinzu: „Und eine bessere."

„Ich will keinen weiteren", sagte Eve. „Ich wäre lieber ohne. Ich weiß, es war alles meine eigene Schuld. Aber du bist schrecklich, und ich kann dich nicht erkennen, und ich konnte dich nie erkennen. Ich wusste nie, wo ich bei dir bin." . Und ich glaube, Sie verheimlichen etwas vor mir, und deshalb haben Sie den Detektiv weggeschickt.

Herr Prohack musste seine ernste Stimme annehmen, die Eve immer überzeugte und die er nie missbraucht hatte. „Ich habe deine Halskette nicht abgeholt. Ich habe sie nicht gesehen. Und ich weiß nichts darüber." Dann veränderte er sich erneut. „Und wenn Sie freundlicherweise vortreten und mir einen Guten-Morgen-Kuss geben würden, werde ich versuchen, ein paar Momente der Bewusstlosigkeit zu ergattern."

IV

Mr. Prohacks Leben in dieser wundervollen Phase seiner Karriere als praktizierender Philosoph, der sich mit der großen Welt auseinandersetzte, schien eine Reihe gewaltsamer Erwachen zu sein. Er wurde am nächsten – oder vielmehr am selben – Morgen gegen acht Uhr mit noch größerer Heftigkeit geweckt, und er wäre früher geweckt worden, wenn die Dienerschaft früher aufgestanden wäre. Der charakteristische Wunsch der Diener, früh aufzustehen, war jedoch durch die fröhlichen Nachtwachen der vergangenen Nacht geschwächt worden. Es war natürlich Eva, die auf ihn zustürmte – niemand sonst hätte es gewagt. Sie hatte hastig das verwandelte chinesische Gewand um ihre Fülle geworfen, das seltsam aussah wie ein Überbleibsel aus einer früheren Inkarnation.

„Arthur!" rief sie und schüttelte das Opfer förmlich. „Arthur!"

Mr. Prohack sah sie an, benommen von dem elektrischen Licht, das sie rücksichtslos über seinem Kopf eingeschaltet hatte.

„In der Gegend wurde eine Frau erwischt. Sie ist eine dicke Frau, und sie muss die ganze Nacht dort gewesen sein. Der Koch schloss das Tor der Gegend ab und die Frau war zu fett, um darüber zu klettern. Brool hat sie in die Dienstbotenhalle gebracht und festgeschnallt." die Tür, und was sollten wir Ihrer Meinung nach zuerst tun? Die Polizei rufen oder Herrn Crewd anrufen – er ist der Detektiv, den Sie letzte Nacht gesehen haben?"

„Wenn sie die ganze Nacht in der Gegend war, bringen Sie sie besser ins Bett und geben Sie ihr etwas heißen Brandy und Wasser", sagte Herr Prohack.

„Arthur, bitte, bitte, sei ernst!" Eva flehte.

„Ich meine es so ernst wie nur ein Mann, der von einer hübschen Frau auf diese angenehme Art und Weise gestört wurde", sagte Mr. Prohack und untersuchte aufmerksam die Decke. „Du gehst und kümmerst dich um die dicke Dame. Angenommen, sie ist durch Entblößung gestorben. Es müsste eine gerichtliche Untersuchung stattfinden. Möchtest du in eine gerichtliche Untersuchung verwickelt werden? Was will sie? Was auch immer es ist, gib es ihr und Lass sie gehen und wecke mich nächste Woche. Ich habe das Gefühl, ich kann ein bisschen schlafen.

„Arthur! Du wirst mich wahnsinnig machen. Kannst du nicht sehen, dass sie mit dem Halskettengeschäft in Verbindung stehen muss. Das *muss sie* sein. Das ist so klar wie das Tageslicht!"

"Ah!" hauchte Mr. Prohack nachdenklich interessiert. „Ich hatte das Halskettengeschäft vergessen."

„Ja, nun ja, das hatte ich nicht!" sagte Eva ziemlich verschmitzt. "Ich hatte nicht."

„Möglicherweise ist sie in das Halskettengeschäft verwickelt", gab Herr Prohack zu. „Sie könnte ein Hinweis sein. Sehen Sie, erzählen wir es niemandem draußen – nicht einmal Mr. Crewd. Lasst es uns selbst herausfinden. Das wird der größte Spaß sein. Was sagt sie über sich selbst?"

„Sie sagte, sie warte vor dem Haus, um eine junge Dame mit Stupsnase zu erwischen, die von meinem Empfang weggeht – Mimi Winstock natürlich."

„Warum Mimi Winstock?"

„Na, hat sie nicht eine Stupsnase? Und sie ist meinem Empfang nicht aus dem Weg gegangen. Sie schläft hier", entgegnete Eve triumphierend.

„Und was sagt die dicke Frau sonst noch?"

„Sie sagt, dass sie nichts anderes sagen wird – außer Mimi Winstock."

„Na dann wecken Sie Mimi, wie Sie mich geweckt haben, und schicken Sie sie in die Dienstbotenhalle – wo auch immer das ist – ich habe es selbst noch nie gesehen!"

Eve schüttelte energisch ihren etwas zerzausten Kopf.

„Auf jeden Fall nicht. Ich vertraue Miss Mimi Winstock kein bisschen – und ich werde nicht zulassen, dass die beiden sich treffen, bis Sie mit dem Einbrecher gesprochen haben."

"Mich!" Herr Prohack protestierte.

„Ja, du. Da du nicht willst, dass ich die Polizei rufe. Es muss etwas getan werden, und jemand muss es tun. Und dieser Mimi Winstock habe ich nie vertraut, und es tut mir sehr leid, dass sie gegangen ist." Charlie. Das war ein großer Fehler, aber es hat nichts mit mir zu tun. Sie zuckte freundlich mit den Schultern. „Aber meine Halskette hat etwas mit mir zu tun."

Herr Prohack dachte: „Was würde Lady Massulam in einer solchen Krise tun? Und wie würde Lady Massulam im Schlafrock und mit offenem Haar aussehen? Das werde ich nie erfahren." Mittlerweile gefiel ihm Eves Auftreten – ihre Lebhaftigkeit und Einfachheit. „Ich fürchte, ich bin immer noch in sie verliebt", überlegte der seltsame Kerl und sagte laut: „Du solltest mich besser küssen. Ich werde schreckliche Kopfschmerzen bekommen, wenn du es nicht tust." Und Eva küsste ihn widerwillig, mit dem Ausdruck einer Märtyrerin im Gesicht.

Innerhalb weniger Minuten hatte Mr. Prohack seine Frau entlassen und stieg in einem Schlafrock, der dem ihren Konkurrenz machte, die Treppe hinunter. Sein Anblick in der unbekannten Welt des Kellergeschosses, als er ohne Hilfe nach der Dienstbotenhalle suchte, löste eine ungeheure Sensation aus – weitaus größer, als er erwartet hatte. Ein nettes junges Mädchen, das er noch nie zuvor gesehen hatte und von dem er nichts wusste, außer dass sie wahrscheinlich eine seiner Dienerinnen war, war so gerührt, dass sie beinahe einen Unfall mit einem Teetablett hatte, das sie trug.

"Wie heißt du?" fragte Mr. Prohack gütig.

„Selina, Herr."

„Wohin gehst du mit dem Teetablett und der Zeitung?"

„Ich wollte es gerade nach oben zu Machin bringen, Sir. Ihr geht es noch nicht gut genug, um aufzustehen, Sir."

Herr Prohack verstand die Größe der Höhe, zu der Machin aufgestiegen war. Machin, ein Stubenmädchen, das im Bett Tee trinkt und von einem geringeren Wesen bedient wird, das Machin offensichtlich als eine Person von großer Macht und Bedeutung auf Erden ansieht! Herr Prohack erkannte, dass er mit den grundlegenden Realitäten des Lebens am Manchester Square nicht vertraut war.

„Nun", sagte er. „Du kannst noch etwas Tee für Machin holen. Gib mir das." Und er nahm das Tablett. „Nein, du kannst die Zeitung behalten."

Die Zeitung war *The Daily Picture*. Als er mit einer Hand das Tablett hielt und mit der anderen Selina das Papier zurückgab, fielen ihm die Schlagzeilen ins Auge: „West End-Sensation. Mrs. Prohacks Perlen geklaut." Er wurde blass; aber er war ein zu stolzer Mann, um das Papier noch einmal zurückzuziehen. Zweifellos würde *The Daily Picture* ihn über die üblichen Kanäle erreichen, nachdem Machin damit fertig war, begleitet von den üblichen Begründungen, der Zeitungsjunge sei zu spät gekommen; er konnte warten.

„Das ist der Dienstbotensaal", sagte er. Selinas Verhalten wandelte sich zu einer deutlichen Besorgnis, als sie im dunklen unterirdischen Korridor auf die Tür zeigte, die für den Gefangenen verschlossen war. Nicht nur die Anwesenheit von Mr. Prohack hatte das Untergeschoss in Aufregung versetzt; Es herrschte ein noch größerer Nervenkitzel, und als Mr. Prohack die Tür zum Dienstbotensaal zu öffnen verlangte, steigerte er den Nervenkitzel bis zum Äußersten. Der Schlüssel befand sich an der Außenseite der Tür, die er aufschloss. Drinnen brannte noch immer elektrisches Licht in der dunklen Morgendämmerung.

Die Gefangene, die von einem Stuhl aufsprang und angesichts des erstaunlichen Schauspiels von Mr. Prohack einen furchteinflößenden Knicks machte, war in höchstem Maße fett, und ihre Fettleibigkeit verlieh ihr ein mittelalteriges Aussehen, auf das sie laut Almanach wahrscheinlich kein Recht hatte. Sie sah aus wie vierzig und hätte durchaus nicht älter als dreißig sein können. Sie machte eine typische Londoner Figur der unscheinbaren Industrieklasse. Es ist unangemessen zu sagen, dass ihre schäbige, schwarzbesetzte Haube, ihr schäbiger Scheinpelzmantel, der zur Hälfte eine große, fragwürdige Schürze verbirgt, ihr schäbiger, ausgefranster schwarzer Rock und ihre schäbigen, riesigen, amorphen Stiefel – es ist unzutreffend, das zu sagen schien direkt aus einem zehntklassigen Pfandhaus zu kommen; die Frau selbst schien völlig intakt mit ihren Kleidern aus einem Pfandhaus zum zehnten Preis gekommen zu sein; ihr Wesen war jedenfalls homogen; es klang keine Zwietracht.

Sie tat nichts so Aktives wie Weinen, aber Tränen, die dem Gesetz der Schwerkraft gehorchten, sickerten aus ihren kleinen Augen und liefen unaufgefordert und unkontrolliert im Zickzack über ihre dunkelroten Wangen.

„Oh, Herr!" sie murmelte mit leiser, kaum artikulierter Stimme. „Ich bin eine respektable Frau, also hilf mir, Gott!"

„Sie werden respektiert", sagte Herr Prohack. „Setz dich und trink etwas von diesem Tee und iss das Butterbrot... Nein! Ich möchte noch nicht, dass du etwas sagst. Nein, überhaupt nichts."

Als sie den Tee in die Tasse gebracht hatte, goss sie ihn in die Untertasse, blies darauf und begann laut zu trinken. Nach zwei Schlucken nahm sie sich ein Stück Butterbrot, steckte es sich in den Mund und trank noch einen Schluck Tee, bevor sie noch etwas dazu tat. Und so ging sie weiter. Ihre Tischmanieren überzeugten Herrn Prohack davon, dass ihr Anspruch auf Seriosität authentisch war.

„Und jetzt", sagte Herr Prohack und blickte durch das mit Vorhängen versehene Fenster auf die leere Wand, die über ihm am Rand des Bürgersteigs endete, um sie nicht in Verlegenheit zu bringen, „wollen Sie mir sagen, warum Sie die Nacht in meiner Gegend verbracht haben? ?"

„Weil mir jemand das Tor verschlossen hat, Sir, während ich mich unter dem Schuppen versteckt habe, wo die Mülltonnen stehen."

„Das verstehe ich durchaus", sagte Herr Prohack, „das verstehe ich durchaus. Aber warum sind Sie in die Gegend hinuntergegangen? Haben Sie gebettelt, oder was?"

„Ich bettele, Sir!" rief sie und hörte auf zu weinen, gestärkt durch das Stärkungsmittel des erregten Stolzes.

„Nein, natürlich haben Sie nicht gebettelt", sagte Herr Prohack. „Vielleicht haben Sie Bettlern etwas gegeben —"

„Das habe ich, Sir." Sie weinte wieder.

„Aber du bettelst nicht. Ich verstehe schon. Was dann?"

„Es hat keinen Zweck, wenn ich versuche, es Ihnen zu sagen, Sir. Sie werden mir nicht glauben." Ihre Stimme war außerordentlich dünn und schwach und erreichte selten etwas, das man mit Fug und Recht als Aussprache bezeichnen könnte.

„Das werde ich", sagte Herr Prohack. „Ich bin ein großer Gläubiger. Versuchen Sie es mit mir. Sie werden sehen."

„Es ist so. Ich habe mich letzte Nacht bekehrt, und da fingen die Probleme an, wenn es das letzte Wort ist, das ich jemals spreche."

"Theologie?" murmelte Mr. Prohack, drehte sich zu ihr um und staunte über die romantische Qualität von Kellern.

„Es gab eine Mission bei den Methodisten in der Paddington Street, und ich ging hinein. Es kommt mir seltsam vor, in eine Methodistenkirche zu gehen, da ich mit Mr. Milcher so befreundet bin."

„Wer ist Herr Milcher?"

„Milcher ist der Küster von St. Nikodemus, Sir. Oder ich sollte Sakristan sagen. Sie nennen ihn Küster statt Küster, weil St. Nicodemus, wie Sie sicher *wissen* , Sir ist und so nahe wohnt.“

Mr. Prohack verspürte ein leichtes inneres Zittern, das er sich nicht erklären konnte, es sei denn, es beruhte auf einer unbewussten Vorahnung bevorstehender Unannehmlichkeiten.

„Ich weiß, dass ich in der Nähe des heiligen Nikodemus wohne“, antwortete er. „Sehr nah. Zu nah. Aber ich wusste nicht, wie High St. Nicodemus war. Ich unterbreche Sie jedoch.“ Er stellte mit Genugtuung fest, dass seine Gabe, Menschen Zuversicht zu vermitteln, ihn auch bei dieser Gelegenheit nicht im Stich ließ.

„Nun, Sir, wie ich schon sagte, es könnte, wie Sie vielleicht sagen würden, seltsam erscheinen, dass ich so bei den Methodisten vorbeischaue, wenn ich sehe, was Milchers Ansichten sind; aber meine Mutter war Methodistin in Canonbury – einem großartigen Ort für Andersdenkende , Sir, Nord-London, wissen Sie, Sir, und es heißt, Blut sei dicker als Wasser. Da war ich also, und die Mission ging weiter, und sobald ich in die Kapelle kam, wusste ich, dass ich fertig war. Ich habe mich in all meinen Tagen noch nie so überheblich gefühlt, und bevor ich wusste, wo ich war, war ich so glücklich, dass ich nicht glauben würde, dass ich so frei aus diesem Methodistenhaus herauskam Ich komme aus einem Krankenhaus, und Gott weiß, dass ich wegen meiner Krampfadern in den Beinen oft genug im Krankenhaus war. Sie hätten es fast vermuten können, Sir, aufgrund der freundlichen Art, wie Sie mir gesagt haben, ich solle sitzen unten, Sir. Und ich habe mich nur gefragt, wie ich es Milcher beibringen sollte, denn als ich an St. Nikodemus vorbeikam, musste ich an ihn denken – nicht weil ich nicht immer an ihn denke – und ich schaute auf die Uhr – Sie wissen, dass es die einzige beleuchtete Kirchenuhr im Bezirk ist, Sir, und die Uhr zeigte gerade elf, Sir, und ich habe darauf gewartet, dass sie schlägt, und sie hat nicht geschlagen. Meine Füße waren wie angewurzelt, mein Herr, aber nein, die Uhr schlug nicht, und dann überkam mich plötzlich die Geschichte dieser jungen Frau, die mich alles über den Turm und die Uhr fragte und mich als ihren jungen Mann bezeichnete war so an Kirchtürmen interessiert und wollte hinaufgehen, und ob ich ihr die Schlüssel für die Turmtür leihen würde, denn Milcher gibt mir immer den Schlüsselbund mit den Kirchenschlüsseln, den ich für ihn aufbewahren kann, wenn er ins Pferde- und Bräutigam-Publikum geht -Haus, Herr, er hat keine Lust, Kirchenschlüssel in ein Wirtshaus mitzunehmen. Er ist ziemlich wählerisch, Sir. Das sind sie, besonders wenn sie Mesner sind. Es raste über mich hinweg, und ich sagte mir: ‚Bolschewiki‘, und ich dachte, ich hätte verwunden sollen, aber das tat ich nicht.“

Herr Prohack musste sich anstrengen, um seine Selbstbeherrschung zu bewahren, denn das Gemurmel der dicken Dame löste in ihm die seltsamsten und beunruhigendsten Empfindungen aus.

„Wenn noch Tee in der Kanne ist", sagte er, „denke ich, ich nehme ihn."

„ *Und* herzlich willkommen, Sir", antwortete die dicke Dame. „Aber es gibt nur eine Tasse. Aber ich habe kaum davon getrunken, Sir."

Herr Prohack ging zunächst zur Tür, übergab den Schlüssel von außen nach innen und schloss die Tür ab. Dann trank er den Rest des Tees aus der einzigen Tasse; Als er auf dem Mahagoni-Sideboard eine Packung Mr. Brools Gold Flake-Zigaretten sah, wagte er es, sich eine davon zu nehmen.

„Ja, Sir", fuhr die dicke Dame fort. „Ich wäre beinahe verwundet worden, und ich konnte mich nicht mehr glücklich fühlen, bis ich Milcher eine saubere Brust davon gemacht hatte. Und ich machte mich auf den Weg nach Milcher, als es mich völlig überraschte, wie ich es den Jungen versprochen hatte Frau mit der hochgereckten Nase, da ich niemandem etwas über die Schlüssel sagen wollte, mein Herr, weil ich bekehrt war und darauf bedacht war, das Richtige zu tun, und nicht wusste, was richtig und was falsch war Ein Versprechen ist ein Versprechen, egal ob man bekehrt ist oder nicht – ich sage mir jedenfalls, ich muss zu Milcher gehen und ihm sagen, dass die Uhr noch nicht elf geschlagen hat, und ich betete so fest ich konnte um himmlische Führung. und ich war gerade auf dem Weg zu Milcher's, als ich in meiner Eile aus einem Taxi aussteigen und in dieses Haus rennen sollte, sagte ich in meiner Eile, das sei eine Gebetserhörung , aber ich bin mir jetzt nicht mehr so sicher, da ich nicht zu viel vermutet habe. Ich konnte sehen, dass hier etwas Schickes vor sich ging, und ich sagte mir: „Diese junge Dame ist reingegangen. Sie wird wieder rauskommen." „Sie ist eine von den Verdächtigen", sagte ich, „und er auch, und ich werde warten, bis sie herauskommt, und dann werde ich sie fangen und mit ihr streiten, auch wenn es dabei um Polizisten geht." Und als das Eingangstor geöffnet wurde, schlüpfte ich die Stufen hinunter, Sir, mit Blick auf die Vordertür. Und genau das habe ich getan. Ich musste mich wegen meiner Krampfadern auf die Steinstufen setzen, Sir, und dann kommt einer der Diener *von* der Straße, Sir, und ich bin eher die Stufen hinuntergefallen, Sir, als dass ich gegangen bin, Sir, und Ich versteckte mich zwischen zwei Mülltonnen, und als die Luft klar war, ging ich wieder hinauf und stellte fest, dass das Tor verschlossen war und nichts los war. Und es ist so wahr, wie ich hier stehe – sitze, würde ich sagen."

Mr. Prohack hielt inne, sammelte sich und war entschlossen, trotz allem die Nerven zu behalten. Dann sagte er:

„Wann hat sich die mysteriöse junge Dame die Schlüssel von Ihnen geliehen?"

„Letzte Nacht, Sir, ich meine vorletzte Nacht."

„Und wo sind jetzt die Schlüssel?"

„Milcher hat sie, Sir. Ich gehe davon aus, dass er inzwischen oben im Turm ist und sich Sorgen um die Uhr macht. Es wird in den Zeitungen stehen – sehen Sie mal, ob das nicht der Fall ist, Sir."

„Und er hat keine Ahnung, dass du jemals die Schlüssel geliehen hast?"

„Das hat er nicht, Sir. Und die Frage ist: Muss ich es ihm sagen?"

„Wie genau sind die Beziehungen zwischen Ihnen und Herrn Milcher?"

„Nun, Sir, er ist, wie man sagen könnte, ein bisschen schlau, was mich betrifft. Und er wird mich heiraten. Das sagt er, und ich glaube ihm."

Und Herr Prohack überlegte, beeindruckt vom Wunder der Existenz:

„Auch diese Frau hat Charme für jemanden, der sie als den appetitlichsten Bissen der Welt ansieht."

„Nun", sagte er laut, „sind Sie so freundlich, mich nach meiner Meinung zu fragen, ob Sie es Herrn Milcher sagen sollten. Mein Rat an Sie ist: Tun Sie es nicht. Ich begrüße Ihre Bekehrung. Aber wie Sie sagen, ein Versprechen ist ein Versprechen – selbst wenn es ein ungezogenes Versprechen ist, Sie werden dafür leiden, und glauben Sie nicht, dass Ihre Bekehrung Sie vor dem Leiden bewahren wird, denn das wird nicht der Fall sein Es ist keine Patentmedizin. Es ist eher eine seltsame Sache, in mancher Hinsicht sehr praktisch und in anderer Hinsicht sehr umständlich, und man muss es mit gesundem Menschenverstand anwenden, sonst bringt man sowohl sich selbst als auch andere in Schwierigkeiten Dass die Uhr nicht mehr schlägt, ist natürlich nur ein Zufall. Verzichten Sie auf das Wort „Bolschewik". Das ist ein sehr überstrapaziertes Wort und bedarf einer langen Ruhepause. Wenn die Uhr von deinen jungen Freunden am Schlagen gehindert worden wäre, hätte sie vorgestern Abend aufgehört, als sie den Turm hinaufgingen Die junge Dame, die hier lebt, muss weggegangen sein, als Sie zwischen den Mülltonnen waren – das heißt, sie hat Ihnen möglicherweise etwas für Ihre Mühe gegeben arm. Das wird der beste Weg sein, sich zu bekehren.

„Das werde ich tun, Sir."

„Ja. Und jetzt musst du gehen." Er schloss die Tür auf und öffnete sie. „Schnell. Leise. In den Bereich und die Stufen hinauf. Und halten Sie einen Moment inne. Lassen Sie sich mindestens ein Jahr lang nicht auf dem Platz sehen. Letzte Nacht wurde in genau diesem Haus ein großer Raubüberfall begangen. Sie' Ich werde es in den heutigen Zeitungen sehen. Mein Butler hat Ihre Anwesenheit in der Gegend mit dem Raub in Verbindung gebracht. Ohne es zu wissen, schwebte ich in größter Gefahr Wenn Sie Ihre Bekehrung nicht mit Bedacht einsetzen, landen Sie sonst vielleicht im Gefängnis. Schweigen Sie erst und bekehren Sie sich danach. Er stoppte den Ausdruck ihrer erschrockenen Dankbarkeit. „Habe ich Ihnen nicht geraten, zu schweigen? Grusel, Frau Milcher. Grusel!"

V

„Nun, was hast du zu ihr gesagt? Was sagt sie? Was hast du mit ihr gemacht?" fragte Eve aufgeregt, die sich fast fertig angezogen hatte, als Mr. Prohack, prächtig, aber keineswegs ohne Bedenken, ihr Schlafzimmer betrat.

„Ich habe sehr ernst mit ihr gesprochen und sie gehen lassen", antwortete Herr Prohack.

Eve setzte sich wie erstochen auf den Stuhl vor ihrem Frisiertisch und starrte Mr. Prohack an.

„Du hast sie gehen lassen!" rief sie mit einem empörten Keuchen und deutete damit an, dass sie immer vermutet hatte, dass sie mit einem Dummkopf verheiratet war, aber nicht mit einem solchen Dummkopf. „Wo ist sie hin?"

"Ich weiß nicht."

„Wie heißt sie? Wer ist sie?"

„Das weiß ich auch nicht. Ich weiß nur, dass sie verlobt ist und dass ein gewisser Sakristan wahnsinnig, aber ich hoffe aufrichtig, in sie verliebt ist und dass sie nichts mit dem Verschwinden Ihrer Halskette zu tun hat. "

„Ich nehme an, sie hat es dir selbst gesagt!" sagte Eve mit einer Ironie, die einen weniger philosophischen Ehemann vielleicht hätte zusammenschrumpfen lassen.

„Sie hat es nicht getan. Sie hat kein Wort über die Halskette gesagt. Aber sie hat ein umfassendes Geständnis abgelegt. Sie ist in das Uhrengeschäft verwickelt."

„Was für ein Geschäft?"

„Das Schlagen der Kirchenuhr. Sie wissen, dass sie seit gestern Abend nicht mehr schlägt, unter der weisen Fügung des Himmels."

Als er diese völlig einfache Ankündigung machte, bemerkte Herr Prohack eine plötzliche Veränderung im Gesichtsausdruck seiner Frau. Sie runzelte

die Stirn: Ein trauriger, protestierender, besorgter Ausdruck erschien in ihren
Augen.

„Bitte fang nicht noch einmal mit der Uhr an, mein armer Arthur! Du solltest
es vergessen. Du weißt, wie schlecht es für dich ist, darüber nachzudenken.
Es geht dir auf die Nerven und du fängst an, dir alles Mögliche auszudenken,
bis, Natürlich besteht keine Chance, dass du schläfst, weil ich das Haus
gestohlen habe. Du ahnst es nicht, aber ich habe mir mehrmals gewünscht,
dass wir es nie genommen hätten. Ich war so verärgert über deinen nervösen
Zustand.

„Ich habe nur gesagt", beharrte Mr. Prohack, „dass unsere dicke Besucherin,
die offensichtlich eine enorme Verführungskraft gegenüber Sakristanen hat,
die Uhr genauso bemerkt hatte wie ich, und sie dachte –"

Eva unterbrach ihn, indem sie schnell auf ihn zukam, ihre Hände auf seine
Schultern legte, wie er kurz zuvor seine Hände auf ihre Schultern gelegt hatte,
und ihn flehend ansah.

"Bitte bitte!" sie flehte ihn an. „Um mir einen Gefallen zu tun. Lassen Sie die
Kirchenuhr fallen. Ich weiß, was das für Sie bedeutet."

Mr. Prohack wandte sich ab, brach in schallendes und etwas hysterisches
Gelächter aus und verließ das Schlafzimmer, nachdem er zu seinem
Erstaunen bemerkt hatte, dass sie glaubte, die Kirchenuhr würde seinen
Verstand untergraben.

Als er in sein Arbeitszimmer ging, klingelte er dort, und Brool gehorchte mit
blassem und eingefallenem Gesicht der Aufforderung. Die Tatsache, dass
seine geistige Gesundheit zweifelhaft war, so absurd sie auch sein mochte,
veranlasste Herrn Prohack irgendwie dazu, eine päpstliche Haltung von
ungewöhnlicher Würde anzunehmen.

„Ist Miss Warburton schon wach?"

„Nein, Sir. Eine der Dienerinnen hat vor einiger Zeit an ihre Tür geklopft,
aber keine Antwort erhalten."

„Sie muss geweckt werden, und ich werde eine Notiz schreiben, die ihr sofort
ausgehändigt werden muss."

Herr Prohack schrieb: „Bitte ziehen Sie sich sofort an und kommen Sie in
mein Arbeitszimmer. Ich möchte Sie um die Uhr der Kirche sehen. AP."
Dann wartete er, wobei er abwechselnd den Heizkörper befühlte und seine
Beine am frisch angezündeten Holzfeuer wärmte. Er war überwältigt von der
unglaublichen Wendung der Ereignisse und hatte das Gefühl, dass in der
Struktur seiner Umgebung nichts sicher war oder jemals sein würde.

„Nun, ich bin gehängt! Nun, ich bin gehängt!" sagte er sich immer wieder und beteuerte sogar mehrmals, dass ihm ein noch schlimmeres Schicksal widerfahren sei.

"Hier bin ich!" rief Mimi dreist aus, als sie den Raum betrat.

Die Aussage war nicht übertrieben. Sie war nachdrücklich da, mit aufstrebender Nase und allem – in voller Abendgarderobe, dem Kostüm des Abends zuvor.

„Hast du in deiner Kleidung geschlafen?" forderte Herr Prohack.

Ihr Verhalten veränderte sich bei seinem beeindruckenden Ton.

„Nein, Sir", antwortete sie kleinlaut. „Aber ich habe hier nichts anderes. Ich werde einen Mantel anziehen und mit einem Taxi losfahren, um mich für den Tag umzuziehen. Darf ich mich setzen?"

Herr Prohack nickte. Zweifellos bot sie in ihrer gewagten Pracht einen wunderbaren Anblick.

„Du hast es also schon herausgefunden!" sagte sie immer noch sanftmütig, während Mr. Prohack nach dem richtigen Schachzug suchte. „Bitte erzähl mir wie", fügte sie hinzu und legte die Falten ihres kurzen Rocks über den Stuhl.

„Ich bin nicht hier, um Fragen zu beantworten", sagte Herr Prohack. „Ich bin hier, um sie zu fragen. Wie hast du das gemacht? Und warst du es oder Charlie oder ihr beide? Wessen Idee war es?"

„Das war meine Idee", schnurrte Mimi. „Aber Mr. Charles schien es zu gefallen. Es war wirklich ganz einfach. Zuerst erfuhren wir von dem Küster."

„Und wie hast du das gemacht?"

„Private Ermittler natürlich. Dieselben Leute, die gestern Abend hier das Sagen hatten. Ich kannte sie, als ich bei Mr. Carrel Quire war, und ich war es, der sie Mrs. Prohack vorgestellt hat."

"Es wäre!" Herr Prohack kommentierte. "Und dann?"

„Und als wir dann Mrs. Slipstone – oder Miss Slipstone – entdeckt hatten – "

"Wer ist sie?"

„Sie ist eine ziemlich beleibte Putzfrau, die eine Faszination für den Küster von St. Nikodemus hegt. Als ich sie bekam, war alles glatt. Sie lieh mir die Kirchenschlüssel und Mr. Charles und ich gingen auf den Turm, um ihn zu erkunden."

„Aber es dauerte mehr als vierundzwanzig Stunden, bis die Uhr aufhörte zu schlagen, und Sie gaben ihr die Schlüssel zurück.“

„Oh! Das weißt du also auch, oder?“ sagte Mimi sanft. „Mr. Prohack, ich hoffe, Sie werden mir verzeihen, wenn ich sage, dass Sie äußerst schlau sind. Ich *habe* Mrs. Slipstone die Schlüssel zurückgegeben, lange bevor die Uhr aufhörte zu schlagen, aber sehen Sie, Mr. Charles hatte sie genommen ein Abdruck des Turmschlüssels aus Ton, so dass wir gestern Abend mit einer elektrischen Taschenlampe und unserem eigenen Schlüssel hinaufgehen konnten. Die Uhr ist sehr alt, und Mr. Charles hat einen Drehwirbel oder so etwas entfernt – ich weiß nicht mehr, was er nannte es, aber er scheint alles über jede Art von Maschine zu verstehen. Er sagt, es würde enorm lange dauern, einen weiteren Wirbel, oder was auch immer es ist, zu werfen, selbst wenn er jemals ohne Muster gegossen werden könnte, und dass Sie Wir werden mindestens sechs Monate lang sicher sein, auch wenn wir uns nicht auf die natürliche Langsamkeit der etablierten Kirche verlassen, um etwas wirklich Aktives zu tun In Ordnung, und das wird ausreichen, um den Pfarrer und die Kirchenvorsteher ruhig zu halten. Wenn die Uhr ganz stehengeblieben wäre, hätten sie natürlich etwas unternehmen müssen ... Sie scheinen nicht sehr erfreut zu sein , lieber Herr Prohack. Wir dachten, Sie würden sich freuen. Wir haben alles für Sie erledigt.

„Das hast du tatsächlich!“ sagte Herr Prohack rücksichtslos. „Und haben Sie darüber nachgedacht, wie riskant das war, was Sie getan haben? Es wird einen äußerst entsetzlichen Skandal geben, auf jeden Fall ein Polizei- und Gerichtsverfahren, und ich werde darin verwickelt sein, wenn es ans Licht kommt.“

„Aber es darf nicht ans Licht kommen!“ Mimi explodierte.

„Und doch kam es zu meinem Licht.“

„Ja, ich gehe davon aus, dass Mr. Charles so stolz war, dass er nicht umhin konnte, Ihnen einiges darüber zu erzählen. Aber niemand sonst kann es wissen. Selbst wenn Mrs. Slipstone es dem Küster verrät, wird der Küster es niemals verraten, denn wenn er Hätte er seinen Platz verloren, wird er immer leugnen müssen, dass er sich auch nur für einen Moment von den Schlüsseln getrennt hat. Es wird das schönste Rätsel sein, das es je gab, und keine Polizei der Welt wird es lösen Wenn Sie nicht zufrieden sind, tut es mir natürlich sehr leid.

„Es geht nicht darum, unzufrieden zu sein. Mir geht einfach der Atem aus – das ist es! Was hat dich dazu getrieben?“

„Aber es musste etwas getan werden, Herr Prohack. Alle im Haus waren furchtbar verärgert über Sie. Sie konnten wegen der Uhr nicht schlafen, und

Sie sagten, Sie würden nie schlafen. Frau Prohack war mit ihrer Weisheit am Ende."

„Alle im Haus waren furchtbar verärgert über mich! Das ist das erste Mal, dass ich gehört habe, dass sich jemand schrecklich über mich aufgeregt hat. Ich dachte, dass alle außer mir die höllische Uhr völlig vergessen hätten."

"Natürlich!" sagte Mimi mit wohltuender Ruhe. „Frau Prohack hat zu Recht jede Erwähnung der Uhr in Ihrer Gegenwart verboten. Sie sagte, das Beste, was Sie tun könnten, sei, Sie dabei zu unterstützen, sie zu vergessen, indem Sie nie darauf Bezug nehmen, und wir waren alle einer Meinung. Aber es lastete furchtbar auf uns." Und es musste wirklich etwas getan werden.

Herr Prohack war nicht unbeeindruckt von dieser Offenbarung der Existenz einer sozialen Atmosphäre, die er nie geahnt hatte. Aber er war nicht in der Stimmung für Kompromisse.

„Jetzt hör mir einfach zu", sagte er. „Du bist ausnahmslos die gefährlichste Frau, die ich je getroffen habe. Alle Frauen sind gefährlich, aber du bist eine akute Gefahr."

„Ja", gab Mimi zu, „Mr. Carrel Quire hat immer so geredet. Ich habe mich ziemlich daran gewöhnt."

„Hat er das wirklich? Nun, dann halte ich ihn umso besser. Das Schlimme an Ihnen ist, dass Ihre Motive gut sind. Aber ein gutes Motiv ist keine Entschuldigung für eine kriminelle Tat und noch weniger eine Entschuldigung für eine idiotische Tat. I Ich gehe nicht davon aus, dass ich mit meiner Warnung etwas Gutes tun werde, aber ich ermahne Sie hiermit feierlich, Ihr Verhalten zu ändern. Und ich möchte, dass Sie klar verstehen, dass ich Ihnen im Gegenteil kein bisschen dankbar bin.

Mimi versteifte sich.

„Vielleicht wäre es Ihnen lieber, wenn wir das fehlende Teil restaurieren und die Uhr wieder schlagen würden. Das wäre völlig einfach. Wir haben immer noch unseren eigenen Schlüssel zum Turm und könnten es heute Abend tun. Ich bin sicher, dass es zumindest so sein wird." eine Woche bevor die Kirchenvorsteher einen erfahrenen Uhrmacher auf den Turm schicken.

In diesem Moment hatte Herr Prohack einen beunruhigenden Einblick in die unlogischen Eigenheiten des menschlichen Gewissens, insbesondere seines eigenen. Er wusste, dass er Mimis Angebot annehmen sollte, da es die möglichen Folgen einer Straftat auf jeden Fall verhindern und einen schändlichen Vorfall beenden würde. Aber er dachte an seine schlechten Nächte, anstatt an Mimis Moral und das höhere Wohlergehen der Gesellschaft zu denken.

„Nein", sagte er. „Lass schlafende Uhren lügen." Und er sah, dass Mimi die Gemeinheit seiner Seele erkannte und ihn schweigend als Mitsünder begrüßte.

Sie überraschte ihn mit den Worten:

„Ich versichere Ihnen, Herr Prohack, dass meine einzige Idee – unsere einzige Idee – darin bestand, das Haus für Sie zugänglicher zu machen." Und während sie diese Worte aussprach, blickte sie ihn mit einer Art köstlichem, schmollendem, herausforderndem Vorwurf an.

Was für eine einzigartige Bemerkung, dachte er! Es implizierte ein Verständnis für die Tatsache, dass er gegen das Haus *insgesamt Einwände hatte* und in seinem früheren Wohnsitz glücklicher gewesen wäre, was er jedoch aus Bedacht nie preisgegeben hatte . Und seltsamerweise deutete dies außerdem darauf hin, dass sie seine Einwände verstand und mit ihnen sympathisierte. Sie wusste, dass sie nicht alles Notwendige getan hatte, um ihn mit dem Adelshaus zu versöhnen, aber sie hatte getan, was sie konnte – und es war nicht zu vernachlässigen.

„Nichts dergleichen", sagte er. „Du hattest einfach keine ‚einzige Idee'. Als ich gerade zugab, dass Ihre Motive gut waren, habe ich nur zur Hälfte übertrieben, und wenn Sie denken, dass Sie etwas anderes tun, sind Sie nicht besser als alle anderen.

„Was war dann mein anderes Motiv?" fragte sie unterwürfig, als würde sie die größte lebende Autorität um Informationen über die Rätsel ihres eigenen Herzens bitten.

„Ihr anderes Motiv war, Ihren verdammten Instinkt für zweifelhafte und malerische Abenteuer zu befriedigen", sagte Mr. Prohack. „Du hast dem Bösen in dir nachgegeben. Wenn du das Schlagen der Uhr hättest verhindern können, indem du in Mrs. Slipstones Kleidung und vor allem in ihren Stiefeln durch die Bond Street gegangen wärest, hättest du es getan? Mit Sicherheit nicht. Natürlich würdest du es nicht tun." Versuche nicht, mich wie ein aufopferungsvoller Heiliger zu überreden, denn das schaffst du nicht."

Diese Worte waren rücksichtslos und schrecklich, auch wenn sie einer gerechten Einschätzung der Lage entsprachen. Sie hätten möglicherweise etwas wirklich Gutes und Bleibendes erreicht, wenn Herr Prohack sie in einem Ton gesprochen hätte, der ihrer Bedeutung entsprach. Aber er hat nicht. Sein verdammter Instinkt, Menschen zu gefallen, überwältigte ihn erneut, und er sprach sie in einem wohlwollenden und väterlichen Ton an, wobei seine Stimme vor Mitgefühl und Anerkennung für ihren verdammlichen Instinkt für zweifelhafte und malerische Abenteuer vibrierte. Der Ton zerstörte die Bedeutung der Worte.

Darüber hinaus war er mit dem verfälschenden Ton nicht zufrieden und erhob sich während des Sprechens von seinem Stuhl, näherte sich dem bezaubernden und ungezogenen Mädchen und klopfte ihr auf die Schulter. Tatsächlich war die Zurechtweisung letztendlich für den Sünder angenehmer, als das Lob von einem Mann hätte sein können, der weniger von Doppelzüngigkeit geprägt war als Mr. Prohack.

Mimi überraschte ihn ein zweites Mal.

„Da hast du völlig recht", sagte sie. „Das bist du immer." Und sie ergriff seine schlaffe Hand und küsste sie – und rannte davon und ließ ihn zurück, der die geküsste Hand betrachtete.

Nun, er fühlte sich geschmeichelt und er war erfreut; oder zumindest fühlte sich etwas in ihm, ein fragmentarischer Teil von ihm, geschmeichelt und erfreut. Mimis Geste war ein Triumph für einen Mann um die Fünfzig; aber es war ein alarmierender Triumph ... Seltsam, dass er in diesem Moment an Lady Massulam dachte! Sein tödlicher Charme war wie ein Rasiermesser. Hatte er damit gespielt, wie ein Baby mit einem Rasiermesser? ... Popinjay? Stutzer? Vielleicht hatte das Mädchen ihm jedoch kunstvoll die Hand geküsst, und seine Hand fühlte sich selbstgefällig an, auch wenn er es nicht tat.

Brool, dem Mr. Prohack gegenüber keinerlei Wohlwollen verspürte, kam größtenteils mit einem Tablett herein, auf dem die Morgenbriefe und die Morgenzeitungen lagen, einschließlich der Zeitung, die Machin beim frühen Nachttischtee durchgelesen und zweifellos sorgfältig wieder zusammengefaltet hatte Originalfalten für einen jungfräulichen Look.

Das Wiederauftauchen dieses Blattes hatte für Mr. Prohack so etwas wie ein unheimliches Wunder. Er stellte keine Fragen dazu, um nicht belogen zu werden, aber er suchte vergeblich nach einer Spur des leidenden Machin. Allerdings war es voller typografischer Spuren von ihm und seiner Familie. Die Beschreibung des Empfangs war beunruhigend journalistisch, was für Herrn Prohack leider eine Konnotation mit dem Adjektiv vulgär darstellte. Auf der Gästeliste standen die falschen Leute und alle anständigen, ruhigen Leute wurden weggelassen. Auf die Halskette wurde ein Wert von zwanzigtausend Pfund geschätzt, was im Widerspruch zu einem anderen Teil des Berichts stand, in dem es hieß, die Perlen seien „unbezahlbar". Das Vermögen von Herrn Prohack wurde erwähnt; auch seine Finanzvergangenheit; die Implikation war, dass das Vermögen ihn veranlasst hatte, das Finanzministerium zu verlassen. Die Verlobung seiner Tochter mit Mr. Morfey wurde beachtet; und es wurde bemerkt, dass Mr. Morfey – „allen seinen Freunden und halb London als ‚Ozzie' Morfey bekannt" – eng mit dem größten Bühnen-Napoleon in der Geschichte, Mr. Asprey Chown, verbunden war. Schließlich wurden Charlie noch ein paar Worte gesagt; Er wurde als „ein angehender Finanzier bezeichnet, der bereits für einen äußerst erfolgreichen *Staatsstreich verantwortlich ist* und wahrscheinlich für mehrere weitere verantwortlich sein wird, bevor noch viel mehr Wasser unter den Brücken der Themse geflossen ist."

Herr Prohack kannte also in seinen Gliedern die Bedeutung des Wortes „sich winden" und war froh, dass er nicht gebadet hatte, denn selbst wenn er gebadet hätte, hätte er noch eins gebraucht. Sein Verhalten gegenüber seinen Mitmenschen hatte einen Anflug von erbitterter und zynischer Verachtung, die eines Philosophen unwürdig war. In einem anderen Artikel wandte er sich der Finanzkolumne zu, denn obwohl sein gesamtes Geld in festverzinslichen Wertpapieren sicher war, deren Kapitalwertschwankungen seine Sicherheit nicht beeinträchtigen konnten, konnte er dennoch irgendwie nicht ganz gleichgültig bleiben Schwankungen ihres Kapitalwerts; und in der Finanzkolumne sah er einen Hinweis auf einen „jungen Betreiber", der seiner Überzeugung nach kein anderer als Charlie sein konnte; In der Referenz war ein sarkastischer Ton enthalten, der Herrn Prohack verletzte und erneut seine Befürchtungen weckte.

Und unter seiner Korrespondenz befand sich ein Brief, der handschriftlich zugestellt worden war. Er glaubte, die Handschrift auf dem Umschlag zu kennen, und das stimmte auch: Sie stammte von Mr. Softly Bishop. Mr. Softly Bishop bat Mr. Prohack und seine Frau in einem sehr vertrauten Stil, sich und Miss Fancy an einem frühen Tag zu einer kleinen Mittagsparty zu treffen, und er verkündete, dass dies ein äußerst wünschenswertes Ereignis sei, dessen Möglichkeit er habe der am Vorabend angedeutete Sachverhalt sei ordnungsgemäß eingetreten. Seltsam, wie begierig dieser Kerl war, seine Verlobung mit einer Person zu veröffentlichen, die mehr Berühmtheit als Ansehen hatte! Der Kerl muss die Frage gestellt haben, als er Miss Fancy mitten in der Nacht nach Hause begleitete, und er muss die Nachricht vor dem Frühstück geschrieben und per Sonderbotschafter abgeschickt haben. Was für eine Mentalität!

Herr Prohack wünschte sich nun eine ganze Reihe von Bädern. Und er wurde tatsächlich sehr belästigt. Wenn er durch einen Zufall die Eskapade des Kirchturms und der Kirchturmuhr entdeckt hatte, warum sollten es dann nicht auch andere durch einen anderen Zufall entdecken? War es denkbar, dass eine solche Angelegenheit für immer ein Geheimnis bleiben sollte? Für Mr. Prohacks kranke Fantasie war das Ding wie eine Bombe mit einer angebrachten Zündschnur, und die Zündschnur zündete. Als die Bombe tatsächlich explodierte, was für ein Ärger für einen völlig unschuldigen Mr. Prohack! Und er verabscheute die Vorstellung, dass seine stolze, starke Tochter sich mit einem Mann verloben würde, der, so exzellent er auch sein mochte, das Myrmidon dieses erhabenen Schaustellers, Mr. Asprey Chown, war. Und er hasste seine Verbindung zu Mr. Softly Bishop und Miss Fancy.

Konnte er die Einladung zur kleinen Mittagsparty ablehnen? Er wusste, dass
er es nicht ablehnen konnte. Seine Verbindung zu diesen Personen war
unbestreitbar und die daraus resultierenden sozialen Folgen konnten nicht
ganz vermieden werden. Was die Sache mit der Halskette betraf, meinte er,
dass er damit klarkommen könne – aber könnte er das? Es fehlte ihm an
Selbstvertrauen. Sogar seine festverzinslichen Wertpapiere könnten durch
eine unvorstellbare Weltkatastrophe keine Zinsen mehr tragen, und wo wäre
er dann?

Philosophie! Philosophie war absurd unpraktisch. Die Philosophie konnte
reale Situationen nicht bewältigen. Wo hatte er gesündigt? Nirgends. Er hatte
Dr. Veigas Rat befolgt und es aufgegeben, zu versuchen, seine Umgebung an
sich selbst anzupassen, anstatt umgekehrt. Er hatte die Dinge laufen lassen
und sich nicht egoistisch um die Angelegenheiten anderer gekümmert. Aber
ging es ihm in seiner geheimen Seele besser? Kein bisschen. Er hätte
glücklich sein sollen; er war unglücklich. Überall war der Horizont dunkel,
und das Glitzern von siebzehntausend Pfund pro Jahr erhellte ihn nicht
durch die erhellende Kraft einer einzigen Kerze ... Aber seine fiebrige Hand
erinnerte sich dankbar an Mimis Kuss.

VI

Dennoch war es sogar für Herrn Prohack offensichtlich, dass das heimische
Klima sonniger und erfrischender wurde, je länger der Tag wurde. Eine Last
schien von den Herzen der gesamten Umgebung von Mr. Prohack gefallen
zu sein. Der Diebstahl der Zwanzigtausend-Pfund-Halskette war ein
schwerwiegendes Ereignis, konnte aber die Schönheit der großartigen
Tatsache nicht beeinträchtigen, dass die Kirchenuhr aufgehört hatte zu
schlagen und der Meister daher schlafen konnte. Der Schatten einer
drohenden Katastrophe war verflogen, und jedermanns Geist, außer dem
von Herrn Prohack, reagierte auf die Nachricht; Machin, wieder im Dienst,
war die Fröhlichkeit selbst; Aber Mr. Prohack, der nicht reagierte, stellte
weiterhin auf absurde Weise seine Seele und das Universum in Frage: „Was
habe ich vom Leben? Kann es wahr sein, dass ich nicht in der Lage bin,
meine Existenz so zu gestalten, dass der Wurm nicht so gefräßig frisst? auf
meiner Damastwange?

Evas Einstellung ihm gegenüber änderte sich. Angesichts des anhaltenden
Schweigens der Uhr musste sie sich eingestehen, dass ihr Mann noch weit
vom Wahnsinn entfernt war, und sie schämte sich ihres Verdachts und tat
alles, um ihn zu entschädigen, indem sie sein diskretes Beispiel nachahmte
und bezieht sich nicht einmal entfernt auf die Uhr. Als sie die Halskette
erwähnte und damit eine direkte Berufung an Scotland Yard vorschlug, und
er den Plan ablehnte, akzeptierte sie sofort auf charmanteste Weise sein

Urteil und lobte seine überlegene Weisheit. Als er ihr die Einladung von Mr. Softly Bishop vorlegte, bot sie ihm wundervoll an, ihn davon abzuhalten, wenn er es wünsche. Als sie ihm erzählte, dass sie gebeten worden sei, den Vorsitz im Sozialausschuss der Liga aller Künste zu übernehmen, riet er ihr, sich nicht an eine offizielle Position zu binden, schon gar nicht an eine, die sie dazu zwingen würde, mit einem Rudel in Kontakt zu kommen Als er von den selbstsüchtigen, snobistischen Frauen sprach, strahlte sie seine Zustimmung aus und stimmte ihm in Bezug auf die Gruppe der Frauen voll und ganz zu. Tatsächlich wurde der Nachmittag einer jener Nachmittage, an denen Mr. Prohack jede Laune erlaubt war und er nichts falsch machen konnte. Aber der Wurm fraß sich immer noch an seiner Wange.

Vor dem Tee genoss er einen Schlaf, ohne seine Ruhezeit zeitlich festlegen zu müssen, um nicht von der Uhr geweckt zu werden. Und dann wurde in seinem Arbeitszimmer mit vollem Pomp Tea for One serviert. Das bedeutete entweder, dass seine unermüdlichen Frauen unterwegs waren, oder dass Eva es für klug gehalten hatte, ihm einen einsamen Tee zu gönnen; und nach den eiligen Teetrinken in dicken Tassen in der Schatzkammer hatte er sicherlich keine Abneigung gegen einen gemütlichen Tee, vollgestopft mit allem Luxus, der zu einer Mahlzeit gehört. Er aß, trank und las seltsame Dinge in seltsamen Ecken der *Times* , und schließlich rauchte er.

Er war in seinem Elend am Rande des Glücks, als seine unermüdlichen Frauen lächelnd eintraten. Sie waren tatsächlich draußen gewesen, und sie waren immer noch für die Straße bereit. Einer nach dem anderen zogen sie Dinge wie Handschuhe, Hüte, Mäntel und Taschen aus oder legten sie beiseite, bis das Arbeitszimmer anfing, Ähnlichkeit mit einem Boudoir aufzuweisen. Obwohl Mr. Prohack darüber fröhlich murrte, gefiel es ihm wirklich, denn er gehörte zu denen, die denken, dass nichts ein Zimmer so gut ausstattet wie der Hut einer Frau, vorausgesetzt, er ist nicht dauerhaft angebracht.

Sissie zog sogar einen Schuh aus, mit der Begründung, es tue ihr weh, und da lag der unbedeutende Gegenstand, zerbrechlich, glänzend und absurd. Herr Prohack schätzte es noch mehr als die Hüte. Er verstand, vielleicht besser als je zuvor, dass er, obwohl er eine große Leidenschaft für seine Frau hegte, noch genug Emotionen in ihm hatte, um eine fast ebenso große Zuneigung zu seiner Tochter zu hegen. Sie war ein stolzes Stück, war dieses Mädchen, und er war unglaublich stolz auf sie. Auch eine realistische Einschätzung ihrer Charakterfehler schien seinen Stolz auf sie nicht im Geringsten zu schmälern. Sie hatte Vornehmheit; Sie hatte Rennen. Möglicherweise könnte Mimi bei der Verfolgung praktischer Unternehmungen die Runde machen, aber ihre bloße Art, von Augenblick zu Augenblick zu existieren, war Mimis überlegen. Der einfältige Elternteil war tatsächlich im Grunde davon überzeugt, dass es auf der Welt keine bessere junge Frau gab als Sissie Prohack. Befriedigt dachte er: „Sie weiß, dass ich alt bin, aber etwas Junges in mir zwingt sie, mich als jung zu behandeln; und außerdem vergöttert sie mich." Er überlegte auch: „Natürlich haben sie es auf etwas abgesehen, diese beiden. Ich kann in ihren Augen sehen, dass sie einen Job machen." Ah! Er war bereit für sie, und das Gefühl, bereit zu sein, war für ihn wie ein Stärkungsmittel, das ihn für einen Moment über das Elend erhob.

„Du siehst viel besser aus, Arthur", sagte Eve und bereitete sich kunstvoll vor.

„Das bin ich", sagte er. „Ich habe ein Bad genommen."

„Hast du das Baden aufgegeben, Papa?" fragte Sissie und verzog die Lippen.

„Nein! Aber ich meine, ich habe zwei Bäder genommen. Eins im Wasser und das andere in Resignation."

„Wie langweilig!"

„Ich habe über die Vorbereitungen für die Hochzeit nachgedacht", begann Eve in einem neuen, scheinbar nachlässigen Tonfall und ignorierte die Schimpftiraden zwischen ihrem Mann und ihrer Tochter, die sie insgeheim immer als langweilig empfand.

Da war es! Sie waren gekommen, um ihm wegen der Hochzeit Sorgen zu machen. Er hatte sich noch nicht von einem gesellschaftlichen Märtyrertum erholt, als man plante, ihn in ein anderes zu stürzen. Sie waren unerbittlich, unersättlich, das waren seine Frauen. Er stand auf und ging umher.

„Jetzt, Papa", wandte sich Sissie an ihn. „Tu nicht so, als hättest du kein Interesse." Und dann brach sie in ein außergewöhnliches Gelächter aus – ein Gelächter, das an Hysterie grenzte – und wirbelte auf dem beschuhten Fuß herum. Ihr Verhalten beleidigte Eva.

„Natürlich, wenn du so weitermachst, Sissie, warne ich dich, ich werde alles aufgeben. Schließlich wird es nicht meine Hochzeit sein."

Sissie umklammerte den Hals ihrer Mutter.

„Sei nicht dumm, du dummer alter Mann. Es ist eine Hochzeit, keine Beerdigung."

„Nun, was ist damit?" fragte Mr. Prohack und genoss genüsslich die neue Atmosphäre, die diese weiblichen Kontakte in seinem prächtigen Arbeitszimmer geschaffen hatten.

„Glauben Sie, wir sollten die Hochzeit besser in St. George's, Hanover Square oder in St. Nicodemus's feiern?"

Beim Namen Nikodemus zuckte Herr Prohack gleichsam schuldbewusst zusammen.

„Weil", fuhr Eve fort, „wir es an jedem Ort haben können. Wie Sie sehen, lebt Ozzie in der einen Gemeinde und Sissie in der anderen. St. Nikodemus ist in letzter Zeit ziemlich in Mode gekommen, wurde mir gesagt."

„Was sagt die Braut?"

„Oh, frag mich nicht!" antwortete Sissie leichthin. „Ich bin auf alles vorbereitet. Es ist Mutters Angelegenheit, nicht meine, egal, was sie sagt. Und niemand wird nach meiner Heirat sagen können, dass ich keine pflichtbewusste Tochter war. Ich sollte St. George's lieben und Ich würde St. Nikodemus auch lieben." Und dann brach sie erneut in beunruhigendes Gelächter aus, und der Anfall dauerte länger als der erste.

Eve protestierte erneut und Sissie schloss wieder Frieden.

„Der heilige Nikodemus wäre origineller", sagte Eva.

„Nicht so originell wie Sie", sagte Herr Prohack.

Sissie verschluckte sich an einem Spitzentaschentuch. Der heilige Nikodemus wurde für den erhabenen Ritus ausgewählt. Ähnliche Phänomene traten auf, als Eve den Punkt vorstellte, ob der Empfang am Manchester Square oder im Claridge's Hotel stattfinden sollte. Und als Eve vorschlug, dass es vielleicht gut wäre, die Traurigkeit einer Hochzeit mit einem Orchester und Tanz zu beleben, sprang Sissie auf und ergriff die Hand ihres Vaters und flitzte ihn gefährlich durch den Raum zu einem Thunfisch, den sie selbst sang. Die bloße körperliche Kraft des Mädchens überraschte ihn. Der Tanz wurde durch das Umwerfen eines Beistelltisches und einer Tanagra-Figur beendet. Daraufhin lachte Sissie lauter und hysterischer als je zuvor.

Herr Prohack war der Meinung, dass männliches Taktgefühl zur Anwendung kommen sollte. Ha beruhigte die empörte Mutter und beruhigte die begeisterte Tochter und fragte dann mit sachlicher Stimme: „Und was ist mit dem Date? Bringen wir es hinter uns."

„Wir müssen Ozzie konsultieren", sagte die beruhigte Mama.

Sissie begann erneut zu schreien.

„Das brauchst du nicht", stotterte sie. „Es ist nicht Ozzies Hochzeit. Es ist meine. Du legst deinen Termin selbst fest, Liebste, und überlässt Ozzie mir. Ozzies einzige Funktion bei meiner Hochzeit besteht darin, unentbehrlich zu sein." Und immer noch auf die derbste und schockierendste Art lachend rannte sie auf unebenen Füßen aus dem Zimmer und ließ den Schuh auf dem

Kaminvorleger zurück, um zu beweisen, dass sie wirklich existierte und keine Halluzination war.

„Ich kann nicht erkennen, was mit dem Mädchen los ist", sagte Eve.

„Je früher sie heiratet, desto besser", sagte Mr. Prohack, der sich inzwischen völlig mit der Langeweile der Zeremonien abgefunden hatte.

„Ich gehe davon aus, dass du Recht hast. Aber bei meinem Wort weiß ich nicht, worauf Mädchen hinaus wollen", sagte Eve.

„Niemand hat das jemals gewusst", sagte Mr. Prohack leichthin, obwohl auch er sich über die Hochzeitssymptome alles andere als sicher war.

VII

„Kann Charlie kurz mit Ihnen sprechen?" Die Stimme war die von Eve, diplomatisch, entschuldigend. Ihr lächelndes und dennoch ernstes Gesicht, das durch die Schlafzimmertür hereinlugte, schien zu sagen: „Ich weiß, dass wir Sie um einen großen Gefallen bitten und dass Ihr Leben hart ist."

„In Ordnung", sagte Herr Prohack als gnädiger, geduldiger Autokrat, ohne den Blick von dem Buch abzuwenden, das er las.

Er war zu Bett gegangen. Er hatte sich in letzter Zeit angewöhnt, zu Bett zu gehen. Er ging unter dem geringsten Vorwand zu Bett und rechtfertigte sich damit, dass Voltaire dasselbe getan habe. Er war in der Lage, mehrmals am Tag ins Bett zu gehen. Es war früher Abend. Obwohl das Bett nur für ein Jahr gemietet wurde, war es äußerst bequem. Das Licht über seinem Kopf war genau an der richtigen Stelle. Das Zimmer war warm. Das Buch des römischen Kaisers Marcus Aurelius zählte zu den Meisterwerken der Welt. Es war auf den Fall von Herrn Prohack zugeschnitten, denn seine Botschaft lautete, dass Glück und Zufriedenheit Waren sind, die nur im Geist aus den eigenen Zutaten des Geistes hergestellt werden können, und dass, wenn der Geist richtig funktioniert, keine äußeren Phänomene auftreten die Herstellung der genannten Waren verhindern kann. Kurz gesagt, alles war darauf ausgelegt, Mr. Prohacks Glück in diesem Augenblick zu sichern. Aber er wollte es nicht haben. Er sagte sich: „Dieses Buch ist alles sehr schön, unsterblich, überragend und so weiter. Nur ist es einfach nicht wahr. Die menschliche Natur wird nicht so funktionieren, wie dieses Buch es vorschreibt, und darüber hinaus der Autor." Er hatte offensichtlich Angst vor dem Leben, er war nie wirklich am Leben und er war nie glücklich. Schließlich ist die Tendenz des Buches schelmisch asozial. Auf diese Weise versuchte Herr Prohack, einen jahrhundertelangen Ruf zu zerstören und Meinungen zu leugnen, die er selbst seit vielen Jahren geäußert hatte.

„Ich möchte nicht ganz in mir selbst leben", sagte Herr Prohack. „Ich möchte viel in anderen Menschen leben. Wenn du das tust, bist du vielleicht höllisch elend, aber zumindest bist du nicht langweilig. Marcus Aurelius war mehr wie eine Kartoffel, als mir lieb sein sollte."

Und er schob das Buch unter das Kissen, drehte sich halb auf die Seite und bereitete sich mit Begeisterung auf das Böse vor, das Charlie mit Sicherheit bringen würde. Und tatsächlich bestätigte ein Blick auf Charlies besorgtes Gesicht seine Vorhersage.

„Du bist in Schwierigkeiten, mein Junge", sagte er.

„Das bin ich", sagte Charlie.

„Und die Stunde hat geschlagen, in der Sie die Hilfe Ihres verweichlichten Vaters brauchen", lächelte Herr Prohack wohlwollend.

„Sagen Sie es so", sagte Charlie freundlich, nahm einen Stuhl und strich seine Hose glatt.

„Ich nehme an, Sie haben die Hinweise auf sich selbst in den Zeitungen gesehen?"

"Ja."

„Eher sarkastisch, nicht wahr?"

„Ja. Aber das schmeichelt mir ziemlich, weißt du, Papa. Zeigt, dass man auf mich aufmerksam wird."

„Trotzdem *haben Sie* ein gefährliches Spiel gespielt, nicht wahr?"

„Zugegeben", sagte Charlie fröhlich und bescheiden. „Aber ich habe in einem meiner neuen Bücher gelesen, dass es kein schlechter Plan ist, gefährlich zu leben, und ich stimme voll und ganz zu. Jedenfalls passt es zu mir. Und es ist durchaus möglich, dass ich es umsetzen werde."

„Du meinst, wenn ich dir helfe. Jetzt hör mir zu, Charlie. Ich bin dein Vater, und wenn du auf der Erde bist, ist es meine Schuld, und alles, was dir passiert, ist meine Schuld. Daher bin ich bereit, dir zu helfen." So weit ich kann, was ein langer Weg ist, aber ich bin nicht bereit, mein Geld in eine Grube zu werfen, es sei denn, Sie können meinem harten Verstand des Finanzministeriums beweisen, dass die Grube nicht zu tief ist und einen festen, unzerbrechlichen Boden hat Wenn Sie irgendetwas mit einer Grube zu tun haben, die bis auf den Boden alle attraktiven Eigenschaften hat, würde ich Sie lieber vor dem Insolvenzgericht sehen und Ihnen eine lebenslange Zulage gewähren.

„Das ist absolut in Ordnung", stimmte Charlie mit wunderbarer Zustimmung zu. „Und es ist schrecklich anständig von dir, so zu reden. Ich gehe davon aus, dass ich dir bald beweisen kann, dass meine Grube die Art von Grube ist, in die du gerne Dinge werfen würdest, und vielleicht werde ich dich eines Tages bitten, etwas zu werfen." Aber was das Geld angeht, komme ich ganz gut zurecht. Ich bin gekommen, um Sie um etwas anderes zu bitten.

"Oh!" Herr Prohack war ein wenig niedergeschlagen. Aber Charlies Verhalten war so einschmeichelnd, dass er sich nicht im Geringsten verletzt fühlte.

„Ja. Es gab heute Nachmittag einige Probleme zwischen Mimi und mir, und ich hoffe, dass du es für mich klären wirst."

"Ah!" Mr. Prohacks Interesse wurde plötzlich intensiv und angenehm.

„Das dumme Mädchen hat mir gekündigt. Sie ist furchtbar verletzt, weil du ihr erzählt hast, dass ich dir von der Kirchturmaffäre erzählt habe, nachdem zwischen ihr und mir vereinbart worden war, dass wir es überhaupt niemandem verraten würden. Das sagt sie." Sie kann unmöglich bei jemandem bleiben, der nicht loyal ist, und dass ich nicht der Mann bin, für den sie mich gehalten hat, und sie hat gekündigt! ... Und ich kann nicht ohne das Mädchen auskommen, das wusste ich! für mich von unschätzbarem Wert sein, und das ist sie auch."

Herr Prohack war verblüfft über diese Enthüllung über Mimi. Es schien sie heldenhaft und noch unberechenbarer zu machen.

„Aber *ich* habe ihr nie erzählt, dass du mir etwas über das Uhrmachergeschäft erzählt hast!" er rief aus.

„Ich war mir sicher, dass du das nicht getan hast", sagte Charlie sanft. „Ich frage mich, wie sie auf die Idee gekommen ist."

„Jetzt denke ich darüber nach", sagte Mr. Prohack, „sie ging heute Morgen davon aus, dass Sie mir von der Uhr erzählt haben müssen, und ich habe ihr nicht widersprochen. Warum sollte ich auch!"

„Nur so", lächelte Charlie schwach. „Aber ich wäre Ihnen sehr dankbar, wenn Sie ihr jetzt widersprechen würden. Ein Wort von Ihnen würde alles in Ordnung bringen."

„Ich werde sie gleich morgen früh bitten, mich zu besuchen", sagte Herr Prohack. „Aber kannst du es glauben, mein Junge, dass sie mir heute Morgen nicht das geringste Zeichen gegeben hat, dass es sie verärgern würde, wenn du mir irgendetwas über die Uhr erzählst. Nicht das geringste Zeichen!"

„Oh! Das würde sie nicht!" sagte Charlie. „Sie ist so. Sie ist die seltsamste Mischung aus Zurückhaltung und Unbesonnenheit, die Sie je gesehen haben."

„Nein, ist sie nicht. Weil sie alle eine seltsame Mischung sind – außer natürlich deiner geschätzten Mutter, von der wir uns alle einig sind, dass sie perfekt ist. Kann ich heute Abend sonst noch etwas für dich tun?“

„Erzählen Sie mir vielleicht, wie Sie von der Kirchenuhr erfahren *haben* .“

„Gerne. Die Erklärung wird Sie überraschen. Ich habe es herausgefunden, weil ich auf meine altmodische Art sehr schlau bin. Und das ist alles.“

„Gute Nacht, Papa. Vielen Dank.“

Nachdem Charlie gegangen war, sagte Mr. Prohack zu sich selbst: „Dieser Junge kommt zurecht. Ich kann mich an die Zeit erinnern, als er voller Kummer schnaubend hierher kam und sehr sarkastisch war, als ich ihm Geld anbot, das er nicht wollte.“ . Was für eine Veränderung! Oh ja, er wird es schaffen.

Und Mr. Prohack mochte den Jungen plötzlich viel mehr und war eher geneigt, in ihm die Möglichkeit eines Genies zu sehen. Aber er war sich der Besorgnis über die Beziehungen bewusst, die zwischen seinem Sohn und Mimi entstanden. Dieses Mädchen schien dabei zu sein, ein Imperium über das große jugendliche Wunderkind der Finanzwelt aufzubauen. War das wünschenswert?... Nein, das war nicht die Frage. Die Frage war: Würde Eva es als wünschenswert erachten? Er konnte seiner Frau nie erklären, wie tief ihn Mimis wahnsinnige Sorge um den Schlaf von Charlies Vater berührt hatte. Und selbst wenn er es hätte erklären können, hätte Eva niemals zugestimmt, es zu verstehen.

KAPITEL XXI
: Evas Martyrium

ICH

Nach einer herrlichen Nachtruhe, die so herrlich war, dass er das Gefühl hatte, die volle Bedeutung des Wortes „Schlaf" bis zu diesem Moment nie wirklich begriffen zu haben, klingelte Herr Prohack für seinen Morgentee. Kürzlich hatte er befohlen, dass er unter keinen Umständen gerufen werden dürfe, denn man hatte ihm zugesichert, dass es trotz einer Vielzahl geschulter Diener immer noch Dinge gab, die er für sich selbst besser tun konnte, als irgendjemand sonst für ihn tun konnte , und darunter war auch das Aufwecken von Mr. Prohack. Er wusste, dass er sehr gut gelaunt war und zu Wundern fähig war, und beschloss daher, die Gelegenheit zu nutzen, die menschliche Seite von Mr. Brool kennenzulernen und einen Freund aus ihm zu machen. Aber das Teetablett wurde von Frau Prohack hereingebracht, die vollständig und streng gekleidet war. Sie stellte das Tablett ab und küsste ihren Mann nicht wie üblich, sondern auf die Art einer römischen Matrone, und Mr. Prohack ahnte, dass etwas passiert war.

„Ich hoffe, Brool ist nicht tot umgefallen", sagte er und erkannte die Dummheit seines Scherzes, während er sprach.

Eve schien Schmerzen zu haben.

„Hast du besser geschlafen?" fragte sie besorgt.

„Ich habe so gut geschlafen, dass mit mir wahrscheinlich etwas nicht stimmt", sagte er. „Starker Schlaf ist ein Symptom mehrerer gefährlicher Krankheiten."

„Ich bin froh, dass du eine gute Nacht hattest", begann sie und ignorierte erneut seine ungeschickte Leichtfertigkeit, „denn ich möchte mit dir reden."

„Liebling", antwortete er. „Schenken Sie mir bitte meinen Tee ein, ja? Dann werde ich jeder Belastung gewachsen sein. Ich vertraue darauf, dass auch Sie eine schöne Nacht verbracht haben, meine Dame. Sie sehen unheimlich fit aus."

Visionen von Lady Massulam schossen ihm durch den Kopf, aber er kam zu dem Schluss, dass Eve, die ihm in der Morgendämmerung des hellen Schlafzimmers unter der Lampe ernsthaft Tee einschenkte, weder mit Lady Massulam noch mit irgendjemand anderem mithalten konnte. Nein, er konnte sich keine Lady Massulam vorstellen, die frühen Tee einschenkte; Die

Lady Massulams konnte nur den Nachmittagstee einschenken – eine Aufgabe, die mit Anmut und Zufriedenheit leichter erledigt werden konnte.

„Ich habe die ganze Nacht kein Auge zugetan", sagte Eve primitiv. „Aber ich war fest entschlossen, dass mich nichts dazu verleiten sollte, Sie zu stören."

"Ja?" Mr. Prohack ermutigte sie und nippte an dem ersten herrlichen Schluck.

„Nun, kannst du mir glauben, dass Sissi gestern Abend nach dem Abendessen hinausgeschlüpft ist, ohne ein Wort zu mir oder irgendjemandem zu sagen, und dass sie nicht zurückgekommen ist und nicht zurückgekommen ist? Ich habe bis drei Uhr für sie gesessen „Ich habe Charlie angerufen, aber nein, er hatte nichts von ihr gesehen."

„Hast du Ozzie angerufen?"

„Ruf Ozzie an, mein armer Junge! Natürlich habe ich das nicht getan. Ich würde Ozzie auf keinen Fall wissen lassen. Außerdem telefoniert er nicht in seiner Wohnung."

„Das ist jedenfalls ein guter Grund, nicht zu telefonieren", sagte Herr Prohack.

„Aber hast du jemals davon gehört? Die Wahrheit ist, dass du dieses Kind verwöhnt hast."

„Vielleicht habe ich das Kind verwöhnt", gab Herr Prohack zu. „Aber ich habe von so etwas gehört. Ich glaube mich zu erinnern, dass Ihrer Tochter in den teuren, toten Tagen der Tanzstudios etwas Ähnliches passiert ist."

„Ja, aber wir wussten, wo sie war."

„Das hast du nicht. Das habe ich", korrigierte Mr. Prohack sie.

„Soll ich weinen?" fragte Eve plötzlich.

„Ja", sagte Herr Prohack. „Ich liebe es, dich weinen zu sehen."

Eve schürzte die Lippen, runzelte die Brauen und starrte zum Fenster. Sie vollbrachte unter extremer Provokation große Meisterleistungen der Selbstbeherrschung, um die Beherrschung zu verlieren.

„Was schlagen Sie vor?" fragte sie förmlich.

„Warten Sie, bis das Mädchen zurückkommt", sagte Herr Prohack.

„Arthur! Ich kann wirklich nicht verstehen, wie du so etwas so locker hinnehmen kannst! Nein, das kann ich wirklich nicht!"

"Noch kann ich!" Herr Prohack gab dies ganz wahrheitsgemäß zu.

Er sah ein, dass Sissies Streich ihn zutiefst hätte aufregen sollen, und er war nur amüsiert. „Zweifellos die Auswirkung von zu viel Schlaf", fügte er hinzu.

Eve ging im Zimmer umher.

„Heute Morgen habe ich Machin gegenüber so getan, als hätte Sissie mir gesagt, dass sie draußen schläft, und dass ich vergessen hätte, es Machin zu sagen. Es ist gut, dass wir noch keine Zofen engagiert haben. Ich kann Machin vertrauen. Ich weiß, dass sie es nicht getan hat. Ich glaube mir heute Morgen nicht, aber ich kann ihr vertrauen, nach Sissies seltsamem Verhalten in den letzten Tagen ... Und in den letzten drei oder vier Wochen gibt es jeden Morgen etwas anderes Sissie ist ziemlich regelmäßig für ein oder zwei Stunden irgendwohin gegangen , und wohin sie gegangen ist, konnte ich natürlich nie herausfinden. Bei einem Mädchen wie ihr ist es nicht angebracht, allzu direkte Fragen zu stellen ... Ah ! Ich hätte gerne meine Mutter an meiner Stelle gesehen!"

„Was hätte deine Mutter getan? Sie schien mir immer ein ziemlich harmloses Wesen zu sein."

„Ja, zu dir!... Glaubst du, wir sollten die Polizei informieren?"

"NEIN!"

„Ich bin so froh. Die Halskette und Sissie kommen übereinander! Nein, das wäre zu viel!"

„Es regnet nie, aber es schüttet, oder?" bemerkte Herr Prohack.

„Aber was *sollen* wir tun?"

„Genau das, was deine Mutter getan hätte. Deine Mutter hätte so argumentiert: Entweder bleibt Sissie gegen ihren Willen weg, oder sie bleibt aus freien Stücken weg. Wenn ersteres der Fall ist, bedeutet das einen Unfall, und wir werden es bestimmt hören." Wenn Letzteres der Fall ist, können wir nur ruhig bleiben. Deine Mutter hätte die Dinge so gesehen.

„Ich weiß nie, wie ich dich nehmen soll, Arthur", sagte Mrs. Prohack und fuhr fort: „Und was es umso unverständlicher macht, ist, dass Sissie gestern Nachmittag mit mir zu Jay ging, um nach dem Hochzeitskleid zu sehen."

„Aber warum sollte es dadurch umso unverständlicher werden?"

„Glaubst du nicht, dass das irgendwie der Fall ist? Das glaube ich."

„Hat sie bei Jay gekichert?"

„Oh nein! Außer einmal. Ja, ich glaube, sie hat einmal gekichert. Da sagte der Monteur, sie hoffe, wir sollten ihnen genügend Zeit geben, weil die meisten

Kunden so in Eile waren. Ich erinnere mich, wie seltsam es war, dass Sissie lachen sollte So viel zu einer ganz einfachen Bemerkung wie dieser!"

„Nun, mein Kind", sagte Herr Prohack fest. „Kommen Sie nicht auf die Idee, dass Sissie den Verstand verloren hat. Gestern haben Sie eine ganze halbe Stunde lang geglaubt, ich leide unter beginnendem Wahnsinn. Lassen Sie das für den Moment genügen. Seien Sie philosophisch. Die Quelle der Ruhe liegt im Inneren. Denken Sie daran Das und erinnere mich auch daran, weil ich es leicht vergesse ... Wir können im Moment nichts tun. Ich werde jetzt aufstehen, und ich warne Sie, dass ich ein großes Frühstück und Sie zum Einschenken haben möchte Ich trinke meinen Kaffee aus und lese mir die interessanten Passagen aus *The Daily Picture vor*.

II

Um elf Uhr morgens herrschte in dem noblen Herrenhaus am Manchester Square immer noch der *Status quo* . Mr. Prohack, gewaschen, gekleidet und reichlich ernährt, gab vor, in seinem Arbeitszimmer sehr beschäftigt mit der Korrespondenz zu sein, aber in Wirklichkeit war er viel mehr mit Eva als mit der Korrespondenz beschäftigt. Sie kam alle paar Minuten zu ihm und brauchte jedes Mal eine vorsichtigere Behandlung. Nach einem Besuch hatte Herr Prohack eine Idee. Er übergab den Schlüssel von innen an die Außenseite der Tür. Beim nächsten Besuch stellte Eve ein Ultimatum. Sie sagte, dass Herr Prohack unbedingt etwas für seine Tochter unternehmen müsse. Herr Prohack antwortete, dass er mit seinen Anwälten telefonieren würde: ein Projekt, das Eve gerne empfahl, obwohl sich Herr Prohack nicht vorstellen konnte, was seine Anwälte tun könnten, außer ein Honorar zu verlangen.

„Warten Sie hier", sagte er überzeugend.

Dann verließ er den Raum und schloss stillschweigend die Tür hinter Eve ab. Es war eine ungeheuerliche Tat, aber Herr Prohack hatte zu gut geschlafen und war zu sehr vom Instinkt der Initiative beseelt. Er eilte die Treppe hinunter, ignorierte Brool, der die Pracht der Eingangshalle betrachtete, schnappte sich Mantel, Hut und Regenschirm aus dem getäfelten Schrank aus dem 17. Jahrhundert, in dem diese Gegenstände aufbewahrt wurden, und verschwand auf dem Platz, bevor Brool überhaupt dazu in der Lage war öffne ihm die Tür. Als er floh, schaute er zu den Fenstern seines Arbeitszimmers hinauf, aus Angst, Eve könnte erraten haben, warum er sie verlassen wollte, und als sie ihn auf der Flucht erblickte, könnte sie anfangen, Geräusche an der verschlossenen Tür zu machen. Aber Eva hatte seine Absicht nicht erraten.

Mr. Prohack ging direkt zur Bruton Street, wo Oswald Morfeys japanische Wohnung lag. Mr. Prohack hatte diese Wohnung noch nie gesehen, obwohl seine Frau und seine Tochter zum Tee eingeladen worden waren – und von dort mit begeisterten Berichten über ihre exquisite Einzigartigkeit zurückgekehrt waren. Er hatte beschlossen, dass es seine Pflicht sei, Ozzie so schnell wie möglich über das mysteriöse Verschwinden von Sissie zu informieren; und da Ozzies Theatertag erst gegen Mittag beginnen sollte, hoffte er, ihn noch vor seiner Abreise zum Ruf des mächtigen Asprey Chown zu erreichen.

Die Nummer in der Bruton Street deutete auf ein hohes, schmales Haus mit vier Klingeln und vier schmalen Messingplatten am Türpfosten hin. Das trügerische Gebäude sah aus der Ferne genauso aus wie seine Nachbarn, aber wie die Zierde am Türpfosten zeigte, war es nicht mehr das, was es schien: die Heimat einer respektablen viktorianischen Familie in einfachen Verhältnissen, sondern hatte sich in ein georgianisches Gehege verwandelt für Leute, die sich mit einer gemeinsamen Treppe abfinden könnten, vorausgesetzt, sie könnten eine vernünftige West End-Adresse in ihr Briefpapier eingravieren. Die Eingangstür stand offen und offenbarte die beruhigende Tatsache, dass Flur und Treppenhaus jedenfalls mit Teppich ausgelegt waren. Mr. Prohack klingelte an der mit Ozzies Namen versehenen Glocke, wartete, klingelte noch einmal, wartete und marschierte dann die Treppe hinauf. Vielleicht rasierte sich Ozzie. Da Mr. Prohack mit der Organisation von Mietshäusern in eleganten Vierteln nicht vertraut war, wusste er nicht, dass er zu bestimmten Tageszeiten das Recht hatte, die Haushälterin am gegenüberliegenden Türpfosten zu klingeln und Hilfe aus dem Keller zu rufen.

Während er hinaufstieg, wurde es auf der Treppe immer stickiger, aber der Zustand des Treppenteppichs verbesserte sich. Mr. Prohack hasste den Ort und war sofort entschlossen, energisch gegen Sissies erklärte Absicht vorzugehen, aus wirtschaftlichen Gründen ein Eheleben in der Junggesellenwohnung ihres Mannes zu beginnen. Er würde das Paar nötigenfalls zwingen, eine mietfreie Wohnung von ihm anzunehmen, oder er würde ihnen sogar eines dieser Bijou-Residenzen kaufen, von denen er gehört hatte. Er konnte sich kaum vorstellen, dass genau dieses Haus einst als Juwelenresidenz beschrieben worden war. Der Treppenabsatz im dritten Stock war furchtbar klein und dunkel, und Mr. Prohack konnte den Namen seines zukünftigen Schwiegersohns auf dem schäbigen Namensschild kaum entziffern.

„Diese Höhle wäre für elf Pence und drei Heller pro Jahr teuer", sagte er sich und ärgerte sich, weil er sich den eleganten Oswald seit Monaten als Bewohner von etwas orientalischem und makellos luxuriösem Zustand vorgestellt hatte, und er fragte sich, ob seine Frauen, wie ... einer so kritischen Regel, hatte kein Wort von den beklagenswerten Annäherungsversuchen der Wohnung verraten.

Er klingelte, und die Glocke machte einen heftigen und schrecklichen Klang, der im ganzen Haus kaum zu hören war. Keine Antwort! Ozzie war gegangen. Er stieg die Treppe hinunter und sah auf dem Treppenabsatz im zweiten Stock eine alte Dame, die eine Matte vor einer offenen Tür ausbreitete. Die Haare der alten Dame waren zu Locken gelockt.

„Ich nehme an", wagte er es und hob seinen Hut. „Ich nehme an, Sie wissen nicht zufällig, ob Mr. Morfey ausgegangen ist?"

Die alte Dame musterte ihn, bevor sie antwortete.

„Er kann nicht rausgehen", antwortete sie. „Er hat gerade genug seinen Boden gefegt, um die Toten aufzuwecken."

„Er fegt seinen Boden!" rief Herr Prohack schockiert und vom Donner gerührt aus. „Ich habe verstanden, dass es sich um Dienstwohnungen handelt."

„Das ist so — in gewisser Weise, aber die Haushälterin kommt nie vor halb eins auf diese Etage; es kann also nicht die Haushälterin sein. Außerdem ist sie für mich ausgegangen."

„Danke", sagte Herr Prohack und stieg wieder die Treppe hinauf. Sein Blut floss in die Höhe. Er wüsste das Schlimmste über den eleganten Oswald, selbst wenn er die Tür einschlagen müsste. Diese extreme Maßnahme blieb ihm jedoch erspart, denn als er ziellos gegen Oswalds Tür stieß, öffnete sich diese.

Er erblickte einen schmalen Durchgang, der Herrn Prohack, der jedoch noch nie in Japan gewesen war, durch seine Dekoration sicherlich ein japanisches Aussehen verlieh. Zwei Türen führten in den dunklen Korridor. Eine dieser Türen war offen, und in der Tür waren die hintere Hälfte einer Frau und die vordere Hälfte einer Teppichbürste zu sehen. Offenbar bürstete sie den Teppich eines Zimmers und gelangte allmählich aus dem Zimmer in den Flur. Sie trug eine große blaue Schürzenschürze und war so in ihr Geschäft vertieft, dass die Ankunft von Mr. Prohack für sie völlig unbemerkt blieb. Herr Prohack wartete. Mehr von der Frau erschien und schließlich ihr ganzes Wesen. Sie spürte die Anwesenheit eines Mannes am Eingang, anstatt sie zu sehen, und blickte wie gebannt auf. Eine tiefe Röte huschte über alle ihre Gesichtszüge.

"Wie Clever von dir!" sagte sie mit einem ziemlich erfolgreichen Versuch, ruhig zu bleiben.

„Guten Morgen, mein Kind", sagte Herr Prohack mit einer ähnlichen und ebenso erfolgreichen Anstrengung. „Also putzen Sie Mr. Morfeys Wohnung für ihn."

„Ja. Und nicht bevor es nötig war. Kommen Sie doch herein und schließen Sie die Tür." Mr. Prohack gehorchte und Sissie legte ihre Schürze ab. „Jetzt sind wir ganz privat. Ich denke, du solltest mich besser küssen. Ich kann dir genauso gut sagen, dass ich furchtbar glücklich bin – viel mehr, als ich zunächst erwartet hatte."

Herr Prohack gehorchte erneut, und als er seine Tochter küsste, hatte er ein fast völlig neues Gefühl. Das Mädchen war für ihn viel interessanter als je zuvor. Ihr Erröten begeisterte ihn.

„Vielleicht möchten Sie einen Blick darauf werfen", sagte Sissie mit gespielter Nachlässigkeit und zeigte auf ein längliches, schmales Stück Papier mit roten und schwarzen Buchstaben, das mit zwei Stiften an der Wand des Durchgangs befestigt war. „Wir haben es dort platziert – zumindest ich –, um Ärger zu vermeiden."

Herr Prohack scannte das Dokument. Es begann mit „Dies dient der Beglaubigung ..." und wurde von einem „Standesbeamten für Geburten, Todesfälle und Eheschließungen" unterzeichnet.

„Gestern, was?" er ejakulierte.

„Ja. Gestern um zwei Uhr. *Nicht* in St. George's und *nicht* in St. Nikodemus ... Nun, du kannst sagen, was du willst, Papa –"

„Mir ist nicht bekannt, dass ich bisher etwas gesagt habe", warf Herr Prohack ein.

„Du kannst sagen, was du willst, aber was *hast* du von mir erwartet? Es war notwendig, einigen Leuten klarzumachen, dass wir uns im 20. und nicht im 19. Jahrhundert befinden, und ich glaube, ich habe es geschafft. Und was sind überhaupt Wollten Sie etwas dagegen tun? Dachten Sie ernsthaft, dass ich – *ich* – das ganze Orangenblüten-Geschwätz durchmachen würde, eine Stimme, die über Eden atmete, völlig choral, roter Teppich auf dem Bürgersteig, Blumen, Fotografen, Pfarrer, Sakristei , *Daily Picture* , Empfang, Glückwünsche, Reis, alte Schuhe, Abschiedskleid, „Sei nett zu ihr, Ozzie." Nicht viel! Und ich glaube nicht, dass Mädchen es lieben und darauf bestehen, und ich kenne auch einige andere, die das nicht tun, schlimmer als eine Öffentlichkeit Meiner Meinung nach ist es zentralafrikanisch; und das ist alles! Sie lachte.

„Nun", sagte Herr Prohaek und hielt seinen Hut in der Hand. „Ich bin selbst ein einigermaßen zwiespältiger Mensch, aber für schiere herzlose Doppelzüngigkeit gebe ich dir die Palme. Du kannst mich schlagen. Ist dir schon mal in den Sinn gekommen, dass dich dieser Ausweichmanöver etwa fünfzig Prozent deiner Hochzeitsgeschenke kosten wird?" sonst hätte es sein können?

„Das ist es“, sagte Sissie. „Das war einer der Gründe, warum wir es versucht haben. Nichts ist schrecklicher als etwa fünfzig Prozent der Hochzeitsgeschenke, die Bräute heutzutage bekommen. Und wir hatten die beiden schönsten Geschenke, die man sich wünschen kann.“

"Oh?"

„Ja, Ozzie hat mir Ozzie gegeben, und ich habe ihm mich gegeben.“

„Ich nehme an, die Idee war deine?“

„Natürlich. Habe ich dir gestern nicht erzählt, dass Ozzies einzige Funktion bei meiner Hochzeit darin bestand, unentbehrlich zu sein? Er hatte zunächst große Angst, als ich mit dem Plan anfing, aber er gewöhnte sich bald daran. Das gebe ich ihm.“ Es ist zu verdanken, dass wir das Einzige, was wir vorher getan haben, geheim gehalten hätten. Du siehst das doch selbst, mein Lieber. Und schließlich ist es unsere Angelegenheit und die von niemand anderem. "

„Da liegen Sie einfach falsch“, sagte Mr. Prohack großartig. „Eine Ehe, auch Ihre, ist eine Angelegenheit des Staates. Sie betrifft die Gesellschaft. Sie ist voller Reaktionen auf die Gesellschaft. Und die Gesellschaft war sehr klug, ihr Feierlichkeit zu verleihen – und eine gewisse groteske Qualität. Alle Feierlichkeiten sind ein bisschen grotesk.“ Und so sollte es auch sein, dass alle Feierlichkeiten bei den Darstellern Selbstbewusstsein hervorrufen. So wie die Dinge liegen, werden Sie zehn Jahre brauchen, um sich davon zu überzeugen, dass Sie wirklich eine verheiratete Frau sind, und bis zu Ihrem Tod. und danach wird die Gesellschaft das instinktive Gefühl haben, dass an dir oder an Ozzie etwas faul ist. Und es ist deine eigene Schuld.

„Oh, Papa! Was für ein Betrüger du bist!“ Und das Mädchen lächelte. „Sie wissen ganz genau, dass Sie dasselbe getan hätten, wenn Sie an meiner Stelle gewesen wären und den Mut gehabt hätten – den Sie nicht gehabt hätten.“

„Das sollte ich“, gab Herr Prohack sofort zu. „Weil ich immer schlauer sein möchte als andere Menschen. Das ist ein billiger Ehrgeiz. Aber ich hätte mich irren sollen. Und ich bin außerordentlich wütend auf dich und leide unter einem Gefühl der Empörung, und das sollte ich überhaupt nicht sein.“ Ich bin überrascht, wenn zwischen uns alles vorbei ist, und das Schlimmste daran ist, dass es der Welt nie eine zufriedenstellende Erklärung geben kann. Wenn Ihr Ozzie wach ist, dann werde ich mit ihm reden Er ist der Älteste, er ist ein Mann, und er trägt die meiste Schuld.“

„Zieh deinen Mantel aus“, sagte Sissi lachend und küsste ihn erneut. „Und wage es nicht, ein Wort zu Ozzie zu sagen. Außerdem ist er nicht da. Er ist geschäftlich unterwegs. Er geht immer pünktlich um halb elf.“

Es entstand eine Pause.

„Nun", sagte Herr Prohack. „Ich möchte nur sagen, dass du mich damit umhauen könntest, wenn du eine Feder zur Hand hättest."

„Ich kann in deinem Gesicht sehen", erwiderte Sissie, „dass du so erfreut und erleichtert bist, dass du nicht weißt, was du mit dir anfangen sollst."

Herr Prohack bestritt dies oberflächlich, aber es stimmte. Seine Erleichterung darüber, dass die Hochzeit hinter ihm statt vor ihm lag, war enorm, und seine Stimmung stieg noch besser als beim ersten Aufwachen. Er verabscheute alle Zeremonien und die Vorstellung, eine mit Orangenblüten beladene junge Frau in einem Auto zu einer eleganten Kirche und deren Mittelgang begleiten zu müssen, darin seine Stimme zu erheben und sie jemand anderem zu schenken , und bei einem stärkehaltigen Empfang vor tausend Gaffen zuckersüßes Nichts einzuatmen – diese Aussicht war für ihn immer mehr zu einem Albtraum geworden. Oft hatte er in einem Zustand, der einer Panik ähnelte, darüber nachgedacht. Und jetzt war er seiner unverzeihlichen Tochter wirklich dankbar für ihre schamlose Unverschämtheit. Es war ihm ein großer Wunsch, etwas sehr Schönes für sie und ihren vorzüglichen, zahmen Ehemann zu tun.

„Treten Sie ein und sehen Sie sich mein Zuhause an", sagte sie.

Das Haus bestand aus zwei Zimmern, eines davon als Schlafzimmer und das andere als Wohnzimmer, sowie einem kleinen Badezimmer, das so dunkel und feucht war wie eine Zelle der spanischen Inquisition, und einer weiteren Wohnung, die er für einen Schrank hielt, aber Sissie teilte ihm verbindlich mit, dass es sich um eine Küche handele. Die beiden Haupträume waren in Bezug auf Bilder, Drucke und Schränke zweifellos wunderschön japanisch – sonst nicht. Sie zeigten viel Geschmack; sie waren ungewöhnlich und anregend und fröhlich und raffiniert; aber Mr. Prohack glaubte nicht, dass er persönlich darin mit bemerkenswertem Erfolg hätte leben können. Der Mangel an Raum, Licht und Luft überwog alle Überlegungen zu Charme und Originalität; Allein die obere Treppe hätte für Mr. Prohack jede Wohnung ruiniert.

„Ist es nicht schön!" Sissie ermutigte ihn.

„Ja, das ist es", sagte er schwach. „Haben Sie schon Bedienstete?"

„Oh! Wir können keine Bediensteten haben. Kein Platz zum Schlafen für sie, und ich könnte Putzfrauen nicht ausstehen. Wissen Sie, es ist eine Dienstwohnung, also gibt es wirklich nichts zu tun."

„Das habe ich gemerkt, als ich reinkam", sagte Herr Prohack. „Und ich nehme an, Sie haben vor, in Restaurants zu essen. Oder schicken sie das Essen aus dem Keller?"

„Wir gehen nicht in Restaurants", antwortete Sissie. „Dessen können Sie sicher sein. Zu teuer für uns. Und ich zähle nicht viel auf die Küche unten. Nein! Ich werde das Kochen in einem Chaffing Dish machen – hier ist es, sehen Sie Ich habe wochenlang jeden Tag Unterricht in Chafing-Dish-Kochen genommen, und es ist wirklich furchtbar amüsant. Und es ist viel besser als gewöhnliches Kochen, und Ozzie liebt es auch.

Herr Prohack war berührt und mehr denn je entschlossen, „im großen Stil großzügig zu sein und das einfältige Paar in einem der allgemeinen Situation angemessenen Ausmaß in das Eheleben zu bringen".

„Ich gehe davon aus, dass Sie diesen Ort bald verlassen werden", begann er vorsichtig.

„Aufräumen!" Sissie wiederholte. „Warum sollten wir? Wir haben alles, was wir brauchen. Wir haben nicht die geringste Absicht, so zu leben wie Sie. Ozzie ist sehr umsichtig, das kann ich mit Freude sagen, und ich auch. Wir werden sparen." ein paar Jahre schwer, und dann werden wir sehen, wie es weitergeht.

„Aber an so einem Ort kann man doch nicht weiterleben!" Herr Prohack protestierte und lächelte diplomatisch, um die Wirkung seiner Worte abzumildern.

„Wer kann das nicht?"

„Das kannst du nicht."

„Aber wenn Sie „ich" sagen, meinen Sie dann Ihre Tochter oder Ozzies Frau? Ozzie lebt seit Jahren hier und hat hier viele Partys veranstaltet – natürlich Teepartys."

Mr. Prohack hielt inne, da er merkte, dass er sich in Unrecht gesetzt hatte.

„Dieser Ort ist absolut respektabel", fuhr Sissie fort, „und wenn du nicht das ganze Geld aus Amerika oder sonst wo bekommen hättest", beharrte sie, „hättest du gesagt, dass ich an einem Ort wie dem nicht weiterleben könnte? das?" Sie ahmte tatsächlich seinen überlegenen, väterlichen Ton nach. „Du wärst nur zu erfreut gewesen, mich an einem Ort wie diesem leben zu sehen."

Herr Prohack hob beide Arme in die Höhe.

„In Ordnung", sagte die junge Ehefrau, absurd stolz auf ihre Position. „Diesmal lasse ich dich mit deinem Leben davonkommen, und du kannst deine Arme wieder fallen lassen. Aber wenn mir jemand gesagt hätte, dass du herkommen und wie ein Plutokrat Lärm machen würdest, hätte ich es nicht geglaubt. Trotzdem ich Ich mag dich furchtbar gern, und ich weiß, dass du alles für mich tun würdest, und du bist fast so ein Schatz wie Ozzie, aber du darfst kein reicher Mann sein, wenn du mich hier besuchst ertrage es zweimal.

„Ich ziehe mich in Unordnung zurück, dicht verfolgt vom siegreichen Feind", sagte Herr Prohack. Und damit beschrieb er die Situation treffend. Er war mehr als besiegt worden – er war außerordentlich brüskiert worden. Und doch war das einzigartige Geschöpf ganz zufrieden. Er betrachtete das junge Mädchen, das nicht mehr ihm gehörte und auch kein Mädchen mehr war, inmitten eines lackierten und lackierten Zimmers, das in seiner Zierlichkeit so sehr an Ozzie erinnerte; Er sah die Entscheidung auf ihrer Stirn, den Charme in ihren Augen und die Eleganz in ihrer Figur und ihrem Kleid und platzte fast vor Stolz. „Sie hat genug Charakter, um sogar mich zu schlagen", dachte er zufrieden und zeigte damit eine Naivität, die unter Vätern brillanter Töchter glücklicherweise selten ist. Und selbst der Blick in die Schrankküche, wo der Abwasch nach einem Chafing-Dish-Frühstück für zwei offensichtlich noch nicht abgeschlossen war – selbst diese Berührung schien die moralische und körperliche Pracht seines Kindes in ihrer Brautumgebung nur zu verstärken.

„Gleichzeitig", fügte er zum Eingeständnis der Niederlage hinzu, „scheine ich so etwas wie die Vorstellung zu haben, dass Sie sich in letzter Zeit eher wie die Tochter eines Plutokraten verhalten."

„Das war nur meine letzte Affäre", antwortete sie völlig unbeeindruckt.

„Ich verstehe", sagte Mr. Prohack nachdenklich. „Was nun mein Hochzeitsgeschenk an dich betrifft. Darf ich irgendein Geschenk machen, oder ist es verboten? Natürlich konnte ich mit all meinen Millionen nicht hoffen, mit dem Geschenk mithalten zu können, das Ozzie dir gemacht hat, aber ich könnte in einem hübschen Zustand kommen." Gute Sekunde, nicht wahr?"

„Papa", sagte sie. „Ich muss das alles Ihrem guten Geschmack überlassen. Ich bin sicher, dass Sie dadurch unsere Unabhängigkeit nicht angreifen werden."

„Angenommen, ich könnte etwas Kapital für Ozzie aufbringen, damit er sich als Theatermanager selbstständig machen kann? Zu diesem Zeitpunkt muss er schon einiges über den Job wissen."

Sissie schüttelte ihren köstlichen Kopf.

„Nein, das wäre plutokratisch. Und wie Sie sehen, habe ich Ozzie gerade erst geheiratet. Ich weiß noch nichts über ihn. Wenn ich es weiß, werde ich kommen und mit Ihnen reden. Während Sie warten, wünsche ich Ihnen …" Ich würde mir etwas Geschirr geben. Nach dem ersten Tag habe ich in einem

Geschäft in der Oxford Street ein Set mit Sachen gesehen, die ich gerne hätte.
.. Was ist mit der Mutter passiert? Geht es ihr wegen mir nicht besser?

Er ging nachdenklich.

III

Als er nach Hause zurückkehrte, war er ziemlich niedergeschlagen, als er
feststellte, dass die Tür seines Arbeitszimmers von außen immer noch
verschlossen war. Die Geste, die ihm beim Verlassen des Zimmers so
natürlich, brillant und entschuldbar vorkam, erschien ihm nun als Tat eines
unhöflichen Idioten. Er zögerte, die Tür aufzuschließen, aber natürlich
musste er sie aufschließen. Eva saß wie auf dem Scheiterhaufen, erhaben.

„Arthur, warum spielst du mir solche Streiche – und besonders, wenn wir in
solchen Schwierigkeiten stecken?"

Warum tat er das tatsächlich?

„Ich wollte nur nicht, dass du mir nachläufst", sagte er. „Ich habe natürlich
dafür gesorgt, dass Sie sofort klingeln und die Tür öffnen lassen."

„Haben Sie sich für einen Moment vorgestellt, dass ich einem der Diener
sagen würde, dass Sie mich in einem Zimmer eingesperrt haben? Nein! Das
hätten Sie sich nicht vorstellen können. Ich habe zu viel Respekt vor Ihrem
Ruf in diesem Haus, um es zu tun." so etwas, und du solltest es wissen.

„Mein Kind", sagte Herr Prohack, wieder einmal erstaunt über Eves
außergewöhnliche Gabe, ihn ins Unrecht zu bringen und ihn noch mehr ins
Unrecht zu bringen, wenn er Unrecht hatte. „Das ist heute Morgen das
zweite Mal, dass ich mich einer überwältigenden Macht ergeben musste.
Nennen Sie Ihre eigenen Friedensbedingungen. Aber lassen Sie mich Ihnen
zur Milderung sagen, dass ich Ihren Nachwuchs entdeckt habe. Tatsache ist,
ich habe sie in einem erwischt." ."

"Wo ist sie?" fragte Eve, nicht eifrig, sondern eher nachlässig, denn das
Verhalten ihres Mannes beunruhigte sie jetzt mehr als über Sissie.

„Bei Ozzie." Sobald er diese Worte ausgesprochen hatte, sah Herr Prohack,
wie das Interesse seiner Frau von ihm auf ihre Tochter zurückflog.

„Was macht sie bei Ozzie?"

„Nun, sie lebt bei ihm. Sie haben gestern geheiratet. Sie dachten, sie würden
dir und mir und sich selbst eine Menge Ärger ersparen ... Aber sieh mal, mein
Kind, es ist keine Tragödie. Was ist los mit dir? ?"

Evas Gesicht war eine Maske der Katastrophe. Sie weinte nicht. Für Tränen ging die Affäre zu tief.

„Ich schätze, ich werde Sissie verzeihen müssen – eines Tages; aber ich bin noch nie in meinem Leben so beleidigt worden. Niemals! Und nie werde ich es vergessen! Und ich habe keinen Zweifel daran, dass du und Sissie das alles großartig behandelt haben." Das wäre ein Spaß!"

Die arme Dame war so bleich wie Elfenbein geworden. Herr Prohack war erstaunt – er fühlte sich sogar gekränkt –, dass er die Sache nicht schon früher aus Eves Sicht gesehen hatte. Nachdrücklich kam es einer Beleidigung für Eva gleich, ganz zu schweigen von der immensen, trostlosen Enttäuschung, die sie erlitten hatte. Und doch hatte Sissie, die Prinzessin unter den Töchtern, nicht mit einem einzigen Tonfall ihrer Stimme gezeigt, dass sie Mitgefühl für ihre Mutter hegte oder dass sie sich wirklich darüber im Klaren war, was die heimliche Ehe für sie bedeuten würde. Die Jugend war unglaublich grausam; und auch das Alter, in Gestalt von Mr. Prohack selbst, war nicht viel weniger grausam gewesen.

„Seit du gegangen bist, ist etwas mit dieser Halskette passiert", sagte Eve mit dumpfer, gleichmäßiger Stimme.

"Oh was?"

„Ich weiß es nicht. Aber ich habe gesehen, wie Mr. Crewd, der Detektiv, mit großer Geschwindigkeit zum Haus gefahren ist. Dann kam Brool und klopfte hier, und da ich ihm nicht sagen wollte, dass die Tür verschlossen war, Ich schwieg und er ging auch wieder weg. Ich sah ihn wegfahren.

Herr Prohack sagte nichts hörbares, aber er sagte zu sich selbst: „Sie hat ihre Neugier auf die Halskette tatsächlich unterdrückt, um mich nicht zu verraten! Es hätte in der gesamten Geschichte der menschlichen Selbstbeherrschung nie eine andere Frau wie sie geben können!" Sie ist großartig!"

Und dann fragte er sich, was mit der Halskette passiert sein könnte. Er sah dort mehr Ärger voraus. Und der Glanz des Morgens war verblasst. Im ganzen Haus herrschte eine entsetzliche Stille. Um diesem unheilvollen Bann zu entgehen, verließ Mr. Prohack die Abgeschiedenheit seines Zweitclubs, den er seit sehr langer Zeit nicht mehr betreten hatte. (Er wagte es nicht, sich den lebhaften Annehmlichkeiten seines Hauptklubs zu stellen.) Im Nebenklub tat er so, als hätte er nie aufgehört, den Ort regelmäßig zu besuchen, und legte zu diesem Zweck eine lässige Miene auf; aber er war etwas beunruhigt, als er anhand des Verhaltens seiner dortigen Bekannten feststellte, dass er definitiv nicht in nennenswertem Maße vermisst worden war. Er kam zu dem Schluss, dass der Club ein trostloser Ort war, und konnte nicht verstehen, warum er diese Tristesse noch nie zuvor wahrgenommen hatte. Die Mitglieder schienen kaum noch am Leben zu sein; und insbesondere schienen sie sich verschworen zu haben, sich zu benehmen und zu reden, als bestünde die Menschheit nur aus einem Geschlecht – ihrem eigenen. Mr. Prohack war zwar beunruhigt über die allzu deutliche Erkenntnis, dass die Menschheit tatsächlich aus zwei Geschlechtern bestand, verachtete sie jedoch. Und doch beneidete ihn gleichzeitig der schwächere Teil in ihm, und er gab im Abstrakten voll und ganz zu, dass man überzeugend etwas zugunsten der Klöster sagen könnte. Es war eine äußerst seltsame Erfahrung.

Nach einem trostlosen Mittagessen mit hervorragenden Gerichten, perfektem Kaffee, der einen Geschmack im Mund hinterließ, und einer feinen Zigarre, die er wegwarf, bevor sie halb leer war, verließ er den Club und schlenderte in Richtung Manchester Square. Aber ihm fehlte der Mut, das edle Herrenhaus zu betreten, und er ging schwach und ziellos weiter nach Norden, bis er an der Marylebone Road ankam und das große historische purpurrote Gebäude von Madame Tussauds Wachsfigurenkabinett sah. Seine Stimmung war so, dass er tatsächlich in einer wilden und melancholischen Laune Geld bezahlte, um dieses Gebäude zu betreten, und sich sofort nach dem Raum erkundigte, der als „Kammer des Schreckens" bekannt ist ... Als er herauskam, hatte seine Düsterkeit das Fantastische, Hysterische erreicht. oder kichernde Bühne, und seine Vorstellung von der Allumfassenheit Londons wurde immens erweitert.

„Miss Sissie und Mr. Morfey sind bei Mrs. Prohack, Sir", sagte Brool in einem ganz gewöhnlichen Ton und nahm Hut und Mantel seines zurückgekehrten Herrn in der Halle des noblen Herrenhauses entgegen.

Herr Prohack begann.

„Gib mir Hut und Mantel zurück", sagte er. „Sagen Sie Ihrer Herrin, dass ich möglicherweise nicht zum Abendessen da bin." Und er floh.

Er hätte bei dem schrecklichen Gespräch zwischen Eva und der irrenden Tochter, die ihre eigene Verlobte zu einer vorzeitigen Ehe verleitet hatte, nicht dabei sein können. Sissie hatte auf jeden Fall Mut, und sie musste auch eine enorme moralische Herrschaft über Ozzie gehabt haben, um ihn zu zwingen, sich ihr in einer tragischen Szene anzuschließen. Was für eine Hochzeitsreise! Wie weit war die Gesellschaft gekommen! Herr Prohack fuhr direkt zum Denkmal und zahlte mehr Geld für das Privileg, es besteigen zu dürfen. Als nächstes besuchte er den Turm. Der Tag schien aus vierundzwanzigtausend Stunden zu bestehen. Er speiste im Restaurant Trocadero, einsam an einem Tisch im Schatten der Bassgeige des Orchesters; und schließlich besuchte er die Unterhaltung von Maskelyne und Cook und wurde Zeuge, wie sich kräftige junge Frauen in die Luft auflösten. Er kam um halb zehn nach Hause, wie es humorvoll genannt wurde.

„Mrs. Prohack hat sich für die Nacht zurückgezogen, Sir", sagte Brool, der seinen Arbeitgebern nie erlaubte, einfach nur zu Bett zu gehen, „und möchte nicht gestört werden."

"Gott sei Dank!" hauchte Herr Prohack.

„Ja, Sir", sagte Brool pflichtbewusst.

IV

Am nächsten Morgen verhielt sich Eve ihrem Mann gegenüber genauso, als wäre nichts Ungewöhnliches passiert. Sie küsste und wurde geküsst. Sie zeigte Sanftheit ohne Fröhlichkeit und eine allgemeine Neugier ohne Interesse. Sie sagte kein Wort über den Besuch von Sissie und Ozzie. Sie äußerte die Hoffnung, dass Herr Prohack einen angenehmen Abend hatte und gut geschlafen habe. Ihr Wunsch, Herrn Prohack freundlich zu sein, war rührend – es war engelhaft. Für das physische Auge war alles wie immer, aber Mr. Prohack war sich bewusst, dass sie in einer einzigen Nacht eine hohe und unüberwindliche Mauer zwischen ihm und ihr errichtet hatte; eine Wand, durch die er hindurchschauen und durch die er küssen konnte, die ihn aber völlig von ihr fernhielt. Und doch, welche Sünde hatte er ihr gegenüber begangen, abgesehen von der Kleinigkeit, sie für ein oder zwei Stunden in einem gemütlichen Zimmer einzusperren? Es war Sissie, nicht er, die die Sünde begangen hatte. Er wollte Eva darauf hinweisen, war sich aber der völligen Sinnlosigkeit dessen bewusst und verzichtete deshalb darauf. Gegen elf Uhr klopfte Eve an die Tür seines Arbeitszimmers und öffnete sie.

„Darf ich reinkommen – oder störe ich Sie?" fragte sie fröhlich.

„Seien Sie keine dumme Gans", sagte Mr. Prohack, dessen zunehmender Zorn – er hasste Engel – sein Taktgefühl übertönte. Lächelnd, als hätte er ihr ein Kompliment gemacht, kam Eve herein und schloss die Tür.

„Das habe ich gerade erhalten", sagte sie. „Es kam per Bote." Und sie überreichte ihm einen Brief, der mit dem Namen Crewd, dem Privatdetektiv, unterzeichnet war. In dem Brief hieß es: „Madam, ich möchte Ihnen mitteilen, dass ich gerade festgestellt habe, dass der Fahrer des Taxis Nr. 5437 bei New Scotland Yard eine Perlenkette hinterlassen hat, die er in seinem Fahrzeug gefunden hat. Er gibt an, dass er eine Dame und einen Herrn gefahren hat." von Ihrem Haus zur Waterloo Station am Abend Ihres Empfangs, kann aber keine Beschreibung davon geben. Ich erwähne die Angelegenheit *pro forma* , gehe aber nicht davon aus, dass sie Sie interessieren könnte, da die Polizeibehörden von New Scotland Yard die Perlen als solche bezeichnen falsch. Mit freundlichen Grüßen... PS Ich habe Sie gestern angerufen, um Ihnen die oben genannten Fakten mitzuteilen, aber Sie waren nicht zu Hause.

Herr Prohack wurde ein wenig blass und seine Stimme zitterte, als er von dem Brief aufblickte:

„Ich frage mich, wer der Dieb war. Wie auch immer, Frauen schwanken. Hier hebt eine Frau – ich bin sicher, es war die Frau und nicht der Mann – eine Halskette vom Boden eines Ihrer Wohnzimmer auf, ohne es zu wissen um ihr Eigentum zu sein, versteckt es, macht sich damit davon und ist dann leichtsinnig genug, es in einem Taxi zu lassen. Haben Sie jemals davon gehört?“

„Aber das war nicht meine Halskette, Arthur!“ sagte Eva.

„Natürlich war es Ihre Halskette“, sagte Herr Prohack.

„Willst du mir sagen …“, begann Eva, und es war eine neue Eva.

„Natürlich tue ich das!“ sagte Mr. Prohack, der nun seine Wut völlig unterdrückt hatte, in dem Entschluss, den Ärger um die Halskette auf die Spitze zu treiben und ihn für immer zu beenden. Er fuhr mit seinen Ausführungen fort, als die Mauer plötzlich mit einem unvorstellbaren Krach einstürzte. Eve sagte nichts, aber der lautlose Krach machte Mr. Prohack taub. Dennoch half ihm die bloße Tatsache, dass Sissies Hochzeit hinter und nicht vor ihm lag, einigermaßen, seinen Mut und seine Nerven zu bewahren.

„Das werde ich dir nie verzeihen, Arthur!“ sagte Eva mit der feierlichsten und schrecklichsten Offenheit. Sie spielte keine Rolle mehr; Sie war ihr beeindruckendes Ich, völlig entlarvt und wild ausdrucksstark, ohne Rücksicht auf Konsequenzen. Mr. Prohack sah, dass er in ein tödliches Duell verwickelt war, mit den Knöpfen der tödlichen Folien.

„Natürlich wirst du das nicht tun“, sagte er, indem er sich heldenhaft zusammennahm und eine Ruhe an den Tag legte, die er nicht im Geringsten spürte. „Natürlich wirst du das nicht tun, denn es gibt nichts zu vergeben. Im Gegenteil, du schuldest mir deinen Dank. Ich habe dich nie getäuscht. Ich habe dir nie gesagt, dass die Perlen echt sind. Tatsächlich möchte ich dich daran erinnern, dass ich es dir einmal gesagt habe Sicher, dass ich dir nie eine *Perlenkette* kaufen würde , erinnerst du dich nicht? Du dachtest, sie wären echt, und du hattest genauso viel Freude daran, als ob sie echt gewesen wären. Stellen Sie sich vor, wie ich gelitten hätte, wenn ich Sie jeden Tag beim Umgang mit echten Perlen beobachtet hätte. Ich hätte keine Ruhe gehabt, Ihnen Vorwürfe zu machen, und da Sie es nicht ertragen können, Vorwürfe zu machen Außerdem hättest du nichts an Prestige verloren, weil alle unsere Freunde und Bekannten natürlich davon ausgegangen sind, dass die Perlen echt waren, weil es deine Perlen waren und du die Frau eines reichen Mannes warst Eine Frau, deren Ehemann finanziell nicht gut und sicher ist, ist gezwungen, echte Perlen zu tragen, weil die Leute annehmen, *dass* ihre Perlen falsch sind. Aber eine Frau wie Sie kann ungestraft alle Pinchbeak-Perlen tragen, weil die Leute *davon ausgehen*, dass ihre Perlen echt sind. In Ihrem Fall könnten echte Perlen überhaupt keinen Vorteil haben. Sie zu kaufen wäre gleichbedeutend damit, Geld auf die Straße zu werfen. So wie es ist, habe ich gegenüber den Perlen Geld gespart und damit Zinsen auf das Geld, obwohl ich Ihnen die allerschönsten, erhältlichen Imitationen gekauft habe! Und denke, mein Kind, wie erleichtert du jetzt bist – oh ja! Sie sind es, also tun Sie nicht das Gegenteil: Ich kann Sie täuschen, aber Sie können mich nicht täuschen. Du hast überhaupt nichts zu beanstanden. Sie haben viele Stunden unschuldiger Befriedigung in Ihren falschen Juwelen erlebt, und niemandem geht es schlechter. Tatsächlich hat meine überragende Weisheit bei der Wahl einer Halskette Sie vor allen weiteren Sorgen über den Verlust der Halskette bewahrt, denn es spielt einfach keine Rolle, weder in die eine noch in die andere Richtung, und ich sage Ihnen, ich fordere Sie heraus, da zu stehen und es mir zu sagen Mir ist ins Gesicht klar, dass Sie überhaupt etwas zu beanstanden haben.

Mr. Prohack wartete auf eine Antwort, und er verstand sie.

„Solange ich lebe, werde ich dir nie verzeihen“, sagte Eva. „Lassen Sie uns nicht mehr darüber sagen. Um wie viel Uhr ist das schreckliche Mittagessen, das Sie mit diesem schrecklichen Mann vom Bischof arrangiert haben? Und was soll ich bitte anziehen?“ Im Nu hatte sie die Mauer wieder aufgebaut, höher als je zuvor.

Mr. Prohack, immer durch die Wand hindurch, nahm sie in seine Arme und küsste sie. Aber er hätte genauso gut eine Frau in Trance küssen können. Alles, was man sagen konnte, war, dass Eva sich seiner Umarmung ergab, und ihre Haltung war ein weiteres brillantes Beispiel dafür, dass die mächtigsten orientalischen Tyrannen von ihren schwächsten Sklaven herausgefordert werden können, vorausgesetzt, dass die schwächsten Sklaven wissen, wie es geht.

„Du bist großartig!“ sagte Mr. Prohack bewundernd, sich seiner Leidenschaft für sie erneut bewusst und voller Vertrauen in die Kraft seiner Leidenschaft, früher oder später die Mauer einzureißen. „Aber du bist ein sehr unartiges und undankbares Geschöpf, und du musst bestraft werden. Ich werde jetzt damit fortfahren, dich zu bestrafen das meiste Geld. Sie sind die Kleidung, die am besten zu deiner Strafe passt.

Eine Dreiviertelstunde später, als Mr. Prohack anrief und handschriftlich eine Bestätigung an seine Bank schickte, fuhr Carthew weiter nach Süden, und der Wagen hielt vor der Niederlassung einer sehr berühmten Juwelierfirma in der Nähe von Piccadilly.

„Kommen Sie mit", sagte Herr Prohack, stieg auf den Bürgersteig hinab und zog eine bewegliche Marmorstatue hinter sich her, reich gekleidet. Sie betraten den glitzernden Laden und wurden sofort von einem erwartungsvollen Verkäufer begrüßt, der die Gabe hatte, einen Gehrock zu tragen, als wäre er darin geboren, und in die Herzen der Männer zu lesen. Dieser Verkäufer erkannte sofort, dass ein großes Geschäft im Gange war.

„Zuallererst", sagte Herr Prohack. „Hier ist meine Karte, damit wir wissen, wo wir stehen."

Der Verkäufer las die Karte und war entsprechend beeindruckt, aber seine Überzeugung, dass ein großes Geschäft im Gange war, schien jetzt ein wenig erschüttert zu sein.

„Darf ich hoffen, dass die fehlende Halskette gefunden wurde, Sir?" sagte der Verkäufer glatt. „Wir waren alle sehr an der Zeitungsgeschichte interessiert."

„Das ist nebensächlich", sagte Herr Prohack. „Ich bin nur gekommen, um eine Perlenkette zu kaufen."

„Ich bitte um Verzeihung, Sir. Gewiss. Haben Sie die Güte, hierher zu gehen?"

Als nächstes befanden sie sich in einem privaten Raum neben dem Laden. und die einzigen Möbelstücke waren drei elegante Stühle, ein Tisch mit Glasplatte und ein riesiger Safe. Ein anderer Verkäufer betrat mit Verbeugungen den Raum, Schlüssel wurden hervorgeholt, und die beiden Verkäufer zwischen ihnen öffneten die majestätischen dunkelgrünen Türen des Safes. Eine Minute später lagen verschiedene Perlenketten auf dem Tisch. Das Spektakel hätte einen Perlenkenner geblendet; aber Herr Prohack war kein Kenner; Er interessierte sich nicht einmal für Perlen und sah auf dem Tisch nichts weiter als eine eintönige Ansammlung angenehmer Schmuckstücke, die sich für sein Auge nur in der Größe voneinander unterschieden. Er war jedoch von einem hohen moralischen Vorsatz getrieben, der ihn emporhob und es ihm ermöglichte, den technischen Lobreden der Experten mit Würde zuzuhören. Eve verhielt sich natürlich mit tadelloser Korrektheit und verbarg die Existenz der Mauer vor allen außer Herrn Prohack, zwang Herrn Prohack jedoch, die Mauer die ganze Zeit über im Auge zu behalten.

Als er einen Zustand völliger Verwirrung über die jeweiligen Vorzüge der Halsketten erreicht hatte, hielt Herr Prohack den Zeitpunkt für reif, sich an die Arbeit zu machen. Mit seinen eigenen Händen legte er seiner Frau eine Halskette um den Hals und forderte:

„Was ist der Preis dafür?"

„Achthundertfünfzig Pfund", antwortete der Hauptexperte, der jede Halskette auf den ersten Blick zu erkennen schien, wie ein Hirte jedes Schaf seiner Herde.

„Glaubst du, das würde dir passen, mein Lieber?" fragte Herr Prohack.

„Ich denke schon", antwortete Eve höflich.

„Nun, ich bin mir nicht so sicher", sagte Herr Prohack nachdenklich. „Was ist mit diesem hier?" Und er nahm Eva eine andere und eine größere Halskette und probierte sie an.

„Das", sagte der ursprüngliche Sachverständige, „sind zweitausendvierhundert Guineen."

„Es scheint billig zu sein", sagte Herr Prohack nachlässig. „Aber da ist etwas an der Abstufung, das mir nicht ganz gefällt. Was ist mit diesem hier?"

Eva öffnete den Mund, als wollte sie etwas sagen, aber sie sagte nichts. Die Mauer, die einige Sekunden lang gezittert hatte, erlangte ihre monumentale Festigkeit zurück.

„Fünftausend Guineen", sagte der Experte der dritten Halskette.

"Hm!" kommentierte Mr. Prohack und entfernte den Blödsinn. „Ja. Nicht so schlimm. Und doch –"

„Diese Halskette", verkündete der Experte mit einer Miene, aus der jede Ehrerbietung verschwunden war, „ist eine der vollkommensten, die wir haben. Die Perlen haben, wenn ich es so ausdrücken darf, eine Homogenität, die man bei keiner Halskette oft erreicht. Sie." sind natürlich nicht sehr groß –"

„Ganz richtig", unterbrach ihn Mr. Prohack und wählte eine vierte Halskette aus.

„Ja", gab der Experte zu und seine Ehrerbietung kehrte zurück. „Das ist zweifellos überlegen. Mal sehen, wir haben es noch nicht genau bewertet, aber ich denke, wir könnten es auf zehntausend Guineen – vielleicht Pfund – ansetzen. Ich müsste einen der Partner konsultieren."

„Es ist kaum", sagte Herr Prohack und begutachtete das Schmuckstück am Hals seiner Frau richterlich, „kaum die Halskette meiner Träume – nicht, dass ich ein Wort dagegen sagen würde ... Ah!" Und plötzlich stürzte er sich mit einer Miene entzückter Überraschung auf eine fünfte Halskette, die Königin der Halsketten.

„Meine Liebe, probier das mal. Probier das hier. Mir ist es vorher nicht aufgefallen. Irgendwie gefällt es mir, und da ich offensichtlich viel mehr von deiner Halskette sehen werde als du, würde ich gerne meinen Geschmack befragen." "

Als er den Verschluss des Dings an Evas köstlichem Nacken befestigte, konnte er spüren, dass sie zitterte. Er betrachtete die schillernde Schnur. Auch sie betrachtete es fasziniert und gebannt. Sogar Herr Prohack begann zu begreifen, dass der Ruf und Wert feiner Perlen auf der Welt vielleicht nicht ganz unverdient ist.

„Sechzehntausendfünfhundert", sagte der Experte.

„Pfund oder Guineen?" Mr. Prohack erkundigte sich höflich.

„Nun, Sir, sollen wir Pfund sagen?"

„Ich denke, ich werde es nehmen", sagte Herr Prohack mit unverminderter Sanftmut. „Nein, meine Liebe, zieh es nicht aus. Zieh es nicht aus."

„Arthur!" Eve atmete und schien in einer Art qualvollen Protests auszusterben.

„Darf ich ein paar Minuten privates Gespräch mit meiner Frau führen?" Herr Prohack schlug vor. „Könnten Sie uns verlassen?" Ein Experte warf dem anderen einen verlegenen Blick zu.

„Entschuldigen Sie meinen Mangel an Lebenskunst", sagte Herr Prohack. „Natürlich können Sie uns auf keinen Fall mit all diesen Wertsachen allein lassen. Macht nichts! Wir rufen noch einmal an."

Der Hauptexperte meisterte den großen Höhepunkt des Anlasses mit Bravour. Er hatte einen mutigen Geist und war darüber hinaus mit der fantastischen Torheit vertraut, Kunden erneut anrufen zu lassen. Im Laufe seiner etwa dreißigjährigen Erfahrung war er nicht auf ein halbes Dutzend Ausnahmen von der Regel gestoßen, dass Kunden, die erneut anriefen, falls sie jemals anriefen, in einer Stimmung von harter und geiziger Vernunft anriefen, die für die Zwecke des Juweliergeschäfts erschreckend minderwertig war zu ihrer ursprünglichen Stimmung.

„Bitte, bitte, Herr Prohack!" sagte er mit großer Missbilligung und verließ mit seinem Kameraden das Zimmer.

Kaum waren sie gegangen, sank die Mauer. Es fiel nicht krachend um; es ließ ganz sanft nach.

„Arthur!" rief Eve mit einer merkwürdigen Unsicherheit in der Stimme. "Bist du verrückt?"

„Ja", sagte Herr Prohack.

„Nun“, sagte sie. „Wenn Sie glauben, ich würde mit sechzehntausendfünfhundert Pfund um den Hals durch London laufen, irren Sie sich.“

„Aber ich bestehe darauf! Du warst ein Märtyrer und unsere Ehe wurde ruiniert, weil ich dir keine echten Perlen gegeben habe. Ich beabsichtige, dass du echte Perlen haben sollst.“

„Aber nicht diese“, sagte Eva. „Es ist zu viel. Es ist ein Vermögen.“

„Das ist mir bewusst“, stimmte Herr Prohack zu. „Aber was sind für mich sechzehntausendfünfhundert Pfund?“

„Das könnte ich wirklich nicht, Liebling“, flehte Eve.

„Ich bin nicht dein Liebling“, sagte Herr Prohack. „Wie kann ich dein Liebling sein, wenn du mir nie verzeihen wirst? Schau mal. Ich lasse dich eine andere Halskette wählen, aber nur unter der Bedingung, dass du mir alle meine angeblichen Verfehlungen in Vergangenheit, Gegenwart und Zukunft verzeihst.“

Sie küsste ihn.

„Das können Sie für fünftausend Guineen haben“, sagte Herr Prohack. „Nichts weniger. Das ist mein Ultimatum. Zieh es an. Zieh es an, schnell! Sonst ändere ich meine Meinung.“

Er erinnerte sich an die Experten, die, als sie die ernste Nachricht hörten, tapfer lächelten und Eva ansahen wie eine Frau, wie sie sie vielleicht nie wieder sehen würden.

„Meine Frau wird die Halskette sofort tragen“, sagte Herr Prohack. „Feder und Tinte, bitte.“ Er hat einen Scheck ausgestellt. „Mein Auto steht draußen. Vielleicht schickst du sofort jemanden zu meiner Bank und löst das Geld ein die Quittung und die übliche Garantie, während wir warten. Und so geschah es, wie er es angeordnet hatte.

„Möchten Sie, dass wir die Versicherung arrangieren? Wir verpflichten uns, es so günstig wie alle anderen zu machen“, schlug der Sachverständige später vor.

Herr Prohack war erschrocken, denn in seiner Unerfahrenheit hatte er nicht an solche Komplikationen gedacht.

„Ich wollte es nur vorschlagen“, antwortete er ruhig.

„Ich fühle mich ziemlich seltsam“, sagte Eve, während sie im Auto an der Halskette herumfingerte, als alle Formalitäten erledigt waren und sie die Höhle von Aladdin verlassen hatten.

„Und das darfst du auch, mein Kind", sagte Mr. Prohack. „Die Zinsen für den Preis dieser Halskette würden ungefähr das Gehalt eines Parlamentsmitglieds oder sogar eines professionellen Cricketspielers decken. Und denken Sie daran, dass Sie jedes Mal, wenn Sie das Schmuckstück tragen, Gefahr laufen, überfallen, brutal angegriffen und ausgeraubt zu werden."

„Ich wünschte, du wärst nicht albern", murmelte Eve. „Ich hoffe, dass ich beim Mittagessen nicht unsicher wirke."

„Wir haben das Mittagessen noch nicht erreicht", antwortete Herr Prohack. „Wir müssen zuerst einen Safe kaufen. Es gibt keinen Safe im Wert von zwei Pence im Haus, und ein wirklich sicherer Safe ist unerlässlich. Und ich möchte klarstellen, dass ich den Schlüssel dieses Safes behalten werde. Wir spielen nicht." Bei Halsketten ist es jetzt ernst.

Und als sie einen Safe gekauft hatten und wieder im Auto saßen, sagte er und musterte sie unvoreingenommen: „Schließlich sieht es aus einer Entfernung von einem Meter nicht annähernd so großartig aus wie das, das bei Scotland Yard liegt – ich." gab dafür dreißig Pfund."

KAPITEL XXII
HERR. PROHACKS TRIUMPH

ICH

„Und wo ist deine bezaubernde Tochter?" fragte Mr. Softly Bishop so sanft von Eve, als er sie und ganz nebenbei auch Mr. Prohack in der Eingangshalle des Grand Babylon Hotels begrüßt hatte. Er war allein – keine Spur von Miss Fancy.

„Sissie?" sagte Eva ruhig. „Ich habe nicht die geringste Ahnung."

„Aber ich habe sie in meine Einladungen aufgenommen – und Mr. Morfey auch."

Herr Prohack war verblüfft, da er die schlimmsten Komplikationen vorhersah; und er warf Eva einen Blick zu, als suchte er Rat und Unterstützung. Er war fast bereit zu wünschen, dass Sissi doch nicht heimlich und vorzeitig geheiratet hätte. Eve schien jedoch völlig ungestört, obwohl sie ihm weder Führung noch Unterstützung bot.

„Sicherlich", sagte Herr Prohack zögernd, „sicherlich haben Sie Sissie in Ihrem Brief an mich nicht erwähnt!"

„Natürlich habe ich das nicht getan, mein Lieber", antwortete Mr. Bishop. „Ich habe ihr separat geschrieben, da ich die Position der modernen jungen Dame kannte. Und sie hat mich gestern Nachmittag angerufen und mir mitgeteilt, dass sie und Morfey gerne kommen würden."

„Wenn Sie dann so viel über die moderne junge Dame wissen", sagte Eve mit strahlender und vollkommener Selbstbeherrschung, „würden Sie doch nicht damit rechnen, dass meine Tochter mit ihren Eltern ankommt, oder?"

Mr. Softly Bishop lachte.

„Sie schieben den bösen Moment nur hinaus", sagte Mr. Prohack in der Stille seines Geistes zu Eve, und in ähnlicher Weise sagte er zu Mr. Softly Bishop:

„Ich wünschte, du würdest mich nicht ‚mein lieber Freund' nennen. Es stimmt, ich komme zu deinem Mittagessen, aber ich bin nicht dein lieber Freund und werde es auch nie sein.

„Ich habe auch Ihren Sohn eingeladen, Prohack", fuhr Mr. Bishop fort. „Zusammen mit Miss Winstock oder Warburton – sie scheint zwei Namen zu haben – um ein Paar zu machen, um ein Paar zu machen, verstehen Sie. Aber leider wurde er plötzlich wegen einer dringendsten Angelegenheit aus der Stadt gerufen." Während er diese letzten Worte aussprach, warf Mr. Bishop einen seltsamen Blick teils auf seine Nase, teils auf Mr. Prohack; Es war eine einzigartige Leistung des Blicks, und Mr. Prohack fragte sich unbehaglich, was das bedeutete, denn Charles lag ständig auf Mr. Prohacks Brust, und bei der geringsten Provokation lag Charles schwerer als gewöhnlich.

„Gehe ich recht in der Annahme, dass die Halsketten-Affäre zufriedenstellend geklärt ist?" fragte Mr. Softly Bishop, seine Brille glänzte und blinzelte beim Schmuck von Eves Hals.

„Das bist du", sagte Eva. „Aber es wäre nicht ratsam, zu neugierig auf Details zu sein."

Ihre Souveränität, ihre Unbekümmertheit verblüfften Mr. Prohack – und erleichterten ihn. Mit bewundernswerter Leichtigkeit gratulierte sie ihrem Gastgeber zu seiner Verlobung und überhäufte ihn mit Blütenblättern der Schmeichelei und guten Wünschen. Mr. Prohack konnte seine Frau kaum wiedererkennen, und er war sich nicht sicher, ob ihm ihre neue Weltoffenheit genauso gut gefiel wie ihre alte, unbefangene und manchmal unartikulierte Einfachheit. Auf jeden Fall war sie eine veränderte Frau. Er beruhigte sich jedoch durch eine treffende Überlegung: Sie war immer eine veränderte Frau.

Dann erschienen Sissie und Ozzie und sahen aus, als wären sie schon seit Jahren verheiratet. Mr. Prohacks Herz begann zu schlagen. Sissie ignorierte Mr. Softly Bishop und umarmte ihre Mutter mit aufgesetzter Zuneigung, und Eve musterte ihre Tochter mit liebevoller Fürsorge. Mr. Prohack hatte das Gefühl, dass er nie erfahren würde, was am Vortag zwischen diesen beiden vorgefallen war, denn sie waren ein Sphinxpaar, wenn sie es wollten, und er war zu stolz, um Ozzie zu Vertraulichkeiten zu ermutigen. Was auch immer es gewesen sein mochte, es war jetzt offensichtlich tief vergraben, und das gemeinsame Leben war nach einer schrecklichen Pause wieder aufgenommen worden.

„Wie geht es Ihnen, Miss Prohack", sagte Mr. Softly Bishop zur Begrüßung. „Ich bin so froh, dass du kommen konntest."

Herr Prohack vermutete, dass seine Wangen blass wurden und schämte sich. Sogar Sissie schwankte trotz ihres jungen, harten Selbstvertrauens.

Aber Eve griff ein.

„Wissen Sie es nicht, Herr Bishop? – Nein, natürlich wissen Sie es nicht. Wir hätten es Ihnen sagen sollen. Meine Tochter ist jetzt Mrs. Morfey. Sie sehen, in unserer Familie haben wir alle eine solche Abscheu vor dem Konventionellen Hochzeit und Empfang und formelle Flitterwochen und so weiter, dass wir beschlossen haben, dass die Ehe streng privat sein sollte, ohne Ankündigungen jeglicher Art. Eine Sache, die mir an Schauspielerinnen immer gefallen hat Nachmittags kann man davon lesen, wie sie an diesem

Tag geheiratet haben, und ihnen dann noch am selben Abend beim Spielen zusehen. Das kommt mir so vernünftig vor. Und da wir bei uns zu Hause alle der gleichen Meinung waren, vor allem Sissie und ihr Vater, gab es keine Schwierigkeit."

„Auf mein Wort", sagte Mr. Softly Bishop und schüttelte Ozzie die Hand. „Ich glaube, ich werde Ihrem Beispiel folgen."

Mr. Prohack sank auf einen Stuhl.

„Ich fühle mich ziemlich schwach", sagte er. „Bishop, glauben Sie, wir könnten einen Cocktail oder so trinken?"

„Mein lieber Freund, wie rücksichtslos von mir! Natürlich! Kellner! Kellner!" Als Mr. Bishop sich in Richtung der Kellner umdrehte, wandte sich Eve alarmiert an Mr. Prohack. Mr. Prohack zwinkerte ihr bedächtig zu, und sie zog sich zurück. „Ja", murmelte er. „Eines Tages wirst du mein Tod sein, und dann wird es dir leid tun."

„Ich glaube nicht, dass ein Cocktail überhaupt gut für dich ist, Papa", bemerkte Sissie ruhig.

Die Ankunft von Miss Fancy sorgte für eine angenehmere Ablenkung, als Mr. Prohack es für möglich gehalten hätte; er begrüßte die schlanke, kantige Blondine geradezu, denn sie machte einer Situation ein Ende, die, wenn man noch einen Moment länger andauerte, zu einem starken allgemeinen Zwang geführt hätte.

„Du bist zu spät, meine Liebe", sagte Mr. Softly Bishop bestimmt.

Der stählerne, blauäugige Blick des Mädchens schoss bei der Begrüßung hervor, schien aber wie eine Kugel aus der Bessemer-Rüstung von Mr. Bishops hartnäckiger Brille abzufallen.

„Bin ich?" antwortete sie unsicher mit ihrem halbamerikanischen Akzent. „Wo ist die Damengarderobe dieses Ortes?"

„Ich zeige es Ihnen", sagte Mr. Bishop ohne Kompromisse.

Es handelte sich um eine geringfügige Begegnung, aber sie ließ Mr. Prohack vermuten, dass Mr. Bishop sich vielleicht doch nicht blind oder ohne Munition in den großen Ehekrieg begab.

„Ich habe die Gelegenheit genutzt, um Miss Fancy zu sagen, dass sie die einzige unverheiratete Frau bei meinem Mittagessen sein wird", sagte Mr. Bishop amüsant, als er von der Steuerung seiner Geliebten zurückkam. Ein netter Kerl, ohne Frage!

Der Länge ihrer Abwesenheit nach zu urteilen, musste sich Miss Fancy offenbar neu anziehen. Für Spannung sorgten jedoch die Cocktails.

"Ist das für mich?" fragte sie und nahm sich ein volles Glas, als sie zurückkam.

„Nein, meine Liebe", sagte Mr. Bishop. „Ist es nicht. Wir gehen zum Mittagessen rein." Und sie gingen zum Mittagessen hinein und ließen den Cocktail, den die enthaltsame und spartanische Sissie nicht trinken wollte, unangetastet.

II

„Ich nehme an, Sie waren bei den Zwölf und Dreizehn", sagte Eve in ihrer neuen großartigen, liebenswürdigen Art zu Miss Fancy, als die Gesellschaft an einem runden, reich blumengeschmückten Tisch Platz nahm, der speziell von Mr. Softly Bishop reserviert wurde die Embankment-Vorderseite des Restaurants, und die Vorspeisen hatten begonnen, auf dem weißen Tuch zu zirkulieren, das genauso überfüllt war wie der Goldraum.

„Ich fürchte, das habe ich nicht", murmelte Miss Fancy schwach, aber mit der gebotenen Eleganz. Der Ausdruck der Angst war der richtige Ausdruck. Eve hatte die sonst dreiste Frau beim ersten Versuch in Angst und Schrecken versetzt. Und das Schlimmste war, dass Miss Fancy nicht einmal wusste, was die Zwölf und Dreizehn waren – oder waren. Zu Beginn ihres Debüts in der ihrer Meinung nach großen, aber exklusiven Modewelt scheiterte Miss Fancy. Was es nützt, perfekt gekleidet und mit Juwelen geschmückt zu sein, mit einem manchmal sorgfältig korrigierten Akzent zu sprechen, am besten Tisch im berühmtesten Londoner Restaurant der Vereinigten Staaten zu sitzen, mit dem klügsten Kerl verlobt zu sein, den sie je getroffen hat, wenn … Konnte die wundervolle und berühmte Gastgeberin, Mrs. Prohack, deren wünschenswerte Präsenz nur Softlys starkem Einfluss in hohen Kreisen zu verdanken war, sie gleich zu Beginn des Gesprächs überzeugen? Es ist eine Tatsache, dass Miss Fancy den Smaragdring von ihrem linken Zeigefinger gegeben hätte, um antworten zu können. Alles, was Miss Fancy tun konnte, war, Mr. Softly Bishop einen mörderischen Blick zuzuwerfen, denn er hatte sie nicht im Voraus über etwas aufgeklärt, das man die Zwölf und Dreizehn nannte. Es ist auch eine Tatsache, dass Miss Fancy lieber gestorben wäre, als zu Mrs. Prohack die einfachen Worte zu sagen: „Ich habe nicht die geringste Ahnung, was die Zwölf und Dreizehn sind." Eve verbarg nicht ihren Eindruck, dass Miss Fancys Fehler sehr seltsam und beunruhigend war.

„Ich nehme an, Sie haben die neue Version des ‚Sacre du Printemps' gesehen, Miss Fancy", sagte Mrs. Oswald Morfey, diese überaus moderne und selbstbewusste junge verheiratete Dame.

„Noch nicht", sagte Miss Fancy und fügte törichterweise hinzu: „Wir wollten heute Abend hingehen."

„In dieser Saison wird es keine Auftritte mehr geben", sagte Ozzie, der Fürst der Autoritäten im Unterhaltungsuniversum.

Und so ging die Affäre zwischen den vieren weiter, während Mr. Softly Bishop seine Geliebte ihrem Schicksal überließ und sich murmelnd mit Mr. Prohack über den Ölmarkt unterhielt, worüber Mr. Prohack natürlich der Fürst der Autoritäten war. Mrs. Prohack und ihre Tochter und ihr Schwiegersohn beherrschten ausnahmslos alle Künste, mit Ausnahme der einen Kunst – der musikalischen Komödie –, in der sich Miss Fancy auskannte. Herr Prohack war erstaunt über die geschickte Grausamkeit seiner Frauen. Am liebsten hätte er zu Miss Fancy gesagt: „Glauben Sie das nicht! Meine Frau ist nur eine ziemlich nette, gewöhnliche kleine Haushälterin, und was meine Tochter betrifft, sie kocht die Mahlzeiten ihres Mannes – und zwar ziemlich schlecht, wette ich." Er hätte sich über das Unbehagen von Miss Fancy freuen sollen, die er verabscheute und verachtete; aber das war er nicht; er sehnte sich danach, ihr beizustehen; er fing sogar an, sie zu mögen.

Und nicht nur Eva und Sissie erstaunten ihn. Oswald überraschte ihn. Oswald hatte sich verändert. Sein schwarzer Seidenschaft hatte den Platz seiner mit Bändern versehenen Brille verloren; sein Haar war anders angeordnet; Er ähnelte stark einem durchschnittlichen einfachen Mann – er, der einzigartige Ozzie! Trotz all seiner Fehler war er zuvor sowohl gutmütig als auch nachlässig gewesen, aber sein Gesichtsausdruck war jetzt von Strenge und entschlossenem Bemühen geprägt. Sissie hatte ihn bereits verwandelt. Selbst jetzt folgte er gehorsam ihrem Beispiel und ihrer Stimmung. Mr. Prohacks Frauen hatten offenbar beschlossen, sich dafür zu rächen, dass sie gebeten wurden, Miss Fancy zum Mittagessen zu treffen, und Ozzie war beauftragt worden, ihnen zu helfen. Außerdem bemerkte Herr Prohack, dass Sissie die Halskette ihrer Mutter mit einem tadelnden Blick beäugte. Im nächsten Augenblick wurde er zum Ziel desselben Blicks. Das Mädchen beschuldigte ihn der Torheit und stellte gleichzeitig Ozzies Definition des Unterschieds zwischen georgischen und neogeorgischen Versen in Frage. Das Mädchen war offenbar zum Zensor der Gesellschaft geworden.

Geheimnisvolle Gegenströmungen liefen in alle Richtungen über den Tisch. Mr. Prohack sah sich in dem lauten, mit Tischen vollgestopften Restaurant um und fragte sich, ob über alle Tische hinweg unsichtbar Gegenströmungen herrschten und was die geheime Kraft modischer, flüchtiger Konventionen war, die es Frauen mit einem viel schlechteren Gehirn als ihm ermöglichte, sie effektiv zu nutzen für die Durchführung blutiger Schlachten.

Als Miss Fancy endlich zum Schweigen gebracht worden war und die anderen drei ein brillantes, hochmütiges Gespräch über den Leichnam ihrer

Aktualität führten, erreichten Mr. Prohacks Nerven den Punkt, an dem er das tragische Schauspiel ertragen konnte nicht mehr, und er brach vulgär aus, wie ein Straßenmensch, und unterbrach das brillante Gespräch wie mit einem Hubschrauber:

„Jetzt, Miss Fancy, erzählen Sie uns etwas über sich."

Der allgemein klingende Satz schien eine Zauberformel zu sein, die die Macht hatte, einen schrecklichen Zauber zu brechen. Miss Fancy sammelte sich, vergaß, dass sie besiegt worden war, und eröffnete eine neue Schlacht. Sie begann, dem Tisch nicht nur etwas, sondern fast alles über sich selbst zu erzählen, und bald wurde klar, dass sie keine gewöhnliche Frau war. Sie hatte noch nie einen Rückschlag erlitten; In zahllosen Gesprächsduellen hatte sie immer die ordentliche und tödliche Antwort gegeben, und sie war nie besiegt worden, außer durch niederträchtige Kombinationen, die absichtlich gegen sie inszeniert wurden – im Allgemeinen von Frauen, die sie als Geschlecht noch mehr verachtete als Männer. Ihre aufrichtige Überzeugung, dass kein biografisches Detail über Miss Fancy zu klein sei, um für die Öffentlichkeit uninteressant zu sein, kam einem religiösen Glaubensbekenntnis gleich; und ihr Gedächtnis für Details war wunderbar. Sie erinnerte sich an die genaue Summe der Einnahmen bei jeder Aufführung, bei der sie in irgendeiner Stadt der Vereinigten Staaten eine herausragende Rolle spielte, und sie konnte auch lange Auszüge aus den positiven Kritiken unzähliger wichtiger amerikanischer Zeitungen wiedergeben – durch einen seltsamen Zufall nur unwichtiger Zeitungen hatte jemals Schuldzuweisungen mit Lob für ihre Leistungen vermischt. Sie betrachtete sich selbst mit Distanz als ein bemerkenswertes Phänomen und konnte daher ihre Karriere unpersönlich und ohne die üblichen Einschränkungen beschreiben – so wie ein Verkäufer ein Model in seinem Schaufenster an- oder ausziehen würde. So konnte sie ihr Herz und seine Geschichte ganz vorbehaltlos zur Schau stellen – gehörten sie nicht der Öffentlichkeit?

Der verblüffte Tisch erfuhr, dass Miss Fancy in der Presse der Vereinigten Staaten dafür bekannt war, dass sie häufiger als jede andere Schauspielerin verlobt war. Dennoch hatte sie es nie bis zum Altar geschafft, obwohl sie erst einmal die Kirchentür erreicht hatte – nur um dort von einem Zyklon weggeschwemmt zu werden, der dem Bräutigam unglücklicherweise den Garaus machte. (Was für ein graues und langweiliges Dasein Eve und Sissie geführt hatten!) Ihre vorletzte Verlobung hatte mit dem verstorbenen Silas Angmering stattgefunden.

„Etwas sagte mir, dass ich niemals seine Frau sein sollte", sagte sie lebhaft. „Du kennst das Gefühl, das wir Frauen haben. Und ich war nicht sehr überrascht, als ich von seinem Tod hörte. Ich hatte Silas acht Mal abgelehnt und am Ende versprochen, ihn bis zu einem bestimmten Datum zu heiraten.

Er *wollte* Nein nicht annehmen." , armer Schatz! Nun, *er* war sowieso ein Gentleman, dass er mich in seinem Testament niederschreiben sollte, aber das wäre mir tatsächlich noch nie passiert „Es ist seltsam, dass ich das Gefühl habe, nie seine Frau zu sein?"

Sie warf Mr. Prohack und Mr. Prohacks Frauen einen gespannten Blick zu, und es entstand eine Pause, in der Mr. Softly Bishop sagte und dabei liebevoll seine Nase betrachtete:

„Nun, meine Liebe, du wirst *meine* Frau sein, das wirst du finden", und er äußerte diese Bemerkung in einem scharfen Ton der Überzeugung, der einen ziemlich beunruhigenden Eindruck auf die ganze Gesellschaft machte, und nicht zuletzt auf Herrn Prohack, der fragte sich immer eindringlicher:

„Warum heiratet Softly Bishop Miss Fancy und warum heiratet Miss Fancy Softly Bishop?"

Mr. Prohack wurde bei seiner privaten Untersuchung dieses Rätsels durch einen sehr unkonventionellen Schubs von Sissie unterbrochen, die seine Aufmerksamkeit stillschweigend auf Eve richtete, die es anscheinend wollte.

„Ihr Freund scheint darauf bedacht zu sein, mit Ihnen zu sprechen", murmelte Eve mit leiser, eher schelmischen Stimme.

„Seine Freundin" war Lady Massulam, die gerade ein einsames Mittagessen an einem Tisch in der Nähe beendete; Er hatte sie nicht bemerkt, da er immer noch traurige Nachlässigkeit darin hatte, in einem schicken Restaurant zu leben. Lady Massulams Augen bestätigten Eves Aussage.

„Ich bin sicher, Miss Fancy wird Sie für einen Moment entschuldigen", sagte Eve.

"Oh bitte!" flehte Miss Fancy großartig.

Mr. Prohack trug verlegen seine schlanke Gestalt und seinen großen Kopf zu Lady Massulams Tisch. Sie blickte mit einem gefassten, aber romantischen Lächeln zu ihm auf. Das heißt, dass Herr Prohack es für romantisch hielt; und er beugte sich in einer dazu passenden romantischen Weise über den Tisch und über Lady Massulam.

„Ich gehe einfach weg", sagte sie.

Einfache Worte von einer beleibten und reifen Dame – doch für Mr. Prohack hatten sie allerlei köstliche Nebenbedeutungen.

„Was *ist* der Unterschied zwischen ihr und Eva?" fragte er sich und antwortete dann in einem Geistesblitz auf die Frage: „Ich bin romantisch zu ihr, und ich bin nicht romantisch zu Eva." Ihm gefiel diese geniale Erklärung.

„Ich wollte dir sagen", sagte sie ernst und mit wunderschöner Melancholie, „Charles ist *flambiert* . Er ist fertig. Ich kann ihm nicht helfen. Er wird mich nicht lassen, aber wenn ich ihn heute Abend sehe, wenn er in die Stadt zurückkehrt." Ich werde ihn zu dir schicken. Er ist sehr jung, sehr schwierig, aber ich werde darauf bestehen, dass er zu dir geht.

"Wie nett bist du!" sagte Herr Prohack gerührt.

Lady Massulam stand auf, schüttelte ihr die Hand, schien zu erröten und ging. Ein ebenso kurzes wie seltsames Interview! Mr. Prohack war begeistert, ganz und gar nicht über die Ankündigung von Charlies Gefahr, vielleicht Demütigung, sondern über die Haltung von Lady Massulam. Er hatte seine Pläne für Charlie. Er hatte keine Pläne, Lady Massulam zu beeinflussen.

Das Mittagessen von Mr. Softly Bishop hatte sich während der kurzen Abwesenheit von Mr. Prohack entwickelt. Seine von Anfang an große Pracht hatte zugenommen; Wenn Tische jemals stöhnen, was vielleicht zweifelhaft ist, dann ächzte der Tisch mit Sicherheit; Mr. Softly Bishop entließ gerade mit nichtssagender und nachlässiger Zustimmung den Oberdomus des Restaurants, mit dem er, wie alle wirklich wichtigen Persönlichkeiten, offenbar ein enges Verhältnis zu pflegen schien. Aber die Hauptentwicklung des Mittagessens offenbarte sich im Gespräch. Mr. Softly Bishop hatte nun die Leitung des Vortrags übernommen und erläuterte einem gedämpften und niedergeschlagenen Publikum seine Pläne für eine Star-Welttournee für seine zukünftige Frau, die ihnen mit echter Bewunderung auf ihrem violett gefärbten Gesicht zuhörte.

„Eliza wird nicht bei mir dabei sein, wenn ich zurückkomme", rief sie plötzlich, mit tiefer Überzeugung, mit erwartungsvoller Glückseligkeit, mit einer Art erbitterter Wildheit.

Herr Prohack hat verstanden. Miss Fancy war kompromisslos eifersüchtig auf den Ruf ihrer Halbschwester. Diesen Ruf zu übertreffen, war das Hauptziel ihres Lebens, und Mr. Softly Bishops Anspruch an sie bestand darin, dass er ihr gezeigt hatte, wie sie ihr Ziel erreichen konnte, und dass er sich um die Organisation kümmerte. Mr. Softly Bishop war ihr Trainer und Manager; er hatte sie durch die Vielfalt und den Einfallsreichtum seiner einfallsreichen Pläne verblüfft; und seine Macht über sie beruhte auf der ständigen Androhung, dass sie ihren höchsten Wunsch nicht verwirklichen würde, wenn sie nicht strikt allen seinen Befehlen gehorchte.

Und als Mr. Softly Bishop Ozzie nach und nach in ein technisches Tête-à-Tête verwickelte, verstand Mr. Prohack noch besser, warum Ozzie zu dem Fest eingeladen worden war. Ozzie war ein anerkannter Experte für bestimmte Zweige von Mr. Bishops Theaterplänen, und Mr. Bishop erhielt für den Preis eines Mittagessens das fruchtbare Wissen und die Weisheit, die

Ozzie sich in langen Jahren intensiver Beschäftigung mit dem Geschäft angeeignet hatte.

Für Herrn Prohack war es eine spannende Szene. Das Mittagessen endete prächtig mit den besten Zigarren und Zigaretten, dem besten Kaffee und den besten Likören, die das einzigartige Lokal zu bieten hatte. Sissie lehnte jede Verlockung außer Kaffee ab, und Miss Fancy durfte nichts als Kaffee trinken.

„Vergiss deinen Hals nicht, meine Liebe", warf Mr. Softly Bishop autoritär in Miss Fancys umständliche Darstellung der Kostspieligkeit der Blumensträuße ein, die ihr im New National Theatre in Washington zugeworfen worden waren.

„Und übrigens" (schaut auf die Uhr), „vergessen Sie nicht den Termin mit dem Redner."

„Aber kommst du nicht mit?" fragte Miss Fancy alarmiert. Sie lernte bereits die Gewohnheit der Hilflosigkeit kennen – so attraktiv für Männer und so nützlich für sie.

Diese Bemerkungen unterbrachen die Mittagsparty, von der alle Gäste dem herabwürdigenden Gastgeber versicherten, dass sie absolut entzückend gewesen sei, mit dem angedeuteten Zusatz, dass dies auch die Krönung und der Höhepunkt ihrer Karriere gewesen sei. Eve und Sissie waren in Superlativen so großartig, dass Mr. Prohack um die Fähigkeit von Mr. Softly Bishop zu fürchten begann, die gröberen Formen der Schmeichelei zu verarbeiten. Seine Angst war jedoch unnötig. Als der Gastgeber und seine Geliebte abreisten, erzählte Miss Fancy immer noch Häppchen aus ihrer Biografie.

„Aber den Rest erzähle ich dir ein anderes Mal", rief sie aus dem fahrenden Auto.

Sie hatte die zweite Schlacht mit Nachdruck gewonnen. Vom ersten Schlag an hatte sie nicht einmal den Anschein erweckt, als würde sie verlieren. Und sie hatte keine Gnade gezeigt, ganz im Sinne der Maxime: Krieg ist Krieg. Eve und Sissie schienen sich mit Mühe auf die Knie zu erheben, nachdem der rücksichtslose Gegner, der es satt hatte, auf ihrer ausgestreckten Gestalt zu stehen, verächtlich davongegangen war.

III

"Also!" seufzte Frau Prohack mit maximaler Ausdruckskraft und warf einen Blick auf ihre Tochter wie eine Weltfrau gegenüber der anderen. Sie verweilten, sozusagen als Rekonvaleszenten nach dem schweren Angriff und der Niederlage, im Foyer des Hotels.

"Also!" seufzte Sissie, geschmeichelt von diesem Blick und nahm fest ihren Platz im Gefüge der Gesellschaft ein. „Nun, Vater, wir wussten immer, dass du einige seltsame Freunde hast, aber das war wirklich die Grenze! Und die Extravaganz der Sache! Das Mittagessen muss mindestens zwanzig Pfund gekostet haben – und ich glaube, er hatte auch besondere Blumen. Wenn ich an die Geld- und Zeitverschwendung denke, die an Orten wie diesen täglich vor sich geht, frage ich mich, ob noch etwas davon in England übrig ist, das per Gesetz gestoppt werden sollte.

„Mein Kind", sagte Herr Prohack. „Ich beobachte mit Genugtuung, dass Sie beginnen, sich aufzurichten und aufmerksam zu werden. Jahrhunderte trennen Sie bereits von dem unschuldigen Geschöpf, das seine Tage und Nächte damit verbrachte, Menschen das Tanzen beizubringen, die keine Ahnung vom Ernst des Lebens hatten. I Ich stimme Ihrer allgemeinen Kritik zu, aber erinnern wir uns daran, dass all diese Bosheit nicht von vorgestern stammt. Sie blüht seit einigen Tausend Jahren und alle Prophezeiungen, dass sie von Nemesis überholt werden, haben sich dennoch als falsch erwiesen Ich bin froh, dass du ein neues Kapitel aufgeschlagen hast.

Sissie warf diskret, aber unmissverständlich ihren jungen Kopf zurück.

„Oswald, Liebster", sagte sie. „Es ist Zeit, dass du frei hast."

„Das ist es", stimmte Ozzie zu und machte sich auf den Weg, um den ernsthaften Kampf ums Dasein wieder aufzunehmen – er, der bis vor Kurzem der großen Theaterkonvention gefolgt war, dass der Raum zwar eine Realität sein mag, die Zeit jedoch nicht.

„Mir macht die Extravaganz nichts aus, denn schließlich ist es gut für den Handel", sagte Eve. "Was ich-"

„Mutter Liebling!" Sissie protestierte. „Woher haben Sie diese außergewöhnlichen Vorstellungen davon, dass Luxus gut für den Handel ist? Sicherlich sollten Sie wissen –"

„Ich glaube, ich sollte alles Mögliche wissen, was ich nicht weiß", sagte Eva würdevoll. „Aber eines weiß ich, und das ist, dass der Stil dieser beiden schrecklichen Menschen absolut der schlechteste war, den ich je getroffen habe. Die Art, wie diese Frau plapperte – und alles über sich selbst; und was für ein Akzent und die Art, wie sie hielt ihre Gabel!"

„Lady", sagte Mr. Prohack. „Sei nicht böse, weil sie dich geschlagen hat."

"Besiege mich!"

„Ja. Schlagen Sie. Sie beide. Zuerst haben Sie sie zum Stillstand gebracht, aber Sie konnten nicht durchhalten. Dann fing sie an und sie hat Sie zum Stillstand gebracht, und sie konnte durchhalten. Sie hat Sie verlassen „Alle praktischen Zwecke sind tot auf dem Feld, meine Tigerinnen. Und sie tut mir sehr leid", fügte er hinzu.

„Papa", sagte Sissi streng. „Warum versuchst du bei uns immer so schlau zu sein? Du weißt genauso gut wie wir, dass sie ein *Geschöpf ist* und dass es überhaupt nichts für sie zu sagen gibt."

„Von ihr gibt es nichts zu sagen!" Mr. Prohack lächelte tolerant. „Warum sie für Silas Angmering, den Gründer unseres Vermögens, der Star des Universums war. Sie war die beste Frau, die er je getroffen hatte. Und Angmering war ein kluger Kerl, das kann ich Ihnen sagen. Sie nennen sie eine Kreatur. Ja, Das Geschöpf des Schicksals, wie wir alle, außer natürlich Ihnen, möchte ich Ihnen mitteilen, dass Miss Fancy dieses Hotel als Opfer verlassen hat, als bewusstloses Opfer, aber als Opfer wird sie ausgebeutet , mein Miterbe, wird sie so viel Geld verdienen, wie sie noch nie zuvor gearbeitet hat. Er wird all ihre Talente wertschätzen Und er wird ihr die meisten ihrer gewohnten Freuden vorenthalten. In fünfzehn Jahren wird von Miss Fancy nichts mehr übrig sein als ein erschöpftes Wrack mit einem falschen Ruf, aber Mr. Softly Bishop wird immer noch in seinen besten Jahren sein Er wird das Leben in vollen Zügen genießen, und er wird den Reichtum, den sie für ihn geschaffen hat, für sich selbst ausgeben und ihr etwa sechs Pence pro Woche gönnen, und das Tragischste und Schrecklichste von allem ist, dass sie denken wird, dass sie ihm alles zu verdanken hat! NEIN! Wenn ich in der Lage wäre zu weinen, hätte ich über das Pathos des Schauspiels von Miss Fancy geweint, als sie uns gerade verließ, ohne sich ihres Schicksals bewusst zu sein und in den absurdesten Illusionen zu schwelgen. Diese arme wehrlose Frau, die das Pech hatte, Ihnen nicht zu gefallen, steuert direkt auf ein lebenslanges Märtyrertum zu." Mr. Prohack verstummte eindrucksvoll.

„Und diene ihr recht!" sagte Eva. „Ich habe im Laufe meines Lebens Katzen getroffen, aber –" Und auch Eve verstummte.

„Und ich bin mir nicht sicher", fügte Herr Prohack immer noch eindrucksvoll hinzu. „Und ich bin mir nicht sicher, ob der geniale und hervorragende Oswald Morfey nicht direkt in die gleiche Richtung geht." Und er blickte auf seine geliebte Tochter, die eine leichte Röte zeigte, und lachte dann leicht. „Ja", sagte Herr Prohack, „Sie sind sehr klug, mein Mädchen. Wenn Sie Gewalt gezeigt hätten, hätten Sie einen traurigen Fehler gemacht. Dass Sie mit einer so brillanten Nachahmung der Natürlichkeit lachen würden, gibt mir Hoffnungen auf Sie. Lassen Sie uns." Das

Mittagessen von Mr. Bishop war, wie ich zugebe, nicht ohne nützliche Lehren für uns, und ich selbst gebe zu, dass es mich auch gelehrt hat Die schönsten und angenehmsten Frauen, wie diejenigen, mit denen ich in meinem häuslichen Leben sorgfältig umgehe, sind Monster der Grausamkeit.

„Ich habe mit Mama vereinbart, dass du heute Abend zum Abendessen kommst", sagte Sissie. „Keine Formalität, bitte."

„Darf deine Mutter nicht ihre Perlen tragen?" fragte Herr Prohack.

„Ich hoffe, Sie haben bemerkt, Arthur", sagte Eve mit triumphierender Zufriedenheit, „wie Ihre Miss Fancy sorgfältig darauf geachtet hat, das Thema Juwelen fernzuhalten."

„Mutterperlen", sagte Sissie arrogant, „sind Mutters Sache."

Herr Prohack war überhaupt nicht glücklich.

„Und doch", fragte er sich. „Was habe ich getan? Ich bin vollkommen unschuldig."

IV

„Ich habe dich in meinem ganzen Leben noch nie so viel essen sehen, Papa", sagte Sissie. Und ich denke, das ist ein großes Kompliment für meine Kochkünste. Tatsächlich platze ich vor bescheidenem Stolz."

„Nun", antwortete Herr Prohack, der zweifellos etwas zu viel gegessen hatte, „nehmen Sie es, wie Sie möchten. Ich glaube, ich könnte etwas mehr von diesem Zeug gebrauchen, das ein Omelett imitiert, aber offensichtlich keins ist."

„Oh! Aber mehr gibt es nicht!" sagte Sissie etwas enttäuscht.

„Nicht mehr! Mein Gott! Hast du dann etwas Käse oder etwas in der Art?"

„Nein. Ich bewahre dort keinen Käse auf. Sehen Sie, der Geruch davon in diesen kleinen Wohnungen —"

„Irgendwelches Brot? Überhaupt irgendetwas?"

„Ich fürchte, wir haben fast alles aufgegessen, bis auf Ozzies Ei zum Frühstück morgen früh."

„Das ist ernst", bemerkte Herr Prohack und klopfte fragend auf die Oberfläche seines Verdauungsapparates.

„Arthur!" rief Eva. „Warum bist du heute Abend so ein Scherz? Du versuchst nur, das Kind in Verlegenheit zu bringen. Du weißt, dass du genug hast. Und ich bin mir sicher, dass alles sehr geschickt vorbereitet war – wenn man bedenkt. Das wirst du auch." Ich werde mitten in der Nacht krank, wenn du weitermachst, und dann muss ich wie immer aufstehen und mich um dich kümmern. Eva wirkte, als würde sie ihre Tochter verteidigen, aber etwas, eine gewisse Zurückhaltung in ihrer Stimme, verriet, dass sie nicht ihre Tochter, sondern lediglich und allgemein die ganze Rasse der Hausfrauen gegen die ganze Rasse konsumfreudiger und überkritischer Männer verteidigte; Sie verteidigte sogar die Eva, die in der fernen Vergangenheit für viel kritisierte Mahlzeiten gesorgt hatte. Ihr Können war so groß, dass sie dies tun konnte, während sie gleichzeitig so subtil und doch so wirkungsvoll andeutete, dass Sissie, der bösen, schamlosen, mamaverachtenden Braut, im geheimen Herzen der Mutter keineswegs vergeben wurde.

„Sie haben zweifellos Recht, meine Dame", stimmte Mr. Prohack zu. „Du konntest immer besser beurteilen als ich selbst, wann ich genug hatte und was die letzten Konsequenzen meines Essens sein würden. Und was deine Manieren-Lektionen betrifft, was für ein schlecht erzogener Lümmel ich war, bevor ich dich traf, und was." Ich wäre ein unmöglicher Mensch gewesen, wenn du mich nicht all die Jahre Tag und Nacht in die Arme genommen hättest. Es ist nicht so, dass ich schlechter bin als der durchschnittliche Ehemann, sondern nur, dass Frauen die einzigen Träger des zivilisatorischen Einflusses sind. Ohne sie würden wir immer noch Steaks mit den Fingern in Stücke reißen. Ich glaube, ich habe genug gegessen – jedenfalls habe ich viel mehr gegessen als alle anderen – und selbst wenn ich es nicht getan hätte, wäre es überhaupt nicht schön von mir, nicht so zu tun, als hätte ich es nicht getan, und wenn es zum Schlimmsten kommt, kann ich doch immer noch ein Stück kaltes Rindfleisch und ein Glas Bier haben, wenn ich nach Hause komme, oder?"

Obwohl Sissie kaum errötete, behielt sie eine hervorragende Fassade. Sie sah auf jeden Fall zierlich und charmant aus – genauer gesagt, als sie jemals ausgesehen hatte; in der Tat, ganz und gar die junge Braut. Sie trug Morgenkleidung, um ihrem eigenen Verbot der Formalität nachzukommen und auch um ihre neue, enthusiastische Missbilligung der modernen Begeisterung für luxuriöse Zurschaustellung zum Ausdruck zu bringen; aber es war ein entzückendes, wenn auch preiswertes Kleid. Sie hatte sich beim Familienessen viel Mühe gegeben, es von Anfang bis Ende geplant, zubereitet, gekocht und geleitet, und dabei war sie stets klug, weise, fähig und einfallsreich – eine Apostelin der Chafing-Dish-Küche, die entschlossen war, dieses Chafing-Dish zu beweisen -Gerichtsküche vereint Effizienz, Köstlichkeit und Wirtschaftlichkeit in einem noch nie dagewesenen Ausmaß. Und sie hatte mehr als einmal treffend darauf hingewiesen, dass

Verschwendung in ihrem System unmöglich sei und dass durch den Verzicht auf Bedienstete die Hauptursache der Verschwendung tatsächlich radikal beseitigt worden sei. Sie hatte ihre Gäste nicht über die genauen Kosten für die beispiellos günstige und nahrhafte Mahlzeit informiert, war aber nahe daran, dies zu tun; und sie hätte sicherlich angedeutet, dass es weder zu viel noch zu wenig, sondern gerade ausreichend war, wenn ihr absurder und widersprüchlicher Vater nicht in der Schlussphase der genialen Zusammenstellung einen nicht ungewöhnlichen Mangel an Taktgefühl an den Tag gelegt hätte.

Außerdem schien sie sich trotz ihrer großzügigen Statur irgendwie an die geringe Größe der Wohnung angepasst zu haben. Sie stellte es nicht in den Schatten, da ungeschicktere Frauen dazu neigen, ihre winzigen Häuser im Zentrum von London in den Schatten zu stellen. Im Gegenteil, sie gab ihm die Illusion von Geräumigkeit; Und zweifellos hatte sie es in überraschend kurzer Zeit von einer Junggesellenwohnung in ein Ehenest verwandelt, weich, blumig, mit Schnickschnack und gefährlich verführerisch für das Auge, ohne zu beruhigend für die Glieder zu wirken.

Mr. Prohack nahm gerade eine Zigarette an, nachdem man ihm gesagt hatte, dass Ozzie niemals Zigarren rauchte, als ein großer Klang ertönte, der die ganze Wohnung erfüllte, wie man erwarten kann, dass der letzte Trumpf die ganze Erde erfüllt, und Mr. Prohack ließ die Zigarette murmelnd fallen :

„Ich denke, das werde ich danach rauchen."

"Ach du meine Güte!" rief die Wohnungsherrin. „Ich frage mich, wer das sein kann. Geh einfach und sieh nach, Ozzie, Liebling." Und sie sah Ozzie an, als wollte sie sagen: „Ich hoffe, es ist nicht einer deiner indiskreten Junggesellenfreunde."

Ozzie eilte gehorsam hinaus.

„Vielleicht ist es Charlie", wagte es Eve. „Wäre es nicht schön, wenn er anruft?"

„Ja, nicht wahr?" Sissi stimmte zu. „Ich habe ihn angerufen, um ihn zum Abendessen einzuladen, aber natürlich war er den ganzen Tag weg. Heutzutage ist er immer so unsichtbar wie ein Millionär. Außerdem habe ich das Gefühl, dass dieser Ort für die Mächtigen irgendwie zu viel und zu bescheiden wäre Charles. Der Buckingham Palace wäre eher in seiner Art. Aber wir können nicht alle Spekulanten und Profiteure sein.

„Sissie!" protestierte ihre Mutter sanft.

Nachdem die geheimnisvollen und faszinierenden Geräusche an der Haustür verklungen waren und die Haustür die ganze Wohnung unter ihrem Knall zum Vibrieren gebracht hatte, strömte Ozzie mit drei Paketen ins Zimmer, wobei die beiden kleineren auf das dritte gestapelt waren.

„Sie sind an dich gerichtet", sagte Ozzie zu seinem Schwiegervater.

„Hast du dem Mann etwas gegeben?" fragte Sissie schnell.

„Nein, es waren Carthew und das Stubenmädchen – Machin, ist ihr Name?"

"Oh!" sagte Sissie offenbar erleichtert.

„Jetzt wollen wir mal sehen", sagte Herr Prohack und begann sofort mit den Paketen.

„Verschwende die Schnur nicht, Papa", befahl ihm Sissie besorgt.

„Äh? Was sagst du?" murmelte Mr. Prohack, während er sorgfältig die Schnüre an allen Seiten aller Pakete durchtrennte und erstklassiges braunes Papier in nutzlose Streifen riss. Aus den Paketen holte er vier Flaschen Champagner von vier verschiedenen Marken, eine Menge Gänseleberpastete, ein Glas Kaviar und mehrere Weintrauben hervor, die unter den unnatürlichsten und kostspieligsten Bedingungen angebaut worden sein mussten.

„Was ist das überhaupt?" fragte Sissie unbehaglich.

„Arthur!" sagte Eva. „Was hat das zu bedeuten?"

„Es hat eine tiefe Bedeutung", antwortete Herr Prohack. „Der einzige Fehler, den ich daran finden muss, ist, dass es ziemlich spät angekommen ist – und doch vielleicht, wie Blücher, nicht zu spät. Du kannst es ein Hochzeitsgeschenk nennen, wenn du willst, Tochter. Oder wenn du willst, kannst du es nennen." „Einfach nur Kaviar, Gänseleberpastete, Weintrauben und Champagner." alle fangen sofort mit dem Essen an, ich kann ja nichts schaden."

„Wir haben keine Champagnergläser", sagte Sissie kalt.

„Champagnergläser, Kind! Du solltest niemals Champagner aus Champagnergläsern trinken. Für Champagner gibt es nur Trinkgläser. Ein paar Trinkgläser, Ozzie. Und einen Dosenöffner. Du musst einen Dosenöffner haben. Ich bin überzeugt, dass du einen hast Dosenöffner. Ich hatte doch *Recht*, aber mein Hunger ist nichts im Vergleich zu meinem Durst. Ich fange an zu vermuten, dass ich der durchschnittliche sinnliche Mann bin.

„Arthur!" Eva warnte ihn. „Wenn du etwas von diesem Kaviar isst, wirst du bestimmt krank."

„Nicht, wenn ich es mit Pâté de Foi Gras mische, mein Liebling. Es ist berüchtigt, dass sie gegenseitige Gegenmittel sind, vor allem, wenn sie von der Traubenkur gefolgt werden. Nun, meine Damen und Ozzie, verärgern Sie mich nicht durch Schüchternheit. Fallen Sie darauf herein! Ingurgitate. Sei mal ein Mann. Mr. Prohack schien alle so sehr einzuschüchtern, dass Sissie selbst losging, um die Gläser zu besorgen.

„Aber warum öffnest du noch eine Flasche, Vater?" fragte sie alarmiert bei ihrer Rückkehr. „Dieser ist nicht halb leer."

„Wir werden alle vier Marken ausprobieren", sagte Herr Prohack.

„Aber was für eine Verschwendung!"

„Wissen Sie, mein Kind", sagte Herr Prohack mit ausgeprägter und feierlicher Sensibilität. „Wissen Sie, dass Verschwendung in einer aufwändig organisierten Gesellschaft ihren moralischen Nutzen hat. Wissen Sie außerdem, dass nichts der Wahrheit mehr widerspricht als das Sprichwort, dass genug so gut ist wie ein Festmahl. Wissen Sie außerdem, dass die Gewohnheit der Verschwendung auch Gefahren mit sich bringen kann." , es ist bei weitem nicht so gefährlich wie die Gewohnheit der Selbstgerechtigkeit oder die Gewohnheit der Nähe, die beide die Seele eher einer Pflaume als einer Pflaume ähneln. Sei eine Pflaume, mein Kind, und lass es sein, wer es sein wird eine Pflaume.

In diesem Moment zeigte Eva ihre wahre Größe.

„Komm mit, Sissie", sagte sie, nachdem sie einen prüfenden Blick auf ihren Mann und einen weiteren auf ihre Tochter geworfen hatte. „Lasst uns ihn bei Laune halten. Es kommt nicht oft vor, dass er so gut gelaunt ist, oder?"

Sissies Gesicht klärte sich, und mit einer Weisheit, die ihr Alter weit übertraf, akzeptierte sie die Situation, die Beleidigung, den Tadel, die Lektion. Was Mr. Prohack betrifft, so fühlte er sich glücklicher und fröhlicher als den ganzen Tag – nicht aufgrund der Wirkung von Champagner und Kaviar, sondern aufgrund der Erkenntnis seiner erstaunlichen Klugheit, vorausgesehen zu haben, dass Sissies Gastfreundschaft das bedeuten würde es war gewesen. Er war auch froh, dass seine Tochter gesunden Menschenverstand gezeigt hatte, und er begann sie wieder zu bewundern, und je mehr sie merkte, dass er sie bewunderte, desto bewusster steigerte sie ihren Charme; Denn Tatsache war, dass sie sehr jung, sehr beeindruckbar und sehr darauf bedacht war, das Richtige zu tun.

„Trink noch ein Glas, Ozzie", drängte Mr. Prohack.

Ozzie blickte seine mächtige Braut orientierungssuchend an.

„Nimm noch ein Glas, du lieber alter Dummkopf", sagte die Braut.

„Die anderen beiden Flaschen müssen nicht geöffnet werden", sagte Herr Prohack. „In der Tat, ich hätte nur eines öffnen müssen ... Ich werde wahrscheinlich bald wieder hier anrufen."

Zu diesem Zeitpunkt klingelte es erneut an der Haustür.

„Du bist also herablassend!" Sissie begrüßte Charles, als Ozzie ihn ins Zimmer brachte, und fügte dann, als sie den Blick ihres Vaters auffing und sich der väterlichen Bewunderung sicher sein wollte, hinzu: „Jedenfalls war es sehr anständig von dir, zu kommen. Ich weiß, wie beschäftigt du bist." "

Charles zog angesichts dieses erstaunlichen Stücks Schwesterlichkeit die Augenbrauen hoch. Seine Mutter küsste ihn liebevoll, nachdem sie im Laufe des Tages von Mr. Prohack die zarteste, subtilste Andeutung erhalten hatte, dass es Charlie im Moment vielleicht nicht besonders gut ging.

„Dein Vater ist heute Abend sehr fröhlich", sagte sie und blickte Charlie an, als könnte sie in die Tiefen seiner Seele hineinlesen und dort ein Martyrium erkennen, obwohl sie in Wirklichkeit nicht weiter als bis zu den Augäpfeln des Jungen vordringen konnte.

„Ich bitte Sie, es zur Kenntnis zu nehmen", bemerkte Herr Prohack. „Da die Gläser nur einmal gefüllt wurden und drei davon mindestens zu einem Viertel gefüllt sind, wurde tatsächlich nur das Äquivalent von zweieinhalb Champagnergläsern von vier Personen getrunken, was nicht viel Heiterkeit erklären wird. Wenn das alte „Wenn der Herr schwul ist, und er behauptet nicht, dass er es nicht ist, liegt der wahre Grund entweder im Kaviar oder der Gänseleberpastete oder in seinem kristallklaren Gewissen. „Trinken Sie etwas, Charles?"

„Mach meins fertig, mein Liebling", sagte Eve und hielt ihr Glas hin, und Charlie gehorchte.

„Ein rührender Anblick", bemerkte Herr Prohack. „Da Charlie es nun geschafft hat, uns ein paar Minuten seines aufregenden Daseins zu ersparen, möchte ich mit ihm unter vier Augen ein paar Worte über eine Staatsangelegenheit wechseln. Es gibt nichts, was Sie nicht hören sollten", wandte er sich an das Unternehmen „Aber eine ganze Menge, die du wahrscheinlich nicht verstehen würdest – und das Letzte, was wir wollen, ist, dich zu demütigen. Das ist so, nicht wahr, Carlos?"

„Das ist es", stimmte Charles schnell zu, ohne ein Anzeichen von Befangenheit.

„Nun, Gastgeberin, können Sie uns ein anderes Zimmer leihen – Boudoir, Morgenzimmer, Raucherzimmer, Kartenzimmer, sogar Ballsaal; alles wird für uns reichen. Möglicherweise Ozzies Arbeitszimmer ..."

„Vater! Vater!“ Sissie warnte ihn vor übermäßigem Scherz. „Du kannst entweder in unser Schlafzimmer gehen oder auf der Treppe sitzen und reden.“

Als Vater und Sohn gemeinsam im Schlafzimmer verschwanden, das die volle Hälfte der gesamten Wohnung einnahm, bemerkte Herr Prohack auf den Gesichtszügen seiner Frau einen Ausdruck von Besorgnis, gemildert durch ein sicheres Vertrauen in seine eigene Weisheit und Kraft. Er wusste in der Tat, dass er durch seinen Umgang mit Sissies Neigung zu strengen Sparmaßnahmen ein ziemlich positives Aufsehen erregt hatte.

Als Charles jedoch die Tür der Kammer schloss und sie zusammen eingeschlossen waren, konnte Mr. Prohack fühlen, wie sein mächtiges Herz auf eine Art und Weise schlug, die der eines Schulmädchens würdig war, das einen Untersuchungsraum betritt. Die Kammer war offenbar einem Puppenhaus entnommen und mit Möbeln für Zwerge ausgestattet worden. Es war sehr voll und wirkte wie ein Raum in einem Lagerhaus. Alles darin war „Juwel“ im geschäftlichen Sinne, und alles harmonierte auf charmante japanische Art mit allem anderen, bis auf ein zusätzliches Rollbett, das unter einer flammenden Tagesdecke, die einem russischen Ballett entlehnt war und deren grobe Eisenfüße zu sehen waren, über ein zweites Bett verfügte offensichtlich nur zum Zwecke der ehelichen Existenz hinzugefügt. Allein der Frisiertisch war unverkennbar symptomatisch für eine Frau. Einige von Ozzies wundersamen Hosen hingen auf Tragen hinter der Tür, und die Schlussfolgerung war, dass diese zugunsten von Sissies Kleidern aus dem Kleiderschrank entfernt worden waren. Es war alles höchst merkwürdig und etwas erbärmlich; und Mr. Prohack wurde beim Nachdenken erneut zum Philosophen, als ihm klar wurde, dass die winzige Wohnung der wahre Ausdruck der Individualität und des Willens seiner Tochter war. Sie hatte ihrem willigen Gatten diese gewaltige Unannehmlichkeit auferlegt – und da war der grandiose Charles, für den das Beste nie gut genug war, der sich lässig auf das Rollbett setzte; und es kam Herrn Prohack erst vor ein paar Wochen so vor, als hätten die beiden Kinder Seite an Seite im selben Kinderzimmer gespielt und sich nie anmerken lassen, dass ihre Wünsche und Schicksale so seltsam sein würden. Herr Prohack fühlte sich absurd hilflos. Er war zwar der Vater, aber er wusste, dass er nichts zu tun hatte, außer unbedeutenden Geldgeschenken und unzähligen ziemlich witzigen Predigten – die beiden waren ungefähr zu gleichen Teilen mit der Entwicklung dieser mysteriösen und im Grunde unkontrollierbaren Wesen, seines Sohnes und seines Vaters, betraut seine Tochter. Das Rätsel des Lebens drängte ihn beunruhigend, als er sich auf das andere Bett setzte und Charles gegenüberstand, und er fragte sich, ob Sissie in ihrer weiblichen Leidenschaft für Selbstaufopferung darauf bestand, selbst in dem Rollwagen zu schlafen, oder ob sie zuließ, dass Ozzie sich unbehaglich fühlte .

V

„Ich bin einfach mitgekommen", eröffnete Charlie schlicht, „weil Lady M. so überzeugt war, dass ich dich sehen sollte – sie sagte, dass du unbedingt wolltest, dass ich mitkomme. Es ist nicht so, als ob ich dich stören wollte, oder." Du könntest alles Gute tun.

Er sprach in einem äußerst leisen Ton, fast im Flüsterton, und Mr. Prohack verstand, dass der Jugendliche versuchte, Privatsphäre in einem Domizil zu erreichen, in dem alle Gespräche und Bewegungen zwangsläufig mehr oder weniger öffentlich für die ganze Wohnung waren. Charles' Zurückhaltung zeigte jedoch kaum oder gar keine Depression, Enttäuschung oder Ekel und keine Verzweiflung.

„Aber worum geht es? Wenn ich nicht zu neugierig bin", erkundigte sich Herr Prohack vorsichtig.

„Es kommt nur darauf an, dass ich im Ausguss bin, Papa. Ich hatte ein Flattern, und es hat sich nicht gelöst, und das ist alles. Ich brauche dich nicht mit den Details zu belästigen. Aber du kannst mir glauben wenn ich dir sage, dass ich wieder auftauchen werde.

„Du meinst Insolvenz?"

„Nun ja, Bankrott ist das richtige Wort. Ich würde es lieber direkt durchziehen. Der Kerl denkt so, und ich stimme zu."

„Der Kerl?"

„Mimi."

„Oh! Du nennst sie also so, oder?"

„Nein, so nenne ich sie nie. Aber so denke ich über sie. Ich nenne sie Miss Winstock Blühender sentimentaler Unsinn über sie! Übrigens, ich weiß, dass die Mutter und die Schwester sie für ein bisschen Harum-Scarum halten, und trotzdem war sie genauso stark wie Lady M., dass ich auf sie zugehen sollte Ich gestehe es. Sie sagte, dass es an dir *lag* . Lady M. hat es nicht ganz so ausgedrückt.

Das Rollbett knarrte, als Charlie sich unruhig hin und her bewegte. Sie hörten ein leises Gemurmel aus dem anderen Raum und Sissies Lachen.

„Lady Massulam erzählte mir einmal, dass Sie etwas verkauft hatten, bevor Sie wussten, wie viel es Sie kosten würde, es zu kaufen. Natürlich behaupte ich nicht, dass ich mich selbst mit Finanzen auskenne – ich bin nur ein

Beamter im Regal." „Aber meiner begrenzten Intelligenz nach schien ein solcher Vorgang, bei dem man das Pferd von hinten aufzäumt, wahrscheinlich zu Ärger zu führen", sagte Mr. Prohack, als würde er grübeln.

„Oh! Das hat sie dir erzählt, oder?" Charlie lächelte. „Nun, die gute Dame hat durch ihren Hut geredet. *Die* Sache ist in Ordnung. Zumindest wäre es so, wenn ich sie durchziehen könnte, aber jetzt kann ich das natürlich nicht. Das würde in den allgemeinen Schlamassel geraten. Wenn ich es wäre umsonst würde ich es überhaupt nicht verkaufen; ich würde es behalten; es wäre kein Ende für das Geld drin, und ich würde es zu billig verkaufen. Es ist eine Kombination aus zwei der besten Papierfabriken des Landes, und wenn ich sie hätte und Zeit finden könnte, sie zu leiten, – mein Wort, Sie würden sehen, was mir passiert ist, ist ein reines und einfaches Börsenglücksspiel! mein lieber Vater. Nichts als das!

„RR Was ist das?"

„Papa! Wo lebst du die ganzen Jahre? Royal Rubber Corporation natürlich. Sie sind auf achtzehn Schilling gesunken, und das hätten sie nicht tun sollen Sie mussten schon seit elf Jahren wieder steigen. Wie hätte ich vorhersehen können, dass der alte Sampler Selbstmord begehen und in Panik geraten würde?

„Ich lese nie die Finanznachrichten, außer den Notierungen meiner eigenen kleinen Ersparnisse, und ich habe noch nie vom alten Sampler gehört", sagte Herr Prohack.

„Wenn man bedenkt, dass er vier Tage lang auf der Titelseite stand!" rief Charlie, hob seine Stimme und senkte sie dann wieder. Und er erzählte in ein paar bissigen Sätzen die jüngste Geschichte der RR. „Es hätte mich nicht so sehr gestört", fuhr er fort. „Wenn Ihr besonderer Freund, Mr. Softly Bishop, bei meinem Kauf nicht dabei war. Sein Name erscheint nur für einige der Aktien, aber ich habe eine ziemlich gute Vorstellung davon, dass er es ist, der sie alle an Sie verkauft Er muss wirklich etwas gewusst haben, und er hätte aus dem Geschäft eine seltene gute Sache gemacht, wenn ich nicht pleitegegangen wäre, denn ich bin mir sicher, dass er mir jetzt verkauft hat, was er nicht hatte.

Das gesamte Verhalten von Herrn Prohack änderte sich, als er Herrn Bishops Namen erwähnte. Sein lächerlicher, snobistischer Stolz erhob sich in ihm. Er konnte den Gedanken einfach nicht ertragen, dass Softly Bishop etwas „gegen" ein Mitglied seiner Familie hatte. Eher hätte der inkonsistente Kerl zugelassen, dass unschuldige Witwen und Waisen durch Charlies Absturz ruiniert werden, als dass Softly Bishop es nicht schaffen würde, durch die gleiche Agentur einen ungeheuren Gewinn zu erzielen.

„Ich werde dich durchbringen, mein Junge", sagte er kurz in einem gewöhnlichen, beiläufigen Ton.

„Nein danke. Das wirst du nicht", antwortete Charlie. „Ich würde dich nicht zulassen, selbst wenn du könntest. Aber du kannst nicht. Es ist zu groß."

„Ah! Wie groß ist es?" Herr Prohack hob herausfordernd sein Kinn.

„Nun, wenn Sie die Wahrheit wissen wollen, sind es zwischen 140.000 und 150.000 Pfund. Ich meine, das ist es, was ich brauchen sollte, um die Situation zu retten."

"Du?" schrie der Terror der Departements erstaunt, obwohl er es gewohnt war, mit Millionen zu handeln. Er hatte seinen Sohn gravierend falsch eingeschätzt. Zehntausend hätte er verstehen können; sogar zwanzigtausend. Aber hundertfünfzig...! „Du musst verrückt gewesen sein!"

„Nur weil ich versagt habe", sagte Charles. „Ja. Es wird eine tolle Angelegenheit. Es wird mir wirklich einen Namen machen. Alle werden von mir erwarten, dass ich wieder auf die Beine komme, und ich werde sie nicht enttäuschen. Natürlich werden einige Leute sagen, ich hätte nicht extravagant sein sollen." . Grand Babylon Hotel und so weiter. Was für ein Flohbiss!

Mr. Prohack saß entsetzt da; aber Bewunderung fehlte in seinen Gefühlen nicht. Der Junge war unglaublich im Ausmaß seiner Operationen; Er war unwirklich, wie er so ruhig mit seinem eleganten Bein wedelte, inmitten all des zerbrechlichen japanischen Lacks – und der Familie, die sich der Ausmaße der Probleme auf groteske Weise nicht bewusst war und sich nur wenige Meter entfernt zu Hause unterhielt. Aber Mr. Prohack ließ sich von seinem Sohn nicht übertrumpfen, so napoleonisch sein Sohn auch sein mochte. Er würde sein Ansehen als Vater wahren.

„Ich werde dich durchbringen", wiederholte er mit geübter Stille.

„Aber schau her, Papa. Du hast es erst auf die Hunderttausend geschafft. Ich kann nicht zulassen, dass du dich ruinierst. Und selbst wenn du dich ruiniert hättest –"

„Ich habe nicht die Absicht, mich selbst zu ruinieren", sagte Herr Prohack. „Ich werde meine Lebensweise auch nicht im Geringsten ändern. Du weißt nicht alles, mein Kind. Du bist nicht der einzige Mensch auf der Welt, der Geld verdienen kann. Woher glaubst du, nimmst du deine Gaben? Von deiner Mutter." ?"

"Aber-"

. Morgen früh stehen *Ihnen* sofort verkäufliche Wertpapiere mit Goldrand für einhundertfünfzigtausend Pfund zur Verfügung oder nicht, ich bin dein Vater, und bitte vergiss es nicht, dass mein Wunderkind seine Karriere ruiniert Wenn Sie Zweifel daran haben, ob Sie oder ich der Stärkste sind, schließen Sie sich sofort aus der Konkurrenz aus – das wird Ihnen am Ende Ärger ersparen."

Herr Prohack hatte sich in seinem Leben noch nie so glücklich gefühlt; und doch hatte er in der Vergangenheit Momente intensiven Glücks erlebt. Er spürte, wie die Haut in seinem Gesicht brannte.

„Du bekommst alles zurück, Papa", sagte Charlie später. „Keine noch so großen Selbstmorde können das Vermögen der RR zerstören. Es ist nur so, dass der Markt unter mir den Kopf verloren hat und komplett zusammengebrochen ist. In drei Monaten –"

„Mein armer Junge", unterbrach ihn Mr. Prohack. „Versuchen Sie, kein Arsch zu sein." Und er hatte die angenehme Illusion, dass Charles gerade von der Schule nach Hause kam. „Und denken Sie daran, kein einziges Wort, kein einziges Wort, zu irgendjemandem."

VI

Die anderen drei unterhielten sich immer noch bescheiden im Wohnzimmer, als die beiden großen geheimnisvollen Geschäftsmänner zu ihnen zurückkehrten, aber Sissie hatte den Esstisch abgeräumt und den Raum für den Rest des Abends in einen Salon verwandelt. Sie waren sehr feminin; Sogar Ozzie hatte etwas von der weiblichen Haltung einer fatalistischen Beobachtung von Ereignissen, die außerhalb der weiblichen Kontrolle lagen; er hatte es tatsächlich, weit mehr als die tatkräftige Sissie. Sie waren fröhlich, mit einer Fröhlichkeit, die den Mangel an Aufrichtigkeit durch Takt wettmachte. Herr Prohack verglich sie mit Passagieren auf einem Schiff, das in Gefahr ist. Mit einem Wort, mit einem Tonfall beruhigte er alle – und sagte doch nichts – und die Fröhlichkeit wurde sofort echt.

Herr Prohack war überrascht über die Intensität seiner eigenen Gefühle. Er war völlig begeistert von dem, was er selbst geleistet hatte. Vielleicht war er zu weit gegangen, als er Charlie gesagt hatte, dass die Einzahlung von hundertfünfzigtausend Pfund ohne eine Änderung seiner Lebensweise bewerkstelligt werden könne; aber es war ihm egal, welche Veränderung damit verbunden sein könnte. Er hatte das Gefühl, einen gewaltigen schöpferischen Akt vollbracht zu haben und die Realität der Macht des Reichtums zu erkennen – seit Wochen war er sich der Tatsache, dass er reich war, nicht imaginär bewusst gewesen.

Er warf einen heimlichen Blick auf den Jungen Charles und sagte zu sich selbst: „Für diesen Jungen bin ich wie ein Gott. Er war tot, und ich habe ihn wieder zum Leben erweckt. Vielleicht erlangt er schließlich einen enormen Ruf. Wie dem auch sei, er ist ein erstaunlicher Teufel von einem." Kerl, und er ist mein Sohn, und niemand versteht ihn so gut wie ich. Und Mr. Prohack wurde bis zum Aufruhr fröhlich – ohne ein Glas anzurühren. Er war berauscht, nicht von der Gärung der Trauben, sondern von der Größe und Pracht seiner eigenen Geste. Er war der Monarch des Unternehmens und wurde dabei etwas eingebildet.

Das einzige Geschöpf, das ihm einigermaßen widerstand, war Sissie. Sie hatte Festigkeit. „Sie hat den richtigen Mann geheiratet", sagte sich Herr Prohack. „Der sogenannte weibliche Instinkt ist größtenteils absurd, aber gelegentlich rechtfertigt er seinen Ruf. Sie hat ihren Ehemann mit untrüglicher Einsicht in ihre und seine Bedürfnisse ausgewählt. Er wird glücklich sein; sie wird die Ängste verantwortungsvoller Macht haben. Aber *Ich* bin nicht ihr Ehemann. Und er sprach laut und meisterhaft:

„Sissie!"

„Ja, Papa? Was nun?"

„Ich habe die Angelegenheiten mit meinem Sohn zufriedenstellend geregelt. Ich werde jetzt versuchen, dasselbe mit meiner Tochter zu tun. Ein paar Momente mit Ihnen im Ratssaal, bitte. Oswald auch, wenn Sie möchten."

Sissie lächelte ihren wartenden Ehepartner freundlich an.

„Vielleicht sollte ich mich besser allein um meinen eigenen Vater kümmern, Liebling."

Ozzie akzeptierte die Entscheidung.

„Schau her. Ich glaube, ich muss weg", warf Charlie ein. „Ich habe eine Menge Arbeit zu erledigen."

„Das nehme ich an", stimmte Herr Prohack zu. „Übrigens, vielleicht triffst du mich um zehn Uhr fünfzehn Uhr morgens bei Smathe und Smathe's."

Charlie nickte und verschwand.

„Kleinkind", sagte Mr. Prohack zu der trotzig lächelnden Braut, die ihn im Ratssaal erwartete. „Hat deine Mutter dir etwas zu unserem Hochzeitsgeschenk gesagt?"

„Nein, Papa."

„Nein, natürlich hat sie das nicht. Und weißt du warum? Weil sie es nicht wagt! Mit deiner höllischen Unabhängigkeit hast du die arme Dame zu Tode erschreckt; das hast du getan. Deine Mutter wird es zweifellos getan haben." Ein Gespräch mit mir heute Abend. Und morgen wird sie Ihnen sagen, was sie Ihnen zu geben beschlossen hat. Was auch immer das Geschenk sein mag, ich wäre Ihnen dankbar, wenn Sie es annehmen würden. ohne uns mit irgendwelchen Ihrer Theorien über die richtige Lebensführung zu beunruhigen. Weisheit und Gerechtigkeit existierten vor Ihnen, und es besteht nur eine Chance, dass sie nach Ihnen existieren werden.

„Ganz, Vater."

„Gut. Du wirst vielleicht noch ein tolles Mädchen. Wir gehen jetzt nach Hause. Danke für einen sehr angenehmen Abend."

Im Auto, wunderschön allein mit Eve, die in erholsamer Stimmung war, sagte Herr Prohack:

„Mir wird es in ein paar Stunden sehr schlecht gehen. Pâté de foi gras ist der Teufel, aber Kaviar ist Beelzebub selbst."

Eve blickte ihn lediglich mit sanftem, hoffnungslosem Vorwurf an. Er prophezeite wahrhaftig. Er war sehr krank. Und doch lächelte er während der folgenden Krisen immer wieder sardonisch.

„Wenn ich daran denke", murmelte er einmal grimmig, „dass dieser Bischofskollege die Unverschämtheit hatte, uns zum Mittagessen einzuladen – und Charlie auch! Charlie auch!" Eve, die Dienerin, erkundigte sich traurig, wovon er rede.

„Nichts, nichts", sagte er. „Meine Gedanken wandern. Lass es."

KAPITEL XXIII
DIE YACHT

ICH

Mr. Prohack saß beim Frühstück im ursprünglichen alten Haus am Platz hinter dem Hyde Park. Er kam dorthin, weil dasselbe Haus sein Hochzeitsgeschenk für Sissie gewesen war, die es jetzt mit ihrem Ehepartner bewohnte, und weil das Adelshaus am Manchester Square neu dekoriert wurde (aufgrund einer Klausel im antiken Mietvertrag) und Eve hatte ihn eingeladen, die Angelegenheit ganz ihr zu überlassen. In den wenigen Monaten seit Charlies großer Krise haben sich alle Dinge verschworen, um Mr. Prohack einmal mehr zu beweisen, dass erwartete Katastrophen nie eintreten werden. Sogar das Britische Empire hatte weiterhin zusammengehalten, und die Revolution schien weiter entfernt zu sein als je zuvor. Die größte Bedrohung für seinen Seelenfrieden, die Liga aller Künste, hatte natürlich stillschweigend aufgehört zu existieren; aber es hatte Eva als Gastgeberin etabliert. Und Eve als Gastgeberin hatte es nach und nach aufgegeben, sich und ihren Mann mit großen und feierlichen Partys zu langweilen, und sie waren wieder dazu übergegangen, nur noch alteingesessene und innige Freunde mit der größtmöglichen Ungezwungenheit zu bewirten, wie früher – und zwar in einem Ausmaß, dass dies der Fall war Gelegentlich ließ Eva im weitläufigen und prachtvollen Speisesaal des Adelshauses den Braten auf den Tisch stellen und schnitt ihn selbst, ebenfalls wie früher; Brool schien das nicht zu stören.

Herr Prohack hatte den Pachtvertrag für das edle Herrenhaus mit seinem gesamten Inhalt gekauft, nur weil dies die einfachste Lösung zu sein schien. Er war nicht gezwungen worden, seine Lebensweise zu ändern; weit davon entfernt. Aufgrund eines glücklichen Zufalls in der Geschichte der RR Corporation hatte Charlie seinen Vater nur für einen sehr kleinen Teil der angebotenen einhundertfünfzigtausend Pfund in Anspruch genommen und diesen sogar innerhalb weniger Wochen zurückgezahlt. Danach war es mit Charlie so weit gekommen, dass er auf die Seiten des *Daily Picture* gelangte und angeblich die Eifersucht jugendlicher Millionäre in den Vereinigten Staaten erregte; Auch der Betrag, den er wöchentlich für die Miete seiner Büros im Grand Babylon Hotel zahlte, war in den besten Clubs allgemein bekannt, und wenn man das nicht wusste, war man nach aktuellen Informationen hinter der Zeit zurück. Kein Mitglied seiner Familie wagte es jetzt, Charlie einen Rat zu geben, der jedoch immer noch dem alten Charlie der Motorrad- und Fahrradgeschäfte verblüffend ähnlich sah.

Tatsache ist, dass sich Menschen nicht so leicht ändern. Es schien, als hätte sich Mr. Prohack eine Zeit lang verändert, aber wenn es tatsächlich zu einer Veränderung bei ihm gekommen war, dann hatte er sich zurückverwandelt. Wissenschaftliches Nichtstun? Türkische Bäder? Dandyismus? Alles verschwand, verachtet, vergessen. Der Gedanke daran ärgerte ihn nur. Es war ihm egal, welche Krawatte er trug. Sogar beim Tanzen war es genauso gelaufen. Die Tanzsaison war bis Oktober vorbei und er wusste, dass er nie wieder von vorne beginnen würde. Es lag ihm nicht am Herzen, mit den Menschen mittleren Alters zu tanzen, und wenn er mit den Jungen tanzte, hatte er das Gefühl, dass er sich lächerlich machte.

Es war ein ziemlicher Spaß gewesen, ein paar Tage in seinem alten Zuhause zu bleiben, durch die heilige Tür des ehelichen Schlafzimmers (das ihm für immer verschlossen war) zu passieren und zu Charlies Zimmer zu gelangen, in das Sissie den größten Teil gesteckt hatte die Möbel aus der japanischen Wohnung – ohne sie zu überfüllen. Ausgesprochen amüsant, in Charlies altem kleinen Zimmer zu schlafen! Aber das romantische Gefühl war dem Gefühl der Härte des Bettes gewichen.

Nach dem Frühstück fragte sich Mr. Prohack, was er als nächstes tun sollte, denn er hatte nichts zu tun; er hatte keine Sorgen und fast keine Besorgnisse; er hatte sich erfolgreich an seine Umgebung angepasst. Durch die halboffene Tür des Esszimmers hörte er Sissie und Ozzie. Ozzie war auf dem Weg zum Tagesgeschäft und Sissie begleitete ihn aus dem Haus, so wie Eve Mr. Prohack immer hinaus begleitete. Ozzie war dank eines Hochzeitsgeschenks in Höhe von zehntausend Pfund, das er entgegen Sissies Theorien überreicht hatte, und mit Hilfe seiner eigenen Ersparnisse ein wichtiger Mann in der Welt des Theaters, da er eine Partnerschaft mit dem Napoleon der Bühne geschlossen hatte.

„Sie haben nicht das Recht, den Arzt zu holen, ohne es mir zu sagen", sagte Sissie in ihrem harten Ton. „Was will ich von einem Arzt?"

„Ich dachte, es wäre das Beste, Liebes", kam Ozzies lispelnde Antwort.

„Nun, das wird es nicht, mein Junge."

Die Tür schlug zu.

„Eve hat mich noch nie so verabschiedet", überlegte Mr. Prohack.

Sissie betrat den Raum, einige Briefe in der Hand. Sie war überaus attraktiv, matronenartig, interessant – aber beeindruckend.

Herr Prohack sagte und blickte zu ihr auf:

„Es ist die Pflicht des Mannes zu beschützen und der Frau zu bezaubern – und es ist mir egal, wer das weiß."

„Was um alles in der Welt meinst du, Papa?"

„Ich meine, es ist die Pflicht des Mannes zu beschützen und der Frau zu *bezaubern* ."

Sissie errötete.

„Ozzie und ich verstehen uns, aber du nicht", sagte sie und machte ein köstliches, unhöfliches Gesicht. „Carthew hat diese Briefe mitgebracht und wartet auf Anweisungen bezüglich des Autos." Sie ging.

Unter den wenigen Briefen befand sich einer von Softly Bishop, datiert auf Rangun. Es war voll von der Welttournee. „Wir hatten in Kalkutta einen Erfolg, der wirklich kaum zu beschreiben ist", hieß es.

„„Wir!"", kommentierte Herr Prohack. Es gab einen Nachtrag: „Übrigens habe ich gerade erst erfahren, dass es Ihr Sohn war, der diese Royal Rubber-Aktien gekauft hat. Ich hoffe, es hat ihm keine Unannehmlichkeiten bereitet. Ich hätte das nicht sagen müssen, wenn ich auch nur die geringste Ahnung gehabt hätte, wer war der Schläger, auf den ich hätte verzichten sollen –" Und so weiter.

"Würdest du!" kommentierte Herr Prohack. „Ich sehe, dass du es tust. Und außerdem wette ich, dass du den Brief nur wegen des Nachtrags geschrieben hast. Deine Tour ist kein durchschlagender Erfolg, und du wirst mit mir Geschäfte machen wollen, wenn du zurückkommst, aber du Ich werde es nicht tun... Und hier halte ich Sissi eine Vorlesung über Härte!"

Er klingelte und sagte einem Diener, der ihm völlig fremd war, er solle Carthew sagen, dass er das Auto nicht wollen solle.

„Darf Carthew mit Ihnen sprechen, Sir?" sagte der zurückkommende Diener.

„Carthew may", sagte er, und der Diener dachte, was für ein seltsamer Herr Mr. Prohack sei.

„Nun, Carthew", sagte er, als der Chauffeur beunruhigt den Raum betrat. „Das ist ganz wie in alten Zeiten, nicht wahr? Setz dich hin und rauch eine Zigarette. Was ist los?"

„Nun, Sir", antwortete Carthew, nachdem er die Zigarette angezündet und ein Stück Tabak in den Kamin geworfen hatte. „Vielleicht stimmt etwas nicht, vielleicht auch nicht, wenn Sie verstehen, was ich meine. Aber ich denke darüber nach, zu heiraten."

„Oh! Aber was ist mit deiner Frau?"

„Oh! Sie! Sie ist tot, in Ordnung. Ich habe nie etwas gesagt, obwohl ich das Gefühl hatte, dass ich mich für sie schäme."

„Aber ich dachte, du wärst mit den Frauen fertig!“

„Ich auch, Sir. Aber die Frage ist immer: Sind die Frauen mit Ihnen fertig? Gestern habe ich ihr geholfen, Bilder herunterzuheben, und sie stand auf einem Stuhl. Und etwas überkam mich. Und da waren Sie, bevor Sie es merken wo Sie sind, Sir, wenn Sie verstehen, was ich meine.

„Perfekt, Carthew. Aber wer ist es?“

„Machin, Sir. Um es kurz zu machen, Sir, ich habe schon seit einiger Zeit an sie gedacht, wegen des Jungen, Sir, wegen des Jungen. Sie mag ihn. Wenn das nicht der Fall gewesen wäre war für den Jungen –“

„Vorsicht, Carthew!“

„Nun, vielleicht haben Sie recht, Sir. Sie hätte mich sowieso erwischt.“

„Ich gratuliere Ihnen, Carthew. Sie wurden vom besten Stubenmädchen Londons betreut.“

„Vielen Dank, Sir. Ich denke, ich komme klar, Sir.“

„Haben Sie es Frau Prohack erzählt?“

„Ich dachte, das überlasse ich am besten Machin, Sir.“

Mr. Prohack wedelte nachdenklich mit der Hand. Er hörte, wie Carthew ging. Er hörte, wie Dr. Veiga ankam, und dann hörte er, wie Dr. Veiga ging, und eilte zur Tür des Esszimmers.

„Veiga! Einen Moment. Komm rein. Alles in Ordnung?“

„Natürlich. Absolut normal. Aber du weißt, was diese jungen Ehemänner sind. Ich kann nicht aufhören, es sei denn, du bist wirklich krank, mein Freund.“

„Ich bin schlimmer als wirklich krank“, sagte Mr. Prohack und schloss die Tür. „Mir ist wirklich langweilig. Ich bin umgeben von den interessantesten Phänomenen und mir ist wirklich langweilig. Ich habe mir all eure Ratschläge zu Herzen genommen und bin wirklich gelangweilt. Also da!“

Der angenehme, unordentliche, unprofessionelle portugiesische Quacksalber zwinkerte ihm zu und sagte dann mit seiner dicken, südlichen, höchst unenglischen Stimme: „Das Heilmittel ist möglicherweise schlimmer als die Krankheit. Du langweilst dich, weil du keine Sorgen hast, mein Freund. Ich.“ Ich werde Ihnen Ratschläge geben.

„Das kann ich nicht“, sagte Herr Prohack. „Ich bin zurückgetreten. Ich habe herausgefunden, dass mein Freund Hunter eine Beförderung an meiner Stelle erwartet.“

"Ah, gut!" antwortete Dr. Veiga mit seltsamer sardonischer Gleichgültigkeit. „Wenn du dich deinen Freunden aufopfern willst, musst du wie ein Mann die Konsequenzen tragen. Ich werde ein anderes Mal mit dir reden, wenn ich nichts Besseres zu tun habe. Ich bin sehr beschäftigt damit, den Leuten zu erzählen, was sie bereits wissen." Und er ging.

Eine Minute später kam Charlie in einem seiner Größe angemessenen Wagen an.

„Schau her, Papa", sagte Charlie eilig. „Wenn du Lust auf einen Tagesausflug hast, möchte ich dir ganz besonders etwas zeigen. Und ganz nebenbei wirst du auch ein paar Autofahrer sehen, glaub mir!"

„Mein Wille ist gemacht! Ich bin bereit", antwortete Herr Prohack, erfreut über die Aussicht auf jede noch so gefährliche Ablenkung.

II

Als Charlie am Royal Pier in Southampton anhielt (er war dort in etwas kürzerer Zeit angekommen, als die Zugfahrt und ein Taxi an jedem Ende erforderlich gewesen wären), übergab er schweigend das Steuer an den Chauffeur und führte seinen verwirrten, aber nicht nachfragenden Vater Gehen Sie die Stufen auf der Westseite des Piers hinunter. Ein Mann in einem blauen Anzug mit einer Schirmmütze und einer weißen Kappe auf der Mütze stand am Fuß der Treppe, direkt über dem Wasser und über einer Motorbarkasse, in der sich zwei weitere Männer in blauen Trikots mit dem Namen „Northwind" befanden auf ihren Brüsten und auf ihrer Stirn. Am Heck der Barkasse wehte eine blaue Flagge.

„Wie geht es dir, Snow?" Charlie begrüßte den ersten Mann, der seine Mütze hob.

Vater und Sohn stiegen in die Barkasse und der Mann hinter ihnen: Die Barkasse begann zu schnaufen, und mit rasanter Geschwindigkeit ging es vom Pier in Richtung Kanalmitte. Herr Prohack, der kein Wort sagte, bemerkte eine Reihe von Schiffen unterschiedlicher Größe, die er für Privatyachten hielt, obwohl er keinerlei Erfahrung mit Yachten hatte. Einige von ihnen flogen Ammern, andere nicht; Aber sie alle schienen ausnahmslos, wie Mr. Prohack erwartet hätte, die wahren Symbole komplizierter Eleganz und Luxus zu sein, die dort auf dem strahlend blauen Wasser unter der Sommersonne fröhlich glänzten und glitzerten. Die Barkasse raste kopfüber durch ihre eigene weiße Woge auf das größte dieser majestätischen Spielzeuge zu. Als es sich der Schnur näherte, sah Herr Prohack, dass alle Yachten viel größer waren, als er es sich vorgestellt hatte, und dass die größte riesig war. Die Barkasse drehte sich um das Heck der Jacht, auf der Mr. Prohack das Wort „Northwind" in Gold las, und blieb schwankend vor einer Treppe stehen, deren Geländer aus weißen Seilen bestanden, die an einer dunkelblauen Wand befestigt waren; Die Wand war die Seite der Yacht. Mr. Prohack kletterte aus der schwankenden Barkasse, und die Treppe hatte unter seinen Füßen die Festigkeit von Mauerwerk auf der Erde. Hoch oben blickte ein Gesicht über die Mauer.

„Wie geht es dir, Skipper", rief Charlie, und als er seine Eltern an Deck gebracht hatte, sagte er: „Skipper, das ist mein Vater. Dad – Captain Crowley."

Mr. Prohack schüttelte einem kleinen, stämmigen, nervösen Mann mit einem ehrlichen, grimmigen, marineblauen Gesicht die Hand.

"Alles gut?"

„Ja, Sir. Ich freue mich, dass Sie endlich gekommen sind, Sir."

"Gut!"

Charlie wandte sich vom Kapitän ab und zu seinem Vater. Mr. Prohack sah einen Mann, der eine dreieckige Flagge an der Spitze der drei Masten, die das Schiff besaß, hochzog, und einen anderen Mann, der eine große, längliche Flagge an einer Stange am Heck hochzog.

„Welche Bedeutung hat dieses Hissen der Flagge?" fragte Herr Prohack.

„Die Bedeutung ist, dass der Eigner an Bord gekommen ist", antwortete Charlie nicht ganz ohne Befangenheit. „Kommen Sie. Schauen Sie sie sich an. Kommen Sie, Kapitän. Machen Sie sich die Ehre. Sie war früher ein Händler im Mittelmeerraum. Der frühere Besitzer baute sie in eine Yacht um. Er sagt, sie habe ihn hunderttausend gekostet, als sie fertig war . Ich kann es glauben."

Herr Prohack glaubte es auch leicht; er glaubte es immer leichter, als er von Deck zu Deck und von Schlafzimmer zu Schlafzimmer, von Wohnzimmer zu Wohnzimmer, von Bibliothek zu Raucherzimmer, von Musikzimmer zu Aufenthaltsraum und vor allem von Badezimmer zu Badezimmer trottete . In keiner Landsiedlung hatte Mr. Prohack so viele oder so marmorne oder so luxuriöse Badezimmer gesehen. Was Herrn Prohack besonders in Erstaunen versetzte, war die außerordentliche und minutiöse Ausführung von allem, und was ihn noch mehr als die Ausführung in Erstaunen versetzte, war die Sauberkeit von allem.

„Schmuddelig, Sir, Southampton", grinste der Kapitän. „Wir geben unser Bestes."

Sie erreichten das Esszimmer, eine Wohnung aus glänzendem Vogelaugenahorn inmitten des jungfräulichen weißen Promenadendecks.

„Übrigens, Mittagessen, bitte“, sagte Charlie.

„Ja, Sir“, antwortete der ältere der beiden Diener in blau-weiß gestreiften Jacken eifrig.

„Waschen Sie, Chef? Danke, Kapitän, das reicht für den Moment.“

Herr Prohack wusch sich in üppigem Marmor und wischte sein väterliches Gesicht an einer Windel ab, in die der Name „Northwind“ eingewebt war. Anschließend aß er mit seinem Sohn ein riesiges und aufwendiges Mittagessen und trank Champagner aus Kristall, in den der Name „Northwind“ eingraviert war, der ihm von einer feierlichen Person in weißen Handschuhen serviert wurde. Charlie war etwas schweigsam, aber beim Kaffee schien er aufzuheitern.

„Nun, was halten Sie von dem alten Hulk?“

„Sie muss sehr viele Männer brauchen“, sagte Mr. Prohack.

„Ganz fair. Die Lohnsumme beträgt siebenhundert im Monat.“

„Sie ist riesig“, fuhr Mr. Prohack lahm fort.

„Oh nein! Siebenhundert Tonnen Themse-Maß. Sie sehen diese Schornsteine dort drüben“, und Charlie deutete durch die Backbordfenster auf eine Reihe von vier Schornsteinen, die sich über großen Schuppen erhob. „Das ist die *Mauretania* . Sie ist hundertmal so groß wie dieses Ding. Sie könnte dieses Schiff fast mit ihren Davits schleudern.“

„In der Tat! Dennoch behaupte ich, dass dieses antike Wrack riesig ist“, beharrte Herr Prohack.

Sie gingen an Deck hinaus.

„Hallo! Hier ist der Zettel. Auf *sie kann man sich immer verlassen* !“ sagte Charles.

Die Barkasse näherte sich wieder der Jacht, und eine winzige Gestalt mit einem Versandkoffer auf dem Schoß saß lächelnd in der Heckschote.

„Sie ist mit dem Zug hergekommen“, erklärte Charles.

Miss Winstock bot mit ihrer Weiblichkeit einen köstlichen Anblick auf dem makellosen Deck. Sie lachte fast vor Freude, als sie Mr. Prohacks ernsten Gruß zur Kenntnis nahm und ihm die Hand schüttelte, aber als Charlie sagte: „Irgendwas Dringendes?“ Sie wurde ernst und angespannt und wurde im Handumdrehen zur treuen, dringenden, vertraulichen Mitarbeiterin.

„Nur das", sagte sie, öffnete die Versandtasche und holte ein Telegramm hervor.

„Verdammt!" bemerkte Charles, nachdem er das Telegramm gelesen hatte. „Hier, Snow. Bitte sorgen Sie dafür, dass Miss Winstock sofort etwas zu essen hat. Das reicht, Miss Winstock."

„Ja, Mr. Prohack", sagte sie pflichtbewusst.

„Und seine Mutter dachte, er würde sie heiraten!" Herr Prohack senior dachte nach. „Er wird sie genauso wenig heiraten wie Machin. Gott weiß, wen er heiraten wird. Es könnte eine Prinzessin sein."

„Du erinnerst dich an das Papierproblem – Zeitungspapier –, das ich dir gegenüber ein- oder zweimal erwähnt habe", sagte Charlie zu seinem Vater und ließ sich in einen Korbstuhl fallen. „Setz dich, Papa? Ich hatte noch kein Glück damit." Er verbreitete das Telegramm. „Hier ist der neue Manager, den ich ernannt habe, hingegangen und hat in Aberdeen rheumatisches Fieber bekommen. Zumindest sechs Monate lang nicht gut, wenn überhaupt. Es wäre eine tolle Sache, wenn ich es nur wirklich in Gang bringen könnte. Aber nein! Das Glück ist falsch. Und doch." Ein vernünftiger Kerl mit Verstand könnte diese Angelegenheit in einem Jahr so in Ordnung bringen, dass ich sie mit einem Gewinn von vierhundert Prozent an das Südkombinat verkaufen könnte.

Bald darauf ging er nach unten, um mit dem Kerl zu sprechen, und der Kapitän übernahm Mr. Prohack und zeigte ihm den Maschinenraum, die Offiziersquartiere, das Vorschiff, die Kombüse und alle Arten von Geheimnissen, die Charlie grandios vernachlässigt hatte .

„Es ist eine Welt!" sagte Herr Prohack, aber der Kapitän verstand die Bemerkung nicht ganz.

„Nun", sagte Charlie und kam zurück. „Wir trinken etwas Tee und dann müssen wir wieder los. Ich muss heute Abend in der Stadt sein. Hast du alles gesehen? Wie lautet das Urteil? Ein Schiff, was?"

„Irgendein Schiff", stimmte Mr. Prohack zu. „Aber das erschreckend unwirtschaftlichste Ding, das ich je in meinem Leben erlebt habe. Wie oft benutzen Sie die Yacht?"

„Nun, ich konnte sie noch nicht gebrauchen. Sie liegt hier schon seit fast einem Monat und wartet auf mich. Ich hoffe, bald ein paar Tage frei zu bekommen."

„Ich habe gehört, dass es eine Mannschaft von etwa dreißig Leuten gibt, die alle körperlich fit sind und ihren Job kennen, nehme ich an. Und alle warten einen Monat darauf, Ihnen und mir ein Mittagessen und einen Tee zu geben.

Siebenhundert Pfund Lohn allein für das Mittagessen und einen Tee für zwei, ohne das Essen und die Wäsche mitzurechnen!"

„Und warum nicht, Papa?" Charlie erwiderte ruhig. „Ich muss unwirtschaftlich ein bisschen Geld ausgeben, und dafür gibt es nichts Besseres als eine Yacht. Ich habe keine Verwendung für Rennen, und außerdem ist es zu schwierig, sich nicht mit Schurken einzulassen, wenn man Rennen fährt, und ich." Ich interessiere mich nicht für Schurken, und ich möchte kein Scherz sein, denn sie interessieren mich im Moment nur als Tanzpartner Das einzig Mögliche für meinen Fall, und eine Yacht bringt einen in Kontakt mit sauberen und anständigen Leuten, nicht mit Buchmachern. Ich habe dieses Boot für dreiunddreißigtausend gekauft, und sie ist ein wunderbares Schnäppchen, und das ist etwas.

„Aber warum Geld überhaupt unwirtschaftlich ausgeben?"

„Weil ich es gesagt und geschworen habe. Bin ich nicht aus dem Krieg zurückgekommen und habe alles versucht, um das unschätzbare Privileg zu erlangen, meinen Lebensunterhalt durch etwas Nützliches zu verdienen? Ist es mir gelungen, dieses Privileg zu erlangen? Nun, niemand hat hingesehen Und es gab Zehntausende wie mich, ich würde es aus diesem edlen Land herausnehmen, und das werde ich auch weiterhin tun Also vielleicht bei einer nützlichen produktiven Arbeit, beim Angeln oder in der Schifffahrt. Sie verbringen einen angenehmen, verschwenderischen Monat beim Mittagessen und beim Tee. Das bringt mich zum Lächeln Mitten in der Nacht ... Ich zeige meinem geliebten Land, wer den Frieden gewonnen hat.

„Es ist ein Plan", murmelte Herr Prohack, der sowohl durch die ruhige und intensive Art der Rede seines Sohnes als auch durch den Inhalt nachdenklich wurde. „Natürlich jungenhaft, aber nicht ohne Charme."

„Die meisten von uns waren Jungs", sagte Charlie.

Mr. Prohack brachte in seinem Kopf die völlig klare, einfache Argumentation zusammen, die notwendig war, um Charlie zu Pulver zu zermalmen und ihm, bevor er ihn zermalmte, die Grobheit seiner Vorstellungen von einer organisierten sozialen Existenz zu enthüllen. Aber er sagte nichts, da er sich eine andere Vorgehensweise ausgedacht hatte, um seiner elterlichen Pflicht gegenüber Charles nachzukommen . Kurz darauf verließen sie die Yacht im Barkasse. Lange bevor sie das wartende Auto erreichten, war die Flagge heruntergeholt worden.

Im Auto sagte Herr Prohack:

„Erzählen Sie mir noch etwas über dieses Papierherstellungsgeschäft. Das hört sich interessant an."

III

Als Herr Prohack spät in der Nacht wieder das Haus seiner Tochter erreichte, war es seine Frau, die ihm die Tür öffnete.

„Mein Gott, Arthur! Wo warst du? Der armen Sissi geht es so schlecht – ich musste vorbeikommen und bei ihr bleiben. Sie braucht die größte Pflege."

„Wir hatten eine Panne", sagte Herr Prohack ziemlich schuldbewusst.

„Wer sind wir? Wo? Welche Panne? Du bist weggegangen, ohne mit irgendjemandem ein Wort zu sagen. Ich kann mir wirklich nicht vorstellen, woran du gedacht hast. Du bist manchmal einfach wie ein Kind."

„Ich bin mit Charlie nach Southampton gefahren", erklärte der Täter, gab einen kurzen und unvollständigen Überblick über den Tag und fügte hinzu, dass er auf dem Heimweg mit Charles einen Umweg gemacht hatte, um sich eine Papierfabrik anzusehen.

„Und du hättest nicht anrufen können!"

„Ich habe nie daran gedacht!"

„Ich renne und klopfe an Sissies Tür und sage es ihr. Ozzie ist bei ihr. Du gehst am besten gleich ins Bett."

"Ich bin hungrig."

Eve machte ein abfälliges und anprangerndes Geräusch, während sie ihre Zunge gegen ihre oberen Zähne presste.

„Ich bringe dir etwas zu essen. Ich werde wenigstens versuchen, etwas zu finden", sagte sie.

„Und schläfst du auch hier? Wo?" fragte Mr. Prohack, als Eve mit einem Tablett in der Hand in Charlies altes Schlafzimmer kroch.

„Ich musste bleiben. Ich konnte das Mädchen nicht verlassen. Ich schlafe in ihrem alten Zimmer."

„Das Schlimmste an diesen Kinderzimmern", sagte Herr Prohack mit gespielter Ruhe, „ist, dass es dort keine Sessel gibt. Das ist mir noch nie aufgefallen. Sehen Sie, Sie sitzen auf dem Bett und stellen das Tablett ab." *Da* unten , und ich werde diesen sogenannten Stuhl einnehmen . Und außerdem kann ich nicht essen, es sei denn, Sie würden es tun Du wärst, wenn du meinen Tag gehabt hättest.

„Du schläfst nicht, wenn du viel isst."

„Es ist mir egal, ob ich es nicht tue. Ist das Whisky? Was – Brot und Käse? Das einfache Leben! Ich bin es nicht gewohnt … Wohin gehst du?"

- 326 -

„Da ist ein Brief für dich gekommen. Ich habe ihn mitgebracht. Er liegt im anderen Schlafzimmer."

„Öffne es für mich, mein gutes Kind", sagte Herr Prohack mit vollem Mund und beschäftigten Händen, als sie zurückkam. Sie hat es getan.

„Mir scheint, dass Sie das besser selbst lesen sollten", sagte sie frech.

Der Brief stammte von Lady Massulam, war nur mit ihren Initialen unterzeichnet und verkündete mit seltsamer Kürze, dass sie sich plötzlich entschlossen habe, sofort in ihr Heimatland zurückzukehren, um dort zu leben.

"Wie merkwürdig!" rief Mr. Prohack aus und versuchte, luftig zu sein. „Hör zu! Was hältst du davon? Du bist eine Frau, nicht wahr?"

„Ich glaube", sagte Eve, „dass sie vor dir wegläuft. Sie hat Angst vor sich selbst, das ist es, was sie hat! Habe ich es dir nicht immer gesagt? Oh! Arthur. Wie einfach du bist! Aber schick! Vor ihr." Alter! Oh, mein armer Junge! Sollst du darüber hinwegkommen?" Eve beugte sich vor und küsste den armen Jungen, der sich selbst verfluchte, weil er es nicht geschafft hatte, sich nicht zu befangen.

"Verrotten!" er explodierte schließlich. „Ich sagte, du wärst eine Frau, und bei allen Göttern, du bist es! Gib mir noch etwas zu essen."

Er war sich einer ganz besonderen und beispiellosen Erregung bewusst. Er hasste es, Evas absurde Unterstellung zu würdigen, aber...! Und Eva blickte ihn überlegen an, triumphierend, überzeugt von ihm, überzeugt von ihrer ewigen Macht über ihn! Dennoch war sie nicht romantisch, und ihre rundliche Gestalt symbolisierte nicht im Geringsten Romantik.

„Ich habe eine Neuigkeit für Sie", sagte er nach einer Pause. „Nach heute Abend bin ich mit den Frauen und dem Müßiggang fertig. Ich gehe ins Geschäft. Ich habe Ihrem einzigen Sohn die Hälfte dieses Papierfabrikanten abgekauft und werde ihn auf die Beine stellen. Ich Ich weiß nichts über Papierherstellung, und ich kann nur hoffen, dass das Londoner Büro nicht so schmutzig und unordentlich ist wie die Arbeiten. Das Ganze wird eine schreckliche Sorge sein, und ich werde wahrscheinlich eine machen Es ist ein furchtbares Durcheinander, aber Charlie scheint zu glauben, dass ich das nicht tun werde.

„Aber warum – was ist mit dir los, Arthur? Bestimmt haben wir genug Geld. Was *ist mit* dir los? Ich konnte dich nie erkennen und werde es auch nie tun."

„Nichts! Nichts!" sagte er. „Nur ich habe so eine Vorstellung davon, dass jemand wirtschaftlich und produktiv sein sollte. Es bringt mich vielleicht um, aber ich werde trotzdem beim Produzieren sterben."

Er wartete darauf, dass sie begann, ihn wegen seiner launischen Torheit zu tadeln und sich über die Schwäche seiner Gesundheit zu äußern. Aber bei einer Eva weiß man nie, woran man ist. Eves haben die beunruhigendsten Einblicke. Sie sagte:

„Ich bin ziemlich froh. Ich machte mir langsam Sorgen um dich.“